ドイツ帝国
1871-1918年

ハンス-ウルリヒ・ヴェーラー著
大野英二／肥前榮一訳

未来社

凡例

（1）本書は、Hans-Ulrich Wehler, *Das Deutsche Kaiserreich 1871–1918* (*Deutsche Geschichte*, hrsg. von Joachim Leuschner, Band 9. Kleine Vandenhoeck-Reihe 1380), Göttingen 1973 (2., durchgesehene und bibliographisch ergänzte Auflage 1975, 3. Auflage 1977, 4. Auflage 1980, 5. Auflage 1983) の翻訳であり、第二版を底本に用いた。翻訳の進行中に出版された第四版により、「文献解題」と「あとがき」の補足がなされている。

（2）〔　〕内は訳者による補足である。

（3）原注の番号は（1）（2）（3）……として示した。

（4）巻末の「ヴェーラー著作目録」は著者の作成した目録に訳者が若干補足したものである。

マークス、ファービアンおよび
ドーミニクのために

日本語版への序文

大野英二教授（京都大学）のたゆまぬイニシアティブのおかげで、この数年来、社会経済史を専攻する日本の研究者と西ドイツの歴史家との間に緊密な交渉が生れた。それにともなって、両国間の学者交換という古くからの美わしい伝統が新たに活気づけられた。私もまた感謝の念をもって、一九七七年に二、三週間にわたって日本に滞在したときのことを、とりわけ、ドイツ現代史研究会の人びとや、周到に準備された幾回もの研究会に参加した人びとと、活潑に討論したことを、回想している。その間に京都大学とビーレフェルト大学との間に公式の協力関係が成立したので、われわれはいつも数名の日本の同僚や大学院学生をわれわれの大学に迎え入れることができるようになった。このような緊密な関係があるなかで、私が格別に嬉しく思うのは、大野教授と、かつてその許で学び、さいきんにはかなり長い期間にわたってビーレフェルトで研究した肥前栄一教授（東京大学）とが私のポケットブック『ドイツ帝国　一八七一―一九一八年』（初版一九七三年、四版一九八〇年）を日本語へ翻訳して下さったことだ。私はその労に対し深く謝意を表したい。翻訳はお二人にとって大変に難儀な仕事であったに相違ない。ヘーゲルやマルクスやヴェーバーや現代社会科学のさまざまな用語が入り混っているドイツの学問的隠語《ジャルゴン》を日本語に移しかえることは定めし容易なことではないであろうからである。翻訳の適切をはかるうえで疑問が生じたときには、われわれ三人は、原文が誤解されることがないように協力した。そのばあい私は著者として、沢山の問題をどれほどかもっと明晰に表現することができたであろうにと、改めて思い知らされた。それらの問題の表現のあいまいさを二人の日本の同僚はこのうえない鋭敏さをもって見付け出されたのである。

この書物は一九六八年から一九七〇年にいたるまでケルン大学において私がはじめて講義をしたさいのメモから生れた。それは、生産的であったが、また騒然としていたあの時代の精神によって強く刻印されている。歴史学的著作のばあいどうしてそれ以外であり得ようか！　さらにまたこの書物はあの大論争——すなわち、西ドイツの歴史学が、とくにフリッツ・フィッシャーの一九一一年と一九一八年との間のドイツの戦争目的政策についての研究によって持続的に駆り立てられて、一九世紀のドイツ史にまでどんどんと言わば後ずさりして行き、ドイツが国民社会主義の野蛮へ転落したことを合理的な論拠によって説明しようとしたあの大論争——の一部分となった。本書もまた終始このような意図によって規定されており、ドイツがヒトラーの国民社会主義という形で「急進ファシズム」（E・ノルテ）を経験した唯一の高度に発展した工業‐文化国であったという現象の歴史的根源はどこにあるのかという中心問題を、さまざまな観点から繰り返し追究しようとしている。

この書物ではしばしばテーゼ風に強調した形で回答を与えようとした。そこで、連邦共和国では一九七五年以来、本書の回答をめぐって活潑な論争が巻き起こり、最近には若いイギリスの歴史家たちも専門知識にもとづいてというよりはむしろ論争的にこれに参加している。この間に私はいくつかの批判的な異論に対して応答した（Kritik und kritische Antikritik, in : *Historische Zeitschrift* 225. 1977, 347—384. 手を加えて H.-U. Wehler, *Krisenherde des Kaiserreichs*, 2. Aufl. Göttingen 1979, 404—426 に収録）。論争に関心のあるひとは、右の論文および本書巻末の批判的文献の指示によってこれに通じることができる。

一八七一年と一九一八年との間の大プロイセン的‐小ドイツ的国家の歴史にかんするこのコンパクトな鳥瞰図

がいまや日本の同僚や学生諸君にも近づき易いものになったことについて、私は大野教授ならびに肥前教授に大変感謝している。本書ではたんにドイツという異国の問題が取り扱われているだけではないはずだと思う。また本書公刊の危険を負担して下さった出版社に感謝したい。私は以前から執筆中の一八世紀から現代にいたるまでの『ドイツ社会史概説』において再び帝国の時代を論ずる予定であるが、注意深い読者は、いくつかの判断や観点が——近年の批判的論争の影響をも受けて——変化したことに気付かれるであろう。しかし、私は次の基本的見解を保持し続けるであろう。すなわち、過去についての歴史的説明に成功するばあいにのみ、われわれは現代の緊急の諸問題に対し無防備に立ち向かわないですむのである。すべての歴史学の中心的課題のひとつは、われわれやわれわれの環境やわれわれの起源にかんして、まだ十分にこなされた知となっていない事柄についてできるだけ多くを明晰に自覚し、かくして思想と行動の合理性を高め得るようにすることである。マックス・ヴェーバーが抱いたこの至上命令に、私もまたきわめて深く共感している。ふたたび根本的な社会経済的ならびに文化的な変動のさなかにある日本や西ドイツの社会のごとき諸社会は、みずからの過去にかんする学問的研究をますます切実に必要としているかに見える。

一九八一年一〇月一日　ビーレフェルトにて

ハンス-ウルリヒ・ヴェーラー

編集者の序文

一国の歴史としてのドイツ史なるものは、諸国民が新しい歴史的‐政治的構成体へ――つまり、旧来の諸国家を揚棄する経済的、文化的、政治的な統一体へ、社会的のみでなく一種のイデオロギー的な統一体へ――入り込みつつある時代にはふさわしくなく、アナクロニズムであるように見える。こうした広域圏の諸形態はすでに独自の歴史をかち得ている。そこには広域圏それ自身の意識が発生している。国民国家と共に国民ならびに国民意識は消えつつある。そういったときに、ドイツ史なるものは何を意味するのであろうか。

ドイツ史なるものは方法的に見ても疑わしいものとなってしまったのではないのか。統一的なドイツ人の歴史なるものがかつて存在したことがあるのかどうか、という問題を別としても、旧来の歴史的対象に代って、歴史的によりもむしろ社会科学的に分析さるべき「構造」であるような社会経済的対象があらわれてきているのではなかろうか、という問いが投げかけられている。国民意識の消滅のあとを追って歴史意識の消失が生じると、主張されている。それゆえ重ねて問う、そういったときに、ドイツ史なるものは何を意味するのであろうか、と。

著者、編集者ならびに出版者は、右に素描した問題を繰り返し熟慮してみた。そして結局のところ、かつて起草した企画の原則的な正しさに勇気づけられるのを感じた。歴史的な関心が存在するのみではなく、新しい歴史に対する欲求が明らかに増大しつつあるのだ。

もとより、ドイツ史はもはや国民史としては叙述され得ない。連綿たる諸王朝の歴史も、旧来の意味における民族や国民の発展も、全体を貫く根本思想たり得ない。支配者の権力や栄光も、民衆の窮乏や零落も、誉れや神神しさも、嘆きや自己憐憫も、そうしたものたり得ない。むしろ、われわれのドイツ史は、啓発し討論するために、一般的な現象をドイツの事例によって示そうとする。このドイツ史は普遍史として展開し、それが一部分をなす世界史へ流れ込んでゆく。すべての時代にわたってヨーロッパ史との関連が明らかにされており、狭い「国民的」視座に対し一般史的な視座に優位が与えられるはずである。

したがって、ここではドイツ史をヨーロッパ史の一部分として叙述することが企てられている。しかしなお別の意味でも、ドイツ史は、ほとんど一度も狭義の「国民史」であったことがないのである。むしろドイツ史は部分史であったし、いまもそうである。その地域史的多彩さがドイツ史の豊かさをなしている。歴史的-政治的な「構造」や基本型、法制史的、国制史的、社会史的諸現象を従来よりも強く顧慮する要求を真剣に取り上げようと欲するひとは、つまり、持続的で、作用の長びくような諸現象を強調しようと欲するひとは、最近の地方史研究の成果を利用しなければならない。今日、ドイツ史なるものをあえて試みることができるかどうかという点よりは、むしろどのようにして試み得るかという点についてわれわれは深く考慮した。

最も広い意味における政治史が優先する。それが時代区分を規定する。ここに言う政治とは「元首や国家の行為」を意味するものではなく、社会的、経済的および法的な諸現象を――それらの相互連関によって編み上げられた諸現象を――包括している。歴史家が社会科学的方法をも利用することは当然であるが、それにもかかわらず歴史はあくまで独自の性質をもった認識の在り方である。ここで言う意味における政治史はそうしたすべてを統合し、事象の変動を認識することを教える。

このドイツ史は、年齢から見ても、政治的な経験や見解から見ても、いわゆる中間世代に属する者たちによって執筆されている。自明のことであるが、各人が担当の巻についての責任を負い、またその巻について自由に叙述している。著者や編集者はすべて、歴史によって火傷を負った子供であり、その対象に対して批判的にかかわり合っている。この点において彼らは一致しており、同様に歴史を叙述する意図においても一致している。われわれは個別研究の束や、実証主義の集成や、編著や、たんなる問題分析や事件史を提供するのではなく、今日われわれにとって歴史的に重要なものの造形的な叙述を提供するのである。その限りで、このドイツ史は教育的な意図を追い求める。それは学生や教師、またドイツ史について何事かを知り、ドイツ史から何事かを学ぼうと欲するすべての人びとを読者として予想しつつ、諸問題を物語り、諸概念を生き生きと思い浮べ得るように努めている。このドイツ史が前提とするのは、ただ読者が関心を抱いていることだけである。それは分析しかつ物語ることによって、素材と問題とを展開している。可能なばあいには随所で、いちいち典拠をあげて論証してはいないけれども、研究の現在の水準が認識され得るように叙述されている。

したがって、目標は広範に設定されている。つまり、素材を展開し、整序し、同時に貫き通るような歴史叙述が目標なのである。それはいつもまた、反省、評価ならびに啓蒙を意味している。

シュトラースブルク
一九七三年九月一九日
ヨーアヒム・ロイシュナー

ドイツ帝国

目次

ドイツ帝国　一八七一—一九一八年

ハンス－ウルリヒ・ヴェーラー

ハンス-ウルリヒ・ヴェーラー

一九三一年九月一一日生れ、ケルン、ボン、アメリカ合衆国オハイオ州アゼンスの各大学で歴史学と社会学を研究、一九六〇年にケルンでドクトル・フィロゾフィーの学位を取得し、一九六八年にケルンで教授資格を取得。一九六八―七〇年、私講師、一九七〇―七一年、ベルリン自由大学正教授、一九七一年以降、ビーレフェルト大学一般史正教授。一九七二年、アメリカ合衆国マサチューセッツ州ケンブリッジ、ハーバード大学客員教授。

著書。『ビスマルクと帝国主義』(一九六九年、三版一九七二年)。『歴史的社会科学としての歴史学』(一九七三年)。『アメリカ帝国主義の興隆一八六五―一九〇〇年』(一九七四年)。『帝国の危機源一八七一―一九一八年』(一九七〇年)。『社会民主主義と国民国家一八四〇―一九一四年』(一九六二年、二版一九七一年)。『近代化理論と歴史学』(一九七五年)。

叢書編集等。『新科学叢書』の歴史シリーズ(これまで三一巻、一九六六―七七年)。『ドイツの歴史家』(九巻、一九七一―八二年)。『歴史科学の批判的研究』叢書の編集協力(これまで五三巻、一九七二―八二年)。

序論

私の見るところ、今日、一八七一年に始まるドイツ帝国の歴史を、事件を物語る伝統的な様式で叙述することは、もはやできないように思われる。なんとなれば、ひとが一九世紀以来のドイツの歴史叙述に見られる表現や解釈のしきたりをなお固執し続けるならば、つまり、あの「政治」なるものについての狭隘な理解をこととする、支配的なツンフトの伝統の枠内で言いなりになって、歴史的社会科学の専門諸分野の間を分け隔ててきた――その事情が歴史的にのみ明らかにされ得るところの――境界を重んじ続けるならば、帝国建設より百年の後に、この帝国の批判的な総決算を試みるような、新しい書物を求めんとする当然な要求に応じることは困難であるからだ。実際この要求は、情報を説明し、経済や社会の発展の基本線を追究し、ここから政策決定過程をもまた明確にして、これらの発展や決定の諸条件や諸結果を問うことを求めているのである。だが伝統的な歴史叙述、つまり、事件史の年代記的な報告は、たんに異論をさしはさむ余地があるだけではなく、分析的な歴史に対する現代の関心にそむくものでもあるから、こうしたジレンマから抜け出すための正しい道は、一八七一年から一九一八年までの五〇年間のドイツの社会とその政治にかんして、問題関心に沿った歴史的な構造分析をすすめる点に見出さるべきであろう。

そのばあいに、中心となる諸問題や構造諸要因の選択は、自明のことであるが、認識を導く関心によって規定される。ここであらかじめそれらのうちの二、三のものについて言及しておこう。

1．第一は、一八世紀末の諸革命以後の現代ドイツ史の基本問題、つまりドイツ人の、なかんずくこの時代以後の、災いに満ちた特殊な道を明らかにすることにかかわっている。したがって、対比し得る諸問題をともなう西ヨーロッパ的‐北アメリカ的発展を過度に肯定的に描き出そうとは思わないが、ドイツ史固有の重荷について、成熟した責任ある公民の社会への発展に対立せしめられるにいたった――または本来そうした発展に対立していた――重大な障害について繰り返して問うことが重要である。つまり、はじめは自由主義的社会に対立し、次には民主主義的社会に対立する、目的意識的な、残念ながらあまりにも成功しすぎた抵抗、すなわちすぐさまに、あるいは後になってから、宿命的な帰結をともなった抵抗について問うことが重要なのである。とくに帝国においてますます重大になったこうした歴史的重荷を批判的に分析しないでは、ドイツ・ファシズムという破局へ向かう道を明らかにすることはできない。また、たとえドイツ現代史をもっぱらこうした国民社会主義の興隆と没落の視点だけから評価すべきではないとしても、しかしなによりもまずこの問題から出発することが不可避であろう。帝国の終焉後わずか一二年にしてヒトラーの「権力掌握」が目前にさし迫っていた。その説明を試みようとするばあいに、歴史的な次元を考慮しないで、すなわち帝国の歴史なしで、いったいぜんたいどうしてやってのけることができるであろうか。

2．第二にしかし――そしてこのことは問題を選び出すことと最も密接に関連しているのであるが――ここでは歴史学をひとつの批判的社会科学として理解している。この批判的社会科学はたしかに歴史のさまざまな「時間的構造」（R・コゼレク）を十分に考慮に入れるが、しかしなかんずく自覚的により自由な批判的な社会意識を強めることにも寄与せんとするものである。言い換えれば、ここでは歴史上の行為者がその時代の経験の地平で自己の行為について自覚していた意味が問われると共に、その歴史上の行為について今日の理論的視点のもとで想定し得る意味もまた問われるのである。後期歴史主義の幻想に対応していたような前者の課題のみでなく、両者の課題に歴史家は挑戦しなければならない。歴史学をこのように理解したばあい、歴史学が担う解放の課題は以下の点にある。つまり、イデオロギー批判によって、まといついている伝説の霧を突き破り、紋切り型の誤解を解消し、行われた政策決定の帰結または政策決定を怠ったために生じた社会的コストを鋭く抉り出し、こうしてわれわれの生活実践のために合理的な方向づけをなすためのチャンスを増大させ、こうしたチャンスを細心に吟味された歴史的経験の地平へはめ込んでゆくことが、それである。こうした意味において、「歴史は人生の《ヒストリア・マギス》学校である《トラ・ヴィテー》」という言葉が、ドイツという共同社会――いずれにせよ帝国もまた明らかにその歴史に属しているのであるが――における民主的市民の行動にとって、改めて真実であることを明らかにすることができるであろう。したがって、問題を分析してはじめて、さしあたってはまだ極めて一般的な見取り図に、より鋭い輪郭を与えることができるとしても、特定の問題を選び出して評価する立脚点を読者に対して曖昧なままにしておいてはならないであろう。歴史を「それ自身のために」営む、あの秘教的学派から、また、その時その時の現状《シュタートゥス・クヴォ》の洗練された弁護論をこととする現代の新歴史主義からも、われわれの立脚点は区別される。

　時間的に隔たっているということそれ自体だけで自動的に確実な判断を下すのに有利な展望が開かれると言うのは、広く流布されている誤謬である。なるほどしばしばそのように歴史叙述についてのえせ理論的な基礎づけが行われている。しかし、時間的な距離にかんするこうした説は、歴史理論が必要であることを隠蔽するにすぎない。解釈さるべき過去が、どのように隔たっていようとも、まったく同じことである。それは、科学的な現代史や歴史的社会学や政治学が、そうした錯覚に陥ることなく認識し得ている事実である。おおづかみに定式化すれば、以下の構造分析が組み込まれる座標系は、相互に関連し合う三つの群から成り立っている。つまり、

1．不均等な、しばしば攪乱されるが、しかし長期的な趨勢から見れば持続的な工業ならびに農業の経済成長。

2．経済発展の前提、随伴現象ならびに結果としての、社会全体やその諸集団や諸階級の——またこれらの内部や相互関係の——社会変動。

3．体制の擁護または体制の変革の優位のもとにおける、権力チャンスをめぐる闘争ならびに社会的な勢力配置の結果としての政治。行為を規定するイデオロギーの作用もまた、それがたとえ反ユダヤ主義や社会ダーウィニズムであれ、汎ゲルマン主義であれ、あるいはイギリス恐怖症であれ、右の三角形の内部で十分正確に規定され得るのである。また、現在が過去から説明され得るのとまったく同様に、しばしば過去もまた現在の助けを借りて、つまり、現代社会科学の範疇やモデル（たとえば、役割、ステイタス、準拠集団、人格類型）の助けを借りて説明され得る。これらは、歴史的な諸社会構造の分析に対しても、十分に高度の普遍性をそなえているので——時代に適合した概念の構成を求めるという当然の要請に応じても——これらの理論的な諸手段のもっている索出的な効用が失われてしまうことはあり得ない。

そのように言っても、これらの諸領域のうちのひとつの領域が優位に立つということについては、まだ何も言われていない。論理必然的に、その点にかんして、あらかじめ決定することは、とてもできない。「抽象的なものから具体的なものへの上向[1]」、理論的な基準シェーマから経験的な分析への上向によってはじめて、これらの諸群のなかでの重点の在り方の差異やこれらの群の相互連関もまた明らかにされ得る。しかし、本書では意図的に、政治的な支配体制が中心点にすえてある。それがこのシリーズの標榜する意図であるからだけではない。む

しろこの政治的な支配体制においてこそ社会経済的な発展過程と政治的な発展過程とが相互に絡み合いながら、社会全体に対して格別に多方面な影響を及ぼしているからである。そのばあい、われわれにとってひとつの中心問題をなすものは、新しい諸勢力の進撃に対する前工業的エリートによる伝統的な支配的地位の擁護である。——この防衛闘争は、これらの特権的な指導層の経済的基礎の侵食にともない、ますます険しくなっただけでなく、防衛が成功を収めたために、長期にわたってますます危険な緊張を生み出し、悪しき遺産を積み重ねたのであった。

こうした一連の基準的観点の他になお以下の三つの問いを付け加えることができる。すなわち、「帝国建設」問題、一八七一年から一九四五年までの連続性、さらにまた、それによって歴史的経過を評価するさまざまな価値基準のひとつとしての反対モデル、という三つの問題への問いがそれである。

1．個人心理学や社会心理学から見て、さらに同時代の発展途上諸国の歴史から見ても、個人や集団の歴史における造形的な端緒期のもつ文字通り根本的な意義については周知のところである。この局面において往々にしてその後の発展のための軌道が敷設され、行動の範型が刻み込まれ、社会的イデオロギーがしっかりと根を下ろす。国民のような社会的大集団も、とくに革命や建国の時代にはこうした刻印を受けるのであり、したがって、一八七一年のドイツ帝国もまたそうであった。オイゲン・ローゼンシュトック－ヒュッシイの隠喩を借りて表現すれば、そのばあい、「国々の上に」長い間それらの国々を蔽って「ただよい続ける」ような「精神的風土が形作られる」(2)。見まごうべくもなく、一八六六年から一八七九年にいたる新ドイツ国家の建設期もまた、こうした孵化局面の性格を帯びており、この局面でその後長く存続したところの多くのことが決定され、固められたのであった。帝国建設時代の状況の独自の性格、つまり、農業革命、産業革命ならびに国家形成の重なり合いについては、ただちに第一章でたちいって述べ、現代工業世界へ向かう苦しみに満ちた、しばしば塞がれた道程については、それに続く三つの章においてさまざまな観点から跡づけるであろう。しかし、これと関連していまここで、ひとつの原則的な考慮を払っておかねばならない。争うべくもなく、普遍史的な観点から見ても、工業化は現代世界の大きな原動力のひとつであるが、農業社会によって（またそのなかで）、工業化の展開に対して、基本的に、いずれにせよ長期間にわたって、影響を与えた、長期的に効果のある諸決定が事前になされていなかったかどうかが問題である。こうした見解は、ごく最近、一般的にはバリントン・ムーアの比較研究で、帝国ドイツの歴史にかんしてはとくにハンス・ローゼンベルクによって鋭く主張された(3)。あらかじめ言っておくならば、実際、ほかならぬドイツにおいても一八六六―七一年以後、重要な経済的、社会的ならびに政治的な諸決定が農業社会の指導エリートの利害に沿って下され、これらの政策決定がその後もずっとひき続いて帝国ドイツの工業社会の展開を規定していたことは、きわめて明白なのである。それどころか、この社会のはらむきわだった矛盾や「断層」の大部分は、まさしくその点に帰着せしめられ得るのである。こうした問題点は、帝国の基本的衝突のひとつとして、つまり工業国家の市民のとどまることのない政治的な動員に対する現状《シュタートゥス・クヴォ》の擁護という形で、しばしば論じられてきた。全体として見てフリードリヒ・エンゲルスの次の判断は、まったく正しかったと言ってよい。「すべての政府は、たとえどんなに自立的であろうとも……『究極においては』国民的状態の経済的必要のたんなる執行人たるにすぎ」ません。「政府はこうした課題をさまざまな仕方で――うまく、拙劣に、あるいは、まあまあどうにか――片付けるでしょう。それらの政府は経済的発展やその政治的ならびに法律的帰結を速めたり遅らせたりすることができるでしょうが、しかし結局は経済的発展にしたがうよりほかはないのです(4)」。ただひとは、経済的ということをただ工業経済的なこととのみ理解しないように気を付けなければならないであろう。なんとなれば国家指導部は、没落しゆく農業経済の要求をもまた疑いなく「経済的必要」として理解することができるし、また注目すべきことであるが農業経済が「時のたつにつれて《ア・ラ・ロング》」決して没落に「瀕する」ことのないよう、政治的に行動し得るからである。この点は今日にいたるまでそうなのである。

2・現代ドイツ史における連続性の問題は根本的には、第一次世界大戦における戦争目的政策にかんする論争以来ようやく再び真剣に討論されている。保守的な歴史家はそれまで、ヴァイマルやヒトラーのドイツと比較して、彼らの言によれば明るかった一九一四年以前の世界を擁護せんがために——ゲルハルト・リッターによる軍国主義論議のおしつぶしやカール-ディートリヒ・ブラッハーのヴァイマルの崩壊の解剖に対する当初の反応だけでもまあ思い浮べてみよ——自己批判的な討論を窒息させることに成功を収めていた。他の社会科学者たちもある種の短絡をもって、国民社会主義の主要因を、もっぱら一九一八年以後の時代に求めていた。ところで、歴史的な連続性を正当に中核概念として重視する歴史学にとっては、もとより断絶や新しい企てがあるとしても、この連続性の範疇を何千回も留保しつつやっとのことで適用したり、あるいは連続性の代りに非連続性を培養したりすることは、いずれにしてもふさわしくないことである。こうした物おじした態度にどのような理由づけがなされたとしても——それは大ていは多かれ少なかれ意識的な、あるいは、はっきりとした弁護論的な現実逃避《エスカピスムス》にほかならないのであって、この逃避は、国民社会主義の政治を、彼らのいわゆる正当でないドイツ史の所産として排除してしまおうとしたのであり、国民社会主義の政治をなによりもまず、ほかならぬドイツ史そのものに深く根差した連続性の結果として承認しようとはしなかったのである。あの「国民国家」や、あの「民主主義」や、あの「産業社会」の一般的危機というお好みの定式もこのばあいには、よく見れば、ドイツほど悪性ではなかった他の国々の誤まった発展との比較を、気安めの弁護論に悪用することにしか役立たなかった。国内的ならびに対外的な戦争政策をともなったドイツの急進ファシズムの問題は、争うべくもなく、西洋社会の一般的問題ではなくて、「なによりも一九三三年以前のドイツ社会の特殊条件の問題」(5)なのである。たとえ重要な諸条件のすべてではなくても、こうした諸条件の多くは帝国のうちに見出され得るか、もしくは帝国の政治の所産として捉えられ得るのである。ところが、お分かりのとおり、古い世代にとっては一八七一年の小ドイツ的大プロイセンは国民的願望の実現とみなされたのであり、多くの人びとには一九一八年後にいちはやく批判的な判断を下すことは困難であったし、さらに、帝制による帝国統一の時代を理想化し、この時代を一九一八年以後の、すくなくとも「第三帝国」の「堕落の歴史」から鋭くきわだたせようとする強い心理的要求が一九四五年以後にも存在したのである。こうした態度がもたらした結果はしかし、明らかに災いに満ちたものであった。今日批判的に回顧するならば、一八七一年から一九四五年までの——二、三の領域ではなおそれをも超えた——連続性が明瞭に目に見えてくる。この連続性の個々の発展の軌道、なかんずく本来の「危機源」(6)については以下にたちいって分析するであろう。

しかし、見まごうべくもなく、こうした連続性論議に対する疑念はまた、ドイツの歴史叙述における理論に敵対する態度や理論的な貧困とも関連していたし、現在も関連している。だが隣接社会諸科学の理論を利用し尽さないでは、政治的事件史も、ほとんど反省されていない史的な理解概念も、積極的に克服することはできない。政治的には大てい保守主義または国民自由主義の立場をとったドイツの歴史家の伝統的態度は、一八七一年以後に一種の集団的な心性という形をとり始めた。そしてこの集団的心性は、効果的な入門許可のメカニズムや防衛のメカニズムの助けを借りて、異説を唱える者を「ツンフト」から遠ざけ、ついで彼らの歴史像を「学問的な」ものとして評価することを拒否したのである。そうでなくても社会保守的な温床のうえで優遇されて繁茂する、彼らの科学理論上の保守的態度は、他面で研究上の新しいアプローチの仕方を受け入れることを妨げた。こうした互に補強し合う二つの過程は、いずれにしても、数十年にわたってドイツの連続性問題の批判的分析を阻止してしまう結果をもたらした。ついでに言っておくならば、これらの過程が大学の歴史家の国民社会主義に対する完全に無防備な態度や彼らのほとんど心のかっとうのない適応をもたらす結果を生じたのであった。一九三三年と一九四五年との間に見まごうべくもないほど明瞭になった事柄は、一九一四年以前のこれらの過程に根差していたのである。(7)

3．ドイツ史の現実史的な経過に対する批判的判断の基礎になっているのは、ドイツ社会の経済的近代化の進展に、社会諸関係や政治の近代化が随伴すべきであったと考える見解である。永続的な技術革命や制度的改造や社会的変化をともなう工業化に対応して、代議制団体をともなう、法的に自由で政治的に責任のある成熟した公民の社会へ向かう発展が生じ、この代議制団体の代表者によって政治に対する責任が担当されるべきであったと言うのである。一九一八年以前の議会主義化の問題や民主化の問題はすべて、このことと関連していた。一八五〇年と一八七三年との間の産業革命突破以後のドイツの政治の本来の課題は、したがって、ドイツを「意識的かつ究極的に近代的発展の軌道にのせ、その政治の状態をその産業の状態に適応させる」（F・エンゲルス）点にあった。しかし、一八七〇年以後の「ドイツの二人の最も有力な政治的頭脳」のうちで、エンゲルスだけがその点を肯定した。これに反してビスマルクはこれをおしとどめようとし、あまりにも成功しすぎて、ひどい結果をもたらしたのであった。(8)そのばあい、工業化は、経済主義的‐テクノクラート的な見方にしたがって、たんに発展のテンポを規定するにすぎない自律的要因として理解さるべきではなくて、社会‐政治的な文脈において捉えられるべきであろう。したがって民主化もまた、たんに一定の「遅れ《ラグ》」をもって工業化のあとを追って、ほぼ自動的に生み出される工業化の結果とみなすことはできない。民主化は社会的諸勢力によって闘い取られねばならないものである。けだし、民主化は、なによりもまず現代の社会経済的発展や政治的理念に適合的な制度であるからだ。

社会経済的発展と政治的発展との同時化は、このように必要であったにもかかわらず、帝国においては最後まで挫折せしめられた。もとよりこうした同時化が当時の力の場で総じて実現可能なものであったのかどうかは、なおたちいって吟味されるべきであろう。おそらくこの点に、つまり社会的な敵対者たちの現実の力関係のうちにドイツの政治の本来のジレンマが存在する。保守派の指導下での部分的な近代化は帝国の枠組みのなかでも可能であった。しかし、一九四五年にいたるまでの諸帰結をともなった、社会構造や権力構造の途方もない不均衡という代価がそれに対して支払われたのである。だがまさに、自由な精神をそなえた社会体制や国家体制の形成をともなわない、経済的にのみ成功した近代化こそが、長期的に見れば、平和的進化の道ではほとんど解決され得ない諸問題を投げかけているのである。帝国の瓦解の原因はここに求められるべきであって、ただたんに帝国指導部が国内の変革から逃れようとして、明確な意図をもって賭けた世界大戦に敗北したことにのみ求められるべきではない。帝国の終焉を定めた戦争の開始、敗戦ならびに革命は、平時に国家構造や社会構造を現代工業国家の諸条件に適応させることができなかったことの結果として生じたのであった。

I

一八七一年の情勢。農業革命、産業革命ならびに国家建設

すべての西洋の国民国家のなかでただひとつ、一八七一年のドイツ帝国だけが、プロイセンの軍事的な「上からの革命」のさなかに、六年以内に行われた三つの戦争から生れてきたのみでなく、それと共に、ドイツ農業革命が終結し同時にドイツ産業革命の突破が起こった時代に建設されているのである。根底的な意義をもった社会経済的諸変革が、中部ヨーロッパにおける新国家の編成の内外に及ぼす多面的な影響と重なり合っていた。この国家の本来の、歴史的に重大な問題性はこの点にこそ存在するのであって、「後発の」もしくは「未完成の」国民国家のはらむ危機という領域にすぐれて存在するのではない。なんとなれば、これらの発展のそれぞれが、それ自体として見るだけで、もう優にさまざまな問題を投げかけているであろうが、しかし、それらが合わさってこそ異常な複雑さを創り出したからである。六〇年もまえにすでにアメリカの社会学者ソースタイン・ヴェブレンはこの帝国建設の情勢を鋭い洞察力をもって次のように叙述した。一八六七―七一年に制度的にただ部分的にのみ改造されたにすぎず、その後もずっと伝統的な、いずれにしても前工業的エリートによって支配されていた社会へ、当時異例の速さで、西欧の最も進んだ科学技術が浸透して、社会的変化を促進した、と。伝統的社会の代表者たちがこの社会的‐経済的‐政治的構造変動に対してその後五〇年間にどのように反応したか、また、その敵対者たちがどのように行動したか、これが帝国史のひとつの中心テーマである。そのばあい、ひとはもっぱらアレクサンダー・ガーシェンクロンの一般的な説明モデルから出発することができるであろう。すなわち、それによれば、農業社会から工業社会へ向かう産業革命の「大スパート」が迅速かつ完全であればあるほど、その作用や随伴する問題はそれだけいっそう複雑で複合したものになる。したがって、ドイツは、一面では、高度に発達したイギリス－西ヨーロッパ的工業経済の諸要因を継承するにあたってなにがしかの「後進性の利点」を十分に享受したとしても、他面では、ほかならぬその経済的革命の成功が、社会的諸問題を異常に尖鋭化させるという明らかに避け難い勘定書をつきつけたのであった。(1)そうした問題の解決はどのように試みられたのか。この転換のコストは短期的に、または長期的に誰に負わされたのか。その利益は誰の役に立ったのか。そうした問題は、総じて当時そのもたらした結果ともども、何を意味したのか。また、その点を振り返ってひとはどのように評価し得るのか。

以上に素描した帝国建設の問題性から出発するならば、ひとはまず最も重要な影響、つまり、農業、工業およびプロイセン－ドイツの内政の発展について問わなければならないであろう。

1・農業革命と地方土地貴族の指導層

ドイツの農業革命は――わが国では大てい「農民解放」という誤解を招き易い概念によって蔽い隠されているのであるが――一八世紀末に始まり、一八〇七―一一年以来の法的改革によって促進されて、その最終局面では一八四〇―四七年から一八七六年までの持続的な高景気で終った。その結果は農業の構造的改造であり、この改造は――法的に形式が与えられ、かつ助成されて――土地改良の領域における近代化措置や合理化措置とあいまって、巨大な生産力の向上をもたらした。最終的な景気の波頭でなおいま一度、土地所有貴族の権力に慣れた伝統的エリートの自意識と力の自覚とが高まった。繁栄する農業という外見的に安定した経済的基礎に立って、土地所有貴族は、帝国建設時代の国内紛争のなかで行動し、第二の革命たる産業革命の代表者である、市民たちの競合に対して、その歴史的に確保されてきた指導権を強めたのである。

沢山の新法規によって、世紀の交以来、経済的および法的な処分の自由に対する伝統的な荘園領主《グルントヘル》的、農場領《グーツヘ》主《ル》的、裁判領主《ゲリヒツヘル》的、体僕領主《ライブヘル》的、および保護領主《シュッツヘル》的な束縛や制限が形式上は漸次に取り除かれるか、またはすくなくとも減少せしめられていた。換言すれば、土地法（占有《ベジッツ》、賦役《フローン》、貢租《アブガーベ》）、対人法（農奴《ライブアイゲンシャフト》制ならびに世襲《エルブウン》隷民性《ターテーニヒカイト》）および紛争調整（裁判権《ゲリヒツバルカイト》）の領域では、封建的‐人格的な支配構造の時代に由来する領主権は、変更され、それどころか時としてはすでに廃止されてさえいた。しかし、農村住民の以前に劣らず抑圧的な事実上の従属は除去されなかったのである。こうした長く続く変容過程はいくつもの目的観念によって規定されていた。その過程を促進した直接の動機はナポレオン戦争がもたらした窮状に由来していた。すなわち、賠償支払いや戦時財政は容赦なく国家収入の増大を要求したが、これは上から操舵された経済の近代化、つまり何よりもまず農業近代化によってはじめて達成され得たのである。収益と利潤との極大化を促進すべく、農業は競争経済へ改組された。けだし、国家の経済政策は労働エネルギーを解放し、利潤追求を新たに刺激し、生産能力を支援することによって最大の利益を獲得しようと望んだからである。さらにそれと同じ時代に、ドイツの大領邦、とくにプロイセンが、成功の見通しをもって列強の競合に加わろうと欲するならば、総じて近代化はそのための不可欠の前提をなすであろうという考えも拡がっていた。最も影響力のある利益集団たる土地貴族——その意志に反しては農業法は決して制定され得なかったのであるが——の観点から見て、この農業法は多くの利益を提供した。つまり、農民保護の廃止、わずらわしい義務の撤去、賃労働による効率の向上、さらに、なかんずく直接に利用し得る所有地の拡大がそれである。そのさい、後期絶対主義国家は信用機関を助成したり、納税上の特典を与えて、その「国家の藩屏たる」階層を最大限に支援したのだが、これとは逆に農民は一八五〇年まで援護されることがなく、貨幣の支払いや土地の割譲という高価な代価を払って、領主権から解放されねばならなかった——あるいは解放されることさえできなかったのである。いまや漸次に農民地を犠牲にしてとくに東エルベに発生した広大な農業大経営のシステムは——一八一一年から一八九〇年までに農場面積は三分の二も拡大した！——土地改良の措置や合理化の推進からも最大の利益をひき出していたが、このシステムは急速に増大する国内人口をなんとか扶養することができたのみでなく、ますます大量に農産物を非常に儲けの多い輸出へ——ことにイギリスへ、わけても一八四六年に行われた穀物関税の廃止以後のイギリスへ――振り向けることもできた。これらの輸出指向の農業大生産者にとっては自由貿易は最適の外国貿易政策と思われたが、これに反して「保護関税は封建的サークルのなかでは闘争相手の都市ブルジョアジーの誤謬とみなされたのである」(2)。農産物の価格構成から一八四〇年代はじめ以来の繁栄を読み取ることができるだけではない。地価も一八七五年前の五〇年間に三倍に騰貴した。農業革命の量的効果は、さらに一八一六年と一八六六年の間の半世紀のプロイセンの耕地の倍増（総面積の二六・五パーセントから五一・四パーセントへ）ならびに、荒れ地の四〇・三パーセントから七・一パーセントへの低下によって文字通り目に見えるようになった。また、一〇〇対一九四の比率で増加した利用地での収穫は何倍にも増えたのに、人口は「わずかに」一〇〇対一七三の比率で増加したにすぎない(3)。こうした目に見える供給能力や輸出能力の基礎にあったのは飛躍的な生産性の向上であって、それが、大土地所有者を一八四〇年から一八七六年までの間に「彼らの経済力の歴史的頂点」（H・ローゼンベルク）へ導いたのであった。こうした事態と結び付いていたのは一方では購買力の増大であった。つまり、農業社会の市場は、手工業や工業の製品を消化する能力を拡げたのである。他方では右の事態と結び付いて、貯蓄力もまた増大した。つまり、輸出業務に立脚する資本蓄積は、直接には、不断に資金を必要とした農業に役立てられたが、しかし同時に農業経済もまた間接に、おそらくはとくに私有財産と遠隔地商業の資金との増加ならびに税収の増大によって、初期的工業の資本形成のために寄与したのであった。こういった資金が工業化過程へ投下されるように投資の流れを誘導するためには、いまではもう株式会社という創意に富んだ法的構成がありさえすればよかったのである。

さいごに――なお重要な結果をひとつだけ取り上げておくならば――労働義務から個人的所有へ、隷民性、さらには農奴制から形式的独立へ、賦役から賃労働へ、また僕婢《ゲジンデ》強制からなかんずく結婚許可の廃止へ、という移行をともなう法的事情の質的な変化が、ほかならぬドイツの北東部において、もはや土地に緊縛されない小農民層や下層農民層の巨大な出生増加をもたらしたのである。プロイセンの人口はおよそ、一八一五年から一八四〇年までに三七パーセントだけ、一八四〇年から一八六〇年までに二六パーセントだけ（一二五〇〇万人から三八〇〇万人へ）増加した。伝統的な職業における仕事口の増加が取るに足らなかったために、また同時に、労働力の過剰にもとづいて仕事口の価値が低下したために、一八五〇年前に何十万ものドイツ人が――一八五〇年から一八七〇年までには二〇〇万人もが――国外へ移民しただけでなく、さらにはるかに多くのドイツ人がそれ以来、初期工業上の密集中心地や工業地帯へなだれ込んだのであった。つまり、彼らは、さしあたって不熟練労働力の流動的な産業予備軍を形成したのであり、工場経営は熟練労働者のほかにこうした不熟練労働力をますます必要としていたのである。人口増加、消費増大、資本蓄積、都市化、および初期の国内移住は、したがって、密接な機能上の関連をもって農業革命と結び付いていた。この意味で、ドイツの農業革命の成功は、ドイツ産業革命の本質的な前提諸条件のひとつなのである。

一八四八年革命のショックの後にはじめて、古い封建法上の諸義務の償却が終った。一八一一年から一八四八年までにプロイセンの農民約七万人が土地割譲により、約一七万人が貨幣支払いによって解放されたのに対して、一八五〇年から一八六五年までの間だけで、約六四万のプロイセンの農民が、六三〇万の畜耕賦役日と二三四〇万の手耕賦役日とを買い戻して自由になったのである。これまではただ大土地所有者だけが騎士階層の「地主金融組合《ラントシャフト》」の信用に頼ることができたのであるが、いまや新しい国立の地代銀行が農民を助けた。しかし、地代銀行は、同時にまた、償却金額でもって大土地所有者の流動資産を増加させた。たしかに、これらの大土地所有者は、一八〇七年以降の法律の変化の結果、「貴族の世襲身分」から、「任意に譲渡し得る土地所有権をもった貴族、資本所有者であり農場経営企業家であり雇用主でもあるという流動的な経済階級となった」。けれども、貴族の中核階層は、その後も、「同時に排他的な封建的職業身分」を形作っていたのであって、一八四九年以後も、相変らず優先的に、国家の援助を享受していた。つまり、一八五二年に新世襲財産《フイデイコムミス》法が導入され、一八五三年にプロイセン貴族院は貴族の支配領域となり、同年に地方自治の芽生えはその後四〇年間にわたる後戻りをさせられ、一八五六年には農場領主《グーツヘル》の警察権が復活させられたのであった。一八五六年現在それぞれ約五〇〇ヘクタールをもつ一万二三三九の騎士身分があり、郡会への代表資格のある農場のうち、依然として七〇二三は貴族のものであり、五〇〇〇ヘクタール以上の大土地所有《ラテイフンデイエン》はまったく貴族のものであった。漸進的な「土地貴族の農業事業家という近代的企業家階級への転化」がいわば忍び寄るように遂行されたけれども――一八八五年に東プロイセンの農場のうちわずか一三パーセントだけが五〇年以上にわたって同一の家族に属していたにすぎない――、貴族の農場主や、将校や官僚の貴族という伝統的な支配者層は、経済問題において彼らの利害を防御したのとまったく同じように激しく、かつきわめて有効に、彼らの社会的ならびに政治的な諸特権を擁護した。つまり、一八六一年まで騎士領の地租の完全な免除が、一八七九年まで農業輸出のための自由貿易が維持されたままであったのだ[4]。伝統的な支配者層は、公式の政策決定の中枢のひとつである宮廷へ直接出入りし、本省官僚や外交や陸軍の上層のうちに、彼らが揺がない優勢を占めていたおかげで、革命後の国家においても、「三本の支柱」を、したがってまた、権力の槓杆を、最も重要な諸手段と共に、その権力の擁護のためにコントロールした。農業革命という経済的基礎がなかったならば、古い支配者の地位をこのように主張することは、とても考えられないことであったろう。経済的に成功を収め、革命にもかかわらず社会的ならびに政治的に再びかなり確固とした地歩を保って、貴族の指導層は一八六〇年代へ進んでいった。プロイセン軍事国家およびビスマルクの政治がなしとげた成果は、繁栄し、権力と威信に慣れ、一八四八年には強まった懐疑を追い払いつつあった、前工業的エリートの役に立った。彼らは、市民層に対しては、ただ工業経済の領域においてのみ最上席を許したにすぎない。

2. 産業革命と都市市民層

初期のドイツの工業化もまた、一部は農業と同様に自生的に展開したが、しかし一部は、一八〇七―一五年の句切りののち、国家を率いる指導集団の自己主張と、成果をあげようとする努力とのために用いられた意識的な近代化方策の結果でもあった。重要な推進力は、はじめから、国有の模範経営ならびに国家に助成された企業に発していた。というのは、それらは最新の機械や長期的な注文や買い取りの保証などを有していたからである。それらは、若い民間工業の漸次に拡大してゆく海上に点在する計画経済の島をなしていた。一八四〇年代のはじめに工業成長率ははじめて急激に上昇したが、しかし、一八四五年から一八四七年までの農業および工業の恐慌や、一八四八―四九年の革命や、一八五〇年までの戦後不況の結果、ひとは一八五〇年代のはじめにようやく確信をもってドイツにおける産業革命の突破の日付を記すことができる。通常の語義にしたがって、ここでは革命とは、熱病的な、加速的な、短命の過程として理解さるべきであって——工業化の代りにいつも産業革命が使用されている論説に見られる、ひとを惑わす空虚なきまり文句のように——百年以上にわたる発展として理解さるべきではない。したがって、発展のかかる重要な一時期のための時期区分の問題が格別にさし迫って必要なものとなる。工業化過程の争う余地のない連続性のなかから、こうした「激烈な成長の一時期への工業化過程の特殊な圧縮」（ガーシェンクロン）[5]をきわだたせ得るためには、ひとはどのような指標によって研究方向を定め得るのであろうか。

経済はひとつの社会的な相互作用の過程である。したがって、産業資本主義という歴史的に特殊な事象が発生するように生産手段が投下され利用され得るかどうかについては、社会的な諸指標が決定する。社会構造と社会的行為諸規範とが許すばあいにはじめて、近代的科学技術や工場生産が普及し得るのである。基本的な技術的改良、すなわち、人間の熟練や力の力学的‐機械的な器具による代替、素材加工の機械的器具による改善等は、それ自体としては、ただ潜在的にのみ革命的な作用をもつにすぎないのであって、作用が解き放たれるのはある一定の社会的事情のもとでだけである。政治的支配が経営内で模倣され、国家の特権付与によって経営内に非啓蒙絶対主義を再生産することを可能にしたかどうか、企業が純粋に経済的な営利追求の場となり得るかどうか、経験的‐手工業的に獲得された革新や科学上の革新を持続的に科学技術上の進歩へ移し換える用意が存在するかどうか、工業労働者層が募集されて、新式の工業的作業方法のために訓練され得るかどうか等、こうした点については、一定の社会的事情が決定する。ほかならぬこうした、よく訓練された労働力の貯水池の創出という決定的な過程、さらにまた内部市場や外部市場の拡大、そして資本蓄積の促進等もまた、社会構造の一部としての国家の援助なくしては、どこにおいても進行しなかった。いっさいのこうした重要な前提諸条件の決定については、ここではただ、指示することができるにとどまる。それらはなかんずく前巻の対象となるであろう。したがって、工業化テンポの上昇を規定した他の——部分的には散漫であっても——重要な諸条件についても、ここでさらに詳しく述べる必要はない。たとえば、文化的規範や企業家の社会的威信の変化、技術革新を歓迎する気分の増大や科学技術過程そのものの変化、資本や資本所有者に対する法的特権の付与、他面では、長い間労働がなんら保護に値する所有権とならず、危険負担の思想が（その代償としての利潤を含めて）ただ資本にだけ関係づけられて、作業場や労働力消耗に対しても関係づけられていなかったこと等々、がそれである。このような諸条件について は、ここではただ、世紀の中葉にそれらが十分に実現されたように思われること、したがって、近代化の過程を決定的に促進するために、有利な全社会的な、つまり、社会的、制度的、ならびに理念的な諸前提が、すでに存在していたか、あるいは、まもなく創り出されたということだけに言及しておこう。

狭義の経済的諸指標に限って言えば、ひとは成長研究ならびに経済史の一種のコンセンサスから出発することができよう。このコンセンサスとしては、工業経済において（つまり農業部門を除いて）すくなくとも次の三つの過程が中心をなす。すなわち、(1)国民総生産の、したがってまた一人当り所得の急激な増加。(2)戦略的に重要な工業における成長率の急上昇（グラフにあらわせば「曲線の屈折《キンク・イン・ザ・カーヴ》」、成長曲線の上昇屈折)。(3)国民経済の純投資の、国民純生産の一〇―一二パーセントへの増加、がそれである。

こうした予備的な考察から出発するならば、ドイツの発展にかんして以下の点を確認することができる。つまり、一八五〇年までに、社会的な変動、法的な改革や制度上の変化、自生的ならびに計画的な、とりわけまた模倣による経済成長、気乗りのしない助成や政治上のはるかな目標などが、あいまってあたかも有利な出発諸条件が積み重るような仕方で、作用したのであった。一八五七年にいたる最初の強力な波動のなかで、いまや、ドイツ産業革命の高景気が実現した。工業（ならびに全体）の経済成長率ははね上がり、投資財や消費財の生産は倍加し、外国貿易は一三〇パーセント伸び、毎年の概算純投資率は八パーセントへ、ついで一〇、さらに一二パーセントへ急上昇し、一八七三年までその線を維持していた。戦略産業たる製鉄所や鉱山や機械製作所は、急速な発展を示した。二五〇パーセント増加した関税同盟の銑鉄生産の価額は、一八四八年の二四〇〇万マルクから一八五七年の六六〇〇万マルクへ上昇した。一三八パーセント増加した石炭生産の価額は、二五〇〇万マルクから六二〇〇万マルクへ、金属鉱業と石炭鉱業とを合計した生産価額は四五〇〇万マルクから一億三五〇〇万マルクへ上昇した。ドイツでも、鉄道建設は工業化の決定的に重要な主導部門であることが明らかになった。一八五〇年から一八六〇年までに、その路線は約六〇〇〇キロメートルから約一万一五〇〇キロメートルへ倍加した。ドイツの機械製作工場は、車輛や機関車に対する注文の獅子の分け前（三分の二以上）を、たっぷり獲得することができた。一八五八年にボルジヒは千輛目の機関車を供給した。プロイセンの鉄道の貨物運輸は七倍となった。この先導部門《ライトセクター》から出た波及効果は、鉄生産や石炭生産、機械製作や沢山の関連経営を牽引していった。

たしかに、一八五七年に、ドイツをも捉えた最初の世界経済恐慌がこの発展を一八五九年まで中断したが、しかし、その後景気は回復して、一八六六年の短いリセッションにいたるまで持続し、さらに、一八六六年から一八七三年の第二の世界経済恐慌にいたるまで、あらためて未曾有の高景気へ拡がっていった。一八六六年に一〇〇万トンの銑鉄が、一八七〇年に一五〇万トン、さらに一八七三年にはすでに二二〇万トンの銑鉄が生産された。石炭生産は、一八六〇年から一八七〇年までに、一一四パーセントだけ、二六〇〇万トンへ（フランスの採掘高の二倍へ！）上昇した。鉄道網はまたもや、この一〇年間に、約一万九五〇〇キロメートルへほぼ倍加し、ひき続いて、一八七〇年から一八七五年までの間だけで、さらにもう一度約二万八〇〇〇キロメートルへ倍加した。一八五〇年から一八七〇年までに、鉄道貨物運輸において、トンキロメートルで二一倍の増加が生じた。交通制度のこの部門は、依然として、最も重要な工業の先導部門《ライトセクター》であって、三〇年間にわたって急速に前進し、他の工業部門の発展を呼び起こしたのであった。

労働者一人当りの年々の生産実績は、一八五〇年から一八六〇年までは八・五パーセント上昇したが、さらに、一八六〇年から一八七〇年までに技術上の装備が改良されたために、四二パーセントも上昇した。一八五〇年代に名目賃銀も増大したが、最も重要な消費財の著しい価格騰貴のゆえに（一八五〇年から一八五五年にかけて、馬鈴薯は一二五パーセント、ライ麦は一五〇パーセント、小麦は一〇〇パーセント騰貴した！）、まだ実質賃銀を永続的に改善するにはいたらなかった。しかし、一八六六年から一八七三年にかけて、生計費の増大が賃銀の上昇を下回っていたので、ようやく実質賃銀が労働者の収入を目に見えて引き上げたのであった。(6)

一八六〇年代にはまた、新しい工業労働者層が、もっと以前からあった団体と結び付いて、政党や初期形態の労働組合へ組織され始めた。一時的に競い合ったのち、一八七五年に、ラサールの労働者協会は、ベーベルとリープクネヒトのアイゼナッハ派と、ゴータで合同して「社会主義労働者党」となり、この党のなかで、マルクスの解放理論ならびに闘争理論が漸次に浸透していった。したがって、ドイツ産業革命の末期において、労働者層は、原理的に階級を等しくするものをすべて、来るべき政治的ならびに社会的な衝突にそなえて、結集すべきだと主張する政治的代表組織を得たのである。もっと以前から、架橋され得ない利害対立があったために、労働者層はブルジョア自由主義とは決裂していたのであった。好況に恵まれて、工業労働者は、そのときまで、ますますストライキの助けを借りて労働争議を効果的に闘っていた。一八六四年から一八七三年までに九〇三件のストライキが生じ、そのうち、一八七一年だけで一八八件、一八七二年に二一五件、一八七三年には二五五件もが生じ、合計六三一件のストライキが帝国成立の最初の三カ年間に生じたのだ！　ここにも、国民総生産の配分や平等思想の実現をめぐる、現代的な紛争――三月前期以来「赤い妖怪」について語っていた、有産‐教養市民層によって、その後ずっとさし迫る社会革命の予兆として捉えられた紛争――のひな型がくっきりとあらわれていた。

古典的モデルとしてのイギリス産業革命から出発するならば、ドイツ産業革命もまた、イギリスにおける最初の達成に対応する代替的な解決を見出さねばならなかった。というのは産業革命はドイツでは同じ形では実現され得なかったからである。一八五〇―六〇年代に成立しつつあったドイツの大銀行は、イギリス帝国の首都に集まる巨額の資金に代る、こうした代位機能を引き受けたのであった。ドイツの大銀行は、預金銀行の任務と長期工業金融の任務という、イギリスではしばしば分離されていた二つの任務を、はじめから、結合していた。かかる綜合銀行として、ドイツの大銀行は、株式制度の助けにより投資先を求める資金を動員して、工業へ導いたがゆえに、「ドイツの工業化における戦略的要因」（ガーシェンクロン）となった。それらは、重工業の創設を調整し、やがて大銀行が代替する私経済的な計画化という意味で経済の重要な諸部門をコントロールし、国の相対的後進性を急速に克服することを助けた。それと同時に、ドイツの大銀行は、銀行集中の初期的過程のなかで、支配的《ホッホ》金融《フィナンツ》勢力の強力な寡頭支配へ結集し、この寡頭支配が、さらに大銀行の「プロイセン・コンソルティウム」を通じて国債を規制し、その後ひき続いて、特徴的な程度にドイツの経済発展全般を共同で決定した。そのさい、七〇年代はじめ以来、なかんずく、いわゆるD銀行（ディスコント・ゲゼルシャフト、ドイツ銀行、ドレースデン銀行、ダルムシュタット銀行）が主導権をにぎった。これが「金融資本」という表象の基礎にあった現実史的な経過である。

　イギリスにおいて手さぐりで生成していった科学技術上の発展に対するギャップを埋め合わせたいまひとつの要因を創り出したのは、なかんずく長期的に見て、教育制度の合目的的な整備であって、それは、おどろくべき程度に「人的資本」を用立てたのである。たしかに、ギムナージウムや大学は相変らず教養貴族的‐人文主義的原理を遵守しており、こうした原理は卒業生たちをとくに日常の経済闘争に向けて準備させるものではなかった。しかし、それにもかかわらず、ただたんに、急速に、官房学ならびに国家学（経済学および法学）と工業経済との間に密接な結び付きが生じただけでなく――ウンルーやハムマッハー、ミーケルやバムベルガーその他のような人びとを想え――比較的大きなドイツの諸邦はまた、一八二〇年代以来、技術‐工学上の教育施設や工業学校を設立したのであった。一八二一年にボイトのベルリーン工業インスティトゥートが設立された。一八二五年、二七年、三二年にそれぞれ、フランスの模範にしたがって、カールスルーエ、ミュンヒェンおよびシュトゥットガルトに綜合技術学校が設立された。続いて一八二八年にドレースデンの技術教育学校が生れた。さらに、手工業的な知識の伝達を主目的とする職業学校や工業学校が付け加わった。だが全体として、これらの学校では専門家集団、技術者の幹部が育成されたのであって、彼らがその後一八五〇年代以来、工業化を共におし進めた。科学が第一級の生産力へこのように発展したことや、教育投資や教育効果について、たとえ従来詳しく知られていなかったとしても、計画的な科学的計算が比較的早くから非常に力を発揮したので、一八九〇年代の分水嶺までに、科学技術上の革新の導入に立脚する工業経済の成長過程は、事実上、また、ますますいっそう、科学的思考の実際面への適用にもとづくようになっていた。一八七一年まで欠けていた国内市場に代るものとして、また、比較の観点から見て、すくなくとも幾分かはイギリスにおける外国貿易に代るものとしても、一種の代用物を関税同盟が創り出した。一八一九年と一九一八年との間の一世紀にわたる一三〇の双務協定や多角協定のこの束は、たしかに往々にして過大に評価されているが、しかし他面で、成功した工業化にとって価値のすくない前提条件にすぎないものと、決して目されてはならない。関税同盟は、一八七一年以前に、加盟諸邦にとって、収入の増大や管理費の低下のおかげで、財政的に有利な企てとなった。関税同盟は、通貨協定や新商法による法律や通貨の調整を促進した。また有利な通商条約を締結し、対外的な関税保護や無税の河川航行や関税のすくない内部市場を達成し、この内部市場から長期的に強力な刺激が生じたのである。争う余地もなく、プロイセンの指導勢力が一八二〇年代以来変ることなく、この関税同盟政策の主な利得者であった。すでに一八二九年にミュンヒェン駐在のフランスの一外交官は、関税同盟政策を大げさに、「宗教改革以後の最も顕著な影響を及ぼした成果のひとつ」であると言い、この「巨大な体制」のなかで、プロイセンは前代未聞の権力を獲得するであろう、と述べた。「プロイセンの優位」が決定的であることについては、メッテルニヒもあえて疑問をさしはさまなかった。けだし、ドイツ連邦のなかに、いまや、「小さな副連邦が、最も完全なる意味における国家のなかの国家《シュタートウス・イン・シュタート》が」発生して、「これがはやばやと、その目的をみずからの手段によって優先的に追求するのを常とするにいたるであろう」からである、と。(7) これは実際に核心をついていた。それをうち砕こうとする試みは、ヴィーンから、本気でなされなかった。しかし、ヴィーンは、二回にわたってこの「副連邦」へ侵入しようと試みた。一回目は、一八四八年の革命ののちに、ブルックとシュヴァルツェンベルクのもとで試みられたが、その後四半世紀有効であったところの一八五三年の通商条約以上のものを達成することはできなかった。加盟交渉は、さしあたって、一八六〇年まで引き延ばされた。ひっきょう、ベルリーンのこの経済政策上の成功は、プロイセンが一八五〇年にオルミュッツで経験した外交的敗北を十分に埋め合わせたのである！　オーストリアの二回目の襲撃が、レヒベルクのもとで、一八六二年と一八六五年との間に再び失敗に終るより先に、一八六二年の周知の普仏条約がプロイセンの優位を確証した。したがって、ハープスブルク帝国は一八六六―七一年以前に通商政策の面で競争に敗れただけではない。産業革命がプロイセンにおいて一八五〇年以来全面的に遂行されつつあったので、この国は、ハープスブルク帝国とは比較にならないほどの工業成長のダイナミックな力や優勢なリードをも保っていたのである。それゆえにまた、反プロイセン的、大ドイツ的自由派にとって、彼らの計画が挫折した一〇年のちにも、プロイセンがやはりドイツ連邦内の二つの競合者のうち本来的に近代的な国家であると考えられたとしても、それは決して不当ではなかった。それでもなお、ひとは、関税同盟から帝国にいたる必然的な、直線的な発展を構想しないように用心しなければならない。新しい政治的ならびに軍事的な力試しのための余地が、もとよりきわめて限られたものであったとはいえ、残されていた。プロイセンが工業国として獲得したものは、まだ、一般的には承認されていない、不確かな優越であったにすぎない。しかし、歴史的な展望のなかでみれば、プロイセンは、産業革命のなかで、その時からずっと永続的に膨張する経済システム——その長期的趨勢は、たとえ不均等であっても、変ることなく持続的な成長であった——という継続的発展への決定的な飛躍をなしとげていたのであった。

3. 内政。反動、自由主義ならびに憲法紛争

こうした発展を主に担った二つの社会階級たる市民層と労働者層とのうち、市民層は、一八四八年に共同で政権を担おうとしたときに——彼らはいずれにしても、ドイツの何処においても単独で政権を担おうとしなかった——衝撃的な影響をあとまで残す敗北を蒙っていた。したがって、土地所有者という「第三の基本的階級」(マルクス)(8)は、わけても土地所有貴族は、いま一度、自らの地歩を固めた。しかし、農村での蜂起、手工業者の暴動、初期プロレタリアートの諸要求が示したごとく——、大衆もまた動き出したので、一八五〇年代の安定化を目指す最も重要な保守的諸法規は、ヘルマン・ヴァーゲナーが公然とユンカー支配の強化を勝ち誇って述べたように(9)、まったく「勝利しつつある反動の刻印」を帯びていた。しかし、このユンカー支配は従属諸階層に対する温情主義的な補償政策とも結び付いていた。必要に迫られて、指導諸集団は、農民や手工業者や工業労働者やそれらの子供のための一連の福祉措置を施行したのである。三〇年のちにはじめて、彼らは、この時と比較し得るような譲歩を再び強いられたのであった。内政上の抑圧と若干の重大な社会的損傷の公権的な「埋め合わせ」とは、独特の対照をなしつつ、急速な経済的自由化と結び付いたのであって、この自由化により、工業や市民的興隆へ流れ込んだエネルギーの大部分が解き放たれた。挫折した革命からの一定の時間的隔たりののち——この隔たり

は、一八五八年以来のヴィルヘルム王のもとでの、自由主義的な統治のコースへ向かうと憶測された「新時代」への移行によって強調されていたのであるが――、たとえ、社会的かつ政治的にはきわめて異質であっても、経済的には途方もなく成功した産業市民層が、「進歩的な」実業家、名望家、手工業者、官僚、要するに、中間層の自由主義グループといっしょになって、いま一度、政治的要求を告げたことは、ほとんど必然的なことであった。産業市民層によってたくらまれたわけではないが、プロイセンの陸軍改革をめぐる争いは、「憲法紛争」に、結局は、市民的議会主義と後期絶対主義的権威的軍事国家との間の新しい一般的な力比べになった。そして、再び市民層は挫折した。したがって、憲法紛争は、プロイセンの内政において、さらにそれと同時に、ドイツ史においても、第二の大きな転回の標識なのである。けだし、プロイセンは後に帝国のほぼ三分の二を占めたからである。この結末が市民層の政治的無力を確定した――一九一八年にいたるまで。一八六〇年に提出された新しい軍事法が、ローンの率いる陸軍省の――市民層も同意して受け入れていた――技術的な再編計画の範囲を逸脱したときに、対決が始まった。それどころか、次の点もまた明らかになったのである。1．同様に市民層の異論なしに引き上げられた平時現有兵力の枠内での、従来のごとき年々四万の新兵に対してではなく、年々六万三〇〇〇の新兵に対する三年兵役義務の法的確定によって、社会全体《ゲゼルシャフト》の社会的《ゾツイアール》軍事化の意味における国内的な規律化という問題が生じたこと。および、2．常備軍拡充のための後備軍の急激な弱体化は、シャルンホルスト＝ボイエン改革の目指した本来の市民軍を破壊することになること。超過費用は邦議会により承認されたにもかかわらず、結局兵役期間の問題および後備軍の問題における、陸軍省と旧自由主義的多数派との間の対立は、架橋し得ないことが明らかになった。これに対して、軍部カマリラは、巧妙な戦術をとって、紛争を、国王の軍隊かそれとも議会の軍隊か、という二者択一へ尖鋭化させて、いまや、国王をして改革を、憲法上代議制機関の一切のコントロールから独立した、絶対主義的な、実際には封建法的な至上の「大元帥」の統帥権の対象であると言明せしめ、それと共に、しかし、総じて法的規制の必要を否認せしめることに成功した。国王はまったく歯に衣を着せないで、軍事機構はいっさいの市民的な議会の影響力を受けないようにさせるべきであると、主張したのである。その時以後、軍制の原則的問題、したがって、国家内の軍隊の地位、つまり、国家制度一般が、いま一度討議に付された。この原理的な争点は、軍部によりいちはやく認識されていて、なによりもまず、国家最上層部の職業軍人の心的態度のゆえに、ひどく脚色された。論争のなかで、邦議会の旧自由主義的多数派は分裂した。新しく成立した「ドイツ進歩党」は、一八六一年の一二月選挙後に――多数の自由主義的な官僚を含めて――最強の議員団として衆議院へ入った。一八六二年三月に、自由主義的な大臣たちは、ローンがいまや妨げられることなく支配していた政府から退けられた。とても戦闘的に行動したとは言えない邦議会の新しい妥協案は、国王の態度のゆえに挫折した。そのあと、一八六三年度の国家予算は承認されなかった。国王は本気で退位を考慮し、王子は自由主義的と目されていた。したがって暫らくの間は、まるで議会多数派の勝利が不可能ではないかのように見えた――もしもこの勝利があればドイツにとって長期的には測り知れない帰結をもたらしたと思われる事件が生じたであろう。けだし、いま、議会主義的君主制と人民投票的準独裁との間の二者択一が浮び上がったからである。事実においては、議会主義化は妨げられ、君主制は数十年の間にボロボロにすり切れてしまったが、しかし、人民投票的に正当化されたカリスマ的な独裁者の遺産は存続していた。

一八六二年に、軍事国家の代表者たちは、放棄も譲歩も考えなかった。明確な意図でもって尖鋭化させられた、この一八六二年秋の危機的状況のなかにあって、彼らは極端に保守的な、超《ウルトラ》王党派的な、断固たる後期絶対主義的な閥の唯一の候補者たるオットー・フォン・ビスマルクを首相職に推挙した。プロイセン国王が、一八四八年に、銃剣が際限なく支配するときにのみ彼は利用され得る、と不吉な予言をしていたあのビスマルクを推挙したのである。この憲法紛争のさなかに、つまり、脅かされた軍事国家の擁護とその社会的‐政治的権力構造の維持とのさなかに、ビスマルクは、「統帥権の安定剤」（メッサーシュミット）として、ドイツの政治の政策決定過程の中枢に立ちあらわれた。彼は三〇年間にわたって、彼を支える集団と共に、政治的ならびに社会的発展をすすめる進歩的諸勢力を相手に激しく抗争した。そして旧国家とそのエリートの立場から見れば、彼は呆れるほどの成功を収めたが、しかし、長期的に見れば、国民の多数にとってきわめて災厄に満ちた結果をもたらしたのである。

選挙権のある市民が、総じて、明瞭に政治的見解を表明した限りでは、しかもせいぜい五〇パーセントの投票率で動員され得た限りでは、その大多数は自由主義的な政治を好んだ。保守派は、一八六二年当時でも終始小さいけれども強力な少数派を形成していた。なかんずく、彼らの政府は「組織された権力のいっさいの手段」(10)をコントロールした。そして、ついに政治的頂点の地位を占めたビスマルクは、国内で、また対外的に、それらのいっさいの手段を行使することに物おじするような人物ではなかった。国内では、自由派に対して、しばしば忘れ去られていた、苛烈な抑圧コースが始まった。拘留、国外追放、新聞の抑圧、おどしの裁判ざた――こうした鍵盤を内閣の新しい長はみごとに弾きこなした。彼は自由派というこの最初の敵手を決して過小評価しなかったし、「進歩」と対抗するためには、ラサールの労働者協会とさえ――もし協会がその時すでに現実の権力要因になってさえいたならば――協定したことであろう。なお四半世紀のちにも真の自由派はビスマルクの不倶戴天の敵をなした。予算法なしでは「法治国家」では統治され得ない、と議員たちが考えたばあいには、ビスマルク政府はいまや、この点でプロイセン憲法には「空白」がぽっかりとあいていることを引き合いに出した。そのことは、政府の見解によれば、立法諸機関の一致が欠けているがゆえに、最終の決定権をもつ旧王権が、前年度の通常予算の基準にしたがって、継続して統治し、執行するということを意味した。その後、高景気のおかげで豊かに流れ込んでくる税収は、むしろ気まえのよい財政をさえ許した。そして、憲政上の論争が相変らず激しく持続している間、市民層の代表者たちはその精神分裂症的な利害計算を実演して見せた。つまり、ビスマルク政府の要を得た自由貿易的‐自由主義的な経済政策は、時として同じ邦議会会期中に、その内政的措置が激しく、しかし無気力に批判されたのとまったく同様に、無条件に承認され、法的に認可されたのである。それにもかかわらず、ビスマルクが、もし「対外的に威信をもつならば、国内では多くのことを我慢する」という彼の金言にしたがって、たて続けに彼のいかがわしい「外政の蒸気力でもって内政を片付ける術策」（オンケン）を実演して見せなかったならば、内政上の紛争がどのように終焉したであろうかは不明である。やがて、ビスマルクの「プログラム」は、「国内の諸困難を大胆な対外政策によって克服すること」を意図しているという、彼の就任のおりの『十字新聞《クロイツ・ツァイトゥンク》』の予測が実現された。(11)

4・覇権戦争と「上からの革命」

技巧的な傑作と理解すれば、やはり、美的な楽しみを供し得る、洗練された外交上の準備を整えたのち、ビスマルクは、一八六四年にハープスブルクの競合勢力を、シュレースヴィヒ－ホルシュタインをめぐる、デンマークに対する共同の戦争へ誘い込んだ。シュレースヴィヒ－ホルシュタインの獲得は、一八四八年以来、自由派の国家政策上のプログラムのなかで、その左翼にいたるまで、異論のない目標となっていたのである。この戦争の唯一の重大な戦闘たる、プロイセン部隊によるデュペル堡塁の攻略をめぐる論議のさなかに、ビスマルクの戦略はまったく明瞭に示された。何週間にもわたってその攻撃には異議が出され続け、現地の部隊長はその軍事的必要性を認識することができなかった。しかし、ビルマルクは、陸軍大臣フォン・ローンと共に、執拗に攻撃を主張し、さいごにはその主張を貫くのに成功した。彼は攻撃に成功を収めたのちに得られる威信を国内で利用しようとしたのである。事実、「勝利の報道はプロイセンで電撃的に作用した」。そして燃え上がるナショナリズムは「国内戦線における絶対主義に対する自由主義的抵抗」を掘り崩した。まだベルリーンとヴィーンとがシュレースヴィヒ－ホルシュタイン公国に短期間の共同統治を打ち立てないうちに、進歩自由派の立憲的な諸原則は溶解し始めた。そして、自由派は、「注意を国内情勢からそらし、愛国心の仮象のもとに、彼らが耐え得なくなった紛争の解決から逃がれようとするために」、シュレースヴィヒ－ホルシュタインの問題を利用した、というラサールの疑念の正しさもまた確証されたのであった(12)。

ビスマルクのプロイセンが一八六六年にオーストリアをドイツ連邦から追い出した流血の内戦における決着は、サドワ（ケーニヒグレーツ）の会戦において疑いもなくきわどい局面を迎えた。モルトケの率いる参謀本部が正確な作戦計画を立てていたにもかかわらず、プロイセンに勝利がもたらされたのはようやく会戦の成り行きのさなかにおいてであった。敗戦したならば失脚は避けられないと考えていたと、ビスマルクが述懐したのもあながち誇張ではなかった。しかし、第二の戦勝は北ドイツの進歩派の道徳的崩壊をもたらした。自由主義的な立憲国家に固執することは、まもなく頑迷なこととみなされ、かろうじてオイゲン・リヒター周辺の少数の人びとによってのみますます正しいことと信じられたにすぎない。圧倒的な勝利を収めた政府陣営へ方向を転換することが奥の手となった。そうしたことは、権力や責任に慣れていない、一八四八年に敗北した運動にあっては理解し難いことではない。だがしかし、かつて憎悪した敵手の権力への往々にして無原則的な順応へ堕落した「現実政策」の味気ない勝利は、多くの自由主義者を道徳的に破滅させるか、そうでなくても彼らを不安のどん底につき落して、自分たちの最善の指導理念をも疑わしめたのであった。

近視眼的な右翼保守派よりももっと賢明に、ビスマルクはいま、自由派へみせかけの譲歩をなすことを諒承した。つまり、「事後承諾法案」による一八六二年以来の政府政策の承認がそれである。多くの人びとが当時、また後になって信じたように、それでもって果たして憲法紛争は解決されたのであろうか。否、ビスマルクはそれによって「引き延ばされた形式上の妥協(13)」をかち得たのであって、この妥協は、なるほど根本的な利害の対立を一時的に隠蔽したが、しかし憲政上の近代化という決定的問題を決して解決しなかったのである。解決は、むしろ、ほぼ六〇年間にわたって引き延ばされたのであった。その限りでこの戦術的に輝かしく打たれた手は見まごうべくもなく伝統的な権力の勝利をあらわしていた。自律的な軍制をそなえた権威的な公権的国家《オープリヒカイツシュタート》の構造は、核心に手を触れないまま維持されていた。この公権的国家を中心として、えせ議会主義的に擬装された、新設の北ドイツ連邦は、きわめて明白に、大プロイセン的国家形成の前段階をなしていた。

さらに三回目にも、ビスマルクは、「戦争を彼の計画に有利な時点にぴったり合わせて実行すること」[14]に成功した。数年来パリにくすぶっていた、興隆するプロイセンに対する神経質な猜疑は周知のことであり、それゆえにますますそれをビスマルクはそのありとあらゆる可能な帰結ともども熟知していたのだが、ホーエンツォレルン家の人物が挑発的にスペインの王位継承に立候補したおかげで、また、フランスの儀礼上の失敗がビスマルクに利用し尽されることによって、その猜疑はフランスが不手ぎわな宣戦布告をなすにいたるまで煽り立てられた。戦勝は、南ドイツ連邦の併合について、したがってまた、北ドイツ連邦の小ドイツ的統一国家への拡大について、ビスマルクからいっさいの憂慮を取り除いたが、同時にまた一八七一年一二月までしか有効期間のなかった、「鉄の」陸軍法——これは連邦経費の九五パーセントを占めて、議会のコントロールを実際上麻痺させていた——の延長についても、ビスマルクからいっさいの憂慮を取り除いた。最終局面において、自由主義化したナポレオン三世の帝国の政策がまたもや国内問題を対外的にそらそうとした、息切れのした、ボナパルティズム的な政策であったことを、ひとは疑う必要はない。その政策は、そのベルリーンの相手役の同様にボナパルティズム的な、しかし長期的にかつ冷静に計算された政策と衝突した。おそらくビスマルクもまたいろいろの手を持っていたであろう。彼は決してただ戦争の方向にだけ照準を定めたのではなかった。しかし、もし一八七〇年のドイツ問題が平和的に解決されていたならば、それによってはじめて「真の経国の術」が証明されていたことであろう。そして、ビスマルクが「戦争を避けるために手腕をふるったとは、まだ誰も主張した者がいない(15)」のである。しかし、大プロイセン的冒険政策《リジコポリティーク》のこの新たな一か八かの大勝負のなかから、一八七一年のドイツ帝国は生れたのであった。

当時なお、戦争は国家間の衝突を解決するための、ひとつの正当な、すくなくとも一般的に受け入れられていた手段であったとか、ビスマルクはまさに三つのそうした決闘にいずれにせよおどろくべき短期間に決着をつけたのだとかいう、ありきたりの美辞麗句をもってしては、攻撃的な外交を「他の手段」をもってこのように継続することの決定的な機能は何かという問いに、決して答えることができない。プロイセンのドイツ帝国建設の目標は競合者に対して攻撃を加えないでは貫徹され得なかったのかどうかという問題とは別に、ここではなかんずく、ベルリーンの政治の国家の枢機《アルカーナ・イムペリイ》のなかで行動へ影響を及ぼした、二つの戦争動機を検討してみよう。

1．この三つの覇権戦争が狭義の経済的利害によって規定されていたという証拠はなんら存在しない。けれども、それらの戦争が、経済的発展によってでも条件づけられていた第三「身分」――それどころか第四「身分」もまた――の政治的 - 社会的な解放を求める要求と対立して、支配の正当化の手段としてひき起こされたこと、また主謀者の観点からみても長期にわたって所期の効果を達成したこと、この点はほとんど否み得ないのである。ヤーコプ・ブルクハルトは――その懐疑的な判断がこの国で一般に重んじられているのであるが――、すでに一八七一年にまったく冷静に次のように認識していた。「三つの戦争は国内政治上の理由から企てられた。内政上の理由から戦争をするのは、ルイ・ナポレオンだけだと全世界が信じていたという、大きな利点が七年間にわたって享受され、利用された。まさしく自己保存の観点からみて、国内的な窮況に対処する」ために、「三つの戦争が行われるのに、絶好の潮時であった(16)」と。一八四八年革命がはじめてはっきりと告知し、憲法紛争が確証し、さらに労働者層の組織化の成功が裏付けたように、工業化は、ただたんに社会を後戻りし得ない仕方でゆり動かして、社会をさまざまな政治上の要求に向けて駆り立てただけでなく、後期封建的‐身分制的な権力構造を瓦解させ始め、伝統的な特権体制に対する疑惑をおさえつけ得ないものとし、それどころか、「高まりゆく期待という革命」をさえ呼び起こしたのであった。上述の諸変化の長期的な力に面して、このばあい、普通の馴致戦略ではもはや十分に間に合わなくなった。産業革命がもたらした直接的な諸結果のために、とくにその間接的な諸結果のために、旧指導諸集団にとって尋常ならざる手段が必要となった。ビスマルクの登場と共に彼らの政治能力が比類《スイ・ゲネリス》なく高まったので――けだし、そのことを、「偉人たちが歴史を作る」ことを信じないひともまた認容するだろうから――三つの戦争というほとんど死にもの狂いの安定化療法が敢行されたのであった。赫々たる勝利を収めた結果は、切望されていたとおりの効果をもたらした。つまり、権威的な支配体制ならびに社会体制は、改めて正当化され、それ以後もひき続いて、ビスマルクの外交やプロイセン軍部が得た途方もない威信の成果によって生きながらえてゆき、国内の危機的状況は和らげられたかに見えた。すくなくとも、主要敵手たる国民的自由主義は、期待どおりに、この好戦的な和平政策の効果に屈服したのである。

2・国民的統一国家を求める自由主義的‐市民的願望を実現した大プロイセン的膨張が、小ドイツ問題の最良の解決をあらわすであろうことを、ベルリーン中央の先見の明ある人びとは十分に知っていた。ドイツの内戦におけるオーストリアの敗北や北ドイツ連邦は彼らの計算の正しさを確証した。共同の戦争がプロイセン的ドイツに対する南ドイツの抵抗を最も容易に解消させ、国民統合的な作用を及ぼすに相違ないであろうと、きわめてしばしば語られていた。「フランスに対する武力によってドイツを統一すること」、これをモルトケは一八六六年に達成され得る目標として狙った。国民的熱情が独仏戦争の間に終局を迎えた帝国建設政策の強力な燃料となったさいに、まさにそのことが成功した。自由派が一八六四年と一八六六年の戦争によって屈服せしめられたごとく、南ドイツ諸邦は一八七〇—七一年の戦争によって屈服せしめられた。この戦争は、「一八六六年のプロイセンの分離戦争を完成させるための」国民的な「統一戦争」として役立つことになったが、さらに「予防的な内政上の統合戦争」としても、プロイセン軍事王制の「政治的‐社会的な根本的危機」を取り除くことを目指していた限りで、二重の機能を果たした。「剣による」ドイツのこの統一と戦争によるその内政問題の克服——このことをすでにクラウゼヴィッツはプロイセンの使命であると予言していた(17)。疑いもなく、「ビスマルクによる暴力的な戦争に訴えた問題の解決は、一八四八年の自由主義的な企てに劣らず、革命的」であった。「ビスマルクは旧帝国の大ドイツ的‐連邦的伝統との関係を最後的に断ち切って、この伝統をプロイセンの覇権のもとに固められた小ドイツ的‐国民的統一国家によって置き換えた(18)」。

プロイセンの政治の先頭に立っていたこの保守的な革命家、この「白い革命家」は、そのさいにしかし、「上からの革命」の連続性のなかにあった。これを彼自身は「上からの改革」と称して、その軍事的局面という過激な手段でもって実行した。すでにフランス革命直後に、プロイセンの大臣シュトルーエンゼーはフランス大使に対して、フランスで「下から上へ」なされた「有益な革命」は、「プロイセンではゆるやかに上から下へ遂行される」であろう、と言明した。限定された妥協の政策によって、革命的な可燃材料の爆発をおしとどめ、それにもかかわらず有益な変革であれば平和的な道でこれを達成しようと言うのである。いちはやく、この上からの革命は、クラウゼヴィッツによっても方針として推奨されていた。「全般的な大革命をヨーロッパは免れることができない」のであり、「この偉大な改革の真の精神を理解し、みずからその先頭に立ってゆくことを心得ている国王だけが、生き残ることができるであろう」と、彼は一八〇九年に書き記した。あるいは、彼の同時代人グナイゼナウがそれを表現したように、「革命のいっさいの勃発を未然に防ぐ、賢明な原則」とは、「われわれの足もとに埋められている地雷を取り除くことに」等しかったのであり、「われわれはその地雷から火薬を徐々に取り除いたのであった」。ローレンツ・フォン・シュタインやグスタフ・フォン・シュモラーが社会的王制を一般に普及させるよりもずっとまえに、その干渉目標がプロイセンの実践を規定していたのである。したがって、ビスマルクは、長年にわたって「上からの革命」が実践されてきたという自信をもって、「革命をプロイセンではただ国王だけが行う」という見解を代表した。(19) 上からの革命の官僚的な変種が一八四八年に地雷の爆発を防ごうとして挫折し、だがその後の反動時代にいま一度、経済的譲歩によって政治的未成熟さを埋め合わすという原則の正しさが実証されたのちに、国内において、また対外的に、ドイツの国家的政策の分野において、こうした政策の永続的に信頼し得る唯一の保証人として、軍隊が残った。市民的自由主義が一八六〇年代はじめに改めてそのあまりの弱体ぶりをさらけ出した反面では、社会のダイナミズムは決して活力を失っておらず、同時に小ドイツ的統一政策という伝統的な方式がうまくゆかなかったそのときに、陸軍が、ビスマルクの計画の執行者として、したがってまた伝統的なエリートのために、内外のゴルディウスの結び目を三つの戦争で断ち切ったのである。ドイツ連邦の改革能力や連邦主義的計画についてずっとまえから放置されてきた吟味をし直さないで、ビスマルクの「鉄と血」の解決は当時の諸条件のもとでは不可避であったと、いまなお考えているひとですら、この保守的な革命家が、その成功によってドイツの社会や政治の持続的危機を結局はただ尖鋭化させたにすぎないということを、いまとなってはますます否み難いであろう。

きわめてさまざまな陣営の注意深い観察者が、この事態をすでに一八七〇―七一年に、このうえなく明白に認識していた。国民自由主義的な教養市民層の尊敬された代弁者、グスタフ・フライタークは、次のように疑念を表明した。「偉大なことをわれわれは達成したが、いま、その偉大さをわれわれのものにした手段が、その暗い影をわれわれの未来に投げかけている。われわれはみな、今後その代価を支払うことになるであろう」と。大プロイセン的帝国が、打ち砕かれたドイツ連邦よりもより良く、あるいはすくなくとも同じ程度に、平和を守り得るかどうかという、基本的な問題、すなわち国民国家が達成されたがゆえに長い間不当にも第二次的と目されてきた問題を、ザクセンの外交官アレクサンダー・フォン・ヴィラースもまた認識していた。彼は冷静に、自由主義的な「運動派」に対する恐らくはあまりにもメッテルニヒ的な頑固さで、だが、プロイセン内部の推進諸勢力や新しい社会的潮流にあまりにもすこししか目を向けないで、こう書きとめた。「ヨーロッパ外交の最新の政治家的構想物たるドイツ連邦は……防衛的な性質のものであったが、そのなかにあってプロイセンは十分にこねたパン粉を発酵させる攻撃的な酵母であった。ドイツはただたんにその諸隣国と平和裡に共存してきただけでなく、世界平和をむやみに破りたがっていた、他のヨーロッパのすべての国に対するブレーキでもあった。だが、すべてのその構成員が倫理的な偉大さを持っていることを前提していた点に、この有機的組織における唯一の、しかし避け難い欠陥があった。……すなわちプロイセンはずっと以前から、多数決には服さない、と言明している。その言葉が漏れた日に、連邦はそれを永久に摘み取ってしまわなければならなかったであろう。ところが、そのとき、いたずらに右顧左眄をしたために連邦は没落したのである」と。「プロイセン王家に対する」印象深い呼びかけのなかで、民主的理念を抱いた重要な自由主義的な学者であり評論家でもある、G・G・ゲルヴィーヌスもまた、次のような感動的な言葉を述べた。「一八六六年のドイツ連邦の破砕によって、ドイツの領域の三分の二は、いつでも攻撃をしかける能力のある戦争国家へ改造された。プロイセンやドイツの敵でなくても、この国家のうちに大陸の平穏、諸隣国の安全に対するたえざる脅威の存在することを危惧することができたであろう……一八六六年の事件が全大陸にわたって、全時代にわたって、すでに死滅したと信じられていた秩序の危険を、再びよみがえらせ、しかも比較にならないほどの規模に拡大されてよみがえらせたことについて、愛国心のゆえに盲目になることは、賢明ではない。ひとが五百年来、以前の時代の軍隊的な秩序から徐々に脱却しようと望み、努力し、期待してきたのちに、……最近数世紀間ひたすら征服と拡張とを目指した軍事国家の時代ですらいまだかつて知らなかったような、ものすごく優越した恒常的な軍事強国が、ここに成立した。……事態のこうした把握は、もし以前に述べられていたとすれば、仰々しく非難されたであろう。しかし、一八七〇年の経験ののちには、ひとはそれを否認しようとはしないであろう。これらの事件はこの軍事強国をさらに新たに強化し、必然的にいっそう異常に高められた自負心で満たしたのである」と。その後、さらにカール・マルクスもまた、まったく似ていなくはない分析により、辛らつに帝国を「議会主義的諸形態で飾られ、封建的な添え物を混じえ、同時にすでにブルジョアジーによって影響され、官僚主義的に作り上げられ、警察に監視された軍部専制政治」と特徴づけたときに、あくまで正しかったのではなかろうか。(20)

この論点には、一八七一年以後の政治的支配体制との関連で、後でもっと詳細に立ち戻ることとしよう。いずれにしても、ビスマルク的-プロイセン的政治が、社会経済的-政治的に動機づけられた安定化および正当化の強制の圧力のもとに、前方への逃避《フルヒト・ナッハ・フォルン》を行い、「上からの革命」の軍事的継続のなかで三つの戦争の後に、ドイツ人に帝国を小ドイツ的大プロイセンとして与えたことが、確認され得る。かくて共和主義的人民国家は、最終的に信用を失墜せしめられたように思われた。おそらく、自由主義的-市民的な国民国家は、実際にはただ下からの革命が達成されたばあいにのみ、成就され得るものであったろう。このことは、一八四八年のはじめにドイツで、さらにイギリスでも信じられていた。「啓蒙的君主国」の「わずかな優位」が、成功した革命をもたない人民を「袋小路」へ導いたことが、あとからそれだけいっそう明瞭になった。たしかに、「上からの革命の理念」と結び付いたその行政実践は、長い間、「人権宣言との競合を引き受ける」のに、「十分なだけ強力であることが明らかに」なった。しかし、一八四八年以来「解決されていない、長びいた危機という毒」が「ドイツ民族の体」内を回っていたように、新しい国家組織への入口でも、政治的に成熟した諸社会層の本来的な解放行動はなんら存在せず、権威的なプロイセン的な公権的国家がまばゆいばかりの成功を収めつつ一八七一年のドイツ帝国へ拡大していったのである。[21] 市民的-工業的社会もまたその枠組みのなかで整備されねばならなかった。強力な時代の傾向に逆らって、貴族的、軍事的、農業的諸勢力は、彼らの攻撃的な防衛闘争の圧倒的な勝利の結果に凱歌をあげた。このような前兆のもとに新帝国の歴史は始まった。一九一四年には、同じ諸階層に担われたもっと冒険的な「前方への逃避《フルヒト・ナッハ・フォルン》」がなされ、帝国の没落を招くことになる。

Ⅱ　工業国家への興隆

1・高度工業化の最初の局面。工業成長の停滞と構造的な農業不況、一八七三―一八九五年

一八五〇年から一八七三年にいたるドイツ産業革命の高景気の時期に、狭義の経済の領域における「後進性の利点」が大いにドイツ諸邦の役に立った。西ヨーロッパの経済的 - 科学技術的な優位は、実践的な適応の面でも、目的意識的な学習過程の面でも、おどろくほど急速に縮小され得た。ドイツ諸邦という「発展途上諸国」は先進諸国から――模倣によってであれ、特許権の買収によってであれ、あるいは工場スパイによってであれ――彼らの役に立つと思われたものは何でも取り入れた。一八七〇年代はじめに、「自動調節的な経済成長を制度化する最初の生産様式」としての産業資本主義は、ドイツ帝国においてもその決定的な飛躍をなしとげたのである[1]。そのばあい「帝国」という総体的概念によって誤解を招いてはならない。つまり、工業は主としてただ若干の地域でのみ、たとえばルール地方やザール区域、オーバーシュレージエンやザクセンで発展したにすぎないのであって、他面で、周辺では相対的に伝統的な状態がなおかなり長い間維持されたままであるか、それとも波及効果を通じて漸次に変化したのであって、したがって、ドイツのなかにも典型的に不均等な成長過程が続いたのである。

産業革命の突破の局面に続いていまや高度工業化の最初の数十年が到来した。そして、ここにドイツは一世代

すらも経ない期間に工業国家となった。この過程は一八七三年から一八九五年までの経済的趨勢期間の固有の内容をなしていた。しかし、この長期的趨勢のほかに、この時期の歴史的に重要な特徴は、工業経済ならびに農業経済の成長停滞の長期にわたる持続であり、これはこの期間それ自体の諸変化の原因や条件であり、あるいは一九一八年にいたるまで遠隔作用を及ぼすというきわめて重要な結果をともなっていたのである。一八七三年にいたる二〇年間の高景気の時期が、一八六七年から一八七三年までの未曽有の溢れ出るようなブームをともないつつ、輝かしく開幕した一八七〇年代のための期待に満ちた地平を形作っていただけに、それだけいっそう成長率の低下や悲観的な経済的風潮や転換の困難さは、同時代人にとって重苦しく感じられたのであった。したがって、景気回復に対する社会心理的な反応の仕方が客観的な諸問題をいっそう尖鋭にした。というのは、経済統計上の諸指標によれば景気回復がすでに再び始まっていたばあいにもなお、現実に即した、あるいは市場に適応した方向づけが不況の経験のゆえに異常に困難とされているからである。

一八七三年から一八九五年にいたる工業上の趨勢期間は一八七三年秋の第二の世界経済恐慌によって開始された。数週間もたたないうちにすでに、相場の暴落や銀行の取り付けをともなった急性の恐慌は重苦しい不況へ移行し、この不況は一八七九年二月までほぼたえまなく持続したのであった。成長率を半減させ、若干の部門では一時的な停滞をさえ、それどころか全般的に持続した価格低下をともなう生産減少をさえもたらしたこの六年間の沈滞は、ドイツ工業経済にとって未曽有の長期かつ強度な成長の停滞をあらわしている。重要な徴表であるドイツの鉄消費は、短期間に五〇パーセント低下したし、鉱山労働者の賃銀は一八七九年までに半減した。社会生活のほとんどすべての領域が不況の巻き添えを喰った。一八七九年にベルリーンの警視総監はこう判断した。「営業の停滞」と「明白な窮状」とは、「今日の経済秩序や社会秩序の正しさに対する懐疑や現状に対する不満を、いつもはきわめて平穏で中庸を得た住民のなかのますます多数の人びとに」植え付けている、と。エンゲルスの言葉を借りれば、それは「市民社会を根底から揺り動かす地震」のひとつなのであった。(2)

一八七九年春から一八八二年一月までの短い回復は客観的にも、経済主体の意識にも、活気づける作用を及ぼさなかった。その後ただちに再び、たとえ以前よりはかなり弱かったとしても、第二の不況が始まり、一八八六年八月まで持続した。経済は一八七三年と一八七九年との間のように手痛い打撃をもはや受けなかったにもかかわらず、この度の景気後退局面のきわだった意義は、それが七〇年代のショックを精神的な衝撃の形で増幅させた点にあった。産業循環の激しい変動に対する明らかな無防備状態は、資本主義的な行動様式に望ましい三つの基本的な表象、つまり、成長過程の安定性、営利のチャンスの合理的な予測可能性および規則的な利潤極大化の見込みが、いつでも崩れる可能性のあることを、改めて実証するように思えた。かなりの数の人びとはむしろ社会秩序の崩壊の危険すらさし迫っているものと考えた。――実際、たとえ不均等であっても恒常的な成長の経験はまったく欠けていたのであり、また、工業的発展は、当時まだ新しいものであったが、かりにそうした新しいものではなかったとしても、自由主義理論の言うありとあらゆる「有難い」市場メカニズムが機能しなくなっていた事実に直面して、目に見えない長期的趨勢は第二の不況の底の間に具体的にほとんど何らの慰めも与えはしなかったであろう。おそくともいまや、マルクスが、さし迫った恐慌といちはやく結び付けた適切な予測、つまり、恐慌は、「その舞台の全面性ならびにその作用の強烈さによって、神聖プロイセン-ドイツ新帝国の成金どもにさえ弁証法をたたきこむであろう」(3)という予測が確証されたのである。

一八八六年秋から一八九〇年はじめにかけて、ようやく再び景気回復が力強く実現された。一八八九年は明らかに繁栄の年とみなしてもよい。しかし、その後いま一度、一八九〇年一月から一八九五年二月までのゆるやかな停滞が支配した後に、一八九五年から一九一三年までの世界経済上ならびに国民経済上の広範な拡がりをもった高景気の趨勢期間があらわれた。だから、ビスマルクが帝国宰相の地位にあった約二〇年間のうち、明らかにわずか四年間しか高景気の年がなかったのである。だがカプリーヴィの時代には高景気の年は皆無であったのだ。そのことを現実に即した分析は決して見過してはならないであろう。こうした格別に長期間にわたる成長停滞が生じた原因は、なによりもまず、持続的な過剰生産をもたらした過剰な生産設備の拡充に求めらるべきであろう。この過剰生産のうちに自由資本主義的な工業化に典型的な現象が示された。こうした工業化は、景気変動に縛られ、しかも、市場が見透し難いために、また固定資本の非流動性や長期的に有効な需要の不確定性のゆえに、いつも過剰投資を行う傾向があり、恐慌に陥り易い性質をもっていた。そのうえに、この趨勢期間においては、こうした一般的な問題は次の三つの要因によっていっそう強められた。

1．ドイツの産業革命の典型的な先導部門であった製鉄、採鉱、鉄道建設は次第にそのダイナミックな力を失っていった。なかんずく、鉄道建設はその主導的役割を喪失した。つまり、鉄道建設は、ドイツの国民経済の年間純投資のうち、一八七〇年から一八七九年までは約二五パーセントを占めていたが、その数値は一八八五年までに一三・五パーセントへ、一八八九年までに五・七パーセントへ低下した！　これらの数値と五分の四もの縮小との背景には、巨大な資本の移動、冶金工業への深刻な影響、および沢山の関連経営に対するマイナスの波及効果が潜んでいる。電機工業や発動機製作や大化学工業という九〇年代以降の新しい先導部門がはじめて、拡大するサービス部門とあいまって、新しい「景気循環のリーダー」として景気回復を再び持続的におし進めたのであった。

2．長期間にわたって工業成長が阻害されるという経験がはじめてであったことが、方向を見定めるにあたっての困難さを高めた。そして、ドイツの工業経済が、きわめて変動し易い拡がりをもった、漸次に発生しつつあった現代の世界市場へ適応しなければならなかった、まさにそのときに、ドイツの工業経済は国内市場に行く手を求めることを迫られたのである。だが、国内市場は、この世界市場へますます編み込まれていっただけでなく、さらに、まだ目的意識的な景気政策によって、いわんやダイナミックな賃銀政策や消費見込みの拡張等によって拡げられてはいなかった。

3．他面で、まさしく工業上ならびに農業上の不況のこの趨勢期間のあいだに、帝国人口は急激に増加した。つまり、一八七三年から一八九五年までに、帝国人口は四一六〇万人から五二〇〇万人へ増加した。すなわちこの二〇年余の間に二〇〇万人ものドイツ人が国外移民していたにもかかわらず、一〇四〇万人だけ住民が増加したのである。こうして仕事口をふやすことや職場の報酬の水準といった重大な問題が発生した。それでももはや三月前期に比肩され得るような大衆の窮乏が生じなかったのは、なによりもまずあらゆる停滞傾向にもかかわらず、工業の拡張が持続したことにもとづいていた。農業は、構造不況の影のなかにあったので、さして労働力を吸収することはできなかったであろう。急激に成長をとげる工業によってこそ、この労働力の吸収は、なかんずく八〇年代の半ば以降に成功したのであった。新しい人口密集地区にひどい弊害が生じたけれども、他面では、工業によってはじめて、都市化の過程が社会にとって致命的な危険にならないですんだのである。人口は一八七一年から一八八〇年までの一〇年ならびに一八八一年から一八九〇年までの一〇年にそれぞれ四一〇万人ずつ増加したが、他方で都市（統計上二〇〇〇人以上の住民をもつ自治体を言う）の住民数はそれぞれの一〇年間に約三五〇万だけ急増したのであった。すなわち、都市の住宅地域ならびに労働地域が帝国人口の増加の四分の三以上を吸収しなければならなかったのである。この二〇年間に、農業国家から工業国家への途上にある敷居をとっくにまたいでしまったということは、伝統的な指導的エリートや市民層の意識のなかでは、実際にはまだ決して議論の余地なく、一義的に明確に決着がつけられたことになってはいなかった。明らかに工業経済上の三つの不況はもうそれだけでも十分に厄介な諸問題を投げかけていたであろうが、しかし、いまや一八七六年以降、構造的な農業不況が工業上の景気後退と交叉し、したがってその時からひき続いて二つの不況の分野が重なり合ったこと――このことこそが、すべての西洋工業諸国で論じられた「大不況」という、広く拡がっていた同時代人の表象に対して、その陰うつな刻印を与えたのであった。たしかに一八五二年以来ライ麦のわずかな輸入超過はあったが、しかし一八七〇年代末になるとその入超はつねに一〇〇万トンを超えていた（一八七九年＝一三〇万トン）。しかしなかんずく一八七六年以降小麦輸出国から小麦輸入国に転じ、小麦の輸入は急速に高まった。同様の事態はからす麦や大麦にも認められた。要するに、七〇年代後半に、ドイツは突然に穀物輸入に依存していることを感知したのであり、しかも同時に、著しい価格下落が、いまや生れつつあった世界農産物市場の陣痛を、つまりドイツ農業の今日まで続いている構造的な農業不況をひき起こしたのであった。ドイツの農産物価格は一八八五年までに約二〇パーセントだけ低下し、一九一二年にようやく一八七〇年代はじめの価格水準を回復した。農業の平均年間勤労所得は一八七九年には一八七二年の水準以下に低下した。

この農業不況はなかんずく圧倒的な海外の競争、ことに北アメリカの処女地の競争の所産であった。生産費ならびに輸送費の持続的な低下の趨勢によって助けられながら、廉価なアメリカの小麦はとくに一八七九年以後中部ヨーロッパの農産物市場の価格構造を圧しつぶした。同じ頃に、ロシアは近代化の至上命令のもとに――その近代化の資金の大部分は輸出利益によってまかなわれていたのであるが――穀物輸出を著しく増大させていたし、カナダやアルゼンチンの小麦もまたすでに登場していた。そして、このような突撃にドイツの穀物経済は――高い費用で生産し、著しい抵当負債を負っていて、まったく法外に高く吊り上げられた農場価格に慣れていたので――とても太刀打ちできないことが明らかになった。ただちにドイツの穀物経済の主要な輸出先であった大ブリテンをアメリカ合衆国に奪われてしまったのである。政治的に最も敏感な価格たるプロイセンの小麦価格は、トン当り一八八〇年の二二一マルクから一八八六年の一五七マルクへ低下した。五年間にわたって、なかんずく東ドイツの穀物大生産者の不況の底が第二の工業不況と重なったのである。この国際的な過剰生産に対して、直接に打撃を受けた営利階級たる、プロイセンの大農場主《グロースアグラーリア》の旧指導者は――彼らにとって自由貿易は一八七〇年代半ばまでは信仰箇条であったが――彼らの社会的ならびに政治的な支配者の地位の経済的基礎を擁護せんがために、経済的な転換や適応によるよりも、むしろなによりもまず政治的に反応したのであった。彼らはおどろくべき短期間のあいだに農業保護主義的コースへ方向転換した。一八八七年から一八九〇年までの短命な回復は彼らにいくらか負担の軽減をもたらしたが、その後、カプリーヴィ時代に改めて農業不況と工業不況とが交叉したのであった。

七〇年代、八〇年代および九〇年代はじめのこうした著しい重荷をありありと思い浮べてはじめて、工業成長の停滞や農業不況が同時代人に対して何を意味したかについての明確なイメージが得られる。もとより、不況時代の影響は個々の集団によってまったく異っていた。生産者は価格下落や販路問題によって手痛い打撃を受けたが、他面で固定した俸給の受領者たちは実質的にはむしろ利益を受けた。賃銀で生活する工業労働者層大衆にとっては、七〇年代の賃銀カットや解雇や不完全就労は、いたるところに重苦しい見通しのつかない雰囲気をかもし出し、それが疑いもなく社会民主党の興隆を助長したのであった。いま一度ベルリーンの警視総監の言葉を引用しておくならば、窮状は平穏な住民サークルをさえ、「ひょっとしたら社会主義理論の実現によって事態が改善され得るのではないかと考える気に」させた。一八七七年にすでに社会民主党は、帝国議会選挙に参加した全政党のうち第四位の投票数を獲得していた。[4] 実質賃銀が一八八〇年代に若干の工業部門でゆるやかに上昇し始め、他面で生計費指数が低下したときに、穀物経済にはなお依然としてなんら事態の改善を認めることができなかった。いずれにせよ影響力の大きい利益集団または広範な住民層は、直接あるいは間接に、工業資本主義的または農業経済的な発展の激しい変動にたえまなくさらされていた。それゆえに、この不況時代と、ドイツの経済政策における根本的な、影響するところの多い変化とが結び付いていた。自由貿易から保護関税制度への移行は、自由主義的通商経済とその理論、総じて自由主義的な理念や価値が完全に信用を失墜してのちに、中部ヨーロッパの農業不況と六年間の工業不況の最初のショックののちに、行われた。農業企業家や工業企業家は、たしかに、外国の競争に対して彼らを保護する必要を大声に唱え——そして帝国政府はこの訴えをすぐさま「国民的労働の保護」という、経済ナショナリズム的であり、また同様に消費者に敵対的で、見えすいた麗句にすぎないスローガンでもって正当化した。しかし、彼らにとってはるかにさし迫って重要であったのは、経済変動に直面して、ドイツの国内価格を安定させ、同時に対外的なダンピングを行うことであり、増大する関税障壁の保護のなかでドイツの国内市場を攪乱されないで利用し尽すことであった。だがこの関税障壁のために、賃銀や俸給で生活するドイツの消費者たちは世界市場価格の低下がもたらす利益にあずかることができなかったのである。社会的権力配置にもとづいて、帝国首脳部への大農場主の圧力は一貫して有効におし通された。一八七九年の農業保護関税は彼らの利害に照応していた。この農業保護関税にかんしてドイツ帝国はヨーロッパで先行しており、これを一八八五年と一八八七年にはじめの税率の五倍へ引き上げた。こうして、ビスマルク政府は、「土地所有分布の階級構造における「現状《シュタートゥス・クヴォ》」を凍結させ、とくに東エルベの大土地所有者の「集団的な所有身分」を擁護し、彼らの特権的地位を都市の下層住民諸層を犠牲にして守り通そうとしたのであった。したがって、帝国ドイツの農業政策は一見すればただちに「ただ表面的にのみ偽装された階級立法」(5)であることが明らかになる。

他面で、工業関税は明らかに重工業を助長したが、しかし、輸出指向の完成品工業や軽工業を著しく不利にした。こうして工業関税は、ただたんに外国貿易や貿易収支のみでなく、また国内経済の消費力をつねに上回る経済体制という行動様式《モードウス・オペランディ》の総体そのものが、その生産能力や成果に依存していたところの諸経営をこそ、ひどく阻害したのであった。純経済的観点から見れば、関税政策はすこぶる問題の多いものであった。それは一八八二年ならびに一八九〇年以後の新たな景気後退に対してもいよいよもって効力がないことを明らかにした。関税政策は、景気を制御する反循環《アンティツィークリッシュ》的な早期の景気政策として吹聴されたような万能薬ではまったくなかったことが明らかとなった。しかし、関税政策の本来の意義が存したところの支配の安定化の意味においては、関税政策はまさしくきわめて重大な機能を果たした。ガーシェンクロンが考えたように、総じて一八七六年以後の農業不況にもとづいて、ユンカーという前工業的エリートを無力にする「大きな民主的なチャンス」が存在したとすれば(6)、このチャンスは、一連の国家の保護措置や助成措置――そのうち一八七九年、一八八五年および一八八七年の関税率は最もきわだったものであったにすぎない――によって消滅せしめられたのであって、市民の代表者たちは保護を要求する工業と共に集団エゴイズム的動機からそれに協力したのであった。

このようにして、土地所有貴族の優位がいま一度延命されたとしても、しかし、その代表者たちの頭上を越えて、工業の凱旋行進が自然成長的な力をもって継続した。あらゆる決定的な経済統計上の諸指標は一八九〇年には工業の優位を指し示している。その後に格別に激しく闘わされた「工業国家か農業国家か」についての論争は、経済的にはすでに完了した事実にかかわっていたのであって、もはや決して開かれた選択の自由のある状況にかかわっていたのではなかった。八〇年代にすでに農業は決定的に工業によって追い越されてしまった。一八七三年に、農業の純国内産出額に占める割合は〔一九一三年の価格、単位一〇億マルク〔で示された総価額のうちに占めるパーセント〕〕三七・九パーセント、工業の割合は三一・七パーセントであった。一八八九年までに工業は追いついたが、一八九五年には三六・八パーセント対三二・二パーセントで農業を追い越した。生産価値もいまや六・五対五・一の比で工業が農業のそれを凌駕した。純投資のうちで〔一九一三年の価格、単位一〇億マルク〔で示された総価額のうちに占めるパーセント〕〕、一八七〇年にはまだ二二パーセントが農業へ投下されていたが、七〇年代半ばまでにはわずかに一〇パーセントが農業へ投下されたにすぎず、「工業」へはしかし三三パーセントが投下されていた。第一次不況という句切りのゆえに、一八七九年頃には一〇・八パーセント対――実際――一〇・六パーセントという均衡が生じた。三分の二だけの縮小を示すこのひとつの数字だけでも、不況の底の厳しさが一目瞭然となる。その後工業はたえまなくそこから脱け出て、一八八五年には一一・五パーセント対三七・五パーセント、一八九〇年には一三・八パーセント対四五・三パーセントとなった。換言すれば、二〇年間に工業の占める割合は一四パーセントから四五パーセントへ増加したのだ！

しかし純投資のうちに経済的将来にかんする決定もまた潜んでいたのであり、また、四五・三パーセントという割合は、大ていの同時代の観察者たちに自覚されていたよりははるかに、国の将来の発展を決定したのであった。就業者数――これは実際まだ異った労働生産性、生産価値等々について何も証言していない――といったきわめて表面的な徴表でさえも、一八九〇年には、さいは投げられたことを指し示した。一八七一年に帝国において農業における就業者の工業、交通、商業、銀行および保険の就業者に対する比はまだ八五〇万人対五三〇万人であり、一八八〇年に九六〇万人対七五〇万人となっていたが、一八九〇年にはその関係は九六〇万人対一〇〇〇万人となり、その後たえず加速度的に農業に不利に変化していった。それ以外の指標、たとえば価値創造や労働生産性に、外国貿易に占める割合や総生産に、目を向けても、いたるところで工業が勝利を収めたのである。こうした発展を同時代人は数量的にも自覚してはいなかった。しかし、長年にわたる成長の阻害や長期的な低落的な価格趨勢の影のなかで、これに付随するいっさいの錯雑した事態をともないながら、工業がそうした発展に成功したことを、解き放たれた工業化過程に、その革命的な突破局面以後にも依然として、特徴的であったところの、途方もないダイナミックな力がはっきりと指し示している。〔七六頁二行目から七八頁七行目までの叙述について、著者の承認を得たうえで、訂正を加え、「パーセント」を付記し、あるいは誤記の「一〇億マルク」を削除した。詳しくは、註第1部6に掲げられているホフマンの統計を参照せよ。〕

2．工業の高景気と助成された農業。組織資本主義と干渉国家との興隆、一八九五―一九一四年

こうした激烈な工業の進撃がその後一八九五年から一九一三年までの次の趨勢期間をまったく特徴づけていた。工業と手工業との総生産は、一九一三年を一〇〇とすれば、一八七三年から一八九四年までに二六・六から四五・四へ増大していたが、一八九五年＝四八・九から一九一三年＝一〇〇へ増大した。工業と農業との純投資の比は、一八九〇年に三四パーセント対一一・五パーセント、一九〇〇年の五四・五パーセント対九パーセント、一九一〇年の四三パーセント対一〇パーセントとなった。価値創造における差異も同様に著しかった。帝国人口は一八九〇年の四九二〇万人から一九一三年の六七〇〇万人へ増加し、その圧倒的多数は一九一〇年までに――都市化としての工業化のひとつの徴候であるが――都市に居住していた。帝国人口はもし自由な工業輸出と農産物輸入が行われていたら最大の利得をひき出していたであろう。一八七一年になお人口の六四パーセントが農村（二〇〇〇人までの自治体）に生活しており、わずか五パーセントが（一〇万人以上の住民をもつ）大都市に生活していたにすぎなかったのに、九〇年代はじめに農村住民と都市住民とが均衡して以後、一九一〇年にいたるまでに、農村にわずかに四〇パーセント（四〇年間でマイナス二四パーセント）、これに反して大都市に二一・三パーセント（プラス一六パーセント）、そして（五万人から一〇万人までの）中都市に二七・四パーセント（一

八七一年＝一八・九パーセント、プラス八・五パーセント）が居住する結果を生じた。一九〇〇年頃に九八〇万人を数えた農業の就業者は、たしかに一九一〇年には一〇五〇万人にさえ増大したが、工業、交通、商業、銀行および保険において、被用者は一九〇〇年に一〇三〇万人、一九一〇年にはしかし一三〇〇万人を数えたのである。大企業における就業者数はそれと並行して増加した。五人以下の就業者の経営に、一八七五年には、総計一八六〇万人の被用者のうちまだ六四パーセントが働いていた。一九〇七年までの三〇年間にこの割合は、総計二八〇〇万人のうちの三一・九パーセントへ半減したが、他面で被用者は経営規模階層五人から五〇人までで二六パーセント、五〇人から一〇〇〇人までで三七パーセント、一〇〇〇人以上で五パーセントへ増加した。また工業、ことに大工業において、職員層の割合は最も著しく、つまり就業者数のなかで、一八八二年の一・九パーセントから一九〇七年の五・七パーセントへ増加した。平均労働時間は、一八七二年の週七二時間から一九〇〇年の六二時間へ、さらに一九一四年の五七時間へ低下したが、他面で労働生産性は、八〇年代末以来――労働時間の短縮のゆえに没落がさし迫っているという――不吉な予言者の叫び声が絶えなかったにもかかわらず、ひき続いて上昇した。それは帝国ドイツの人口の平均寿命にも作用した。平均寿命は一八七一年にはまだ三七歳（男三五・六歳、女三八・三歳）に達したにすぎなかったが、一九一〇年にはすでに四七歳であった（男四四・八歳、女四八・三歳。ちなみにドイツ連邦共和国では一九六〇年に七〇歳）。[7] こうして住宅供給、養老手当、職場創出等といった新しい問題が発生した。しかし、工業の成長はこの点で長期的には事情緩和をもたらすことができた。

一八九五年春に高景気の時期が始まったからだけでなく、九〇年代半ばが文字通りの「資本主義の社会史における二つの時期をわかつ分水嶺」[8] をなしているがゆえにも、この一八九五年は重要な基準年である。それまでに現代の工業的大企業のシステムが形成されていた。このシステムはその後ただたんに経済情況を支配しただけではなかった。大企業は――家族所有であれ、まったく銀行に依存した株式会社であれ、またトラストであれ、コンツェルンであれひとしく――工業経済の質的に新しい発展段階と組織形態とを意味した。自由主義的競争理論がいずれにせよまだ妥当していたと思われるところの、中小経営が支配的な数十年を経たのちに、いまや大経営の支配が始まったが、その寡占的競争や社会的意味や政治的比重をブルジョア経済学は長い間理論的に処理することができなかった。これに反して、マルクスの集積・集中理論はいちはやくこの発展を予測して、社会総体の分析のなかへ組み込んだ。したがってヒルファディング、バウアー、カウツキーその他のマルクス主義的な社会科学者たちは、こうした現象を認識したが、しかし、マックス・ヴェーバー、シュムペーター、シュルツェ－ゲーヴァニッツのような学者たちもまた、同じ時代に、「法人資本主義《コーポレイション・キャピタリズム》」についてのアメリカの観察者たちと同様に、この新しい構造を鋭く認識していた。七〇年代末以降に発生してきたこの大企業による組織資本主義は、これまで夢想だにしなかった程度に利潤を確実にすることによる安定やチャンスの計算可能性や繁栄を、経営内においても寡占間の共同によっても、いずれにせよ大規模に、保証しようと努力した。したがって、科学技術上の革新――工業膨脹に活気を与える霊薬――の規則的な流入を内部でプログラミングし得るように、科学研究もまた、積極的に企業のなかへ引き入れられた。体制に内在的な成長の不均等性は、それが生み出すさまざまな影響ともども、利害当事者により構想される短期的な計画化の代用物により緩和されるものと考えられた。この組織資本主義のうちには、自由主義的な意味における競争（ほかならぬ価格規制要因でもある競争）や、企業の自律や、また個人的な危険負担の報酬としての利潤獲得などの存在する余地がますますすくなくなった。多くの点でこの組織資本主義を規定したのは、たとえ自由主義的市場社会というカムフラージュがまだ保持されていようとも、現代の工業的発展は決して市場の極限に作用すると思われているもの、すなわちアダム・スミスの「見えざる手」に委ねられてはならないという洞察であった。

組織資本主義は、経済組織の他の諸領域における集中過程と分かち難く関連していた。ただたんに企業自体が、生産効率、つまり合理化と利潤極大化との法則に服して、固定資本を飛躍的に増大させつつ水平的ならびに垂直的結合によって、大きな市場占有率をもつ大経営、コンツェルン、トラストへ成長していっただけではなく、部門ごとに、諸工場もまた、カルテルに結合して、独占的なシンジケートともなったのである。とくに二つの趨勢期間の不況局面で再び、カルテルは、往々にして短命な「困難の子」[9]として発生したが、しかし一般的にもますます結合組織化されつつある経済のなかで地歩を占めた。カルテルは久しく集中の典型的なドイツ的特徴とみなされてきた。たとえばアングロサクソン諸国では集中は別の法的形態をとって実現された。企業や工業諸部門のレヴェルにおけるこの集中過程はさらにすすんで国民経済的なレヴェルでも跡づけられ得る。こうした点にかかわっているのは、緊密な国内市場を遮蔽しようとする保護関税や、同様に国民経済全体をひとつの経済統一体と装った、沢山の対外経済上の国家の干渉措置である。さらにすすんで「中部ヨーロッパ」諸国家カルテルにあらわされた超国家的結合という、防衛的ならびに攻撃的な動機から育まれた諸計画は――だが独占し得る諸市場へ向かう傾向をもつ帝国主義の一定の特徴もまた――国民経済的集中の延長として把握され得る。集中過程が工業や銀行制度において少数になってゆく指導集団にとって、利益団体にとって、またこうして政治にとって、どうした意味をもっていたかは、まだ解明されていない政治的社会史の問題である。いずれにせよ、集中過程は、ドイツ帝国において早期に確認され得る、高度に発達した資本主義的工業経済の典型的な成熟の指標のひとつである。

世界経済的な景気回復、ドイツ工業の三つの新しい先導部門および大企業と大銀行の前代未聞の投資可能性が、一八九五年三月以降、ドイツ経済を高景気のなかへ引き込んだ。しかし、一八九五年から一九一三年までの趨勢期間を一貫して高景気と特徴づけることは、まったく誤りであろう。この趨勢期間は、一九〇〇年三月から一九〇二年三月までと、一九〇七年七月から一九〇八年一二月までとの二回にわたって、たとえ比較的短期であってもきびしい不況によって中断されたのであり、その終りには一九一三年四月以来あらたに不況への移行が生じており、大戦前の最後の数ヵ月も不況の影のなかにあった。したがって、なにか景気循環が滑らかに進んでいたかのように論ずることはできない。恐慌、景気後退、不況、景気回復、好況、恐慌等の資本主義体制に固有の変動はさらにひき続いて拡がっていった。ただ、厳密な意味での好況局面（国民総生産の一五パーセントの純投資！をともなう一八九五―一九〇〇年、一九〇二―〇七年、一九〇九―一三年）は、工業生産の爆発的な膨脹をもたらし、他面で不況の底は先行期間と比較して著しく急速に克服され得たので、やはりブームの感情が広く支配したのであった。精通した同時代の一経済学者が国民経済全体の計算を行って推計したところによれば、一八九五年と一九〇〇年の間に生産はちょうど三分の一増加したのに、国内消費は五分の一増加したにとどまる。(10) 一九〇二年春以来の第二の好況がこの著しい増加をもたらしたのでは決してない。というのは、第二の好況は一九〇三年四月から一九〇五年二月まで部門によっては軽いリセッションを示していたからである。しかし、一九〇七―〇八年の恐慌を境としてそれ以後、高景気が突出的に展開した。それは世紀の交以前の最後の五年間を上回り、それどころか一八六七年から一八七三年までとほぼ同じ成果が達成されたのであった。ドイツ帝国の国民純生産は一九〇八年の四二四・四億マルクから一〇〇億マルクふえて一九一三年の五二四・四億マルクとなった。

一九〇七年から一九一三年までに古典的部門たる石炭鉱業の生産は一億四三〇〇万トンから三分の一ふえて一億九一〇〇万トンへ、同じく古典的部門たる鉄生産は二分の一さえも（一三〇〇万トンから一九三〇万トンへ）

増加した。帝国における鉄道の貨物運輸も三分の一増加した。しかし、なかんずく、アー・エー・ゲーとジーメンス製作所によって代表される電機工業――その躍進は褐炭生産を三分の一(六二五〇万から八七〇〇万トンへ)増加させた――、大化学工業および発動機製作――その電動機は中小経営をも活気づけた――、これらは未曽有の成長率を達成した。不可避的に生じる過剰生産によって販路を拡げる必要が著しく高まり、このことがさらにドイツの輸出をすべての世界市場へ向けて躍進させる推進力をなした。輸入がこの期間に二二億マルク増加したのに対し、輸出は三三億マルク増大し、外国貿易総額は三分の一、つまり一五六億から二〇九億マルクへ、増大した。(11) 世界経済の舞台におけるドイツ工業の成功は、一八八〇―九〇年代以来しばしば論じられてきた現象であった。欧米の保護主義の増大に対応して、ドイツ工業はいっそう努力を重ねて、幾度もおどろくべき輸出率を達成し、成長過程がもつ社会的に緊張を緩和する効果を生むのに寄与した。

ここにはヴィルヘルム治下のドイツのもつ輝かしい経済上の外見が示されていた。しかし、資本形成はますますこれと歩調を合わすことができなくなっていった。準備金が汲み尽された後には、信用の過度の逼迫が持続したがゆえに、内政の面でも外政の面でも危険な限界が近づいてきた。そのうえに、所得分布や資産分布における相違がますます大きくなった。賃銀で生活している工業労働者層の大衆は、失業――一九一三年には三四万八〇〇〇人を数えて一九〇八年のどん底(＝三一万九〇〇〇人)よりもさらにひどくなっていた――によって最もひどい打撃を受けていたが、さらに職員層、手工業および官吏の諸層もまた、この景気回復からごくわずかしか利益を受けなかった。つまり、イギリス、フランス、スウェーデンおよび合衆国における一八九〇年から一九一四年までの実質賃銀の発展を――それは平均して年に四パーセント上昇した――、帝国における発展と――帝国では年々一パーセントの増加が生じた――比較するならば、ドイツの実質賃銀は「はるかに遅れた」ままであったという判断はまったく正当である。(12) あれほど急速に増大した国民総生産が分配においてこうした片寄りを示したことを、一九一四年以前の帝国ドイツ人の「国民福祉の向上」といった快く響く空虚なきまり文句に対してまったく冷静に対置しなければならない。このように実質賃銀の上昇がすくなかったことも原因となり、婦人労働が増加した。たとえば、婦人就業者数は一九〇五年から一九一三年までの間だけで一倍半増加した。沢山の家族は、妻が職を得て一日中働くことによりはじめて、生計費の騰貴と歩調を合わすことができた。生計費がほとんど連続して、いずれにせよ急激に——一九〇〇年から一九一三年までの間にちょうど三分の一だけ——騰貴したことは食料品の騰貴の結果であり、この食料品の騰貴はビューロー関税率の結果であり、このビューロー関税率は帝国ドイツの社会的権力構造の結果であった。

この社会的権力構造はなお依然として土地所有貴族、とくに東エルベの貴族によって著しく規定されていた。マックス・ヴェーバーを通してもつねに事情に精通していた観察者であるフリードリヒ・ナウマンは、帝国人口が約五六〇〇万人を算えた一九〇〇年頃に、この「旧支配者層」の数を「二万四〇〇〇人」と算えた。しかし、この少数の権力エリートは、なによりもまず農場や郡長職という支配の拠点からほとんど無制限に彼らの利害を基準として農村を統治していた。伝統という整序されていない法からひたすら利益を受けてきたユンカーが、数十年にわたって法典制定ないし新たな法制化に逆ってきたのちに一八九一年になってようやく、プロイセンの農《ラン》村自治体条例《トゲマインデオルドヌング》の導入が成功した。実際にはそれまでは伝統という整序されていない法は「法的アナーキー」に等しかったのであり、これによって農場主《グーツヘル》は有利に決定し得たのである。日常生活の面では、一八九一年以後もさしたる変化はなかった。しかし、法律上賤民扱いをうけた農業労働者、下僕《クネヒテ》、インステ等にとっては、ほぼその頃以来、景気の高揚に活気づいた工業地区へ国内移住によって逃亡する道が、ますます魅力のあるものとなった。

したがって、この移住はまた一種の「潜在的ストライキ」でもあった(13)。さらにまた郡や州の行政において、貴族の利害が、軍隊あるいは国政のレヴェルにおいてと同様に、尊重されていた。六〇年代の戦勝、ビスマルク・レジームおよびプロイセンの覇権的地位のおかげで、プロイセン邦議会における勢力配置やプロイセン官僚やプロイセン宮廷への帝国宰相の依存のおかげで、また沢山の戦略的な権力地位を直接的ならびに非公式的にコントロールし得たおかげで、帝国の政治もまたこの貴族の利害によって著しく左右された。自由主義者バムベルガーが、「かつて類例がないような」、帝国における「ユンカー支配」について語ったほどにである。大戦前の数年間においてもなお、「全ドイツにわたる農業的党派支配」に対する批判がなされたが、その批判の基礎にあったのはこの事実である(14)。

伝統的な指導権はいたって粘り強く擁護されたし、長期にわたってきわめて確固たる根を下ろして作用してもいたので、一八四八年、憲法紛争およびボナパルティズムによって方向を見失った市民層は、「封建化」に、より正確に言えば、貴族の行動様式や生活慣習の模倣、貴族の価値や目標への適応という意味における「貴族化」の傾向に屈服したのであった。騎士領を所有し、息子たちを近衛兵として「勤務させ」、決闘のおきてのある学生組合のなかで新封建主義的な名誉概念を覚え込ませること――これらが新たな理想となったのであり、こうした理想と調和して、政治的優位を闘いとることは断念された。また、おのれに無縁な生活様式のこうした猿まねに相応していたのは、貴族出身者たる「生れつきの支配者」に対する関係で示されたところの、「ドイツの中間階級の表現」としての「おおげさな恭順の精神」であった。経営において、家父長的《パターナリスティシュ》に指揮をとる所有者や管理者は、「家長的《ヘル・イム・ハウゼ》」観点を受け入れて、したがって地方土地貴族の支配モデルを、それと類似した軍隊の位階的思考もろとも、工業へ移植することによって、企業家の権威を正当化しようとした(15)。

こうした発展を、貴族の歴史的地位ならびにその成功が後年に及ぼした影響の徴表として捉えることができるであろう。しかし、貴族の優位の固執は、まったく別個の利害にしたがう社会的諸勢力をともなう工業国家への移行により、また、東エルベの大農場主の経済的基礎を急速な侵食にさらした、目に見えない世界農産物市場によっても、掘り崩されていった。マックス・ヴェーバーは、一八九五年に、「経済的に没落しつつある階級が政治的支配を掌中に収めているのは、……長びくと、国民の利益と相入れなく[16]」なると、このようにユンカーの「生きるか死ぬかの経済的闘争」を診断し得ると考えた。古い支配者層は、傍若無人の抵抗により、国家の干渉と助成金との動員によって、こうした没落をおしとどめようとした。しかし彼らはしょせんこれらの過程を有効にコントロールし得なかったために、外国の競争や工業という圧倒的な敵手に対する農場主《アグラーリア》の防衛闘争はますます激しく、それどころか捨てばちのねばり強さをもって行われたのだ。一八八七年にビスマルク関税率が最後に引き上げられたのち、一八九一年以降のカプリーヴィ時代の工業友好的な通商条約が、七〇年代以来の農産物価格の絶対的な低迷が続いているさなかに、関税率の約三分の一だけの引き下げをもたらした。その後、一九〇二年に新たに関税率の引き上げが行われたのは――この引き上げは、一九〇六年三月以降全般的に発効し、一八八七年の水準を著しく凌駕していたのであったが――大農場主の持続的な圧力によるものであった。「結集政策」（Ⅲ／2を見よ）の枠組みのなかで、エッカート・ケーアによってはじめて古典に分析された妥協、つまり、産業市民層には戦闘艦隊を――東エルベ人には農業関税の引き上げを、という妥協が達成されたのである。改めて穀物大生産者たちは保護主義の強化により利益を得た。けだし、農業企業のせいぜい二五パーセント、農村人口の約一八パーセントが穀物価格の引き上げから利益を享受したにすぎないのに、これに反して、ルーヨ・ブレンターノの入念な計算によれば、一人の労働者は、その食料にかかる新たな関税負担を埋め合わすために、一三日ないし一八日余計に働かなくてはならなかったからである。[17] こうして、あからさまな階級立法が今世紀においても継続されていた。ちなみに、ビューロー関税率は一九二五年に再び施行されて、形式上は一九四五年まで有効であった。これもまた権益政策《インテレッセンポリティーク》における歴史的連続性についての一例であって、この政策は、競争能力もなく経営を転換する用意もない大農業者に対して法外な特権を賦与して、「全国食糧職分団《ライヒスネーアシュタント》」の「市場秩序」のうちにその理想とした目標を達成したのであった。

一八九四年に輸入独占と、国内では（一八五〇―一八九〇年の）平均価格で――この価格が世界市場での購入価格を上回っている間は――販売する権限とを帝国に賦与することを認めようとした、カーニッツ議員の提案にかんしては、農場主たちは、彼らにとって遺憾なことに、帝国議会で失敗した。なぜならば、もしこの規制がなされていたならば、それは七五億マルクのドイツにおける年間総食糧消費に加えて、グスタフ・シュモラーが一八九〇年代半ばに算定したごとく、消費者に対していま一度穀物生産者のため五億マルクの「愛の贈物《リーベスガーベ》」を負わせていたであろうからである。その代りに、「国家の藩屏たる身分」は、間接の輸出プレミアムとして効果のある、輸入証明書制度を実現するのに成功した。ドイツの納税者の負担で、いま一度ライ麦が輸出され得るようになり、一九〇八年以後は、帝国は奇妙なことに「世界第二のライ麦輸出国」にさえなった。しかし、そのことは、全経済が人為的に、穀物部門の維持によってのみならず、また穀物部門の拡張によってさえ負担をこうむったことを意味した。[18] 北西ドイツの養豚の成功は、ドイツの農業者が世界市場にいかによく適応し得るかを示していた。逆に、ライ麦耕作の収穫増加は（一九〇一年から一九一三年までに一四四〇万ツェントナーから一九一〇〇万ツェントナーへ、三三パーセント増）――これは輸入証明書のおかげでまったく輸出指向の大農場主の役に立ったのであるが――輸入諸国において畜産やミルク利用を促進し、このことがまたドイツ農業の転換を困難にしたに相違ない。それはひとつの悪循環《ツイルクルス・ヴイテイオーズス》であって、その端緒をなしていたのは、東エルベの土地貴族の経済政策上あまりにも成功しすぎた防衛闘争であった。一般的にこの土地貴族について言われていることが、このばあいにも妥当する。すなわち、厳密な語意において政治的に反動的なこの階級は、近代化への部分的な適応を通して——たとえば、外国貿易政策立法に対するその影響力を巧みに利用することによって、さらに経営の効率の向上によっても——彼らの生存期間や支配を市民の圧倒的多数を犠牲にして引き延ばしたのであった。

思いもよらない拡がりをもって、このばあいにもただたんに特殊な利害集団のみでなく、住民全体が一八七三年以来工業成長の不均等性によって巻き添えを喰わされたのであった。経済、社会および政治の諸領域において、非常に早く、すでに一八七九年までに、工業成長の不均等性から生じた多岐にわたる諸結果のゆえに、一方では、大企業の組織資本主義が、いわば自己救済行為として、急速に普及していった。他方では、この時期以来はじめはまだためらい、模索しつつ、だが次いでより目標を見定めて強烈に、現代干渉国家の初期形態が発展した。組織資本主義と干渉国家とは同一の現象の二つの側面、大企業と集中過程のさなかにおける不規則な工業発展の二つの局面をなしていた。一面では、利害当事者によって行われた「国家権力の私的な動員」は——国家権力の援助なしでは彼らはやってゆけないと考えたのであるが——「経済の領域におけるきわめて強力な干渉」をもたらした。(19) 他面では、政治的指導部、権力エリート、官僚は——要約して通例国家と言われているものは——まったくみずからの動機からも、支配の安定化と正当化という至上命令にしたがってますます深く経済過程や経済政策へ介入した。干渉国家は決していわゆる「経済」なるものの代理人の役割へ還元され得ない。たしかに国家は、通商条約、領事や軍艦、利子保証、補助金や外交活動によって、ずっとまえから、すでに自由貿易時代にも、経済的利害を支援してきた。しかし、産業革命突破以後のいわば高速の工業化過程が、なかんずくその進行の不均等性や変動がはじめて、諸問題の社会総体に及ぼす見通し得ない諸影響のゆえに社会的コントロールの必要性をまったく法外に高めたのであった。この点でも一八七三年から一八七九年までの不況は決定的な経験であった。この経験をふまえて、有効な操舵の諸措置をテストすることが各方面で不可避のものと考えられるにいたったのである。すでに数年来、「すべての思考が――心配事も、希望に満ちた配慮も――ただもう経済政策によって心を捉えられ、支配されてきたが」、いまでは操舵の諸措置が「完全に専制的に支配するにいたった」と、一八七九年に帝国司法省長官ハインリヒ・フォン・フリートベルクは判断した。こうした発展に直面して、保護関税や輸入証明書によってであれ、輸出品にとって有利な鉄道賃率や運河賃率によってであれ、また、輸出向けに再加工された商品のための輸入優遇措置、税制上の特典、火酒蒸溜業や将来性のある市場向けの航路のための国家の補助金、領事制度の拡充、植民地の獲得等々によってであれ、国家は、以前よりもより直接的に干渉し始めるか、あるいは、ひそかに介入し始めたのである。要するに、ありとあらゆる措置によって政府の景気政策上の操舵の努力や社会安定化政策《ゲゼルシャフツポリティシュ》上の操舵の努力を実現しようとしたのである。これらすべてから明らかなように、干渉主義は、新自由主義が依然として信じてきたように、「体制の外側から接ぎ木された」ものではなくて、「体制に内在的な、自己擁護の化身」なのである。「弁証法の概念をこれほど決定的に明らかにし得るものは他にないであろう」。干渉主義によって、体制の学習能力や抵抗力が確証されただけでなく、体制がもっぱら市場メカニズムだけに委ねられたままである限り衰弱してゆく傾向をもつこともまた間接的に確証された。(20)

ここに現代を特徴づける諸現象が生成してくるのをありありと見てとることができる。国家的に規制された資本主義という現在の体制においては、政治的支配は、なかんずく、政府が目標を見定めた干渉によって成長の攪乱を修正し、こうして経済と社会との持続的な安定性を維持しようと骨折ることによっても、正当化される。現代社会がしたがうべき「正当化の要求」によって、おそくとも一九二九年以来信用を失墜した自由資本主義的市場経済のイデオロギーにとって代って、「補償計画主義があらわれてくる」結果がもたらされ、この補償計画主義は体制維持の優位のもとに――またそれと結び付いたすべての利害の優位のもとに――、「体制全体」のための「安定諸条件を維持し、また成長が生み出すリスクを予防し」、それゆえにさらに、「賃銀で生活する大衆の忠誠心を確保する補償政策、つまり衝突回避政策」をも推進することを指導エリートたちに義務づける。だから、持続的な、かつ可能な限り均等な経済成長は顕著な「支配を正当化する機能」を引き受けるのである。(21) たんに経済的な動機だけからは決して導き出され得ないであろう、この政策の端緒局面は、ドイツではビスマルク時代に見出される。成長する干渉国家のさまざまな行動は、こうした視座のもとで、国家指導部とこれを担う社会集団との努力として理解することができる。経済的・社会的体制のための改善された安定諸条件を創立すること、したがって、ただたんに経済のための成長のチャンスを改良するだけでなく、国民所得の分配や権力に近づく機会をめぐる内部的な衝突をも緩和することが肝要であった。それゆえに、権威的な国家指導部や特権的な階級の支配は、伝統的権威やカリスマ的権威に対する批判が増大するにもかかわらず、強固にされねばならなかった。一八七九年以来の保護関税制度も、まさしくこの時以降の経済帝国主義ならびに社会帝国主義も、さらに政府の専売計画や鉄道国有化、沢山の外国貿易政策上、租税政策上、および財政政策上の諸措置も、こうした支配正当化の機能を含めて捉えられるばあいにはじめて、その意義が明らかとなる。

そのさい、理論的にも――つまり、支配的な同時代の経済理論の水準により――、実践的にも――法的かつ権益政策上可能な余地の枠内で――政府の活動の自由はかなり限られたものであったことが、考慮されねばならないであろう。したがって政府の行動は、往々にして実践的には模索に等しかったのであり、一定の手段が有望であることが判明するまでには、しばしば後退を経験し沢山の実験を必要とした。したがってたとえば、対外経済政策が保護主義または帝国主義として、さしあたって優先的な意義を占めたことは、国家の景気制御の三本の現代的な「柱」をなす貨幣政策、財政政策および貿易政策のうち、最初の二つの政策が、まだ帝国政府を支えることができなかったことをも示している。ライヒスバンクは金本位制のルールにしたがっていて、そのうえになんら現代的な中央銀行政策を遂行できなかったので、政府は景気を制御する反循環《アンティツィークリッシュ》的な貨幣政策に適合した槓杆を駆使できなかった。同様に、政府にはベルリーンの財政政策によって帝国の経済を制御するための中央集権的制度も欠けていた。したがって、当時の理論的ならびに制度的な可能性から見て、ただ対外経済だけが初期の国家的景気政策の分野として残っていたにすぎなかった。[22] それゆえにまた、このばあい、保護関税でもってまずてこ入れがなされたのだ。関税率の引き上げにもかかわらず、保護主義が世界経済の変動に対して望みどおりの保護を提供しなかったときに、ますます輸出助成のための諸措置が付け加わっていった。ここに組織資本主義と干渉国家とは真に将来性に富んだ行軍ルートを切り開いた。干渉国家の興隆のこれらの必然性や条件は、帝国議会における闘争や、新聞の論戦や、同時代人の論争のまったく錯綜した多面性によってあいまいにされてはならない。

　どこにおいても干渉国家の興隆は、異論なく、急速にあるいはまったく摩擦なしに進行したのではなかった。しかし、歴史的な展望から見たばあい、干渉国家はドイツにおいてそのヤーヌスの顔をとりわけ早く、かつきわめて明瞭にあらわしたように思われる。巨大な社会的ならびに政治的な深部効果をともなう経済的にダイナミックな力を操舵する必要があることは——その操舵の程度についてはずっとまえから議論のあるところであったのとまったく同じように——否み難いところである。だが、そのかぎりで、高度工業化の進展にともない、前途はますます干渉国家のものとなっていった。なんとなれば、ただ社会的なコントロールだけが工業世界における死活にかかわる利害衝突の漸次的な緩和を保証したからである。その点について自らを欺き得たのはただ正統的なマンチェスター自由派か、それとも集団的エゴイズムだけだ。他面では、万事は、干渉が誰のために、どのような社会的コストで、またいかなる目標のためになされたかに、かかっていた。帝国ドイツの社会的権力構造は、国民の大多数の福祉のための社会的平等を実現する経済政策を不可能にした。そのことは経験的に争う余地のないことであるから明確に主張しておかねばならない。大農場主のごとき前工業的エリートや、重工業の新封建的支配者や、なかんずく権威的な国家指導部——彼らは短期的にも長期的にも国家の介入から最大の利得をひき出したのである。もっとも、他面では、「保護関税による生計費の人為的な騰貴」が「社会民主党のための培養基」を拡げたところの「大きな動揺をひき起すために最も有効な手段」のひとつをなしていたこともまた確かではあるが。(23)一九一八年まで、ドイツの干渉国家は、つねにそのきわだって非自由主義的な、反民主主義的な特徴を保持していた。そして、ドイツの干渉国家がしばしば十分に達成した、経済的 - 社会保守的な安定化効果は、ただたんに狭義の経済的利害のために役立っただけではなく、民主主義に敵対する行為の社会的な担い手たちのためにもつねに役立った。したがって、干渉国家の成功は、繰り返し帝制ドイツにおける権威的支配を正当化したのであった。

III　支配体制と政治

1. 政治体制

1.1　立憲君主制か、それともえせ立憲的半絶対主義か

ドイツの内戦における勝利の四年半後、しかしまだビスマルクの第三の戦争が終結しないうちに、一八六六年以来膨張してきた大プロイセンは、ヴェルサイユ宮殿において出征軍頭領選出《ヘールカイザーヴァール》〔古代ゲルマンや中世ドイツの軍隊は戦争指導者の集会で出征軍の頭領を選出した〕といった時代錯誤の形式を模倣して、「ドイツ帝国」へ改称された。条約上一八七一年一月一日に建設されたこの帝国は何であったのか。そのさい、憲法と憲法の現実との間に従来なされていた区別を守るとすれば、帝国の政治的支配体制はどのように特徴づけられるのであろうか。制度上、組織法上の基礎は、北ドイツ連邦の憲法に倣って叙述され、一八七一年五月四日に発効したところの帝国憲法によって規定された。この連合約款にしたがって、二二の主権のあるドイツの王侯諸国と三つの自由なハンザ都市が「永遠の同盟」を締結したのであった。その構成原理は帝国という上部国家を組み立てた点にあり、この帝国へ包括された下部諸国家は、一定の義務を引き受けると共に、一定の国家主権を帝国へ委譲したのであった。ただ一個所でだけ、つまり「帝国直属領《ライヒスラント》」エルザス－ロートリンゲンにおいては、国家連合ではなくて、連邦国家で

あるこの上部国家が、はじめから直接的な、中央集権主義的な支配権を行使した。この帝国直属領は、一九一八年まで――帝国憲法の基本思想がもともとすべての連邦構成諸邦に対して前提としていたような――帝国連合における独自の主権を授けられた、独立の国家では決してなかった。公式の主権は直接の代表機関としての連邦参議院にあった。連邦参議院は同時に、各邦行政府から任命された帝国立法府の一部をあらわしていた。法的に、また事実上も、ここでプロイセンの特殊地位は確保されていた。というのは、連邦参議院はただたんに「プロイセンの帝国に対する支配を蔽い隠す立憲主義的ないちじくの葉」（A・ローゼンベルク）をなしていたにすぎないからである。したがって、ビスマルクは、連邦参議院の会議のうちにも、「なによりもまず、他のドイツの大臣の参加により拡げられた、国民的な方向づけをもったプロイセンの閣僚会議[1]」を見出したのであった。しかしますます「ドイツ皇帝」が象徴的に、なかんずく一般的意識でも、本来の帝国元首とみなされるようになった。帝国宰相は、この「連邦首長」のために連邦参議院で議長を勤め、また、すべての帝国法、条例および政令に副署することによって「責任」を負った。もとより、それは完全な議会主義的意味での責任ではなくて、官僚主義的な共同統治がドイツの後期絶対主義的「法治国家」においてかち得たところの、副署というあの萎縮した意味における責任であった。なかんずく、帝国宰相は、上部国家において、プロイセン「帝国《エムパイアステイト》」の全重心を、通常そのプロイセン首相ならびに外務大臣としての職務によって、代表していた。こうした職務の兼任は異常にきわだった制度上の枢要な地位を創り出したのであり、その個々の支柱を放棄したならば必ず権力が侵食される危険を生じたであろう。

帝国君主、連邦参議院および帝国宰相以外に、男子の普通、直接、秘密選挙権によって選ばれた、約四〇〇名の議員を擁する帝国議会が第四の権力要因とみなされていた。この選挙権は「ビスマルクによって周知のごとくもっぱらデマゴギーから」、すでに北ドイツ連邦において、「当時御し難かった市民層に対抗する彼のカエサル主義の闘いのために」（M・ヴェーバー）、施行された。宰相は信頼し得る保守的選挙人が優勢であることをまったく自明のこととして、このえせ民主的な戦術上の手を用いて、「議会主義によって議会主義を失墜させることに」(2)望みをかけていたのである。彼はたしかに長期間にわたって議会主義的発展の抑圧に成功したけれども、しかし、総じて言えば、彼の保守的計算は、帝国議会の政党政治上の構成によってしばしば幻滅させられたり、圧迫手段を追加することによってようやく満たされたりしたにすぎなかった。帝国議会の漸次進展する「民主的 - 議会主義的中央集権主義」に対して彼は、これと競合する「プロイセンが覇権をもつ中央集権主義」をうわべだけ飾り立てるはずの、「まったく連邦主義的なイデオロギーと美辞麗句」を対置しなければならなかったし、実際、憲法の現実はこれによってすくなからず隠蔽された。しかし、憲法を度外視し、ドイツの政治文化の多くの阻止的な伝統を度外視しても、帝国議会は、予算権をもっていたにもかかわらず、解散権が外部に、皇帝と連邦参議院とにあったことから見ても、もはやなんら独立の権力要因となり得なかった。すでにトマス・ホッブズはかかる団体について、「かれらを解散する権利」を有する者が、「かれらを統制する権利もまた、したがって、かれらの統制を統制する権利もまた」(3)有すると述べていたのだ。

プロイセンの覇権と連邦主義的な帝国連合との、古い公権的支配と近代的選挙権との、この混合形態を、「立憲君主制」として特徴づけるのは適切かつ十分なことであろうか。憲法により制限を受けたこの君主制は、独立の政治形態として認められるべきか、それとも、過渡的現象として評価されるべきであり、引き延ばしをはかる妥協として、腐敗した平和として、君主制と自由主義的 - 議会主義的な志向をもつ市民層との間の休戦として特徴づけられるべきなのか。この君主制は、封建的諸権力の驚嘆すべき勝利を具現していたのか、それともやはり、いっそう民衆的な議会主義へ向かう前段階をなしていたにすぎなかったのか。従来のドイツの歴史家の圧倒的多数と同様に、ついさきごろ再びこの国家形態のうちに百年前の「ドイツの憲法問題の様式にかなった解決」を見出そうと欲した者がいる。[4] しかし、このばあい「様式にかなった」とは何を意味するのか。それによって改めて、新しい批判的研究なしに、一八七一年以前のさまざまな歴史的可能性について、ビスマルクの解決を事実の規範的な力にもとづいた、やはり結局は不可避的なものであったと説明するという方向で、判決を下そうとするのか。それとも、今日の歴史的展望から見てさえ、この君主制に対して相変らず「妥当な」という述語が授けられるべきなのか。ドイツの公権的国家という健全な世界へのノスタルジアはいずれをも欲している。しかし冷静な批判はいずれをももはや欲することはできないのである。

立憲的な君主制という概念において、力点は、名詞にかかっていて、形容詞にはかかっていない。そして、問題となっていたのはあくまで一個の「国王の支配」にほかならなかった。プロイセンの君主は、帝国の三分の二を占めていた覇権国家において、軍隊、官僚および外交という絶対主義国家の三つの支柱をコントロールしていただけではなく、帝国の君主でもあることにより、新しい帝国官庁の行政機構、軍事および外政をもコントロールしていた。この帝国の枢機《アルカーナ・イムペリイ》に対しては、帝国議会は、事実上、一指たりとも触れることができなかった。こうして、憲法上の庇護をも受けつつ、制度上、絶対主義国家の権力構造が本質的に維持され続けたのであった。国王が執行権を行使するのに有利なように留保がなされることが、立憲君主制の本質的な標識であるとすれば、プロイセン国王=ドイツ皇帝は、これら三つの支柱を自由に行使する権力をもっているので、帝国憲法内部において「決定的な、したがって本質を規定する」影響力を有していた。換言すれば、絶対主義的諸勢力こそが依然として「憲法を規定する力」であった。それゆえに、古い公権的国家の権力諸要因は、ひき続いて君主（とその助言者！）によってコントロールされていたから、第一に、決定的な事柄は権威的な頂点に座する者によって左右されていた。第二に、憲法が市民時代の自由主義的諸要求に対する譲歩として避け得られなくなったにもかかわらず、依然として、伝統的な支配体制の堅い核心がそのまま残っていた。マルクスが、「どこまでも互いに矛盾しあい止揚されつつある両性体」として、立憲君主制を論難したさいに、彼の予測は長期的にはいたって現実的であったとしても、この核心を過小評価していた。(5) 現実の権力状況が根本的に変化することがなかったために、要するにそれはひとつの専制的、半絶対主義的な外見的立憲主義であったのだ。この点は、支配の意味が——ここでなされているように——国法学的な意味よりももっと広く理解されるならば、いよいよもってはっきりとしてくる。したがって、「時代に逆行した、君主制的な半絶対主義」という定式化は、異論もあるが、まさに正鵠を射ている。(6) これに反して、新絶対主義などとは言うべきではなかろう。なんとなれば、立憲的な正面《ファサード》の背後には、古い絶対主義的なレジームの連続性がまったく旧態依然として保たれていたからである。それにもかかわらず、えせ立憲的な、権威的な君主制という特徴づけは、ラサールの有名な言葉を用いれば、「一国に存在する真の現実的な権力状況のうちにのみ」見出され得る、一八七一年以降のドイツ帝国の「現実に機能している憲法」の内容を、まだ十分にカバーしていない。(7) むしろ帝国の支配類型を現実の歴史に即して性格づけようとするならば、なによりもまず、一八七一年から一八九〇年までと、一八九〇年から一九一八年までとの、二つの局面が区別されねばならず、さらにまた、最初の期間にかんしては、1・ビスマルクの果たした中心的な役割と、2・彼の人物に長い間体現されていた支配の社会的機能とが、共に正当に評価されねばならない。

1.2　一八九〇年までのボナパルティズム的独裁統治

憲法紛争とヴェルサイユとの間に、最終的に「現実政治」に屈服した自由派は、たしかにビスマルクの「行動力のある専制を……帝国建設のために」耐え忍ぼうとした。しかし、そのなかの批判的な人びとは、帝国立法に対して国民自由主義の影響力が行使された数年を経たのちに、また、自己の影響力にかんして同様にきわだった自己欺瞞に陥っていた数年を経たのちに、結局はやはり、「全能となった地方ユンカーの……いかがわしくて気まぐれな思いつきによる暴力支配」を「宰相独裁」と呼ぶにいたった。(8) この概念は、七〇年代ならびに八〇年代の間には、もとより正確な国法学的な意味で理解されていたのではなかった。――というのは、これらの批判者すべてに周知であったように、憲法上は、帝国宰相の従属的地位が明確に定められていたからである。しかし、憲法の現実を言いあらわそうとすると、なによりもまず浮んでくるのがこの用語であり、したがって、フリードリヒ・マイネッケでさえ初代の帝国宰相は「一種の独裁」を行っているとみなしたのである。(9) 実際に、このような独裁的な要因があったことについては、いささかの疑問の余地も残されていないように思われる。この点については、ビスマルクの個人的な消息に通じている人であれ、専門的知識のある人であれ、左右を問わず、同時代人が一致していた。「万事はまったくビスマルクただひとりに左右されている」と断言したのは、超保守的な大使、フォン・シュヴァイニッツ将軍であり、「ビスマルクの独裁ほど完全な専制はいまだかつて存在しなかった」と彼は述べている。「朕が国家である《モワ・ジュ・スィ・レタ》」を彼は「ビスマルクの独裁」の導きの星とみた。ビスマルクの側近であった後の次官ならびに文相のボッセもまた、「いっさいがビスマルクの言いなりであって、彼は大臣たちを思うがままにひきずり回している」と述べた。メクレンブルクの連邦参議院議員オルデンブルクは次のように憤りをあらわした。「このジュピターの支配のもとでは」万事は「指揮棒に合わせて」進行し、「沈黙の服従のうちにある……、いっさいは軛に繋がれて静かに頭をたれている」と。メーヴィッセンのような古い自由主義者たちは、ビスマルクを「とうの昔から全能の力をもつ者」と見ていて、「侯爵の絶対主義」は「その権力と傲慢の頂点に」立っている、と述べていた。また自由思想派のフリードリヒ・カップは次のようにしんらつに嘲笑した。「ビスマルクにとっては総じてただひとつの統治形態が存在するだけである。つまり、彼自身だけである」。だからこそ帝国議会において彼が必要としたのはただ「ものを言うことを許されない……宦官の多数派」であったのだ、と。これに劣らず、はっきりと、イギリスの大使アムトヒル卿のごとき外国人の観察者は、その「権力が絶頂にある」「ドイツの独裁者」について語っていたし、アメリカのカッソン公使は、その「威信が……現在ヨーロッパ史上に前例のない」「原則的に全能の独裁者」について語っていた。――フランスの外交官サン・ヴァリエやド・クールセルも往々にしてこうした評価と一致していた。(10) さらになお決定的な立証が必要であるとするならば、皇帝ヴィルヘルム一世も次のように告白したのである。「このような宰相のもとで皇帝であることは楽なことではない」と。憲法にそむいて、しかしフロイトの言う失錯行為のごとく、「あなたの臣下たちはあなたの信任を得ていなくてはならない」と皇帝がつい口にしたとき、このことはベルリーン中央における真の位階制を明るみにさらけ出したのである。したがって、ビスマルクは、彼の死後賞賛されたあの率直さをもって、「名目だけは別であるが、万事にわたって私こそがドイツにおける主人なのだ」と述べているが、これこそは彼が「ブランデンブルク選挙侯国の臣下である」と言って巧みに仮装していたことの内実を正確に言いあらわし得ていたのである。(11)

それでもやはり、宰相独裁という概念では十分でない。この概念は、あまりにも狭く、あまりにも個人中心的である。なかんずく、ドイツ帝国の憲法の現実をも組み込むことのできる比較支配類型学のためには、ドイツにおいても存在する、カリスマ的、人民投票的、および伝統主義的諸要因を独自の形で混合するボナパルティズムという概念こそが、支配の社会的機能にかんして説明力を有しているがゆえに、適当であると思われる。ナポレオン三世の統治から導き出され、マルクスの『ブリュメール一八日』(12)において古典的に分析されたボナパルティズムは、工業化の比較的初期の段階における――前工業的エリートがなおその力を示すことができ、市民層はたしかに力強く躍進しつつあったが、しかしすでに、一八四八―四九年の革命の時代の「赤い妖怪」の予兆が警告したごとく、労働者層の解放運動によって下から脅かされていた段階における――権威的な支配の類型として最も端的に把握され得る。階級均衡について語ることは誤りであろう。しかし明らかに、伝統的な身分制的な権力構造は著しく動揺させられていたに相違なく、市民層は強力であっても、社会的変革に対する恐怖から旧権力と妥協して、直接的な権力行使を断念することを余儀なくされており、労働者層は近代化の推進力として、すくなくとも変革のシンボルとして、恐怖をかきたてるものであったに相違ない。しばしばいずれともつかぬ浮動状態として理解された、こうした独自の諸勢力の配置状況に直面して、支配階級の代表者としてのカリスマ的政治家にとって、彼が明らかに時宜を得た、特定の手段を利用するならば、保守的な安定化政策をおし進めるためにまたとない有利なチャンスが開かれる可能性が生れた。こうしたばあいには歴史的経験によればつねに、一方では、進歩的諸要求（選挙権、社会政策、経済法）に対する唖然とさせられるほどの譲歩を含む、一定範囲の迎合と、他方では、敵対者に対する激しい、あからさまな抑圧と迫害（社会主義者鎮圧法、新聞の抑圧、国外追放）との混合が重要な意味をもっていたし、解放の圧力を好戦的な冒険《リジコ》政策により、外へ向けて、または帝国主義へ向けてそらすことと、脅迫的な（クーデター、民族問題の動員）あるいは行使された（帝国議会選挙権、併合）革命的諸手段との混合がつねに重要な意味をもっていた。ビスマルクの保守派の顧問ルートヴィヒ・フォン・ゲルラッハもまた身をもって知ったように、おそくともこの革命的諸手段という特徴があらわれてきたことによって、ボナパルティズムの政治は伝統的な保守主義から区別されたのである。投票や選挙戦における人民投票的な歓呼によって事後承諾された、こうした複合的戦略の助けを借りて、伝統的な指導層の優位や、工業的な指導層の優位もまた——これらは他方では一定の政治的制限を受けなければならなかったが——社会変動の激烈な諸力が働いている社会のなかで、いま一度固められて、いわば歴史的時間を越えて引き延ばされたものと考えられる。そのさいに形成された独裁的執行府は、支配階級のさまざまな保護要求にもとづいて受け入れられたのであり、それどころかむしろ要求せられたのであった。独裁的執行府は一時的には、こうした力関係に抗して、極端な直接的な社会的諸影響力の相対的な均衡を生み出し、相対的に高度な自立化を達成することができた。多くの点で独裁的執行府は工業化の社会的ならびに政治的な諸結果に対して必死の防衛闘争を行った。その機能から見て、この退却戦は、短期的に、ドイツではさらに長期的に見てもまったく、社会全体の近代化の社会保守的、反解放的な閉塞を意味したが、しかし決して部分的変革を閉ざしはしなかった。

ビスマルクは、伝統的な指導層の代表者として、また同時に、「ブルジョア的秩序人」の「救世主」としても登場した。エンゲルスがフランスの事情の分析を一八六六年四月のビスマルクの選挙権クーデター以後に鋭く次のように一般化したとき、彼はなかんずくこの第二の機能を念頭においていたのである。「ボナパルティズムはなんと言っても近代ブルジョアジーの真の宗教なのだ。僕にとってますます明らかになってくるのは、ブルジョアジーは自ら直接に支配する能力を持っていないということ、したがってまた……ボナパルティズム的半独裁が正常な形態となるということだ。この独裁は、ブルジョアジーの大きな物質的利害を、ブルジョアジーの意に反してさえ、実現するのであるが、しかし支配そのものにかんしては一部分たりともブルジョアジーに譲り渡そうとはしないのだ。他面では、この独裁自身もまた、このブルジョアジーの物質的利害をしぶしぶ取り入れることを余儀なくされているのだ。こうしてわれわれはいま、国民協会の綱領さえ採用するビスマルク氏を持つにいたったのだ。もとよりそれを実施することはまったく別の話であるが、しかしドイツの市民を相手にしてビスマルクがしくじることはあるまい」と。(13) 事実、ビスマルクはドイツの市民を相手にしてしくじりはしなかった。しかし、彼はドイツの市民層の経済的願望を気前よくかなえてやり、また台頭しつつある「第四身分」に対して市民層を保護してやっただけではなく、さらに歴史的にみてこれと同じように成功したと言ってもよいが、ほかならぬ旧エリートの地位をもまた固めたのである。自由貿易派の国民自由主義者たちとの協調は、このような「半独裁」の性格について一時的にこの国民自由主義者たちを欺くことができたが、一八七三年の第二の世界経済恐慌の勃発後まもなく、この半独裁はあからさまにその姿をあらわし、一八七九年以後には、以前にましてますます異論をさしはさむ余地のないものとなった。それまでは、社会政治的な諸力の配置の有利な状況——好況、比較的狭い政治参加、国家機構に比してひどく弱体な諸政党等——がビスマルクの統治にきわめて好都合に働いていた。したがって、ビスマルクの異論の余地のない巧妙な手腕を、過大に強調してはならない。けれども、一八七九年以来、諸力の配置状況が変化するにともない——しかもこの変化がもたらした劇的な諸結果はビスマルクをしてクーデターをさえ再三考慮させたほどであったが——体制の政治的操舵はビスマルクにとってますます困難になってきた。

ビスマルクは、ボナパルティズムに典型的な混合形態において、伝統的諸要因と近代的諸要因とを均衡させた。

たとえば、彼は絶対主義的な軍事政策を、干渉国家的な、人民投票的に基礎を固められた権益政策と結び付けたし、また、一八七一年までは戦争政策により、その後には八〇年代の社会帝国主義ならびに経済帝国主義により、国内の諸問題を、国外へそらすことによって鎮静させようと試みた。それらすべてにもかかわらず、ビスマルクが命脈を保っていたのは、帝国建設、対外政策、および二つの支配階級間の調停に長い間成功を収めたことにより高められた、否み難いカリスマによってであった。帝国の最も著名な自由主義者の一人、ルートヴィヒ・バムベルガーは、ビスマルクの近くで三〇年間すごした後、しぶしぶながらその真価を認めて次のように判断したのである。「この人物がその絶頂にあってすべての同時代の人びとにどうした支配を及ぼしていたかについて、証言し得るためには、ひとはその場に居合わせねばならない。その時代のドイツにおいては、どれほど広範に彼の意思が貫かれていたかを、ひとは言いあらわすすべを知らなかったし、ドイツにおける彼の権力はまったくゆるぎがなくて、すべてが彼の前でおののき震えていたほどであった」と。この点で、ブルクハルトが、「ドイツにとって……ビスマルクとはまさにあの権威という秘教の拠点であり旗印し」であった、と語ったような、あの皮肉な距離を誰もが保っていたわけではない。けれども、保守主義者としてビスマルクの誤りと弱点とを明瞭に洞察した者でさえも、一七八九年、一八三〇年および一八四八年の三つの革命からショックを受けた後にはやはり、「あらゆる課題のうちの最大の課題たる、革命を塞き止め巻き返すことに……代るものは、何処にも、見出され得なかった」と、(14)告白したのである。したがって、公平に判断すれば次のような結論に到達するであろう。つまり、「プロイセン‐ドイツもまた、一八六二年以来、そのカエサル主義的な政治家を発見したのである」。「ビスマルクの政治の『ボナパルティズム的』性格を隠蔽していたのは、国王の下僕であり、皇帝の宰相であるという、礼儀正しくかつきわめて巧みに着こなされていた君主主義的‐伝統的な衣装であった……だが、これこそがビスマルクを以前の閣僚政治《カビネッツポリティーク》の達人たちから区別するものである。彼の政治的演技における『現代的要因』、『際立った特徴《フィギュア・イン・ザ・カーペット》』をなすのは、まさしく『ボナパルティズム的』特性であり、こうした特性は、国内でも対外的にも再三繰り返された冒険《リジコ》政策や、普通選挙権による操作や、煽動の巧妙さや、正当性の軽視や、保守的‐革命的な両極性のうちにはっきりと認められる」と。(15) しかし、問題の個人的な側面ばかりを強調するにとどまらず、帝国についてのマルクスの特徴づけを幾分手を加えて活用するならば、一八九〇年までの帝国の性格を次のように描き出すのが最も適切であると思われる。つまり、それは人民投票的に強化されたボナパルティズム的独裁統治であり、しかもこの統治は、半絶対主義的・えせ立憲主義的な、部分的には市民層と官僚とによっても左右されていた軍事王制――伝統的エリートを優遇していたが、しかし急速な工業化の影響や、これにともなう部分的な近代化の影響のもとにさらされていた軍事王制――という枠組みのなかにあった、と。このようにして非公式な権力ピラミッドの頂点に立つビスマルクの地位と共に、ボナパルティズム的支配の社会保守的機能もまた正しく評価され得るであろう。

これにかんしてなお二つの点が考慮されねばならない。このボナパルティズム的局面は、序論で素描した帝国の「建設時代」と重なり合っているだけに、きわめて重要である。なかんずく、このばあい、一八七九年の句切りが中心的な意義をもっている。それまではビスマルクは、内政、経済立法および通商政策において自由派と協同してきたが、一八七三年以後の不況は、この不安定な情勢――この情勢はしかし国民自由主義者たちにとって決して純粋の「獅子の結社《ソツィエタス・レオニーナ》」〔強者が利益を得る結社〕ではなかったのであるが――の経済的基礎をまず掘り崩し、次いで政治的基礎を掘り崩したのであった。工業および農業の成長停滞を克服しようとして、帝国政府は、その後一八七六年以後、方向転換して、反自由主義的‐保守的結集のプログラムを追求したが、その支柱をなしたのは工業と農業とにおける大生産者利害であった。この「創造的諸身分のカルテル」が一八七九年の保護関税体制と共に、世間の耳目を聳動させつつ登場したのである。それ以後、こうした保守的な結集政策がさまざまな形をとって一九一八年にいたる帝国の政策の基礎を形作っていた。それと並行して、多くの政治的ならびに社会的諸領域において、ゆゆしい結果をもたらした脱自由主義化が生じた。これらの過程はビスマルクによっても推進され、その結果がまた彼の巨大な権威を正当化したので、すでに一八九〇年以前にその後の帝国史全体にとって宿命的な転轍がなされていたのである。それゆえに、バムベルガーは――彼の世故にたけた疑い深さのゆえに個人崇拝を受け入れなかったが――ビスマルクは、「諸制度や諸法規が、さらに重要なことであるが、諸人物が動く軌道を決定[16]」したという判断を下すことにより、そうした転轍の結果をとらえた。なんとなれば、結集政策の決定的な最初の一二年間はまだボナパルティズム的な半独裁の時代にあたっていたし、また側面掩護的な諸措置が――プットカマーの官僚政策（1.4を参照せよ）から国家の社会保険にいたるまで、帝国政府の諮問に答える国民経済審議会の職業身分的な実験から海外の膨張にいたるまで――ビスマルク時代にすでに、反自由主義的、権威的な新ドイツの公権的国家へ向かうそうした道を固めたからである。したがって、ハンス・ロートフェルスは一九四五年の後に、正当にも、ドイツの政治における「市民的成熟の阻害」の持続や「逃げ口上の賛美」について次のごとく判断することができた。最初の帝国宰相は、「ビスマルクのヒトラーへ通じる道がいかに長くまた曲折したものであったにせよ……転換に責任を負う者であり、さらにすくなくとも、今日において宿命的に行きつくところまで行きついたことが残念なことに余りにも明白となったところの、あの転換の正当化に責任を負う者であると」考えられる、[17]と。

こうしたビスマルクの二〇世紀へ通じる道は、なかんずく、社会安定化政策的ならびに内政的な発展のただちに目に見える著しい重荷を負って購い取られたものであった。その点については、さらにまた外政が負ったそれに劣らず重い負荷についてもなお立ち入って検討されねばならない。いずれにしても一八九〇年には、帝国の内政的、社会的制度にかんして、「あの偉大な人物はやはり疑いもなく失敗した」のだという印象がいたるところで支配していた。「帝国の内政を彼はもはや癒やすことはできない」と、ブルクハルトはすでにずっと以前に認識していた。そして、テーオドール・モムゼンは、ビスマルクが「国民を破滅させた」という見解すらもっていた。「ビスマルクの時代の損害は、その利益よりもはるかに無限に大きい。なんとなれば、権力による利益は、世界史の次の嵐で再び失われてしまうような価値であったにすぎないが」、ドイツ・ボナパルティズムによる「隷従化は、もはや回復され得ない宿命的な災いであった(18)」からだ、と。たしかに、これらの否み得ない損害についてここでなお多くのことを言わなければならないが、しかしそうした損害があるからといって次の一点を曖昧にしておくことは許されないであろう。すなわち、結集政策により結び付けられた支配諸階級の新しい権力構造は、ビスマルクのもとで軌道に乗ったが、ありとあらゆる摩擦にもかかわらず、ビスマルクなくしても機能し続けたのだ。そのことは、一八九〇年以後、ビスマルクの解任と共に、ボナパルティズム的支配の指導人物と同時にシンボルがベルリーンから消え去ったときに、明瞭になった。

1.3　一八九〇年以後の恒常的な国家危機。調整なき権威的多頭制《ポリクラティー》

それ以後、プロイセン＝ドイツの権力ピラミッドはその首脳者を欠いていたのであり、言い換えれば、ビスマ

ルクの能力に合わせて裁断された憲法、ビスマルクに馴じんだ憲政は調整の中心を欠いたのである。かくして現実に、また雰囲気としても、権力の真空が生じ、これをさまざまな人物や勢力が満たそうとした。結局のところ彼らも議会もそのことに成功しなかったので、ドイツには思い上がった統治の模造品の陰で恒常的な国家危機が支配するにいたり、この危機は競合する権力諸中枢の多頭制をもたらした。この体制は、ドイツの政治がそれ以来しばしばたどったジグザグ・コースの原因でもあった。まず、若い国王は、皇帝であると同時に宰相でもあろうとし、すくなくとも形式的には楕円形の権力構造をもつ体制を、ビスマルクが嘲笑した「民衆的絶対主義」によって、代置しようとした(19)。この実験は「個人的統治」を達成するための助走であった。しかし、憲法上そのようにならなかったし、ヴィルヘルム二世は、憲法の現実を永続的に変更することにも成功しなかった――たとえいかに彼の助言者の徒党のビザンチン風の卑屈な言葉の遊戯が政策決定過程をば皇帝の決定権という幻想でもって飾り立てようとしたとしても。個人的な能力から言っても、帝国の政治を軍事的な統帥ならびに代表と結び付けることを命じた制度上の要請からしても、ホーエンツォレルン家最後の皇帝は、独裁的《モノクラーティッシュ》に帝国を統治することはできなかった。新しい世紀が始まるまえにもう、彼は基本的にはこのアナクロニズムの遊戯において挫折していたのである。もとより、彼の過大な要求はその後もとどまるところを知らず、彼はその憲法上の限界を再三再四踏み越え、また他面では法的に認められた留保権を立憲君主制の執行府のために利用し、大げさな修辞法でもって皇帝職についてのその奇怪な見解を強調した。だがその後、世界大戦は、彼が権力の重点から見て、ただたんに「影の皇帝」(H・デルブリュック)の役割を演じていたにすぎないことを、完全に暴露したのであった。

他面で帝国宰相たちも――彼らは例外なしに官僚的‐外交的位階制を昇進してゆく「雄牛の旋回《オクセントウール》」〔官僚の経歴〕の道を登ってきたのであり、マックス・ヴェーバーはこれを不吉なことと考え、まったく同様にビスマルクもこれを有害なことと考えたのであるが――、誰も権力の真空を十分に満たすことはできなかった。長い間過小評価されてきた、信頼に値するカプリーヴィは、権力本能を欠いていたために、従来帝国宰相が活動してきた制度上の基礎の大部分を破壊しさえした。ともかく、短命な「カプリーヴィ時代」は――この時代の間、なかんずく工業友好的な通商政策によって工業国家の諸要求への適応が試みられて、一時的には必要な政治的な支持もまた見出したのであるが――農業的保守派に対立した、かつはっきりそうと感じられるようになった権力配置状況のゆえに、彼らに非常な恐怖を吹き込んだ。したがって、農業的保守派は宰相を失脚させたのであり、彼らのその後の時期における行動には、一八九〇年から九四年までの脅威にさらされた経験が、疑いもなく深く刻み込まれていた。そのあとに続いて、年老いたホーエンローエ－シリングスフュルストは過渡時代の船首像にすぎなかった。ビューローは、なるほどヴィルヘルムの「ビスマルクとなろう」としたけれども、しかし如才ない策士にすぎなかった。教養があり、勤勉で、衝突を恐れる官僚の典型としてのベートマン－ホルヴェークは、その「対角線の政治」〔諸勢力の交錯に適応する政治〕に――つまり、そうした方式ではもはやまったく現実に統治され得なかった体制のなかでの帝国の官僚政治による諸問題の処理に――失敗した。ミヒァエーリスーヘルトリングーバーデンたちは、一九一六年以来第三次最高軍統帥部の軍部独裁により支配されていた舞台に登った色あせた人物にすぎない。宰相たちはいまではもう、古典的な政治学説がずっと以前から公共の福祉と名付けていたものの切れはしをきちょうめんにひとつひとつ調整したり、達成したりすることができるにすぎなかった。

しかし、彼らと並んで、フォン・ティルピッツ提督のごとき陰にかくれた重要人物が存在した。ティルピッツは、戦闘艦隊建設によって、内政、外政、社会政策、財政政策、および軍事政策に根本的な影響を及ぼした。おそらく彼は、一八九八年から、おそくとも一九一四年夏に彼の全構想が難破して、人びとにひどい幻滅を感じさせるまでは、この時代の三人の帝国宰相よりもより大きな決定力を有していた。一時はこの帝国海軍省長官はベルリーンにおける政治の真空へ深く押し入っていった。大圧力団体の事務局長、煽動団体の指導者、参謀本部の立案者もまた――一八八七―九〇年以前とは比較にならないほど強く――ヴィルヘルム時代の権力エリートの枢要人物となった。なかんずく、それらの団体それ自身が、プロイセンの官僚や帝国の諸官庁と並んで、また陸海軍と並んで、帝国の政策決定を広範に規定した権力中枢となった。ドイツの国家形態の優越についての自負心をもって、議会制のイギリスや共和制のフランスと比較された立憲君主制という外見のなかに、中枢の決定力のひどい弱体性や調整能力の著しい欠如が潜んでいた。しかし、帝国の政治のいっさいの重要な諸問題の根底にあったのは、一方では工業社会へ急速に進んでゆく経済的・社会的な発展と、他方では伝統的な硬直した政治構造との間の緊張が克服され得なかったし、また克服さるべきではなかった、という原理的なジレンマである。決定的な障害をなしたのは、このばあいにも、ひとにぎりの伝統的な指導エリートの経済的利害と支配の利害とであった。彼らはこの状態を維持することに切実な利害関心を持ち続けていた。一方、市民的な利害は、もし帝国の議会主義化が進んでいたとするならば、ますます本格的に貫かれたに相違なかろう。支配階級のうちの前工業的階級が一九一八年までもちこたえ得たところの、平時には明らかに揚棄し得なかった内政上のこの対立に直面して、帝国は、変化した社会状況に対して時代に即した政治的な適応を進めることに関心を向けないで、ただ競合する権力中心の短命な妥協によって、ますます硬直した状態へ入り込んだにすぎない。この諸力の平行四辺形は相変らずかたくなな保守的な体制を維持した。そして、この体制は、しのびよる自由化の諸傾向、つまり議会主義的‐民主主義的諸力という対抗勢力の増大に直面して硬直化したのであるが、しかし、――ビスマルクがまったくメッテルニヒの防衛政策の様式で表現したごとく――「現状の維持と強化……に反対する不穏分子」を無気力の状態におしとどめておくことができた。[20] 往々にして、また不適切に、この時代をあらわす特徴とされているヴィルヘルム主義なる用語は、根本的にはただ、諸団体やえせ自治的諸制度、官僚や形式上責任を負わない政治家のこうした共演を有効に隠蔽するものにほかならなかった。ヴィルヘルム主義は、「立憲的権力感情を人格的、象徴的に強調することによって、政治構造と社会発展との間の諸矛盾を解消」しようとする「一部は意識的に、一部は無意識的に企てられた試み」と目され得る。つまり、「統合要因としての国民的皇帝《イムペラートル》」がそれだ。しかし、「階級対立を鉄拳で制圧し、遅れて登場した国民に『陽のあたる場所』を約束した、ドイツのカエサルにかんする」このような夢は、現実には粘土製の台座に立つ弱々しい像をめぐって描かれたものにすぎない。[21] ヴィルヘルム二世が当時の帝国の政治に刻印を押したのではなく、伝統的な寡頭政治が、権威的な多頭制の匿名の諸勢力と共同して、その刻印を押したのだ。寡頭制の権力は、半独裁者がいなくても、一種のボナパルティズム的戦略の助けを借りて、支配的地位を十分擁護することができたのである――いかに運命的な結果を随伴したとしても。

1.4　官僚。支配要因と組織モデル

ビスマルク・レジームからヴィルヘルム多頭制にかけての政治的紛争の急速な舞台の転換の背後にあって、官僚が国家業務の高度な連続性を維持した。官僚は国家の装置の堅牢な骨格を形成していた。宰相や大臣は官僚独自の重みを考慮に入れておかなければならなかったし、いずれにせよ高級官僚層は政党政治家よりも優位に立っ

ているど自負していた。プロイセンの官僚も帝国の官僚も、たんに政治指導部の執行機関にとどまるものではなかった。むしろ、官僚は、政策決定を、共同して準備したり、事前に文書化したり、直接に決断を下したりすることもできたし、あるいは――このことも往々にして同じように重要であることが判明したが――政策決定を遅らせたり、妨げたり、排除したりすることもできた。そのさい、官僚は、支配層、なかんずく貴族層と最も密接に協同し、従順な執行府として働いたのであるが、しかし、再三再四その蓄積された専門知識や経験にもとづき、また伝統的な自負心やその自重にもとづく影響力を行使しもしたのである。近代の国家形成の過程で、ドイツの官僚は、等族《シュテンデ》に対する闘争におけるラント諸侯の組織として、中央から操舵される財政制度や租税制度や軍事制度の強化にさいし、また国王と国民との間の直接の支配関係を作り出すにさいし、発生した。ドイツの官僚は、近代絶対主義的領域国家の成長と共に拡大し、介入や権力行使のチャンスを不断に増加させ、そしてさいごに、それが機能的・社会的集団としてとくに明確に形成されたプロイセンにおいては、ナポレオン戦争後、約二〇年間にわたって、官僚絶対主義のさなかで共同統治をすら達成したのである。ドイツの官僚は、たしかに三月前期や一八四八年の革命の間に、官僚の恣意的な引き回しからますます免れるにいたった社会的な諸過程によって、この高みから突き落された。しかし、ドイツの官僚は、その後も避けて通ることのできない権力要因であったのであり、ドイツの国家制度においては諸政党と同様に考慮されることがすくなかったけれども、ドイツの相対的な経済的後進性のゆえに、まさしく工業化過程に対して著しい影響を及ぼす一要因であった。

一八四九年以後、さらに憲法紛争以来改めて、自由主義的な官僚はやりにくくなった。ビスマルクは、「政府に敵対的な、革命的な（！）努力に与する官僚を……休職を命ずることによって免官する」ことを、(22)繰り返し要求し、かつ実行した。しかし行政幹部の完全な政治的同質性を目標とする徹底した保守的な官僚政策は、七〇年代末以後はじめて、ビスマルクとプロイセン内相フォン・プットカマーによって遂行された（Ⅲ・3-6.1を見よ）。司法官僚を例にとってその方法を明瞭に追跡することができる。一方では沢山の自由主義的司法官が「休職」を命じられたが、同時に昇進の停止が課されて、司法官試補の期間は八年から一〇年へ延長された。いずれにせよこの時代以来、学生組合のたれ飾りや予備将校の辞令によって事前の選択が——もともと四年間の司法官修習生教育期間に入念に吟味され得たのであるが——行われたのである。いわゆる両親の「扶助証明書」は、あらかじめ、両親が息子に十分な私的資金を提供することができ、かくして息子は、「身分相応に」この期間ならびに場合によってはその後の司法官試補期間もやってゆけることを、保証しなければならなかった。そのうえ、国家へのゆるがない忠誠を示した者は、政治的に、さらに、ことに大資産の神聖さにかんしても、信頼できるものとみなされることができた。自由主義的な法律家がやむを得ず弁護士の業務へ追いやられたのに対し、プットカマー体制の特別の寵児たちは検事へ昇進し、彼らは指令に縛られた官僚として改めて長年にわたって内務省のきびしい監督下におかれた。プットカマーのもとで昇進し、極端に公権力に恭順な司法官というまったく新しい類型をあらわした、このきわめて保守的なグループのうちから、その後の数次の昇進の波のなかで、裁判長職を占める者も出た。

　同様に一般行政をもとらえた、このようなビスマルク-プットカマー的「諸改革」が体制にぴったり適合した帰結をもたらしたことを否むことはできないであろう。非政治的なドイツの官僚層という根強い伝説に反して、プロイセンと帝国の官僚は、見え透いた理由から「執行府の客観性と中立性」といういかさまの福音」が「きわめて熱心に説教」され続けたにもかかわらず、かつてよりも政治的にいっそう統一されて、保守的-権威的な格律を遵守する「信頼すべき志向」をもっていたことが、その後も認められたのである。[23]相変らず官僚は比較的高い給与を受けていたのに——下級官僚でさえ一九一四年までは熟練労働者よりも多い収入を得ていた——、一方の利益のみを代表するという以前から存在していた腐敗はむしろずっと明瞭に認められるようになった。一八七九年以来の発展の干渉国家的な構成諸要因は、国家の援助や計画化がますます重要になったので、持続的に官僚の影響力を強化した。帝国の政治の実質的な自由主義化は、すでにこのほとんどカーストに類似した保守的な官僚層——これを帝国宰相ホーエンローエ－シリングスフュルストは、「皇帝や宰相よりも強力」であると考えた——が存在したことだけで著しく困難にされていたであろう。官僚制という「鉄の網」のなかでは自由主義的な政治はまったく不可能である、と言われた。そして、一九〇三年にベルリーンにおけるバイエルンの代表、レルヒェンフェルト伯爵が判断したように、もし帝国宰相が「厳密に自由主義的な」観点にしたがって「帝国とプロイセンとにおける業務」を無鉄砲にもあえて遂行しようと欲したならば、彼はなによりもまず「官僚機構全体」を変革することから始めなければならなかったであろう。これは明らかにシーシュフォスの労働〔むだな骨折り〕を意味したであろうが、しかし、「厳密に自由主義的な」内政を営もうという考えに従った帝国宰相は、いずれにせよ、ひとりもいなかったのである。(24)

したがって、保守的な指導カルテルは、行政機構に信頼をおくことができた。この行政機構はすでに戦前にかなりの規模に達していた。一九〇七年の職業調査の結果によれば、ドイツにはオットー・ヒンツェの概算では、当時約一二〇万人の官僚が存在した。その家族（二四〇万人）を含めて、官僚は人口の約四パーセントを占めていた。一万人の住民につき一二六人の官僚がいた（比較のために。フランスでは一七六人、アメリカ合衆国では一一三人、イギリスでは七三人）。郵便、鉄道等のサービス事業を除外すれば、狭義の官僚（行政、司法）は三九万人であり、そのうち約五万五〇〇〇人は上級職、二五万七〇〇〇人は中級職、七万七〇〇〇人は下級職であ

った。この量的比率に帝国の終りまでもはやさしたる変化が生じなかったかどうかは算定し難い。(25)

この官僚団の注目に値する技術的な職務執行能力は、なかんずく、その発展史のなかでまさしく典型的な官僚制的組織方法や行動様式、採用と昇任の型が形作られたことにもとづいており、これらはその後マックス・ヴェーバーの官僚制理論において概念化された。この官僚制理論のなかには四世紀にわたるプロイセン‐ドイツの行政史の歴史的経験がいわば貯蔵されているのである。(26)職務や機能の分化に相応して、職業的専門家層の発展や養成が行われた。形式に沿い、非人格的な規則にしたがって行われる手続き、文書により持続的に遂行される業務、公文書や書式類の保管等は、指令や決定の遂行に役立ち、これらのコントロールや修正や計画化を容易にした。できるだけ完全にあらかじめ算定され得るような行政の計算可能性と合理化とが、目標として浮び上がってきた。規則で定められた審級順序、明確な権限の編成、いっさいの垂直的な結合の制度化および職員や官庁の確固たる位階制は、規準どおりに規制された組織化を発展させてゆく傾向に照応するものであった。教育、試験および資格取得の一般的な諸規準が、専門的能力および先任順序によって格付けされた昇進機構と結び付いていたが、しかし政治的な「縁故」はこの機構を迂回するのに役立った。生涯にわたってまったく安定した俸給による、また手当や年金受給権による、政治的ならびに法律的な特権化、特殊な忠誠と庇護の関係、さらにまた紛争が生じたばあいの国家の特別の保護と行政裁判権という特別の司法は、「国家のしもべ」を他の社会諸集団から切り離して、彼らの身分的連帯意識を強めた。制服、サーベル、略章は一九一八年にいたるまで彼らの社会的威信の目に見えるシンボルであった。下級郵便局員のようなしいたげられた地位のなかにさえ、国家権力の一端を代表しているという自負心がいくらかは生きていたのである。しかし、このような制度的枠組みとその機能様式とは、硬直化、決定の遅滞、形式主義的な繁文縟礼に向かう固有の傾向をも生み出した。ヴェーバーもまた信じていたように、最高度の官僚的組織は決して最高度の職務遂行の効率を保証しはしなかった。というのは、困難な職務を処理するさいに発揮される自発性、独創性の豊かさ、反応のすばやさ、因襲にとらわれない行動等はまったく報奨されなかったからである。「お役所仕事」をする存在、昇任の限度、出世欲、窓口による隔たり、対外的な高慢さ、上司に対する対内的なへつらいは、著しく、しかも改め難い欠陥となる可能性があった。また、帝国の時代のプロイセン＝ドイツの官僚は、その念入りに培われてきた栄光が真実であることを証明しようと欲したのであるが、しかしそんなに無比の存在では決してなかった。なぜなら、たとえば、イギリスの職業官僚や、フランスの高級職もまた同様にすぐれた業績をあげたからである。しかし、ドイツの官僚層は多数の行政職務を比較的効率的に遂行し、その影響範囲を大ていはしっかりと掌握しており、なかんずく、支配の安定化の要因としてははかりしれない価値を有していた。

位階制的な審級構造という組織の型から、最高の地位が高度の権力上の潜勢力をもつという事態が生じた。というのは、最高の地位へすべての決定が集まってくる傾向があり、またそこから——部分的には秘密の指令によって——下部へ向かう推進力が生じたからである。したがって、支配の利害関心は、これらの最高の地位にある者が絶対的に信頼し得る者であるよう、また体制と一体化しているよう、配慮しなければならなかった。だから、貴族の占める割合も、一九一八年まで（そしてそれ以後も！）この最高の地位において、またその他の決定権のあるポストにおいて依然として高かった。一八五八年になおプロイセンの中級および高級官僚全体の四二パーセントが貴族の出身であったと言われたが、そのような時代はたしかに一八七一年以後には過ぎ去った。それでも、一九一〇年頃に、プロイセン内閣の一一名の閣僚のうち九名、六五名の一等枢密顧問官のうち三八名、一二名の州長官のうち一一名、三六名の県知事のうち二五名、四六七名の郡長のうち二七一名は、貴族であった。外交官の高級ポストには一九一四年に八名の侯爵、二九名の伯爵、二〇名の男爵、五四名の爵位なき貴族が、そして一一名の市民もまた、見出された。同年にプロイセンの行政官修習生全体の五五・五パーセント（一八九〇年には四〇・四パーセント、一九〇〇年には四四・六パーセント）、一九一八年にもなお行政官試補全体の五五パーセントは、貴族であった。伝統的な統治体制のあの支柱たる行政をコントロールしていたプロイセン内務省は、三分の一まで貴族出身の官僚から構成されていた(27)。こうした数字は、まさしく枢要の地位を占める官僚の社会的出自がいかに彼らの政治的な行動をまえもって規定していたかを明示している。いわゆる法律家独占は政治的順応性を強めた。なんとなれば、典型的な旧套墨守の心性を生み出した、現存の法秩序や行政技術の研究や（Ⅲ・3-5.4を見よ）、一八七一年の「統治の現状《シュタートゥス・クヴオ》」を正当化し、かつ「この現状に非政治的な『純粋』の正当性という清祓」を付与した、ラーバント学派の法実証主義の影響力や、プットカマーの原則による養成制度の操舵等――これらは公権的国家のために従順な専門家を生み出すことを保証したからである。これに劣らず宗派上のフィルターも同質性を補強する役割を果たした。つまり、一八八八年と一九一四年との間に、九〇名の宰相、帝国各省長官およびプロイセン大臣のうち、カトリック教徒はわずか七名だけであった。一九〇四年に行政官修習生全体の一六パーセント、行政官試補全体の七パーセントがカトリックであり、プロイセンの内務省では特徴的なことにはただ一人のメッセンジャーボーイだけがカトリックであった(28)。中央党の官僚政策を理解するためには、このことを知っておかなければならない。同時に、ひとは帝国におけるプロイセン-ドイツ官僚制の歴史を知ることによってはじめて、ヴァイマル共和国がこのようにすでに形作られていた官僚層を受け継ぐことによって背負い込んだ重荷の全重量を理解することができる。

国家官僚制という模範は、その本来の機能領域を越えて、ドイツの社会生活における全般的な官僚制化の過程に対しても深い影響を及ぼした。たしかに、この全般的な官僚制化の過程は、おそくとも二〇世紀には、高度に分化し、分業の進んだあらゆる社会において跡づけることができるが、しかしドイツではこの過程は、その行政史のゆえに、特別に早く、かつ広範に普及したのである。ひとは帝国の歴史においてすら、社会的、経済的および政治的な発展と並んで、官僚制化を独自の領域として取り出すことができるであろう。けだし、国家行政、州行政および自治体行政以外に、その数十年間に、政党や団体、工業や商業、銀行業や交通業における官僚制化は巨大な進展をとげたからである。そのことは、たとえば、農業者同盟やドイツ社会民主党、ジーメンスやクルップについてすこしでも詳しく調べてみれば確かめられることである。そのさいに、官僚層の組織方法が模倣されただけでなく、その特権化や影響力や安定性もまた切望された目標であった。その点は、おそらく、工業の職員層の発展に即して明瞭に跡づけることができる。すなわち、まさしく国家官僚制がモデルとしての性格をもっていたがゆえに、おそらくはまだ労働や管理の経過の機能分化がそれ自身に内在した必然性にもとづいて国家官僚制の模倣を促さないうちに、早期に国家官僚制の模倣が工業において行われたのであった。いささか尚早の官僚制化は――以前に初期工業化や産業革命の間における官僚の影響力と同様に――ドイツの高度工業化に対しても特有の特徴を与え、経営内の昇進の流動性に対し見過ごし得ない欠点をもたらすと同時に、組織資本主義の組織化の効率に対して明らかな利点もまたもたらしたのである。急速に増大する職員層にとってはつねに、国家官僚を全面的に模倣した「産業官僚」が理想像であった。企業者によっていちはやく権利上優遇された、この被用者の役割に対する社会心理的な対応物として、さらに、紛争をきらい、「雇い主」としての経営指導部と一体化し、手労働者に対して距離をおきたがる、長い間影響力を保ってきた集団的心性もあった。「新」中間層を支配体制へ結び付けるために、平等化をすすめる改革の代りに、社会的不平等と機能的に不必要な階層化とを促進した統合政策的な努力も（一九一一年の職員保険法）、この点にかかわっていた。[29]

社会生活の他の諸分野――住民登録役場でも、自由労働組合でもいずれでもよいけれども――において、官僚制的組織化のプラスとマイナスとを同様に跡づけることができるであろう。いずれにせよ早期に始まり、広範囲に進展した官僚制化は――高度に分化した行政の要請といういわゆる「事情の強制」によってよりも、むしろ往往にして官僚層の前工業的伝統によって規定されていたのであるが――帝制ドイツの社会構造や集団意識のみでなく、著しい程度でその公的・政治的生活をも形作る一要因であった。したがって、こうした一般的な形で「官《ベアム》僚国家《テンシュタート》」について語ることができた。それゆえに、他面ではまた――このことを一九一八年が明るみに出したのであるが――官僚のたえまない規則づくめの取り締りや往々にして陰険な態度に対する憎しみがひどくつもり重なった。けだし、自由化と民主化とは、プロイセン-ドイツの保守的な国家官僚の歴史的モデルによる官僚制化によっては促進されなかったことがまったく確かだからである。

2・中心問題。政治的動員に対する現《シュター》状《トゥス・クヴォ》の擁護

工業化と関連して「基礎的民主化」(マンハイム)が進み、また、まだまだ未成熟であった市民が徐々に政治的に動員されてゆくのに対処して、社会的・政治的な現《シュター》状《トゥス・クヴォ》を擁護するという、帝国ドイツのはらんでいたジレンマに正しく照準を定めるばあいに、成文や不文の帝国憲法のうちにある基本的な構成上の欠陥をもまた認識することができる。一九一八年までは政治的反対派はある程度まで合法化されていなかった。さらにこうして、改革を求めるあの圧力は国家の政策から遠ざけられていた。もし国家の政策がたえざる社会変動の時代に硬直化する危険に陥らないようにしようと欲するならば、その圧力を変革を求める正当な希望として承認しなければならなかった。なんとなれば、歴史的に異例のダイナミックな力をもった産業社会は、この改革の衝動を抑圧しないで、現状に対立する反対派を承認することにより、また、変動に徐々に適応する絶対的な必要性を承認することによって、社会の制度上の枠組みの伸縮性を維持するばあいにのみ、制度上の化石化を免れることができるからである。賢明な予見により、産業社会は、改革を迫る有益な力を体制のなかにしっかりと定着させ、その力に意識的にしたがわなければならない——さもなければ、産業社会は崩れて、革命を求める潜勢力を蓄積させるであろう。しかし、反対派をたえず差別扱いすることは、ドイツ帝国のひとつの特徴であり、かくしてまたその没

落の条件のひとつでもあった。この点を、さしあたって、故意に「権力の外陣」に閉じ込められていた諸政党の地位に即して明らかにしよう。[1]

2.1　諸政党の無力

一八四八―四九年の革命時代にすでに、ドイツの政治諸党派の五党体制が形成されていた。この五党体制は、一九二〇年代まで存続したが、その後左右両翼で、共産党とナチ党とによって揺るがされた。右には保守派、保守派と自由派との間の中間にはカトリック中央党、左には社会主義および漸次に社会主義に吸収されるブルジョア急進主義。こうした体制は、さまざまな色合いや分派を有し、分裂や合同を経てきたが、しかし、次の一点を持たなかった。つまり、伝統主義者と進歩派との間の明確な消し去ることのできない対立、つまり、おそらく市民革命が成功するとすれば、その前提となっていたであろう両極化を欠いていたのである。革命なき国では、これに反して、政党関連の特有のぼんやりした絡み合いが形成されていた。[2]すべてのドイツの政党を特徴づけていたのは、一方では、硬直した教条主義にいたる原則への忠実さと、他方では、まったくの機会主義にいたる状況追随的な姿勢との混合であった。ドイツの諸政党はイデオロギー的‐哲学的な諸学派や神学上の争いに由来し、理念上の目標にかんする論争や心情的誠実さや未来綱領に固執していた。だが、世界観上の正統性にこだわっていたにもかかわらず、ドイツの諸政党は、実際にとる戦術では、所与の権力構造に対する高度の柔順さを示していた。古い政治哲学の「自由《リベルテート》」という言葉からして、国家権力の譲歩として、すくなくとも国家権力の補足として理解された。しかしその用語が独自に自然法的に根拠づけられることはごく稀れであった。急進ブルジョア左翼の運動論としての初期自由主義的政党理論は、国家のみが諸政党の分立主義に対して全体を代表し得るとするドイツの国家イデオロギーの主張と対立した。したがって繰り返し――とくにトライチュケのごとき影響力のある大衆受けのする人びともまた断乎として――公権的国家の威信を確認し、反政党的効果を培養し、政党の自己限定を要求したのであった。これに加えて、社会構造や政治的秩序観の多様性や、地域的条件や宗派的拘束の多様性によって、深い歴史的な特徴が刻み込まれていた。東エルベのユンカーを西南ドイツのプロテスタントの保守派から、バーデンの民主主義者をハンザ都市の自由貿易論者から、さらにまたこれらすべてをシュレージエンのカトリックの大貴族《マグナーテン》やザクセンの工場労働者やライン地方の農民から切り離した要因は実に多様であった。ほとんど無数にある分離の溝や交錯や矛盾は、自由派を分裂させ、政治的カトリシズムの骨折りによってもただ一時的にのみ架橋されただけであった。またそれらは保守派をばらばらに分離したままにしておいたのであった。世界観政党と利益政党とへきれいに区分することは、いずれにしても単純すぎる。というのは、この二つの要因ははじめから切り離し難く結び付いていたのであり、そしてほかならぬ強力な物的利害が政党のグループ区分を内部から再びいっそう細かく区分したからである。しかし、注目すべきことは、長い間にわたって、つまり一八六〇年代から一九二九年にいたるまで、諸政党が当初の信念の共同性や初期の紛争に固執し続けたことであり、また長い間にわたって、諸政党が「権力へ通じる回廊」から遠ざかっているために生じる対決を、無理して妥協に持ち込んでゆくことを通則とするにいたり、こうして社会全体の民主化の過程を妨げてきたことである。すべての中間諸政党や左翼諸政党の中心的課題は――まさしくこの解放促進のうちに認められるのであるが――このようにして未解決のままにとどまっていた。このばあい、民主化とは法的、政治的ならびに社会的な平等を段階を追い、骨を折って達成することを言う。これらの三つの平等化があいついで推進される諸期間を関連づけるT・H・マーシャルの基準図式は、イギリスの発展についてのみおおよそ妥当する。[3] しかし、帝制ドイツにおいては、これらの三つの過程が――その各々の過程それ自身すでに大へんな骨折りを払って推進されなければならなかったのであるが――重なり合って生じたために、どんなに強調してもしすぎることはないほど複雑な様相を呈していた。帝国においてでなければ、プロイセンにおいて、都市市民の間でなければ、農村の僕婢《ゲジンデ》等について、ますます累積してゆく諸困難と闘わねばならなかった。しかし同時に、諸政党は、こうした運動のおそらく最も重要な原動力であったのだが、ビスマルクの帝国憲法や主要な連邦諸邦の憲法によって自由を制限されており、諸政党の伝統的な秩序構造への適応はひき続いて促進されたのである。

2.1.1

自由派。市民的自由主義は、すでに一八六〇年代に、その統合力を喪失し、名望家委員会はなんら大衆的基盤をかち得ることはできず、社会自由主義は周辺現象にとどまっていた。このばあい、決定的な句切りをなしたのは、それまでむしろ蔽い隠されていた「市民的民主主義のプロレタリア民主主義からの」鋭い「分離」であり、一八六九年には、自由主義的「進歩党」左翼の間に架橋され得ない利害の対立や目的の衝突が生じたため、新興の労働運動は、知識人や手工業者団体出身の政治家（たとえば、W・リープクネヒトやA・ベーベル）の指導のもとに、独立した。[4] しかし、それにともないドイツ自由主義はそれだけがドイツ自由主義を大衆政党となし得たであろう唯一の選挙人の貯水池を失ったのである。保守的な国家哲学者フリードリヒ・ユリウス・シュタールは、政治的敵手の鋭い洞察をもって、この自由派のもつ弱点を認識していた。すなわち、彼は等族《シュテンデ》や貴族に敵対的な自由派の市民的平等思想を抉り出したのであるが、続けて次のように述べた。「しかし、平等の積極的な遂行が要求され、無産階級が自由派と同じ権利を保持すべきことが主張されると、自由派はその思想を放棄して、有産者に有利な政治的‐法的差別を設ける。自由派は、代表選出については財産評価による差別を、新聞に対しては保証金の賦課を欲し、ただサロンにおける社交だけを許し、貧者には富者と同じ栄誉や作法を認めないのだ。革命の諸原理のこのような中途半端な実行こそ、自由派の党派的立場を特徴づけるものである」[5]。こうして自由主義は、その本来の究極目標たる市民的平等社会――これは財産と教養とに立脚した排他的な社会を思い浮べる自由主義の表象とは矛盾していたのであるが――に逆って、一階級ないし市民的諸階層に限定されたものになってしまった。それのみでなく、自由主義はまた、数十年にわたって維持されてきたゆるやかな名望家組織により不断に促進された分解過程にその後もたえずさらされたのであり、この過程に付随して収縮してゆく自由主義的な小グループの短命な諸合同が行われた。そのばあい、中間層の選挙人層と、一八七一年以後ますます重要となってゆく産業資本家的なエリートとの間の緊張が根本問題のひとつである。

憲法紛争は一八六六年に進歩党から国民自由党の分裂をもたらした。約一〇年間、国民自由主義は政党の発展の波頭に立って運動した。一八七一年と一八七四年に市民階級の「選挙人」は国民自由党を支持したが、しかし一八七九―八〇年にこの異質な寄り合い政党は、一八七三年以降六年間の不況のなかで自由主義の経済と政治が信用を失墜したのちに、分裂した。この「古い諸政党の分解過程は」――カップはその左翼に立って一八七五年以来その過程を観察していたのであるが――なによりもまず国民自由党の「ありとあらゆる、部分的には両立し得ないような、さまざまな努力や見解や目標のごたまぜ」をうち砕いたのであった。右翼ではフリードリヒ・ハムマッハーが「国民自由党の瓦解」をまったく同様に「不可避的」と考えた。なぜなら、「ひどく空想に耽って、国の経済的苦境に心をわずらわせず、それどころか身分政策上の差別をさえ神学的な思い上がりで取り扱うような」政党は「没落しなければならない」からである[6]、と。

一八八〇年にはそこまでいっていた。マンチェスター自由主義の「分離派」が離党し、それにともなって、バムベルガー、モムゼン、バルト、リッケルト、シュタウフェンベルク、カップたち、自由派の最良の頭脳が去っていった。「ベニクセンやミーケルたちのハノーファー路線」は残った。彼らは、「ビスマルクの統治が蒔いた士気沮喪の状況を定着させて、ドイツを結局はかつてなかったようなユンカー支配下におくこと」に貢献した。(7) この大ブルジョア的‐工業的な自由主義右派は、一八八四年に保守主義左派のハイデルベルク綱領にもとづいて統合された。他方で、自由主義左派が一八八一年の選挙においてセンセーションをひき起こした――しかし最後の――成功（三九七の帝国議会議席のうち一一五、投票の二三パーセントが自由主義左派のものになった）を収めたのち、分離派はオイゲン・リヒターの旧「進歩党」と合同して一八八四年に不運な「ドイツ自由思想家党」を形成した。この名称にふさわしかった自由主義は、しかし、社会保守的な、権威的な公権的国家のなかで、まもなくたえざる没落の道をたどり、一八八七年にはその議員数は三七へ減少し、この敗北から決して立ち直ることはなかった。国民自由主義がその縮小しつつある基盤のうえで一九一八年まで存続したのに対し、自由主義左派は一八九三年に「自由思想家連合」と「自由思想家人民党」とへ分裂した。フリードリヒ・ナウマンの「国民社会連合」は、新たな集合の基盤をつくろうとしたが、みじめな失敗に終った。一九一〇年にはじめて「進歩人民党」がこれらの諸要因の新しい結合を生み出した。自由派がその弱点に対するいっさいの批判にもかかわらず、発足以前の数十年間と同様に、それでもまだ「運動の党」であった発足当初の数年を経たのちには、いずれにしても、帝国ドイツの内政には市民階級をうって一丸とした自由主義政党が欠けていたのである。あたかも一八七九年以後に急激な新しい右旋回が行われ、組織資本主義と干渉国家の政治とが展開し、他面ではなかんずく社会民主主義の興隆も認められる時代には、おそらくそのような自由主義政党が生れる余地はもはやあり得なかったであろう。それどころか、すでにいちはやく、一八七三年直後に、市民的自由主義のなかに影響力の大きい別個の発展が始まっていた。その周辺では右翼急進的プロテストが登場し始めた。かつての自由主義的選挙人の一部は崩れて、現代工業主義に反発しつつ、政治的反ユダヤ主義を掲げるプロテスト諸党派へ方向転換した。この反ユダヤ主義は、帝国の終りまでに約六〇万人の体制に敵対的な離教者——社会民主党を含めないで——のうち約半ばを占めていた。帝国の時代にはまだ大きな勢力とはならなかったが、しかし、ここにひとつの情況があらわれたのである。この情況は一九一八年後に急速に進展したが、この点については以下にいま一度触れるであろう。上述では、自由主義右派が問題となっていたのだが、一方自由主義左派も、中央より左のすべての諸政党と同様に、一八七四年に創出され、一九一八年まで擁護されてきた帝国議会選挙区区分のもたらす不利に気付いていた。この選挙区区分は、農村地域を有利に扱ったが、反面、多数の選挙人数をもつ都市の密集地域への著しい人口移動を無視していたのである。

2.1.2　中央党。カトリックの「立憲党」たる中央党は、政治的スペクトルにおいて大てい自由派より右にその位置を占めた。プロテスタント的-北ドイツ的な特徴を帯びた帝国における宗派上の少数派政党として厳格に組織されて、中央党は、大ていは聖職者によって指導された、沢山の職業身分的なカトリック諸団体を基礎としていた。中央党はまさしくこれらの諸団体の政治的代表であるとみなすことができる。中央党は、カトリックの支配的な地域では非妥協的な路線を追求し、宗派上の混合地帯では、確固たるカトリック教徒の居住地区《ディアスポラ》をつくることを助けた。少数派としての自律性を擁護する点にはっきりと目標を定めて、中央党は、党内では、教義や新スコラ的-身分的社会哲学を根拠にして権威的な態度をとり続ける一方、党外に対しては、厳重に自己を防禦し、また「敵対的」な環境に対してたえず防衛しようとしたために、社会全体の発展から、つまり産業資本主義や社会主義、都市化や科学-技術上の文明化から測り知れないほど孤立化する傾向を促進したのである。中央党は帝国ドイツの社会のなかにカトリックのサブカルチュアを形成することを支援した。このサブカルチュアは明らかに周囲からはきわだった社会環境であり、多くの地域ではゲットーとなった。しかし、そうした試みにもかかわらず、中央党は一八八〇年代半ば以後票を失い、得票の割合は二三パーセントから一九一二年の一六パーセントへ低下した。それについてはなかんずく三つの理由をあげることができるであろう。世俗化した国家と伝統主義的な教会との直接の対決がなされた七〇年代の文化闘争の時代には、敵手たるプロテスタントに対する境界は鋭く画されたままであった。他面で、すべての開明的な自由主義者たちには、マリア無垢受胎信仰個条（一八五四年）、反自由主義的な謬説表《ズィラブス・エローレム》（一八六四年）および教皇不可謬性宣言（一八七〇年）は、バチカンの非合理性と退歩性とのシンボルとみなされざるを得なかった。しかし、公然たる衝突が衰えてゆくにともない漸次に――文化闘争によってたとえどのように深い傷跡がドイツの政治的カトリシズムのなかに今日にいたるまで残されたとしても――カトリック有権者の八〇パーセントをも中央党に投票させたほどの最初の激しい敵対関係はおもてだった鋭さを失ってゆき、それと共に、党の魅力もまた減少した。

同様に、数年後には中央党にとっても明らかになったように、とくに都市住民の教会への帰依が弛んで、キリスト教的社会道徳の拘束力が減少するのとあいまって、得票も低下していった。異質の諸集団を共通の信仰上の関心の旗のもとに結び付けるのに、中央党は他面でおどろくべく長い間成功を収めてきたにもかかわらず、産業社会の展開のなかで利害の分化が増大したため、これが統合の要求の実現を妨げる作用を及ぼしたのである。農民は保守派へ、職員は自由派へ、労働者は社会民主党へ去っていった。まさにそれぞれ特殊の利害をいっそう強力に代表し得ると信じたところへ去っていったのである。そのばあい、過半数選挙法および農村地域に有利な選挙区区分は、中央党に、得票の割合に相応するよりも、つねに四分の一も多い議席を与えたのである。ところで、重要な点で中央党の政策がもった跳ね返り作用《ブーメラン》が認められる。つまり、両親の家庭や国民学校における早期の社会化を独占しようとする聖職者の努力を中央党は支持した。しかし、都市化や国内移住や学校制度の多様化等もまた、コントロールできない多くの影響を若いカトリック教徒に及ぼしたのである。零細な学校をもった比較的静止した農村地域で成長するカトリック教徒は明らかにますますすくなくなっていった。都会生活や流動性や宗教教育を行わない高等教育制度に対する時代遅れの敵意や、したがってまさしく幼年時代にカトリック教育を行うための激しい闘いや、それと共に異教徒間結婚のかたくなな、さらにまた後ろ向きの抑制等も、影響圏の縮小をもたらしたのである。けだし、諸問題の所在が移り変っていたからである。こうしたカトリックの近代的なものに敵対する伝統は、今日にいたるまで、カトリック教徒の「教育不足」という形で報いを受けている。

まず闘いをいどまれた少数派政党として、次いで選挙人総数の減少のゆえに——中央党は選挙人の三分の一を二〇年間に失った——、中央党は、過去を指向した往々にして教会から指示された目標のためにたくましく闘ったが、しかし自己に敵対する社会を民主化によって変革するためには決して闘わなかった。ドイツ国粋的な超愛国主義や強制された帝国ドイツへの忠誠心を媒介として、中央党は文化闘争がもたらした差別待遇や劣等性を埋め合わせようと努力した。しかし、こうして中央党はあらゆる色合の保守派へ密着していったのであった。その点は、たとえば、陸軍軍備、艦隊政策および帝国主義についての議会の決定について跡づけることができる。中央党の左翼やきびしく反社会主義的なキリスト教労働組合を、断じて過大評価してはならない。中央党のきわだった戦術上の巧妙さや、他の諸政党と比較してより大きかった政治的活動の余地もまた、なかんずく、中央党が選挙人に対してよりも、諸団体に対して自己を正当化しなければならなかったことにもとづいていた。中央党では「助任司祭制《カプラノクラティー》」のもとで、党内民主主義はほとんど存在し得なかった。したがって、党指導者や団体指導者の少数寡頭制が、各地域の団体や中央党の政策を決定することができた。強力な諸利害が競合し合ったばあいには、中央党はむきだしの反動を強力に支持したのである。たとえば、中央党にその学校政策の実現を容易にしたプロイセン邦議会のために、中央党は三級選挙法を支持したのであるが、他面で重要な諸決定において同様に断乎として少数派の擁護のために尽すことをも心得ていた。

2.1.3

保守派。土地貴族や軍人、プロテスタントの牧師や官僚などの伝統的指導層の最大の党としてのプロイセン旧保守党の強みは、ずっと以前から、支配権を掌握する立場を伝統的に、首尾よく守り通してきたことにもとづいていた。一八七一年後も、彼らは権力の槓杆へ通じる多くのルートを保持していたし、またプロイセン国王、大元帥および福音派国教会の最高教父《ズムス・エピスコプス》としての皇帝のうちに、人格的忠誠の極をもったのである。しかし、ビスマルクとの意見の衝突や帝国の政策の新しい次元への転換により改組が行われ、その結果一八七六年に新しい「ドイツ保守党」が生れた。すでに一八六六年には「自由保守党」が旧保守党から離れていた。この党は帝国議会では「ドイツ帝国党」と名乗り、農業ならびに工業の大所有と高級本省官僚との小さくても強力な合同をあらわしていた。最初の帝国宰相はこの「直截に言って《サン・フラーズ》ビスマルク」の党を十分に信頼することができた。その代り、この党は大きな——必ずしも目に見えるものではなかったが——影響力をもつことになり、これを一九一八年まで粘り強く保持していた。ドイツ保守党は、二〇年間にわたって東エルベにおける彼らの勢力の拠点や、政府との中間に介在する彼らの郡長の権力的地位をあてにしてきた。さらに、保守党は、自由主義の名望家たちと同様に党活動を行ったところの、職業政治家たちの小さな位階制にも頼ってきた。しかしその後、帝国の最も強力な農業上の利益団体たる「農業者同盟」が一八九三年以来ドイツ保守党の下請組織ならびに下部構造となるに及んで、保守党は、新しい選挙人諸階層へ進入してゆき、さらに広範な基盤をもったいっそう現代的な類型の党へ転換することに成功したのである。この同盟はドイツ保守党の観点から見てきわめて有益であることが明らかになった。それというのも、利益集団としてまったく優先的に大農場主《グロースアグラーリア》の諸目標を追求していた農業者同盟が、中小農民を組織して、まもなく貧血症の保守党へも誘導してゆくことに成功を収めたからである。このような誘引の助け――「カトリック・ドイツ国民協会」もまた中央党のためにまったく類似のことをしたのであるが――がなければ、保守党は約一四パーセントという得票の割合を一九一二年までもち続けることはほとんどできなかったであろう。

　農業者同盟の組織は、貴族的な生活感情を神聖不可侵の身分的諸権利の擁護と結び付け、忠実な君主主義を政府に対する右翼反対派の立場と結び付け、さらに、大農場主層を近代化に反対する農民的ルサンチマンと結び付けることに成功を収めて、ドイツ保守党のために確固たる制度上の枠組みを創り出した。まさしく、農業者同盟は総じて、古くからある諸団体《フェライネ》や七〇年代の最初の諸圧力団体《プレッシャー・グループス》のあとに登場した新しい種類の第三の類型、つまり効率的な全般的に組織された闘争団体の類型をあらわしていたのである。

　このような成功は、大部分、効果のある団体イデオロギーの所産であった。そしてこのイデオロギーには、はやくから民族主義的な血と土の神話や、さらに反ユダヤ主義もまた否定すべくもなく認められたのである。(8) 現代政治上の反ユダヤ主義は、一八七八年以後ユダヤ人に敵対して進撃した宮廷付き牧師シュテッカーたちの路線に沿う「キリスト教社会党」の保守派を媒介とするだけでなく、なかんずく農業者同盟を通じることによっても、ドイツ保守党のなかへ浸透した。そこで、反ユダヤ主義は難無く「ユダヤ人の高利貸しや家畜商人」に対する貴族の古くからの反感と結び付くことができたし、またそうしたユダヤ人に対する中間層的‐農民的な激情を政党政治の水路へ導き入れることもできた。しかし、反ユダヤ主義がドイツ保守党の煽動や選挙宣伝のなかで広く用いられることによって、反ユダヤ主義は保守党によりあたかも尊敬に値するものであるかのように扱われるにいたった。したがって、一見したところ種々の反ユダヤ諸党派の選挙得票が合計してあまり大したものでなかったことに満足して、そこから反ユダヤ主義は、組織された政治力としては、結局重要でない周辺現象にすぎないものにとどまっていたと結論しようと欲するならば、まったく誤りであろう。ドイツ保守党を媒介として、反ユダヤ主義はむしろ長期的に見たばあい、はるかに大きな影響力を獲得していたのである。なぜならば、政治的反ユダヤ主義はドイツ保守党を通して社会的に通用力あるものとなったからである。

帝国議会におけるドイツ保守党の数的強さだけをみて、保守党が――その非公式の強さや行政において制度化された権力をまったく度外視しても――そのほかになお三級選挙法をもつプロイセン衆議院においても、確固とした拠点をもっていたことが看過されてはならない。なんとなれば、六〇年代初期には保守党にとって恐るべき「進歩的自由主義の稜堡」であったプロイセン衆議院は、ビスマルクの戦争政策の成功後は「保守党の永続的な支配のための道具」となったからである。もとよりプロイセンにおいてであるが、さらに帝国においてもそうなのだ。というのは、帝国の宰相たちはプロイセンの大臣として一八九〇年以後――この時代に有権者の四パーセントの第一階級に対し八四パーセントの第三階級が対立していたのであるが――往々にして保守派の支配する衆議院に屈服しなければならなかったからである。(9) そして、衆議院の保守的な国民自由党員や中央党員の間には、いずれにしてもドイツ保守党や自由保守党に挑戦する自信のある者はひとりもなかった。プロイセンの権力エリートは、何故に内相フォン・プットカマーのごとき権力エリートが三級選挙法を「政府が廃棄しようと企てたことがない貴重な財産として」賛美したかを熟知していた。(10)

2.1.4　社会民主主義者。一九一八年にいたるまでのドイツ社会民主党の強みと弱さがどのように評価されようとも、社会民主党により一八六〇年代以来いっさいの民主的な平等権のために最も力強く闘った解放運動が組織されたことは、争う余地のない事実である。ゴータにおいて一八七五年にラサールの労働者協会は、ベーベルやリープクネヒトを中心とする「アイゼナッハ派」と合同して「社会主義労働者党」を形成した。そして、社会主義者鎮圧法（一八七八―一八九〇年）のもとでの一二年間の迫害時代がまもなく始まったにもかかわらず、公権的国家は、国外追放や新聞の発禁や手をかえ品をかえての嫌がらせによっても、党の興隆を妨げることはできなかった。すでに一八七八年に社会主義労働者党は――新しい種類の組織類型をもち、また原則的な体制批判を具現することによって他の諸政党からまったく区別されたのであるが――帝国議会において四番目の勢力の政党となっていた。おそくともそれ以来「赤い妖怪がどの酒場にもあらわれるようになった」[11]。ビスマルク政府は、この三月前期以降拡がっていった心配の種をば、ためらわず、かつ意識的に利用し、社会民主主義者に長びく不況の本来の責任をも負わせようと試みた。「われわれが……共産主義の蟻塚を国内立法で踏み潰（さない）限り、われわれは決して景気を回復し得ないであろう」と、帝国宰相は頑固に繰り返した[12]。社会主義者鎮圧法がこの「踏み潰し」を可能にするはずであったが、しかし、景気循環はそれによって左右されはしなかったし、工業労働者層の長期的運動や前進もそれによって妨げられはしなかった。いっさいの公式の追放やいっさいの非公式の貝殻追放にもかかわらず、社会民主党は強化され得たのである。

一八九〇年に社会主義者鎮圧法が廃止されたとき、社会民主党は、確固たる連帯感をもち、数的に著しく強化されて、迫害から抜け出して幅広い発展の時代へ入り、一九一二年までに他の諸政党と対等になった。七〇年代および八〇年代の長年にわたる成長の停滞は、明らかに社会民主党の経済理論の信頼し得ることを裏付けた。ドイツの現実は、自由資本主義的経済の不可避的な崩壊についてのその分析を確証するかに見えた。[13] 一八六六―七一年に共和主義的人民国家の理想が勝ち誇った軍事王制に圧倒されて、社会民主党は幻滅を味ったが、同時にそうした幻滅のままでいたわけではなく、あからさまに「血なまぐさい階級支配の刻印」（シュモラー）[14]を帯びていた社会主義者鎮圧法の闘争時代はまさしく、マルクスの階級理論の進出を促したのである。どのようにしてドイツの労働運動が世紀の交までにますますマルクス主義的となったのか、何故にドイツの労働運動はすべての問題やその闘争目標や解放目標をまったくマルクス主義の用語で表現したのか、他方では、そうしたことが合衆国ではまったく起こらず、イギリスやその他の西ヨーロッパではるかに限られた程度でしか起こらなかったのか。こうした点はいまなおたちいって解明さるべき問題である。ドイツの発展にかんするいまひとつの説明は、市民革命が欠如していたために、後期封建制的なさまざまな伝統の飾りもまた諸階級や諸階層の間の鋭い身分的格差を維持する役割を果したということである。ほかならぬプロイセンにおいて、この身分的な差別がいつまでもきわだった特徴をなしていた。そして一九一八年まで、社会民主党の政治闘争も実際、大部分根強く生き残っていた封建的構造に向けられたのであった。ところで、このきびしい後期身分制的な裂け目は、まだ産業的階級社会が十分に形成されなかったうちに、階級理論を確証していたかのように思えた。産業的階級社会がなしくずしの移行を経て支配的な構成となったとき、このばあいにも、現実の史的展開は、社会民主主義者にとっては、マルクス理論の分析力があたかもずっと以前から妥当していたことを証明して見せたかのように思えたのである。もともと理論がドイツの発展に先行して把握されていて、社会民主主義者たちによって身分的差別へ結び付けられたのであるけれども（逆に、アメリカの工業労働者層はマルクス主義に対して免疫性をもつことが明らかになった。これはおそらく、アメリカ革命が制度的に平等権の実現を容易にし、また平等の約束によってドイツにおいて社会主義がもっていた牽引力の大部分をイデオロギー的に先取りしていたからでもあろう)。

帝制ドイツの階級社会において社会民主主義者は、いたるところで、一八九〇年以後も、「祖国なき輩」として差別待遇されていた。たしかに全般的な景気の回復に対応して修正主義が進出し、実質賃銀の上昇や選挙の成功に対応して改良政党としての合法主義的実践がなされるにいたった。そしてこの改良政党は、ますます労働者層を代表するだけではなく、自由主義左派の大衆政党として――なかんずく南ドイツにおいて――「かつての市民的急進主義の活動の継承者」となった[15]。しかし、カウツキー主義という統合イデオロギーが育て上げたえせ革命的な美辞麗句は、党がその飼い馴らされた実践のゆえに憲法上許容されていた時代にも、党の特徴を示すためにひき続き利用されていた。社会民主党に対しては市民社会における同権が拒否され、インターナショナルへの加盟(一八六九年)後はその国民的忠誠心に疑念がさしはさまれたので、社会民主党は殻に閉じ込もり、社会全体のなかで独自のサブカルチュアを形成したのである。労働組合、党学校、無数の社会団体、スポーツクラブ、新聞および労働者文庫は、一面では、いかに真剣に社会民主党が自己の解放のために取り組んでいたかを示したが、しかしその孤立化傾向を強める役割をも果たした。社会全体の変革をたゆまず求めようとしないで、往々にしてサブカルチュアのほとんど完璧な装備に満足してしまう傾向が――言うまでもなく社会民主党のなかにおける昇進の可能性もまた――政治綱領の主張に代ってあらわれた。独立社会民主党が一九一七年以後に体制を変革し、構造を打破する諸方策を要求したことにより、ようやく改めてそうした政治綱領の主張がなされたのである。ちなみに、他面では、アメリカ合衆国と異って、流動性が低かったために、労働者層のために有能な指導者が維持されていたように思われる。

このような多様な結果をともなうアウトサイダーの地位にあったがゆえに、社会民主党と自由労働組合との與隆は、社会全体の民主化のために、なによりもまずそう推測したくなるような、強烈な影響をまだ及ぼさなかったのである。そのばあい、このサブカルチュア内部の否み得ない業績を過小に評価してはならないし、また、激しい敵意にとり囲まれていたことや、苦しい歴史的経験によって組織崇拝《フェティシズム》が強化されたことやにかんがみて、行動の可能な選択肢を過大に評価してもならない。第二に、まさしく社会民主党のとどまることを知らない活溌な発展は、すべての他の政治諸集団のうちに、脅かされているという感情を強め、かくして間接にこれらの集団の防衛努力を強化する働きをした。いっさいの進歩的な改革は、他の政治諸集団によってかたくなに引き延ばされた。「赤」に対する譲歩の同意があるといった印象を生ぜしめないためにである。言うまでもなく、社会民主党に対するこうした恐怖のゆえに、選挙区区分も存続したのであった。したがって、保守派の議員は、帝国議会においてはベルリーンの社会民主党議員の得票数の十分の一で、プロイセン衆議院ではもっと少数の得票で、選出されることができたのである。このような硬直化した制度や、社会民主党は反国民的志向を抱いているという非難がブルジョア選挙人たちにもたらした戦術上の利点のゆえに、自由主義者と社会民主主義者との間の政治上の闘争同盟、つまり「バッサーマンからベーベルまで」の社会-自由戦線もまた挫折した。テーオドール・モムゼンは自由主義左派の立場からこの戦線を擁護しようとして、「ベーベルのごとき人物ひとりでもって、一ダースもの東エルベのユンカーに対し、彼らの同類の間で光彩を放つに足るほどの能力を賦与することができる」ことを、ドイツでは誰でも知っている、と述べたが、無駄であった(16)。四〇年以上にわたって帝国の社会民主党の堂堂たる指導者的人物であり、また帝国議会における大胆不敵な議員でもあったアウグスト・ベーベルは、まさしく彼の党の迫害の歴史を身をもってあらわしていた。ベーベルは死の直前に、ドイツ労働運動の歴史家、グスタフ・マイアーと帝国議会議事堂で出会ったが、そのおりに、ベートマン-ホルヴェークから、どうかご健康を回復されますように、という言葉の挨拶を受けた。そのあとでベーベルはマイアーに向かってこう述べた。「私はこの議院に創設以来、したがって一八六八年以来所属していますが」、しかし、「閣僚が討論以外で一言でも私に声をかけたのは、これがはじめてでした」と。(17) ブルジョア諸政党の指導者たちの事情もはるかによかったわけではない。ドイツの「帝国国民」の現実はまったくこのようであったのだ。

2.2 利益諸団体の国家への組み込み。反民主的多元主義とその敵対者。

ひとはしばしば大規模な利益諸団体のうちに現代の多元主義を構成する諸要因を認め、かくてこのような幾分単純な同一視をなすことにより、民主化を進める諸要因がドイツにも存在するものと考えてきた。しかし、早くから諸団体によって組み立てられた敵対的な社会をもったドイツの経験は、むしろまったく逆のことを示している。つまり、生産的諸利害を代表する諸団体は、権威的政治を好み、ほかならぬ反民主的多元主義を特徴とし続けた政治体制を支持したのである。そうしたことは、艦隊協会や国防協会や植民協会のような、右翼の大規模な政治的‐煽動的な大衆団体にはいっそうよくあてはまる。このばあいにも、道徳を説く、心情倫理的な訴えをしても、歴史的判断の助けにはならない。すなわち、国家指導部や官僚、諸政党や議会に対して仲介者の役割を引き受けた諸団体における社会的諸利害の組織化は、争うべくもなくひとつの不可避的な過程であったのだ。この過程にともなう公共の福祉に敵対する弊害はたしかに、同時代人がすでに果たしたように、鋭く批判さるべきである。しかし、本来のジレンマは、この仮借のない、むき出しの集団エゴイズムのうちにあるのではなく、生産的諸利害の強力なブロックに対抗する対錘が長期間欠如していた点にある。労働組合や社会民主党が消費者に友好的な世論の一部と共に、無視し難い権力要因へ発展するまでは、生産手段所有者のカルテルは、支配体制の政治上の援軍や煽動団体と絡み合って、ゆるぎのない陵堡を築いていた。それゆえにこそ、帝国時代のむき出しの階級立法があのように長く継続されたのである。たとえば、外国貿易や課税、軍備政策や農業政策だけでもまあ思い浮べてみよ。しかし、この権威的な団体サンジカリズムから民主化を期待することは——たとえ媒介された形であってさえも——明らかに誤った問題提起を示している。たとえば、農業者同盟が政治的民主化のために行った貢献は、「反民主的心情をもって、非民主的目的のために、民主的仮面をつけて、民主的方法を利用すること」に限られていた(18)。多くの点で利益団体はまた、集中過程や組織資本主義への移行や成長過程の部分的コントロールの必要の表現であった。しかし、いたるところで七〇年代の新しい利益集団が古くからある諸制度と結び付くことができた。たとえば、大農場主の団体としての「租税‐経済改革者協会」(一八七六—一九二八年)は、「農業経済職業団体《ランデスエコノミーコレギウム》」(一八四二年)、「土地所有利益擁護協会」(一八四八—五二年)、「北ドイツ農業者会議」(一八六八年)などの農業諸団体の活動を継承した。そしてこれを一八九三年以後農業者同盟がいっそう強力に行った。とくに重工業と鉱山業の職能団体的《コルポラティーフ》な代表としての「ドイツ産業家中央連合」(一八七六—一九一九年)は、「ドイツ鉄鋼業者協会」(一八七四年)の経験や、さらに「鉱業利益協会」(一八五八年)の経験や、またいわゆる「長　名《ランクナーム》協会」(一八七一年、ラインラントおよびヴェストファーレンの共通利益擁護のための協会)の経験をも利用した。結集政策が成功を収めた後、ドイツ産業家中央連合と農業者同盟とは、一九一三年に批判者が適切にも「掠奪的諸身分のカルテル」と特徴づけたところの「生産的諸身分のカルテル」において直接に協同した。ドイツ産業家中央連合の後の競争者でシュトレーゼマンの政治的跳躍台でもあった、輸出向け軽工業および完成品工業を代表する「産業家同盟」（一八九五―一九一二年）は、一九〇六年にドイツ産業家中央連合と利益共同《インテレッセンゲマインシャフト》体を形成することを決定し、一九一三年に「ドイツ使用者団体連合」（一九一三―三三年）において協力し、さらに一九一四年に「ドイツ工業戦時委員会」で協力し、結局この二つの中央団体は一九一九年に「ドイツ工業全国連盟」という屋根組織において合同した。

商業の利害のためには商業会議所が活動し、一八五八年以後は「ドイツ国民経済会議」が、一八六一年以後は「ドイツ商業会議」も活動した。これらの団体の自由主義的‐自由貿易的傾向は一八七六年以後ますます顧みられなくなり、保護主義的な重工業がそれ以来たえず明白な優位を占めていた。この優位は「通商条約協会」（一九〇〇―一八年）や商業友好的な「営業・商業および工業のためのハンザ同盟」（一九〇九―三四年）によってもはや取り除くことはできなかった。往々にして過小評価される手工業は、第一に、イヌングに支柱をもっていた。イヌングは一八八一年と一八九七年との間に再び公法上の団体となり、したがって、工業会議所や商業会議所と同様に「国権」を委任されていた。しかし、手工業は一八八三年以後には「全ドイツ手工業者同盟」にも支柱を得た。この同盟は、長い間その意義を知られないままであったが、きわめて成功を収めた団体であり、自由主義的な営業の自由を掘り崩していって、一八九七年の手工業者法を成立させ、また、強制イヌングの理想をなお完全には達成しなかったにもかかわらず、職業身分的な制度とほとんど変らないものとなった。

七〇年代、八〇年代の恐慌もまた利害の結晶化をおし進めたために七―八〇年代以来いたるところで、諸団体は集結して各集団の影響力ある代表となった。いちはやく諸団体は帝国指導部に直結する道を見出したが、しかし官僚や政党とも直結する道を見出した。郡長が保守派のために支援を与えたのと同様に、諸団体は経済のための仲介的な権力を築き上げた。ビスマルクの職業身分的な職能団体主義《コルポラティヴィスムス》という（それどころか、クーデターのばあいに諸利害を代表する代用議会という）反議会主義的で憲法違反の諸計画は、このような方法でむしろ公式に諸利害関係者を政治体制へ組み込むことを狙っていたのである。たとえ「プロイセン国民経済評議会」（一八八一年）はまだ暫らくの間続いたにすぎず、また帝国参議会《ライヒスラート》ははじめから失敗であったとしても、しかし徐々にこれらの諸団体は、非公式に、いわば政策決定に対し実際に影響を及ぼし、また事実上参加することによって、統合されていった。

これについては保護関税への移行が最初のきわだった例を示した。というのは、一八七八年の関税率草案には、ドイツ産業家中央連合もその起草に加わって決定的な影響を及ぼしており、帝国議会において、また連邦参議院の調査委員会においても、その草案は中央連合のメンバーの庇護のもとにあったからである。審議議事録を中央連合事務局長ビュックが編集した。関税率は、一八七九年七月に採択されて、中枢団体の筆跡がいたるところに残っている最初の現代的な法律作品となった。一八七九年、一八八七年および一九〇二年の諸段階についてもこうした発展を跡づけることができる。まったく同様のことを他の領域で別の法律資料によって示すことができる。いずれにしても、ここから、国家官僚と団体官僚との協同作業が定式化されたドイツ連邦共和国の「連邦各省共通の執務規定」へ直接に通じる道が走っている。[19] ストライキが労働争議の正常な手段として長い間非難さるべきものとされると共に、逆に紛争のない社会という理想が仰々しく承認されていた国では、これらの諸団体の優勢に異議が唱えられ、また時としてその優勢が打ち破られ得るようになるまでには――帝国はずっとまえに没落してしまっているが――まだまだ長い期間を経なければならなかったのである。

大衆へ働きかけようとする煽動諸団体は、人的に、また往々にして制度的にも（職能団体員を通じて）、はじめから経済諸団体と同盟していた。その重点はもとより政治目標の達成、すなわち、選挙闘争以外にも、帝国の政策の特定の決定に対して人民投票的な同意を動員すること、にあった。「ドイツ植民協会」（一八九八―一九三四年）はティルピッツの戦闘艦隊建設を支持して、八万人の個人会員および職能団体会員を獲得し、「重工業の煽動センター」（ケーア）としての活動のせいで、その宣伝のための一〇〇万マルクの予算規模にこぎつけた。(20) これに劣らぬ成功を収めて、「ドイツ国防協会」（一九一二―一九三五年）は、三万六〇〇〇人の会員を擁して、とくに一九一二年と一九一三年の軍備論争へ介入した。その推進者である退役将官カイムは、H・A・ビュック、H・クラス、あるいはA・フーゲンベルクと同様に、現代の世論操縦者の類型をあらわしていた。「ドイツ東部国境地帯協会」（一八九四―一九三五年、その創設者ハンゼマン、ケネマン、ティーデマンの姓により、「HKT協会」または「ハカティステン」とも言われる）は反ポーランド的民族闘争を組織した。この協会は一九〇八年の土地収用法や人種上の耕地整理の要求にまで突き進んだのであり、後者は綱領として国民社会主義の実践を先取りしていた。「ドイツ植民協会」（一八八二年）とカール・ペータースの「ドイツ拓植会社」（一八八四年）との合併から生じた「ドイツ植民会社」（一八八七―一九三六年）は、帝国主義的な大宣伝団体のひとつへのし上がった。この団体の重要性を、変動する会員数では正確に読み取ることはできない。いまひとつの重要な例をあげておけば、「全ドイツ連盟」（一八九一―一九三九年）においては、人種主義や汎ゲルマン主義や膨張主義のイデオロギーの混乱してはいるが、発展の可能性のある混合物をそなえた、右翼急進的、民族主義的なナショナリズムが集合した。この爆発し易い混合物を、どのような社会にも認められる惑わされた少数派の幻のような願望にほかならないと、特徴づけることは断じてできない。なんとなれば、戦闘的な大戦前ナショナリズムの「持ち主《ホールディング》」として、全ドイツ派は官僚や国家の政策へますます大きな影響力をかち得ることができたからだ。たとえ彼らのさいごの、自己破壊的な成功が、彼らもまたその担い手となった一九一七―一八年の「ドイツ祖国党」という不吉な中間劇を経たのち、一九二九年にナチ党の突破によってはじめてもたらされたにしても。「生活圏」、世界的威信、軍備拡張――これらは国内の階級問題を暴力的に解決するための「国民的独裁」と同様、全ドイツ派により声高に要求されたのである。ほかならぬ帝国の「オピニオン・メーカー」たる世論を形成する大学出の市民層の間に、このような思想が拡がっていた――その点について、どのような歴史家も、ハインリヒ・マンが『臣民』において描いたほど印象的に叙述することはできないであろう。すでに一八八六年に全ドイツ派の首唱者のひとりである銀行家カール・フォン・デア・ハイトは、「植民主義をドイツの経済的・政治的世界支配を達成するための手段にすぎないもの（として）、したがってたんに汎ゲルマン主義の一要因にすぎないもの」として特徴づけた。そして、むしろもっと穏健な歴史家カール・ラムプレヒト（一九一五年死亡）は――彼もまたもとより艦隊建設を支援する教授であり、「ハカティスト」であり、全ドイツ派であったが――大戦勃発前に繰り返し次のように要求した。「したがって最大国家への拡張、それゆえに国家社会のいっさいの諸力を統一的な対外活動へ集中し、これをひとりの英雄・君主が指導すること。これが膨張国家の次の要求である」と。[21]世界強国へ挑戦する一九一六年の軍部独裁が、かかる希望の執行人であったことは明らかであり、また一九三三年の褐色の独裁者の世界支配の要求のための土壌がここにいちはやく用意されていた。

とくにドイツの公権的国家が諸団体のエゴイズムを抑制して、諸団体を超越して、公共の福祉を実現し得たという主張は、たち入って見るならば真実とはまさに正反対であることが明らかになる。まさしく権威的な帝国においては諸団体は憲法構造の空洞部分へ入り込んで繁茂し、ドイツの諸政党が去勢されてしまっていた状況こそが利益集団の優勢をひき起こした原因となったのであり、ほかならぬ帝国議会の調整能力の欠如こそが――たとえ諸団体がいかに持続的に帝国議会において重要な法律案件に影響を及ぼそうと努力したにせよ――団体エゴイズムを助長したのである。この帝国議会や諸政党による意志形成は――それと共に利益組織の一種の包摂もまた――ドイツの憲法構造のゆえに行われ得なかったので、官僚や国家指導部との協同の形で利害関係の圧力がそれだけいっそう直線的に貫いていったのである。「政府の超党派性」という幻想は、このような現実を見るならば事実上ますます、使い古された「公権的国家の自己欺瞞」として機能した。(22)

こうした超党派性といったものを、なかんずく、生産的利害や国家主義的な煽動諸団体に対する敵対者たちは――社会民主党以外では労働者層の労働組合諸組織は――ほとんど感じ取ることもなかった。とくに一八六〇年代の手工業者協会や労働者協会に由来する労働組合諸組織のうちに、まず当面の弱者が圧倒的な強者に対して集結した。たしかに、社会民主党系の労働組合、自由主義的なヒルシュ－ドゥンカー労働組合および後にはさらにキリスト教労働組合への分裂は、帝国においては克服されなかったけれども、もともとは別々に活動していたラサール派の「全ドイツ労働者協会」と、ベーベルやリープクネヒトらが共同して設立した「国際労働組合」とは――諸党派と同様にゴータにおいて――一八七五年以後合同した。こうして最大最強の労働組合である自由労働組合の組織上の中核が生じた。一八七七年には自由労働組合は一二六六個所で五万人の組合員を擁していた。その後、社会主義者鎮圧法は社会民主党系の労働組合に対しても打撃を与えた。これらの労働組合は、一八八六年のプロイセン内相フォン・プットカマーのストライキ布告が新しい迫害の波をよび起こすまえに、一八八一年と一八八六年との間にいわゆる中央連合へ再結集することができた。新しい迫害の波が起こったにもかかわらず、一八八九―九〇年には約三九万五〇〇〇人の労働者が一一〇〇件以上のストライキに参加した。そしてビスマルク・レジームの終焉後には、ともかく、三八六〇の地域組織に分れた三〇万人の組合員を擁する五八の中央連合がすでに存在していたのである。一八九〇年以降とどまることを知らない興隆が続いた。労働組合会議の委託で、一九一八年までカール・レギーンの指導下にあった「総委員会」——結社法により設立を妨げられていた指導委員会——は、全国的レヴェルでの組織の拡大と活動とを調整しようとした。この発展の成果を若干の数字から読み取ることができる。自由労働組合には、一九〇〇年に六八万人の労働者が所属しており、一九〇四年には一〇〇万の線を越え、一九一〇年には二〇〇万の線を越えて、一九一三年に自由労働組合は二五〇万人の組合員を数えた（比較のために。キリスト教労働組合は三四万三〇〇〇人。「黄色」つまり企業家友好的労働組合は二八万人。自由主義労働組合は一〇万七〇〇〇人）。この組合員のために一三〇人の労働者書記が相談や法律上の助言のために働き、他面で、約三〇〇〇人の専従の活動家が組織の運営を維持した。おびただしい労働争議において（ストライキ件数、一九〇〇年一四三三件、一九一〇年二一一三件、一九一三年二一二七件。参加人数一〇万人、一五万六〇〇〇人、二五万四〇〇〇人）、労働組合は粘り強く賃銀事情や生活諸条件の改善のために闘った。漸次に労働組合は、社会民主党と共に、相手側が考慮しなければならない権力的地位を築き上げた。

もとよりそれと平行して、政治的戦闘性の衰弱が生じた。自由労働組合が体制を疑問視することはごく稀になり、その疑問も多くは原理的なものにとどまった。そのような体制の内部で、自由労働組合は一九一四年以前に、国民総生産高のますます多くの分け前を組織労働者のために獲得しようと努力した。たしかに自由労働組合の多数の人びとはおそらく社会民主党に投票したであろうが、しかし労働組合員は決してたんなる党の援軍ではなかった。むしろ労働組合員から——労働組合活動家サークル出身の帝国議会議員数の急増によっても媒介されて——静観主義的な改良主義が増幅されて党内へ浸透していったのだ。しかし、「総委員会」の臆病や、労働組合の「パンとバター」の政策がどのように評価されようとも——きわめてひどい情況のもとで彼らがなしとげた組織上の成果や、彼らの連帯感を強めようとする努力や、企業家や国家官僚に対する対抗力を創り出し、ストライキにおいても勇敢かつ献身的に要求を貫こうとする点で、認められる進歩もまた、争うべくもなく明らかなところである。

2.3　「負の統合」の支配技術。「帝国の友」対「帝国の敵」

一八七一年に創設された「民主主義に対抗する王侯の保険会社[23]」の指導部は、創設期の経済的・政治的陶酔がすぎ去った後にただちに、ひとつのジレンマに直面した。政治生活のうちに二つの焦点、すなわち市民革命に対する賛成と反対とが存在しなかったので、すでにボナパルティズム的半独裁下に、さらにその後も、人為的な統合の極が創り出されねばならなかった。なんとなれば、全体的にみてまさに政府に従順な国民自由主義の多数派を選挙政策上贈った、あの一八七〇―七一年の高揚した感情は長続きしなかったし、もっと正確に言えば、それは一八七三年の世界経済恐慌が不況へ移行するまでしか続かなかったからである。一八七一年に自由主義右派ハインリヒ・フォン・ジーベルは、市民層のなかに広く拡がっている、国民政治上の念願がいまや達成されたのだという感情を、予感に満ちて次のような言葉で表現した。「このように偉大かつ壮大な出来事を体験することを許されるという神の恩寵はいかにしてかち得られたのであろうか」と。しかし心配げな問いかけがそれに続いている。「そしてひとはこれからどのように生きてゆくのであろうか」と。ビスマルク自身も同じ頃まったく類似した問いを抱いていたという。「われわれにはどうしたことが残っているのであろうか、このような成功のあとで、このような壮大な出来事のあとで、われわれにとっていまなおどうしたことが体験するに値するものなのであろうか」と。[24] 帝国政治の日常に対するこのような懐疑、それどころか実際に恐れに近い感情は、一八七三年以後に、きわめてもっともであることが明らかになった。なぜならば、経済的な、しかしそれと共にまた社会的、政治的な危機の時代の到来が告知されているさなかに、帝国の帯びる不等質な性格が――帝国の諸部分は根本的に異った歴史的伝統によって特徴づけられていたのであるが――きわめて明瞭に示されたからである。戦争の成果が色あせて、その代りに不況が国に重くのしかかったときに、共通の価値や規範のカタログが欠如していることが鋭く明るみに出た。プロイセンの特殊な地位を正当化するプロイセン的イデオロギーは、まだ大衆に影響を及ぼすほどに普及してはいなかったし、ことにマイン河以南では決して影響力をもたなかった。そして、一八六六―七一年の敗者は、共和国や人民国家の支持者と同様に、ただちにはそうしたイデオロギーに熱中することはできなかった。「帝国国民」へ通ずる道を、諸階級や諸集団は総じてその時その時の特殊な、異った速さでたどったのである。こうした状況に直面してビスマルクは「負の統合」という概念で捉えられている支配の技術を展開した。[25] ビスマルクは、「内集団《イン・グループ》」と「外集団《アウト・グループ》」という古くからある社会心理的な対立を利用して、国内の対立の様式を組み替え、「帝国の敵」という少数派に対して「帝国に忠実な」諸要因という多数派を対立させることができた。この「帝国の敵」はたしかに「重大な危険」であると考えられねばならなかったが、しかし体制全体を実際に揺がすことができるようなものではなかった。主に共通の敵に対する敵意によって、したがって負の記号のもとに、こうした帝国の友の連合はしっかりと結び付けられた。ヴェルフ勤王党員、大ドイツ主義者、エルザス－ロートリンゲン人、デンマーク人、ポーランド人たちは、いずれにしても、はじめから「帝国の敵」の部類に属するものと定められていたが、しかし、それぞれ単独では重大な脅威を与える前提条件をほとんど満たすことはできなかった。したがって、政治的カトリシズム、議会主義的自由主義、社会民主主義、自由思想のユダヤ人たちが本来の「帝国の敵」に仕立て上げられたのである。文化闘争だけが社会生活の近代化と国家化との枠内で起こった国家の要求と教会の要求との間の衝突をなしたわけではなかったけれども、この文化闘争の間、カトリック教徒は標的となった。ビスマルクは中央党を「帝国の敵」のカトリック政党として評価することによって、ただたんに中央党が自由派と議会で協力するいっさいの可能性を取り除いただけではなく、「つねに何物《ゼムベル・》かが味方するならん《アリクイト・ヘーレト》」という標語にしたがって、カトリックのポーランドやカトリックのハープスブルクと彼らが提携していると宣伝することによって、帝国ドイツのカトリシズムを対外政治上の危険とも結び付けることができた。ケッテラーのごとき賢明なカトリックの観察者は、少数派のこのような仮借ない犯罪者扱いのうちに、原理的に反立憲的な、また反社会的でもある傾向をいちはやく認識していた。この傾向は、「古い君主主義的、絶対主義的、軍事的プロイセンを……まったく完全に」復興しようと意図するものである、と。(26)

バチカンとの協調が始まりかけるやいなや、政府の煽動は、さし迫って危険な自由主義左派に対して(「潜在的共和派」、「リヒター小屋の進歩馬鹿の投票家畜ども」、「ニヒリズムの進歩フラク」)、また同時に長期的に見ていっそう危険な社会主義労働者党に対しても(「民族や国家の内部を侵食する社会革命的癌腫のシンボル」)狙いを定めることができた。このばあいにも、ドイツの諸政党は再び国外の諸勢力――自由主義のイギリスならびに社会主義インターナショナル――と結び付けられて、その帝国に対する忠誠心に疑いがさしはさまれるように仕向けられたのである。(27) さしあたり、帝国における力関係のゆえに市民的政治家の自由主義の方が社会主義者の民主主義よりも脅威的なものと思われたので――というのは、ビスマルクは、社会民主主義をある点で過小評価したのとまったく同様に、自由主義を過大評価したためであるが――ビスマルクは、反ユダヤ主義を自由主義的ユダヤ人に対する車止めとして利用することもまたはばからなかった。(28) 一九世紀はじめの解放諸立法以後政治的に活動的なユダヤ人はプロイセンにおいても同権の達成を迫ったので、彼らのうちのすくなからぬ者が自由派に、のちには社会民主党に加わり、そこで彼らの目標を追求したのである。ユダヤ人は、まだマルクス主義のユダヤ人という月並みな決まり文句が拡がらないうちに、「進歩派」の「帝国の敵」として、ビスマルクのはっきりとした諒承のもとに、ドイツの内政の贖罪の山羊となった。自明のことであるが、ポーランド人やエルザス人もまた依然として「帝国の敵」であった。そして、自由思想派や社会民主党員が往々にして彼らと共に少数派の諸権利や憲法上の諸権利のために闘ったがゆえに、また、ポーランド独立の理想ならびに母国フランスへの伝統的な結び付きがあったがゆえに、このばあいにもまた利敵行為という一般的な中傷が反対派諸政党に対して投げかけられたのである。彼らの「党派的利害から見て外国に寄りかかることが有利であると思われる」やいなや、彼らは「みずからの祖国を見殺しに……して」、勝ち誇ったフランスに、「ナポレオンがその当時ライン同盟において」出会ったのに「劣らない屈従的な迎合的態度で接する」であろう、と宰相は判断した(29)。

しかし、帝国の敵であるコーラーの党類〔旧約聖書民数紀略16章を見よ〕だけでは、負の統合を満足のゆくようにおし進めるために不十分であるときには、ビスマルクはいつでもクーデターという秘密の武器で脅かすことができた。クーデターはダモクレスの剣のように七〇年代および八〇年代の議会政治を脅かしていた。帝国議会のなかの反対派が増大すれば「議会主義体制はそれだけ急速に破滅し、サーベルの支配が用意されるであろう。そのばあい、ドイツはもううまく進んでゆくことができない。同盟の協約は解消され……それと共に憲法は破棄されねばならないだろう」とビスマルクは述べた(30)。かくして下部諸国家、連邦参議院、議員の多くの異議はあらかじめ口を封じられてしまった。なぜならば、明らかに人びとは、一八四八年に反革命を組織しようと試み、憲法紛争を切り抜けたこの人物こそ、こうした攻撃を実行しかねないと、一八九〇年の解任危機にいたるまで思い続けたからである――これはボナパルティズム型の立憲君主制を短期的には必ずしも弱めはしなかった洞察である。これに加えて、「帝国直属領《ライヒスラント》」やプロイセン領ポーランドの東部諸州における例外状態は、長年にわたって、帝国議会や諸政党に対して圧迫を加えるためにてこ入れをする可能性を提供していた。ただたんにマルクスが一八七〇年に西部における併合のゆえに国内における「軍部専制政治」の化石化が到来することに気づいただけでなく、ブルクハルトもまたただちに、次のように捉えていた。エルザス－ロートリンゲンのせいで、「たとえ戦争がなくとも、いつでも戦争の風説や動員や類似のことが、すなわちドイツ自身における静かな戒厳状態が意のままに利用され得るように」なったのであり、「そのばあい、立憲主義やその他のこっとう品は突如としてなんの働きもしなくなるに相違ない」と。(31) なお一九一三年にツァーベルン事件がこうした予測を裏付けた。その時までエルザス－ロートリンゲン併合に対する抗議により育まれたフランスの報復思想が、数十年にわたって、大プロイセン的軍事国家の内外に対する路線を規定するのにあずかって力があったのである。しかし、ビスマルクがこのような行動の範型を政党政治のなかに刻み込んだのちには、ビスマルクの後継者もこの戦術をそのまま続けたのである。ことに、ドイツの階級社会における緊張が「帝国の敵」――その後は主に社会民主党員が「帝国の敵」とみなされたのであるが――に対するこのようなブロックの形成を必要ならしめるように思われたがゆえに、そうであった。追加的な統合手段もともとよりますます強力に投入された――そしてそれにともない、以下に見るであろうように、そうした手段はますます危険なものになっていった。

「帝国建設時代」が長期間にわたって作用し続ける影響を残したという観点に立ったばあい、負の統合というこの支配の技術が巧妙に考案されたことは、それだけで十分に不吉なことであったが、ここでなおさらに三つの複合した事情について言及しておこう。第一に、ビスマルクはそうでなくともすでに拡がっていた政党に対するルサンチマンをさらに煽り立てた。実際に、その意図から見て「帝国に忠実な者」対「帝国の敵」という二元論は、諸政党をいわば飛び越えて、二つのごった混ぜにされた敵対的な陣営を政党の代りにすることを期していたのである。「ドイツにおいてプロの議員の間に現存する無能や誇大妄想狂は、異常なほどである」とビスマルクが辛らつに嘲笑したとき、ビスマルクはたんに常連政治家に対し反政党的・反議会的効果を拡げただけではなく、同時にビスマルクのもつ権威の微妙な雰囲気で常連政治家を取り巻いたのであった。このようなビスマルクの権威がもっていた雰囲気が引き合いに出されたのは、ただたんに一九一八年までだけではない[32]。第二に、諸政党の仮借のない道具化によって、諸政党の国家的な形成意欲はいっそう弱められた。ビスマルクにとって諸政党は「次の駅まで走る」ための「駅馬」にすぎなかったことを、ビスマルクの知人たちはきわめて早くから見抜いていた。そして、ビスマルクが諸政党を、「それらが諸国家であるかのように」取り扱い、「諸政党をあちらこちらへ巧みに操縦して、同盟を結んだり、破ったりした」という印象がのちに繰り返し書き留められた[33]。しかし、そのことは深い傷跡を残し、政党政治家の間にも無力感を強めたのである。

なかんずく、しかし、ドイツの内政は広範な世論ともども、公民の間に存在する格差に慣れていた。すなわち、「帝国の敵」は、第二級の市民として差別され、それどころか、社会民主党員や民族的少数派に対する公式の例外諸法規により、あるいは、ユダヤ人やカトリック教徒に対して軍務や行政面にとどまらぬ作用をした非公式のメカニズムによって、もともと誰彼の差別なく妥当すべきはずの法治国家的一般的規範の適用範囲から追い出されたのである。しかし、このような事態に慣れてゆく過程で、漸次にこれらの非自由主義的な諸傾向のもたらす不快感の識閾が低められていった。下位の隣人がいるということは、帝国時代五〇年を通ずる日常的経験であって、これが友《フロイント》・敵《ファイント》思想を育くんだのである。このように見てはじめて、何故に少数派の肉体的抹殺に対する障壁が、よりにもよって、「詩人と思想家」の民族においてあれほど急速に取り除かれ得たかが明らかになる。けだし、歴史的な展望から見て、「帝国の敵」からは「帝国水晶の夜《ライヒスクリスタルナハト》」に通じる道が走っているし、また、除去さるべき者とされた「民族の害虫」という必然的な補完物をともなった「民族共同体」へ通じる道も走っているからである。

2.4　「国家維持的、生産的諸身分のカルテル」における結集政策、一八七六―一九一八年

一八四八年から一八七九年までの「大規模な保守的反革命」が生み出した永続性のある結果に属するものとして、その最終段階で展開された大工業と大農場主《グロースアグラーリア》との結集政策があげられる。[34] 結集政策は、ときおり裂け目を示したにもかかわらず、一九一八年にいたるまでの帝国の政治の基礎をなしていた。「ビスマルクの庇護のもとに大資本と大土地所有者との同盟が成立し、これがドイツを七〇年代末以来支配している」と、保守派のシュモラーのようなひとが判断していた。このばあいその判断はシュモラーに対する左翼の反対者の判断と一致していたのである。進歩派に対立するこの同盟は、なによりもまず、反自由主義的な進撃方向を有し、まさしく七〇年代以来の脱自由主義化を具現していた。その後徐々に、最初から存在していた反社会主義的な諸要因が明白に前面に押し出されてきた。ビスマルクの態度は相変らず両面指向的《アムビヴァレント》であった。一面では、ビスマルクは、社会民主党員を抑圧するのは「人殺しや放火殺人犯から、パリ・コミューンの体験から、社会を救う」ためである、と信じ込ませようとした。それゆえに社会主義労働者党に対し「殲滅戦」が行われねばならないと主張したのである。

ビスマルクは、憲法をつねに遵守する意志を持たず、こうした目的のために、「憲法が、個人や政党を保護せんがための途方もない空理空論の配慮のもとに、いわゆる基本権において設けた障壁をば、ひらりと飛び越えようと欲したのである。社会民主党に対して国家は正当防衛の状態にあり、手段の適用において上品ぶっていてはいけない、と言うのである。ひとにひどいことをすれば《ア・コルセール》、相手はもっとひどい仕打ちをするようになる《コルセール・エ・ドミ》！」このような威嚇政策の成果が胆をつぶした「ドイツの俗物ども」の間に明瞭となり——外務省のラードヴィッツは小気味よげにそれを観察していた——、しかも他面で社会主義労働者党が増大し続けていったとき、その調子はますますかん高くなっていった。「脅迫的な強盗団」、「犯罪的な転覆理論」、「戦時法規による取り扱い」、それどころか「国内のどぶねずみ」の根絶——このように攻撃は抹殺政策という生物学上の隠喩となるまで高まってきた。しかも、その抹殺政策の実現はもう目前にさし迫っていたのである。(35)

しかし他面では、ビスマルクは、不均等な工業の成長のはらむ諸問題が——「それらの徴候は社会に対する社会主義の脅威である」！——社会民主党の興隆を助成しており、したがって忠誠心を確保するための国家の補償政策が必要であることをもまた、明瞭に認識していた。したがって、この忠誠心の確保が、彼の社会保険諸立法の基礎にあった。しかし、なかんずくビスマルクは「ブルジョア的秩序人」に見られる革命に対するむきだしの恐怖心を決して持ち合わせていなかった。たとえ、ビスマルクは時として、たしかに長期的には、彼の社会保守的な「防潮堤工事」の将来の見通しをひどく宿命的なものと見ていたとしても。というのは、「飢えた者が……われわれを食い尽すであろう」と彼は見ていたからだ。とはいえ、悲観的な将来の見通しの代りに、「革命の悪夢」をビスマルクが抱いていたと言うのは、まったく誤りである。ヘルバート・フォン・ビスマルクは次のような選挙の指令を伝えた。「父はこう言っている。社会主義者とはわれわれは取り引きするか、それとも彼らを打ち倒することができるだけであり、彼らは決して現在の政府に対して危険となることはあり得ない」。一般的に「社会民主党員の方が進歩派よりもましだ」などと口にすべきではないにせよ、「しかし私的見解は自由である」と。ともあれ、ビスマルクはプロイセン内閣に対しても、ほかならぬ社会民主党員のユートピア的目標のゆえに、彼は「社会民主党員の増加を格別に重大なことと考えていない」ことを知らせた。ビスマルクは、プロイセンの兵士たちでもって、紛争のばあいにドイツの民主派に対していずれにせよ十分に太刀打ちできると信じていた。(36)

この自信は、社会民主党員が数百万人の選挙人層を獲得するにつれて、ベルリーンにおいて弱まっていった。それと同時に、好況や修正主義、議会主義的改革事業や労働組合の成功が、口先だけ革命的な急進主義を飼い馴らす効果のあることもまたはっきりと示された。したがって、しかるべき機会がありさえすればいつでも「赤い危険」を結集政策の推進力として投入するための操作を行う要素がとりわけ残っていた。しかし他面で、高まる左翼の波によって隅へ押し流されるのではないかという感情もまた、ますます支配階級のなかに拡がった。もっとも、そこから平時に社会改革を行おうとする刺激が生じることはなかったであろう。まさしくこのような改革を推進する動きを防ぐことが、実際ずっと以前から結集政策のひとつの目標であったのだ。

反解放的な「国家維持的、生産的諸身分のカルテル」は、すでに一八七六―七九年以来ビスマルクにとって彼の国内政治の中心点であった。一八八七年のカルテル帝国議会はそのことを最後にもう一度確証したように思われる。しかし、解任された後も、ビスマルクは、「保守的結集」の継続を断乎として要求することが彼の本来の「内政上の遺言」であると考えていた（シュテークマン）。カプリーヴィの工業友好的な外国貿易政策が農場主に対して重要な句切りをもたらしたので、そのことを思い出させることがとくに必要であるように思われた。従来保護されてきた「右派」に対するこの無礼な襲撃においては、長続きしない威嚇の合図がなされたにすぎなかったにもかかわらず、有効な反社会主義的イデオロギーで継ぎ目を化粧した新たな利害関係者の妥協によって工業化を取り戻す必要があった。したがって、結集政策が特権的少数者の権力独占を固め、国民多数によってその財政上の負担が担われたという、結集政策の社会史的に不変の性格を強調することがどんなに正当であるとしても、しかし他面で、結集政策は一八七九年から一九一八年にいたるまで何の変化もなく、いっさいの政治的ならびに社会的な近代化の道を閉ざした一枚岩のブロックであった、という印象を与えることは誤りであろう。結集政策の内部には動揺や休息や同盟の変動や新しい妥協の必要があった。それゆえに、九〇年代半ば以後の一二年間を詳しく見るならば、二つの集結したサークルが認められる。つまり、ミーケルは、明らかにプロイセンの権力状況により方向づけられて、大工業的‐大農場主的同盟の復活によって国内の比較的狭い勢力範囲を満たそうとした。しかし帝国の政治にとってこの基礎は狭すぎることが明らかになった。なんとなれば、保守的な中央党との結び付きをミーケル自身ができるだけ避けようと欲したからである。包括的な構想をティルピッツとビューローとが展開した。そのさい彼らは戦闘艦隊を政治的統合の極として投入したが、この極は市民層の総体に影響を及ぼして、結局は市民層をカトリックの「立憲党」の保守的な内政上のコースの味方にしたのである（Ⅲ‐5.2を見よ）。このコースは、そのうえに、（一八九七年の手工業者法のごとき）社会保護主義的な諸措置によって、旧中間層の関心をもかきたてた。硬い核心をなすミーケルの「結集」をビューローの関税率と艦隊法とがしっかり結び付けたので、「プロレタリアートに対して矛先を向けた農業‐工業共同統治」は——いつも産業的中間層にも支えられて——「支配層の社会的に脅かされた地位を保障し、強化する」という、共同統治に何よりもまず課された社会安定化政策的機能をひき続いて果たしてゆくことができた。[37] 立て役者たちの利害に呼応した多数のこのような側面掩護の諸措置によって、帝国ドイツの「不安のカルテル」は再三再四その特権的地位を擁護したのである。

カルテルの戦略は、諸政党の——もとより社会民主党を除いて——対決において、政治的信条や憲政上の推進力が七〇年代半ば以降明白に減退してきたことによって助けられた。一八七一—七九年のさまざまな政策決定に同時に適応してゆくさいに、自由主義的憲法理念や保守的憲法理念に代って無制限の社会経済的利害闘争が生じた。ビスマルクは、一面では、「国内の発展における経済的諸問題の優勢がたえず進行しつつあること」を適切に分析したが、しかし他面では、彼自身もまたそうした過程を促進したので、その結果、「俸給や謝金や利札で生活する、営業を持たず、土地を持たず、商業も工業も持たない学者たちは」、「生産的国民の経済的諸要求に服従するか、それとも彼らの議席を明け渡さ」なければならなかった。なんとなれば、ビスマルクの内政安定化の計算は、確信ある名望家的政治家が国民的または立憲的願望を抱いて闘うことからよりも、団体法律顧問に代弁される物質的利害を充足することから、より直接的な効果を期待することができたからである。ビスマルクが力の限りおし進めた長期的趨勢——つまり「諸政党が鋭い特徴を帯びた経済的社会的利益共同体として登場しようと欲しており、ひとはこのような利益共同体を考慮に入れて、政治を『私は汝が与うるために与う《ドー・ウト・デス》』という原則に従って行うことができる」ようになりつつあること——、このような趨勢は一八七〇年代から大戦前の時代までに、オットー・ヒンツェが一九一一年に判断したように、「思いもつかなかった程度に」貫いたのであった。強力な諸利害をときどき新たに調整することを基礎にした結集政策は、このような発展の結果をなすと共に、この発展の貫徹を速める条件をなしていた。そして、こうした発展の貫徹は、ヒンツェが適切に叙述したごとく、権威的国家においては明らかに「議会主義的影響力」を強める代りに、「君主制的な国家指導部」に有利に作用したのである。[38]

一九〇七年には、大結集政策を代表していた諸団体や諸政党に、中央党の代りとして、いわゆる自由主義左派が合流した。この自由主義左派のひとり、フリードリヒ・ナウマンがつい先頃になお、ライ麦と鋼とを結び付けた反社会主義のかすがいを適切にも、「利害を得ようとして、革命を恐れるふりをしている」[39]と、特徴づけていたにもかかわらず。一九〇七年以降のビューロー・ブロックはいま一度結集の訴えの有効性を実証して見せた。しかし、一九〇九年にはすでに――農場主が帝国財政改革において彼らの神聖化されたエゴイズムを粗野に貫き通した結果、工業との同盟の基礎が一時的に失われたときに――親しい仲間の間で巧みに隠されてきた不和に代って、現実の瓦解があらわれたのであった。ドイツ産業家中央連合が、一九〇九年から一九一一年まで相対的に自由主義的な「ハンザ同盟」――ここにおいて商業と輸出工業とが重工業から鋭く区別された経済政策を追求していた――と協調し得たこと、しかしその後、中央連合が、ハンザ同盟の社会民主党に対する態度が外見的にはあまりにも柔軟であったがゆえに、再び離れていったことは、多くの徴候よりもはるかに明瞭に、分離の溝の深さを指し示している。たしかに重工業、大農場主および中間層の小結集が再び形成されたけれども、反社会主義や反ユダヤ主義のねじが堅く締められたにもかかわらず、中央党、商業およびドイツ産業家同盟とその小結集との結合はさしあたり成功しなかった。なによりも、それは艦隊がさまざまな諸要因を結び付ける引力を失ったことによるものであったが、さらにまた費用のかさむドレッドノート型戦艦の建造へ移行（一九〇八年）していったことにもとづいていた。ドレッドノートの建造は、いっさいのこれまでの見積りにそむいて、財政政策において爆発力を示した金銭問題を提示したのであった。一九一二年の選挙戦におけるベートマン－ホルヴェークの「国民的結集のスローガン」は左派諸政党の勝利を阻止することができなかったのであり、この勝利は逆に結集政策の伝統的なパートナーたちの右傾化をいま一度速めることになった。たしかにいまや「生産的諸身分のカルテル」が成立したが、しかし、左派の「大洪水」に対してすべての右派諸政党のブロックによるダムを形成して対抗するという、いっさいの組織上の準備は、架橋され得ない利害の対立のために挫折した。普通誤って考えられているように帝国政治の議会主義化へ向かう「静かな憲法の変化」が生じたのではなく——そうした議会主義化にかんしては反議会主義的な右派グループによって失脚せしめられたビューローのごとき人物が考え得る最悪の例を示している！——、むしろ諸勢力の両極化が存在したのである。しかし、これらの諸勢力は強力に組織されてせめぎ合ったのではなく、陰にこもった不安とすべてにわたる不信の念との雰囲気に取り巻かれて、特有な無気力状態のままにあったのだ。失敗した右派カルテルは、ベートマン‐ホルヴェークに対して帝国議会で二回にわたって行われた不信任投票の気の抜けた不成功と同様に、そのことを明らかに示している。左翼多数派の憲政上の無能力はベートマン‐ホルヴェークに打撃を与えることができなかったのである。深く分裂した国民のなかに生じた抜け道がないように見える永続的危機にもとづくこの麻痺同然の状況は、疑いもなく一九一四年夏に冒険《リジコ》政策の行われる本質的諸条件のひとつをなしていた。

強力な右派カルテルという願望は、一九一七年に設立された「ドイツ祖国党」——以前の右派同盟がドイツの最初の早期ファシズム的大衆運動の形をとって時代に適合しつつ存続したもの——においてはじめて実現された。(40)たしかに七〇年代以降の政治的反ユダヤ主義もまた早期ファシズム的であったが、しかしそれはやはり一九一七年以降にはじめて大衆的基盤をかち得たのである。したがってナチ党は「祖国党」の嫡出子とみなされ得る。個人史や社会史において、イデオロギーや政綱において、ナチ党には祖国党と結び付く軌道がきわめて明瞭に認められる。ナチ党は結局、本来の保守派にとって必要でもあり、また飼い馴らし得るものと思われた大結集運動であった。帝制ドイツの結集政策がたとえどんなに巨大な重荷を共和国に対して積み重ねたとしても——一九一八年にいたるまでは結集政策は終始一貫して新旧指導層の増大するエゴイズムによって方向づけられた支配の利害関心に奉仕していた。ヴァルター・ラーテナウが印象深い表現を与えたように、「軍事的封建主義や、封建化された官僚や、あるいは封建化され軍事化され官僚制化された金権主義の、成員または適応者として振舞わなかった者はひとりとして、数世紀来統治したことのない国家」に、帝制ドイツの結集政策はふさわしいものであった。(41)

3．統合のかすがいと構造的な民主主義敵対性

権威的な憲法の諸規範やボナパルティズム的な憲法の現実のほかに、政党の無気力や団体のエゴイズムのほかに、また政治的な支配の技術や保守的な永続的同盟のほかに、これらの諸要因と最も密接に関連していた追加的な統合のかすがいが、社会全体の秩序構造ができるだけ長い間支配階級の意図に沿って維持されるように働いたのであった。このばあい、一方ではイデオロギー上の影響力や推進力と、他方では制度上の規制や安定化のメカニズムとが区別されなければならないであろう。そのばあい、それらの多数の事象のうちからそれぞれごく少数の諸要因だけが範例として選び出され得るにすぎない。若干のイデオロギー上の諸要因を論じることだけでは片付かないであろう。というのは、つねに諸制度が支配の内面化を永続的に保証するに相違ないからである。まさしくその点に、たとえば、教育諸制度、つまり第一次的（小家族によって行われる）ならびに第二次的（同年輩の仲間や学校や大学によって引き受けられる）社会化が社会的支配諸関係を支えるためにもつ中心的な意義がある。簡潔に定式化するならば、自分で責任を取ることを覚え込まないで、他者のコントロールに服するところの、このような制度化された行動操舵のもつ根本的な意義のゆえに、そうした行動操舵のもたらしたきわめて多方面にわたる影響力をもつ諸結果のひとつとして、構造的な民主主義敵対性をあげることができるであろう。まさし

くこれは帝国の時代においてもドイツの社会史《ゲゼルシャフツゲシヒテ》の特徴の一部をなしていた。

3.1　国家イデオロギーと例外法

いっさいをすっぽり包んだスモッグのごとく、一八七一年の国家をも蔽った伝統的なドイツの国家イデオロギーは、なかんずく三つの源泉から供給された。

a・ドイツ諸領邦において絶対主義の支配が行われたため、ことに三〇年戦争終末以降、たえず強まる上からの操舵に慣らされていった。他の国々では近代の国家形成過程が小単位の分権的自治を排除しなかったか、もしくは革命によって変化せしめられたのに対し、ドイツ語圏の中部ヨーロッパでは官僚と軍隊とに支えられる中央権力のかなり連続的な興隆が実現された。そのばあい、この「啓蒙」絶対主義という変種が、なかんずく、ドイツの大領邦諸国家に比較的注目に値する程度の給付能力ある行政をもたらし、かくして西方からの革命的な暴動や感染に対し免疫となるように作用して、国家指導者の後光を強めたことを見逃し得ない。したがって国家生活の実践のなかに——しかし社会的変革や経済政策が国家の行為として成立したところでも——強力な影響力が伝えられたのであり、この影響力には結局はいわば数世紀にわたる重みがかかっていたのである。

b・さらに、俗流化されたルター的公権力信仰という特殊な刻印が、こうした発展を、反宗教改革的なカトリシズムがカトリック諸国において補完的に行ったのとまったく同様に、イデオロギー的に保護したのであった。ルターの国家思想がどのように解釈されるにせよ——福音派の国教会は、実際の日常生活に対して影響を及ぼすなかで、人びとが服従する義務を負うけれど抵抗権によって反抗してはならない神の定めた公権力として、その時その時の国家の支配者を神聖化して、批判から免れしめたことは確かである。なかんずく、帝国の諸邦中の最大の邦においてこうした発展をはっきりと跡づけることができるのであり、またプロイセンの覇権的地位のゆえにこの発展はこのばあいにも重大な結果をもたらしたのであった。

c・一八二〇年代以来プロイセンの大学から拡がっていったヘーゲル派の国家理想主義に対しても、この判断は妥当する。大学の講壇から——もともとは観念論哲学の全盛にともない——道徳の具現としての国家に対して神の恩寵を越えて追加的なこの世における聖別が与えられた。この聖別は、結局は、平板な国家の神格化へ堕落し、それにもかかわらずもはや疑問をさしはさまれることのない諸見解の滓《おり》のなかで、それだけいっそう永続的に影響を残していったのである。とりわけ二つの重要な社会集団がこの国家理想主義の担い手となった。すなわち、官僚は、ヘーゲルの「普遍的身分」として、国家をまさしく具現することを当然のこととして要求し、また、漸次にそれに劣らない影響力ある「世論形成者」となった教養市民層は、同時にヘーゲル主義を受け入れた。そしてこの両集団はあいまって、ヘーゲル主義をたえずエリートの論議や世論や教育制度へうまく持ち込んでいったのである。「ベルリーンの国家詭弁家たちはその限りにおいて、国家が人間精神の作り得る最も完全な構成体であって、彼らにとっては個々人が調教された機械へ退化するかどうかは関知するところでなくなってしまった、という趣旨の歌を唱ったのである」と、自由主義者フランツ・フォン・ロゲンバッハは八〇年代に判断した。他の批判家たちと共に、このバーデンの男爵《フライヘル》は、こうした権威的な国家イデオロギーが一般的にドイツの政治的近代化を阻んでいただけでなく、直接的に帝国の支配構造の役に立っていたことを認めた。したがって、「議会主義のアクセサリーで飾り立てられた国家絶対主義と、外見的立憲主義という愚かな戯れとを、きわめて強力に保証しようとする時代の精神がいつか再び変化」するかどうかを、彼もまた言うことはできなかった。(1) 実際、ドイツの国家イデオロギーは、なかんずく国家機関の超党派性にかんする神話としても、その顕著な影響力を一九一八年まで、さらにそれを越えて、保持していたのである。

活動的な少数民族や解放運動が現状《シュタートゥス・クヴォ》を、したがってこのイデオロギーの放射力をゆるがそうとしたとき、彼らに対して例外法が発動されて、彼らにこの国家の理性を悟らしめた。そのことをまずカトリック教徒が文化闘争の時代に感じ取り、ついで一八七八年から一八九〇年までの間に社会民主党員が感じ取った。同時に、民族的少数派に対する立法はますますきびしい性格を帯び始めた。こうした立法は、公民としての平等思想をあざけった例外法へつながっていった。それのみではなく、官僚国家ドイツでは命令や訓令という外からは認識し難い内部的事務手続きによって――社会民主党員やカトリック教徒に対してであれ、ユダヤ人や自由主義者に対してであれ、行政や軍隊において、司法官僚や帝国官庁において――差別が行われたのである。把握するのにもっと骨の折れる偏見やルサンチマンという非公式のメカニズムとあいまって、そうした差別は、暫定的に効力のあった法的な特殊状態に劣らず、永続的な効果をひき続いて及ぼしたものと思われる。国家イデオロギーが一致団結した臣民社会をねつ造したのに対し、現実の合意を法律上および行政上の例外法によっても強要する試みがなされた。権威的国家の見せかけの一枚岩の対外戦線の裏面にあるものが、このばあいにも、異見を持つ者に対する強制であることが明らかになった。意見を異にする者に対して権威的国家はその権力独占をたえず利用してやまなかったのである。

3.2　ナショナリズムと敵のステロ版

ナショナリズムは元来、上昇する市民層の反貴族的、自由主義的解放イデオロギーとして、一八世紀末以来その凱旋行進を開始したのであり、アンシァン・レジームのたえざる戦闘に苦しめられていた世界に対して、境界を取り去って和解するすべての諸民族の友愛という理想を対置したのである――諸民族が財産所有市民層や教養市民層のための代議制団体を備えた諸国民国家へ組織されさえすればただちに、このことは実現されると言うのである。百年後には、こうした自由思想の根本的特徴やこのような調和的な国際協調についてもはや論じることはできなくなった。これは一般的な現象であったが、しかしドイツにおいてとくにきわだってあらわれていた。ドイツのナショナリズムが一八四八年以後――このばあいにも、またもや挫折した革命は深い句切りを意味していたのであるが――その自由主義的諸要因を喪失し、それどころかそれらを駆逐してゆくにつれて、敵対的な諸要因が増大し、さいごには敵対的な表象や反対の態度が完全に支配するにいたった。はじめから、現代的特徴を帯びたこの転化したナショナリズムは、二つの――外部の敵と内部の敵とに対する――突撃方向をもっていた。したがって、ナショナリズムの外政上の戦線配置のみがもっぱら強調されてはならず、また、フランスに対し、のちにはイギリスに対して燃え上ったナショナリズムには、つねにまた国内におけるナショナリスティックな恐怖症が対応していたことが忘れ去られてはならない。このドイツ帝国のナショナリズムにもヤーヌスの頭のような二面性があった。そのナショナリズムはただたんに他国民に対して戦闘的となっただけでなく、つねに国内の敵に対しても攻撃的となり、いまやカトリック教徒がプロテスタントの帝国社会から追い出されたにせよ、インターナショナルに属する社会民主党員が「祖国なき輩」として異端者扱いされたにせよ、両者に対してナショナリズムが動員され得たのであった。真の国民に属すべきでないとされた市民、闘うべき相手とみなされた「民族の敵」もまたつねに国民の民族共同体に所属していたのだ。したがって、バムベルガーは、すでにビスマルク時代の末期に深く憂慮して、「愛国心を憎悪の形で、国内であれ国外であれ、盲目的に服従しないすべての者に対する憎悪の形であらわすような、世代が成長して」きたことを確認することができた。(2)

敵対的なナショナリズムのこの二つの機能は、帝国議会の選挙戦を一瞥すれば、とくに明瞭に認められる。最初の二回の選挙（一八七一年、一八七四年）以前にはなお戦争によりかきたてられた愛国心の残響として作用し得たものが、その時からずっと権力維持の戦略として明瞭にあらわれてきたのである。しかるべき瞬間に外政上の緊張がわざと作り出されたり、またはすくなくとも国際的危機の可能性が呪文で呼び出されたのであった。さらに、外部の敵に対する恐れは「帝国に忠実な者」のための選挙戦用の弾薬へ転じられ得たし、最も早くこうした戦略に批判を加えた「帝国の敵」の陣営はまた、ほかならぬこの批判のゆえに信頼できないものと中傷されたし、それどころか外国の諸列強と協力しているという評判さえたてられたのである。カトリック教徒は難なくローマ教皇庁と、社会民主党員はインターナショナルと、ポーランド人は分割に反対するすべてのポーランド人の反対派と、自由主義者は議会主義のイギリスと、中央より左のいっさいの政治諸勢力は国際的な「革命的・共和主義的利害の連帯」と結び付けられたのである。(3) ナショナリズムや外政を選挙戦術のためにこのように濫用することから結果した国内の政治的雰囲気の中毒は、ベルリーンの帝国指導部にとって——彼らの議会の援軍がそこから数的利得をひき出し、彼らの法案が国民的必要として飾り立てられることができた間は——何らかかわり知らぬところであった。一八七三年以後の重大な経済的・社会的諸問題に直面して「一種の国民的無気力」に陥っているると慨嘆されていた「のろまで関心を失った」選挙人層を、ビスマルクは巧みに、「国際的な白熱」を煽って投票へ駆り立てることができた。そのことは一八七七年以降のすべての帝国議会選挙について、なかんずく一八八四年と一八八七年の選挙について証明され得るところである。(4)

ビスマルクの後継者はこの技術を模倣した。対仏、対英および対露恐怖症のナショナリズムは、一九一二年にもなお、いっさいの政府敵対者は帝国に対する忠誠心を原則的に持ち合わせていないのだという論難と結び付けられて、「負の統合」の意味で操作的に煽り立てられた。したがって、ナショナリズムを準自律的な推進力として措定する代りに、まず第一に、ナショナリズムと結び付いていた支配の利害をたえず問うことが重要である。そのことは、陰謀理論にくみすることを決して意味しないし、また、ナショナリズム――それは教育や軍隊、新聞や文学によって促進されて、結局はある程度自立化するにいたるのであるが――から生じて、指導集団をとらえることができる影響力を否定することを決して意味しない。というのは、支配の利害を問うことの必要性を度外視しても、帝国の権力エリートにおいても――彼らがたとえいかにナショナリズムの一定の内容を受け継いでいたにせよ――ナショナリズムに対する高度の権力技術的な、まったく目的合理的な打算が認められるからである。ビスマルクが一八八七年にロシアならびにフランスの「危険」の影のなかで「カルテル帝国議会」を駆り集めた方法や、ビューローが一九〇七年に帝国主義的権力闘争のさなかに「ホッテントット選挙」を戦い抜いた方法や、ベートマンが一九一二年に軍備政策上の論争を誇張した方法を追求するひとは、ナショナリズムという推力が投入された、人為的に高められた紛争の基本的な範例を認識するのである。

この激情的な、外国人憎悪の俗流ナショナリズムの拡大を解明しようと努めるとき、ひとは政治的な社会化の種々な過程で媒介された国民的な理念や思考像や決まり文句の影響力に出会うだけではなく、ナショナリズムの敵意のうちに、この敵意が同時に編み込まれている敵対的な社会や国際競争の表現をもまたとくに見出すであろう。こうした堅い基本構造からはじめて、友・敵-ナショナリズムから生み出され得た引力が明らかになる。換言すれば、市民社会と国家社会との諸対立は、ナショナリズムのなかにもあらわれて、ナショナリズムを培養し、国民的価値理念の特定の序列を助長した。社会経済、政治およびイデオロギーのこのような交叉はまた、人種主義的観念がナショナリズムのなかに急速に浸透したことを納得のゆくように描き出すことを可能にしてくれる。なんとなれば、国内や諸国家体制における寡占的な経済的・政治的権力諸関係は、少数の、人種的にも特権的な支配者諸国民に世界の指導や分割の権限があるという見解を助長したからである。自由主義的な自決の公準や民主主義的な平等の理想の代りに、組織資本主義においては「寡頭政治の支配理念」があらわれて、それが国内においては「労働者階級に対する主人の観点」を擁護し、対外的にはさらに競争戦を人種論的にも正当化したのである。(5) 国際的な状況や帝国主義的な膨脹のなかにある、大企業やカルテルや団体の継続的な寡占主義がなければ、ドイツの人種主義の普及を総じて十分に理解し得ないであろうし、そしてまたおそらくその普及を思想史上ささいなこととして扱うことができるであろう。

3.3　反ユダヤ主義と少数民族政策

ドイツの内政において一八七〇年代以来、人種主義的見解が毒茸のごとく異常に繁殖した。伝統的な文化的、宗教的ならびに経済的反ユダヤ主義と並んで、いまや組織された政治的反ユダヤ主義があらわれた。この急速な興隆は——それがその後総じて景気変動と密接に相関せしめられ得るように——なによりもまず第二の世界経済恐慌以後の趨勢期間の危機現象とみなされなければならない。けだし、ここに、不況のもたらす感情的な緊張や具体的な幻滅、ヒステリーや不安を嚮導して、久しく差別されてきた少数民族に対して指し向けるような危機イデオロギーが公然とあらわれてきたからである。不均等な経済成長や社会的ステイタスの変化という苦しい経験からの社会心理的な現実逃避の諸形態のひとつとして、反ユダヤ主義は、ユダヤ人のうちに当時のいっさいの誤れる発展の責めを負う贖罪の山羊を見出したところの、もろもろの不満を寄せ集めたのである。たとえば一八七三年と一八九〇年との間にあらわれた「ユダヤ人問題」についての五〇〇以上の文書のなかで、二〇世紀の毒性ある反ユダヤ主義と共通のありとあらゆる言い回しを用いて表現された反ユダヤ主義的非難のうちに、不況気分は——さらにとくに中間層にみられる産業資本主義の没個性的な過程に対する一般的不快感もまた——避雷針を求め、それを見出したのである。一八七九年秋以降のベルリーンの反ユダヤ主義、宮廷付き牧師シュテッカーの反ユダヤ的煽動、さらに一八八一年のポメルンのユダヤ人迫害もまた、ドイツの自由主義的な公衆に新たな危険を稲妻のごとくに知らしめた。それまでにもすでに「すべてのドイツのユダヤ人の青少年時代には……」、ヴァルター・ラーテナウによれば、「生涯忘れられない」ような「心の傷を負う瞬間」があった。「その瞬間に、彼ははじめて、彼が第二級の市民としてこの世に生れたのであり、どのような能力も業績も彼をこの状態から解放し得ないのだということを十分に悟ったのである」(6)。しかしその後、重苦しいルサンチマンはますます強く煽り立てられ、いっそう広い集団によって公然と承認され、政治行動や直接行動にさえ移されたのであった。すでに一八八〇年一二月に大きな反ユダヤ人集会のあとで「組織された連中」はベルリーン‐フリードリヒシュタットへ列を作って進んでゆき、「客の多いカフェのまえで……拍子を合わせて再三再四『ユダヤ人出てゆけ』と怒鳴り、ユダヤ人やユダヤ人に見える人びとが入ってゆくのを邪魔し、またこのようにして棍棒による殴打や窓ガラスの破壊やその他類似の乱暴狼藉をそそのかした。万事もとよりユダヤ人の唯物主義に対しドイツ人の理想主義を擁護しようという合言葉のもとに行われたのであった」[7]。ベルリーン大学でトライチュケ周辺の反ユダヤ主義の大学教師たちに対する自由主義的抵抗を組織したテーオドール・モムゼンが、ロシアと比較したばあいにのみ「ひかえめなわが国の野蛮は何処へ目指して舵を取るのか」と自問したのはおどろくにあたらない。バムベルガーもまた「いわゆる反ユダヤ主義」が「際限もなく卑劣さを解き放っており、自分と同等の者や自分よりすぐれた者に対する憎悪や抑圧のうちに無上の喜びを見出している」状況に「むかつくほどの嫌悪を感じていた」。「国民の本来の生活機関たる軍隊、学校および学者世界はそうした反ユダヤ主義であふれるほど飽和していて……それはひとにとりついて離れない一種の強迫観念となっていた」。そしてベルリーンの大金融業者ゲルゾン・フォン・ブライヒレーダーは、最初の反ユダヤ的暴力事件の勃発後に予感に満ちて、そこには「まったくおそるべき社会革命の不幸のほんの発端だけ」が示されているにすぎないと訴えた[8]。

しかし彼の皇帝への陳情も、自由主義左派の請願も、政治的反ユダヤ主義を阻止することはできなかった。というのは、政治的反ユダヤ主義の根底にある社会経済的構造変動はいっさいの上品なプロテストを打ち負かしてしまったからだ。すでに一八八四年に保守党は選挙人に対して、「ユダヤ人の従軍」を「断念」することをあからさまに要求した。「ユダヤ人」が「国際的かつ非ドイツ的諸列強」に属しているという事実は、ユダヤ人が「もはや祖国ドイツの利害を優先させ」ようとは欲しないことを、「やはり結局はすべての真のドイツ人たちに洞察させるに相違ない」と、特徴的な言い回しで主張されたのである[9]。中央党においても、その宣伝のなかにずっとまえから存在していた反ユダヤ主義的構成要素が七〇年代以降いっそう明瞭にあらわれてきた。一八八〇年代の反ユダヤ主義的諸組織（キリスト教社会党、反ユダヤ主義者連盟、社会帝国党、ドイツ民族協会、ドイツ改革党、ドイツ反ユダヤ主義連合）は、一八八九年に「反ユダヤ主義ドイツ社会党」ならびに「ドイツ社会党」へ統合された。これらと「反ユダヤ主義民族党」（一八九〇年、一八九三年以降「ドイツ改革党」）との合同から一八九四年に「ドイツ社会改革党」が生じたが、これはもとより一九〇〇年に改めてその二つの構成部分へ分裂した。たしかに得票数も決して三〇万票を越えなかったが、しかし合同反ユダヤ主義諸政党のハムブルク綱領においてすでに一八九九年に「最終解決」に照準が合わされていたのである。というのは、そこで合同反ユダヤ主義諸政党はこう声明したからである。「ユダヤ人問題は二〇世紀の間に世界的問題となる」であろうから、この問題は「究極的にはユダヤ民族の完全な隔離および……最終的絶滅によって解決されねばならない、と。[10]反ユダヤ主義が一八七〇年代の突破以来、その乱暴狼藉にもかかわらず、宮廷や社会で次第に通用し得るものとなったことには、最初の帝国宰相が反ユダヤ主義の暴行を助長することを容認した点も明らかにかかわりがあった。ビスマルクは良心のとがめも感じないで反ユダヤ主義の運動を彼の選挙政策上の諸目的のために利用した。たしかにビスマルクは決して彼のユダヤ人の金融業者や彼のユダヤ人の弁護士や彼のユダヤ人のかかりつけの医師から離れなかった。また彼が下品な言い方で議員ラスカーを「とんまなユダヤ人の若僧」と呼び、大臣フリーデンタールを「ユダヤ人のくそったれ野郎」と呼んでいたことを、典型的に貴族的な偏見の勘定に書き込んでおくこともできるかも知れない。[11]しかし、すでに一八八四年の帝国議会選挙の直前に、ビスマルクは、一新聞にあとで公式の取り消しもしないで、「ユダヤ人は、私を反ユダヤ主義者に仕立て上げるために、ありとあらゆることをしている」という彼の言葉を引用することを許した。そして後で彼は「ユダヤ人がポーランド人といたるところで協力しており」、あまつさえ「ユダヤ人の金が……進歩派の共和主義者のための支払手段となっている、ということを、選挙結果にかんする論説のなかで強調して」欲しいと要望したのである。(12)

ビスマルクは一八八四年に、次の選挙のまえに、プロイセン内相フォン・プットカマーに訓令して、政府が公然と反ユダヤ主義に反対の立場をとるならば、「多数の国民大衆を……侮辱することになる」と述べた。また他面で、政府があまりにも公然と反ユダヤ主義を承認するならば、「多額のユダヤ人の資金を進歩派の選挙金庫のなかへ流入させることになる」。けだし、「ユダヤ人はずっと以前から進歩派の味方をしていたからだ」。そのうえに、ユダヤ人は「笑うべき神経過敏に陥っている。……どうしてひとは、ユダヤ人をくそみそに言う勇気をもつ人びとを妨げようとするのか」(13)と彼は述べた。このような冷笑の背後には、反ユダヤ主義を再び自己の定めた枠内に閉じ込めることができると考える偉大な政治的操縦者の自信が保持されていたとしても、かかる見解はしかし、間接に街頭の乱暴狼藉反ユダヤ主義をも正当化したのである。そのうえに、この乱暴狼藉反ユダヤ主義は、ビスマルクのすぐ側近でも、ビスマルクの暴力的な反ユダヤ主義の御用記者モーリッツ・ブッシュにおいても、彼の長男ヘルバートにおいても、動き始めた。ヘルバートは、「破廉恥漢」ブライヒレーダーの「ユダヤ人の横面を二、三回はりとばさせたがって……」いたし、外務省の次官として「ユダヤ人の小僧」をいっさい採用するなという金言を作り、また、「ユダヤ風に考える」イギリスの次官ミードを嘲笑していた。(14)ビスマルクは一八八五年に、約三万二〇〇〇人のプロイセン東部諸州出身のポーランド人の国外追放に着手したが、そのさい反ユダヤ主義も測り知れない役割を演じた。すなわち、被追放者の三分の一はユダヤ人であった。

悪い予感に満たされて、バムベルガーはいちはやく、ただ瞬時の効果を考えたにすぎぬビスマルクのこの立場がいかに作用するかを印象深い言葉で次のように特徴づけた。「わが国を現在支配している真に偉大な人物が、自分自身の手で支配していない事柄をすべて、乱暴な無頼漢の支配に委ねているのが、われわれの目下の状態の特徴である。それがビスマルクのがまんできる唯一の協力なのだ。しかしおそらくいつもそうであったのだ。だが、野蛮な性向をもった民族に、力や男らしさや道義といった理想主義の一種として残忍な理論が吹き込まれるばあいには、倍も困ったことになる。それが特徴であり、またそこから、現在……強引に手綱を握っている悪名高い人物が生れているのである」。政治的反ユダヤ主義のおそろしい力にかんがみて、モムゼンもまた示した極めて懐疑的な調子が理解され得る。モムゼンはヘルマン・バール宛てに辛らつに書いた。「私がこのような状況で多少なりとも事態を正すことができるとあなたが思うならば、あなたは思い違いしているのです。このような状況でひとが総じて理性的に何かをなし得るとあなたが思うならば、あなたは思い違いをしているのです。なにもかも無駄なのです。私があなたに言い得ることがあるとすれば……それはもっぱら道理や論理的かつ道義的論議だけです。しかし反ユダヤ主義者は誰もそれらに傾聴いたしません。連中はただおのれの憎悪やおのれのねたみや最も恥ずべき本能に耳を傾けるにすぎません。……暴徒に対しては防衛の手立てがありません――いまの事情では街頭の暴徒であるか、それともサロンの暴徒であるかは、なんら異っていません。よた者はあくまでよた者なのです。そうして反ユダヤ主義はよた者の心情であります。反ユダヤ主義は身の毛のよだつ伝染病のようなもの、コレラのようなものです――ひとは反ユダヤ主義を説明することも治療することもできません。毒がひとりでに消えてゆき、その力がなくなるまで、辛抱づよく待たなければなりません」(15)。狭義の反ユダヤ主義諸政党は一九一二年の最後の選挙にいたるまでただきわめて少数の抗議する選挙人をとらえることができただけであったけれども、とりわけこの反ユダヤ主義が保守党へ浸透したことは――上に素描したごとく、それはすでにビスマルクの承認を得てなされたのであり、さらに広範な戦線にわたっての浸透は農業者同盟を介してはじめてなされたのであるが——長期的に影響が大きかったことが明らかになった。このような方法で反ユダヤ主義は古い権力エリートに巣くい、そのスローガンは上流社会にも通用するものとなっただけでなく、右翼の新聞雑誌の共有財産とさえなったのである。そして工業化が進展するにともない、反ユダヤ主義の社会的貯水池もまた拡大した。というのは、景気循環と集中過程とが、独立の小企業家という商業資本的理想に長い間固執してきた中間層的な市民層をほとんどたえまなく不安定な状況においたからである。反ユダヤ主義はこのばあい高度工業的形態をとった資本主義に対抗する症候群の確固たる構成要素となり、その後、いっそう広範で深刻な恐慌を経て、ドイツ・ファシズムは一九二九年以後、現代世界に対するこの右翼急進的なプロテストを利用することができたのである。

しかし、ただたんに反ユダヤ主義に即してのみでなく、帝国の民族政策に即しても、この国の国内体制を解明することができる。ポーランド人——一九一八年以前には一〇人のプロイセン人のうち一人はポーランド人であった！——、フランス系のエルザス－ロートリンゲン人、北シュレースヴィヒのデンマーク人、リトアニア人、マズール人などの民族的少数派は、一八七一年の決定によってひとつの国家へ組み入れられた。そしてこの国家はまもなくその国民的－文化的同質性の理想を彼らに対しておしつけ始めた。言語法の領域で、公用語としてのドイツ語の絶対的優位が教育や集会や裁判の諸制度で、商法や軍事法で、要するに公生活や法生活のすべての領域において貫徹さるべきものとされたのである。このばあい、エルザス－ロートリンゲン人は比較的寛大に扱われた。少数のフランス語を話す人びとは別として、おそらくはフランス文化に対する敬意がきびしい闘争のコースをとることを困難にしたのであろう。東部におけるのとは異って、ドイツ人はみずからの重みが増すことをあてにしていたのである。デンマーク人となればもっと苛酷に扱われた（そのさいドイツの政策は、さしあたって一八四八年以後のデンマーク化政策に対する反動としても理解できる)。さいごに、最大の苛烈さをもって反ポーランド的な民族紛争は決着をつけられた。東西の文化落差やスラブ人に対するゲルマン化の優越という理念にあとあとまで影響されて、この闘争は、プロイセン-ドイツのポーランド人の言語的-文化的特色に対しても、また農業法の領域においてこの少数民族の物的資産に対しても行われたのである。またここにおいてドイツの政策は最も頑強な抵抗に出会ったのであって、この抵抗は、全体として見ればきわめて成功したポーランド人の自己主張をもって、一九一八年にはじめて終了した。総じて東部においては二つのナショナリズムが緩和されることなくもろに衝突したので、こうした歴史的状況のもとでは、この衝突に巻き込まれることを完全に避けることは——たとえ巻き込まれてもなんとか耐え得るようにすることはできたであろうが——ほとんど考えられないことである。

この点においても根本的な政策決定はビスマルク時代に下されたのである。たしかに帝国宰相は、ポーランド人が公権力に服する臣民として順応した限りで、多民族的な古いプロイセン国家の国家干渉主義的表象を固持する用意があった。しかし、この国家理性の外被のもとに同時に、繰り返し噴出してくるポーランド人に対する激情的な憎悪が生きていたのである。ビスマルクはすでに一八六一年にこう書いた。「それでもポーランド人を、生きてゆく気力をなくしてしまうほどに、やっつけてしまえ。私は彼らの状態にまったく同情している。しかし、われわれは存続しようと欲するならば、彼らを根絶やしにするほかいたしかたがないのだ。狼は神によっていまある形に創られたことになんの責任もない。それなのにひとは、その形のゆえに可能であれば狼を射殺する」(16)と。すべての少数民族地域で——ただリトアニア人、マズール人およびソルブ人だけはもっと長い間特殊地位を保持した——一八七〇年代にドイツ語の進出が法的ならびに行政的に支持された。一八七一年と一八七八年にはシュレースヴィヒにおいてドイツ語の授業時間の最低限時間数が引き上げられた。ドイツ語は、一八七二年にエルザス－ロートリンゲンの官公庁用語となり、一八七三年に一般的な教育用語となり、一八八一年に州委員会の名望家議会における審議用語となった。エルザス－ロートリンゲンではなお（一九一四年まで！）フランス語に有利な沢山の例外諸規定が維持されていたのに対して、プロイセン領ポーランドの分割地域では州長官布告がドイツ語をすでに一八七三年に唯一の国民学校用語とした。さらにそこでは、ドイツ語の優位が一八七六年の商用語法と一八七七年の帝国の裁判所構成法とによって——これはたとえばエルザス－ロートリンゲンでは一八八九年にはじめて採用されたのだ！——決定的に貫き通された。しかし、八〇年代にいたってはじめて事態は戦闘的性格を強めたのである。つまり、一八八八年に一行政命令はドイツ語を北シュレースヴィヒにおける唯一の教育用語とした。すでにこのことによって緊張は異常に尖鋭になり、緊張は州長官フォン・ケラーの国外追放政策や一八九七年から一九〇一年にいたる間の国籍選択者問題の取り扱いにより頂点に達したのである。

一八八五年以降のポーランド人追放の後に、一八八六年の反ポーランド的な植民法は——たえず増大する資金を自由にする国家委員会に東部諸州におけるドイツの農民のための土地買い取りを可能にしたのであるが——融和し得ない戦いの本来の序幕を意味した。この法律は、民族的－ポーランド的抵抗意志の担い手であるポーランド人の土地貴族からその基盤を奪い去ることを狙っていた。同様にこの紛争地帯で文化闘争はポーランド人の聖職者の影響力に対して指し向けられていた。「植民法全体においては、とくにポーランド人貴族の旋毛虫を片付ける考えを思い浮べて」いた、とビスマルクは親密な人びとに説明していた。この不快な隠喩のうちに、ただたんに「彼の限りない人間蔑視」（ホルシュタイン）のみでなく、「ユダヤ人の寄生虫」を追い払った反ユダヤ主義の生物学主義的語彙に対するおそろしい親和性もまたあらわれていた。(17) ベルリーンの立法者の意図は、しかし、ますます殻に閉じこもってゆく「ポーランド人の共同組織」の対抗行動によって無に帰せしめられた。ポーランド人の異常に急速な増加という人口論上の要因もこの「ポーランド人の共同組織」のために有利に働いた。短期間ののちに、ドイツ人の手中や、主にドイツ人の土地に対する植民委員会の処分権能のなかへ移るよりもはるかに多くの所有がポーランド人の手中へ移った。植民委員会によって一九一四年までにほぼ一〇億金マルクがこの「土地のゲルマン化」のために支出されたので、植民委員会は、反ポーランド人的防衛機関であるよりも、むしろ負債を負ったドイツ人の地方ユンカー層のための補助的な整理事業であることが明らかになったのであり、ドイツ人の地方ユンカー層はその農場を有利に売却することができた。国民的な自己主張としてカムフラージュされた農場主の「儲かる愛国心」にとって、委員会基金は「救済銀行」を意味したのであり、この銀行は――フランツ・メーリングが辛らつに嘲笑したごとく――農場主のために巨額を支出して、彼らが「ゲルマン化されることをも」助けたのであった。(18) この東部国境地帯政策の不成功に直面して、ついに一九〇八年にはプロイセン衆議院によりポーランド人に対する土地収用法すら可決されて、一九一二年に一度適用された。このひどい憲法違反は、「法治国家」の保証がいかに広範に民族闘争において無効にされていたかを明るみに出した。すでにそれに先立って（一九〇四年）、異論のある諸郡における「新しい植民」は県知事の認可によって左右されることになり、帝国宰相ホーエンローエ－シリングスフュルストから一八九八年に勤務内たると勤務外たるとを問わぬ「ドイツの国民性の発揚」を指図されていた官庁当局の意地の悪い裁量決定に、ポーランド人は委ねられることになった。

同様に、言語政策も尖鋭化し、一九〇一年にはヴレシェンでポーランド人の両親の公然たる抵抗を招き、一九〇六―〇七年にはポーランド人の児童の大きな学校ストライキをひき起こした。さらに一九〇八年の帝国結社法は、その悪評高い言語条項（第一二条）において、事態をひとつの頂点へ導いた。この条項によれば、古くから定住している住民が六〇パーセント以上を占める郡においてのみ、その住民の言語の共用が一定の過渡期についてのみ承認されたにすぎなかった。憲法において確認された基本権が政治化された民族統計の結果に左右されることになったのである。こうして、憲法の制限を決定的に無視した「イデオロギー上の国家ナショナリズムの段階」(シーダー)に到達した。一九一七年四月にはじめて、中欧諸国によるポーランド王国の宣言後半年を経て、第一二条は不承不承廃止された。

戦時には大規模なポーランド人追放さえあやうく起こるところであった。一八八七年にすでに、のちの帝国宰相フォン・ビューローは、将来の紛争のさいには、「わが国のポーランド人居住地域においてポーランド人を大量に立ち退かせる」であろうという啓発されるところの多い願望を表明していた。[19] だが彼もまた一九〇〇年以後にロシアやガリシアからの年々約三〇万人のポーランド人季節労働者の流入に対して何もしなかったが、このことは、これらの労働者の無欲さに沢山の東エルベの農場の収益性が依存していたこととかかわり合っていたと思われる。攻撃的な「東部国境地帯協会」はしかし九〇年代以降「移住」や「国外追放」を迫った。一九一四年以降、このような意図と「ポーランド国境地帯」計画とが結び付けられた。すなわち「ポーランド国境地帯」を、戦略上の理由と植民目的とのために、ドイツの東部国境に沿って併合するよう主張されたのである。

この「ポーランド国境地帯」においては、「人種上の耕地整理」によって、したがって、フリードリヒ・マイネッケのような自由保守派の歴史家ですらが平然とねらったような大がかりな追放行動により、[20] ドイツの植民者が「スラヴ人の洪水に対する防壁」として満たすはずの自由な空間が作り出されることになっていた。それにかんする覚え書のなかには一九三九年以後の急進化されたゲルマン化政策がまったく明瞭に――あたかも言語闘争の退化現象のなかに野蛮な抑圧の初期形態が姿を見せていたのと同様に――告知されていた。そのうえに、「東部国境地帯政策」のうちに、「生活圏」やゲルマン民族の文化的使命や東方帝国主義という後のイデオロギーが生成している点を見過ごすことはできない。しかし、なかんずくポーランド人を「帝国の敵」として取り扱う点にも、この政策のジレンマがまたもやあらわれている。この外国語を話す公民に対して展開された二重底の法律は、法治国家ならびに憲法原理の、正式に合法化され、国家により認可された空洞化を準備し、人びとが民族的少数派の差別扱いに慣れてしまう危険を増大させた。国外追放や土地収用、社会的な貝殻追放やゲルマン化をおしすすめる抑圧もまた帝国において行われた。このような公然たる不正を甘受することがなかったならば、それに続く時代の暴力行動にいたる道はあれほど早く切り開かれることはまずなかったであろう。

3.4　正当化イデオロギーとしての宗教

東部国境における民族闘争において宗教は軽視できない役割を果たした。ロマン主義ぶったポーランドの民族主義的カトリシズムはゲルマン化をおし進めるプロテスタンティズムのうちにその仇敵を見出したし、逆に、ドイツ側では戦闘的なプロテスタンティズムがカトリック的「ポーランド主義」との対決を潤色していた。国民国家の理念や社会経済的諸要因の優位を考慮に入れるならば、これらの諸影響はもとより副次的な性格のものであった。しかし、一八七一年の帝国の内政においてキリスト教の諸宗派は、さまざまな理由から、宗派的分離の古典国においてずっと以前から有してきた著しい重要性を保持し続けていたのである。

3.4.1

福音主義的国教会制。王権と祭壇。一六世紀の宗教改革がもたらした重大な諸決定のうちのひとつは、福音主義の国教会が設立されたことであり、それと関連して、ラント諸侯が彼らの諸領邦の最高教父《ズムミ・エピスコピィ》としてのプロテスタントの小教皇へ転化したことであった。カルヴィニズムの影響力がプロイセンの指導エリートの業績志向や世俗内的成功を求める努力へいかに強く作用していたにせよ、カルヴィニズムの影響力はルター派の国教会制の強力な公権力イデオロギーを広範囲にわたって弛めることはできなかったし、いわんや、神の聖別を与えられていない社会的な指導機関としての政府に対するプロテスタントの抵抗権やより自由な対政府関係を招来することには、まったく成功しなかった。ルター派の宗教性はドイツ人に、「政治的に広範囲に及ぶ結果」をもたらした「純感覚的な国家形而上学」を抱かしめるにいたった。他面で重要な諸集団に影響力のあった敬虔主義はまさに「内面性」への後退をそれに加えて強調したのであり、それどころか往々にして本物の偽善をさえ呼び起こした。敬虔主義は個々人の生活改革を通じての世界変革を要求したにかかわらず、故意に国家構造の変革を断念していた。七〇年代以降のプロテスタントの反自由主義は——一八五〇年以後の近代化推進に対する反動であるが——このような態度を強めた。

福音主義の国教会は、ことに一八一七年の教会連合以後、公法上の施設であり、国家の援助により租税を徴収することを許され、また基礎学級での授業を共同で決定することを許された。——授業は国教会と合意のうえで行われねばならなかった(今日にいたるまでそうである)。聖職者の職制における位階制の頂点にプロイセン国王が最高教父《ズムス・エピスコプス》として君臨していた。法的頂点と宗教的頂点との融合のゆえに、プロイセン国王の支配はまったく一種の「皇帝教皇主義的性格」を帯びたのであり、この性格はアナクロニズムの王権神授説をいっそう強めたのであった。したがって、プロイセン-ドイツにおいても国家は宗教的権力に対して「その権力的地位の維持」とその財源の取り立てとのために「外的強制手段を用立て」たのであるが、その代りにこの宗教的権力は国家に対して、まったく典型的なお返しとして、「その宗教的手段をもって国家の正統性の承認と臣民の飼い馴らしとを保証」したのである。[21]

一八七一年以後に王権＝帝権と最高教父《ズムエピスコパート》との連結は並みはずれた権威の複合体を、すくなくとも北ドイツの「帝国《エムパイアステート》」において、創り出した。教区の牧師にとって——とくに牧師が王権主義の騎士領所有者の庇護《パトロナート》に依存していた地方では——、王冠と祭壇との伝統的な同盟は新しい輝きを帯びたのである。福音派の説教や福音派の宗教教育や福音派の軍司牧がホーエンツォレルンの皇帝教皇主義《ツェーザロパピスムス》の安定化と正当化とに対してもった機能的意義は、明らかに低く評価されてはならない。いずれにしても、飼い馴らしがまだきわめて容易に可能であったところでは、つまり農村地方や小都市ではとりわけそうである。

国家の利害と教会の利害とのこのような長期にわたってびくともしなかった一体化の裏面は、しかし、工業都市や工業地方において示された。ここでは、福音派の教会が、有産者と支配者との教会になってしまい、プロレタリアをいわば「沈澱させた」ことが、きわだって明瞭となった。内地伝道や、「青少年の家」やボーデルシュヴィンクの労働者コロニー等々の方法で、すくなくとも漸進的な改良を目指す試みがなされた。しかし、アウトサイダーによるこれらの努力の高貴な推進力がどれほど評価に値するとしても、これらの努力もまた教会が農業労働者や都市の被搾取者の味方であるよりは、むしろ満ち足りた市民層や騎士領の旦那さま方の味方であったという全体的印象を取り除くことはできなかった。工業中心地で急速に増加する脱教会化や脱キリスト教化は、教会のこのような本来の立場の喪失ときわめて密接に関連していた。一例をあげてみよう。すでに一八七四年にベルリーンにおいて夫婦のかろうじて二〇パーセントが福音派により結婚式をあげたにすぎず、新生児のわずか六二パーセントだけが洗礼を受けたにすぎなかった！[22]　古い貴族支配や新しい金権支配と教会とのこのような一体化を顧慮すれば、社会民主党や労働組合に組織された労働運動がすぐれて反教会的立場を取った点には、一種の首尾一貫性も見出される。——民衆の阿片としての宗教に対するマルクスのイデオロギー批判は、日常の諸経験のすべてから見て、ほとんどもはや必要ではなかったように思われる。したがって、ドイツにおいても、トクヴィルがアメリカ旅行後に行った洞察力のある分析が確証された。彼は一八三〇年代にこう書いた。「宗教は……統治者がひき起こす憎悪のうちの幾分かを自分で引っかぶらないでは、統治者の世俗的権力に参与することはできない。国民が民主化され、社会が共和国へ傾けば、それだけいっそう宗教と国家権力との結び付きは危険なものとなる」と。このような連関はたとえまだドイツには一般的に通用しなかったとしても、しかしこの連関は——王冠と祭壇との同盟が宗教を誘って、「現在のために未来を」犠牲にせしめるという予測とまったく同様に[23]——民主的な志向をもち、長い間共和制にも傾いていた労働者層に対して妥当した。問題はさらに、ドイツには下層社会のための自由教会——あるいは、軽侮的な陪音をもって言われるような「ゼクテ」——がまったくなかったことによって、いっそう尖鋭になっていた。しかるにイギリスではこの自由教会は異論の余地なく成功を収めて活動し、明らかに労働者層のためにも、彼らが労働組合に組織されたり、政治的に組織されたりするまえにすでに、階級としての一体感をもつように働らきかけることができた。この点でドイツに存在した空白へ社会民主主義が突入したのであって、社会民主主義にはまったく宗教の代用物という特徴や世俗内の救済論という特徴も認められるのである。都市の労働者層の精神的孤独化にかんがみて、社会民主主義の「未来国家」はたんなる組織上の体制的理想をはるかに越えたものであった。したがって、エドゥアルト・ベルンシュタインもまた一九一一年にドイツ社会民主党の発展史への回顧を「ゼクテから党へ」と呼んだことは偶然ではなかった。しかし、社会民主党はその目標を——比較的短い期間のあとでは——ただ口先でだけ革命的に主張したにとどまったので、社会民主党もまた、労働者層のプロテストの潜勢力を規律あるものにしつけることによって、すくなくとも間接的に社会全体の体制の安定化のために奉仕したのである。

3.4.2　ローマ・カトリシズム。身分制イデオロギーと独占要求。

カトリック教会と没落した神聖ローマ帝国との共生はあちこちでいたって緊密なものであったが、このカトリック教会にとって、新しいプロテスタント的‐大プロイセン的帝国は——よく引用されるバチカンの一高官の言葉「世界は悪くなる《カスカ・イル・モンド》」はプロイセンの興隆と帝国建設との効果をグロテスクに誇張してはいたけれども——なによりもまず敵対勢力とみなされた。文化闘争は、当初の敵意を緩和しないで、むしろ教会の利害をその世俗的な諸制度と、また中央党の諸制度とも、最も緊密に結び付けた。いずれにしても、中央党の指導者であるルートヴィヒ・ヴィントホルストが時として好んだよりも、もっと緊密に結び付けたのである。カトリック教会は八〇年代半ばまでは、カトリック教徒という「帝国の敵」の背後にある不吉な教皇至上権論の勢力として危険視され、逆にみずからは伝統主義的な立場を不屈に主張しようと腐心して、困難な立場にあった。カトリック教徒に対する差別はきわめてさまざまな形で維持され続け、政治的カトリシズムは内部に対し決してより寛容になったのではないにもかかわらず、その後、ドイツにおける内政上の白兵戦を頑強に耐え忍ぶ態度は幾分弛んでいった。ただたんにマリア無垢受胎信仰個条や教皇不可謬性が当時開明的な世論をしりごみさせただけではなかった。八〇の「時代の誤謬」を表とした一八六四年の謬説表《ズィラブス・エロールム》において、カトリック正統派は、自由主義や社会主義や科学に対して仮借のない闘いを挑み、教育と研究との教会によるコントロールを求める声を全体主義的な要求へ高め、さらに急進‐保守的な立場に盲目的に固執して一九世紀の最もダイナミックな諸力のうちの若干のものを総じて締め出してしまったのである。教会法上、謬説表はすべての信者に対して拘束力を持ち続けた。謬説表は、数十年も後になってようやく、教皇たちによりすくなくとも部分的に修正されざるを得なくなったのである。

ローマ・カトリック教会が、いずれ劣らず自信ある職業的な救済管理者たちの位階制の頂点に立つその最高役員が不可謬であるという後光につつまれて、みずから操舵して入り込んでしまった、この片隅から脱け出すためには、ひどく骨折らねばならなかった。そのうえに、ローマ・カトリック教会が究極においてプロテスタント的な寛容原理に対して抱いていた軽侮の念が、カトリック教会が競合する諸思想勢力や諸組織と共存することを困難にした。しかし疑いもなく、トミズムの新スコラ哲学もまた――何人かの教皇によりおし進められて、一九世紀半ば以降展開されたのであるが――この時代のローマ・カトリシズムの反近代的性格をいっそう強めた。近代の社会的流動性に反対し、議会主義的代議制度に反対し、民主主義的平等思想に対してはなおさら反対して指し向けられたこの一群の諸定理は――ほとんど没落してしまった身分制世界をイデオロギー化し、まったく別の岸に向かってゆこうとしている一九世紀に対し中世的秩序という狂人拘束服を着せようと欲したのであるが――カトリシズムの後ろ向きの伝統を固めた。しかし、カトリック少数派がその当然の要求を提案し、ときにはそれを通すことができたところの、帝国議会や各邦衆議院に対する関係は、新トミズム的観念の広範囲に及ぶ影響のもとで、しばしば断ち切られたままであった。議会主義化、ましてや帝国の民主化に対する持続的な、行動的な協力という点では、カトリシズムはプロテスタンティズムよりもなおさらあてにならなかった。カトリシズムはしかし、プロテスタント的な特性を帯びた帝国と漸次に妥協してゆき、それどころか、強引に作り出された帝国に対する愛国心によって、言いふらされていた公民としての劣性を埋め合わせ、プロテスタント的な周辺世界が抱いていた長年にわたる不信感を取り除いたものと思われる。その効果は見逃し得ないものがあった。すなわち、まさしく忠誠心において遅れをとることのないように、カトリック教徒は、そのルター派の隣人と同様に、君主的国家権力によく順応する、用心深い臣民となったのである。カトリシズムは——カトリックの諸邦以外では——福音派の国教会が行ったように、国家元首に独占的な宗教上の聖別を与えることは決してしなかったけれども、それでも（社会民主主義と同様に）文化闘争の中止以後は、カトリシズムもまた帝国の間接的な強化のために貢献したのである。とくに、身分制教義と調和していたカトリックの団体組織はほとんど妨げられることなく栄えて、多くのエネルギーを吸収したのであるから、なおさらそうである。いずれにしても、カトリシズムの方面から、権威的な憲法構造や権威的な政治が本格的にゆさぶられるようなことはなかったのである。カトリシズムは、国家権力がカトリシズムを自由にさせたところではいたるところで（イタリアやクロアチア、スペインやポルトガルにおけるように）、二〇世紀においてもなお厳格にその独占諸要求を貫こうとした。しかしドイツでは、ほかならぬ文化闘争の意義である世俗化が成功したのちにはとりわけ、カトリシズムの独占諸要求はカトリシズムを家族や教育や結社へ向かわせた。そして、カトリシズムは、そうした独占諸要求でもってむしろみずからきわめて権威的なコースを追求したのである。いわゆる異宗徒間結婚に反対する闘いや、基礎学級についての社会化独占を求める闘いや、カトリックの被用者は攻撃力の強い自由労働組合よりもキリスト教労働組合を優先させることを義務づけられていたのであるが、そうしたキリスト教労働組合のための闘い等にかんしてはすでに指摘しておいた（Ⅲ・2-1.2）。したがって、カトリシズムがプロイセンの指導層やプロテスタントの市民層の間でその後もすくなくとも潜在的な脅威として感じ取られ、またカトリシズムはみずからの側で、戦術的ないっさいの調整にもかかわらず、プロテスタントの覇権国家に対するその当然の不信の念をなくすることはなかったとしても、しかし、対決する双方の間には、実現されたものにせよ、企図されたものにせよ、権威的な手の打ち方という点では看過され得ない類縁性が認められる。この点に、お互にひけをとらなかったところの広範に一致する領域があったし、またそれゆえにこそ宥和が達成され得なかったのである。

3.5　権威的社会の母体（社会化の過程とその統制）

さまざまな年齢段階に対応するさまざまな社会化過程のなかで、各個人はその社会的行為の訓練をうける。彼は将来にわたってその行為を方向づけ、その性向を文化的な伝統と慣習とによって是認せられた軌道へと導くような諸規範を内面化する。社会は、この社会化過程のなかで、超自我、良心また道徳通念として、いわば方向舵を個人の内面に装置し、この監督機関に対して一連の指令をつけてやり、期待された役割がしっかりと果たされるにさいして一定の動力機構と一定の行為様式と一定の目的表象とを授けるのである。個体と社会とのこうした「交差」（Th・リット）に応じて、歴史は個人に対する外的な力としてだけではなく、つねに個人のなかに内面化された力としても自己を実現するのである。最も深い心理的諸機構においてさえ、規定的な社会的諸力が——たとえ媒介され屈折した形態においてであれ——作用している。それゆえ、「所与の社会構造」は「固有の心理的傾向」を選び出すのであって、それを表現するのではないのである。(24)

3.5.1

家族。多くの点で子供たちの将来に決定的な影響を及ぼし得るような、その階層に特有の言語体系の伝達にまで及ぶところの、根本的な社会化の任務が、家族に負わされる。ドイツの農村地方では、当時しばしばなお大家族（夫婦とその子供とからなる核家族に祖父母と若干の親族とを加えた）が存続していた。だがここでも、大都市におけるほど急激にではないにもせよ、やはり、伝達された経験の体系をはるかにわずかしか持たないような小家族への移行が起こったのである。この小家族の規範的指導像を形作ったのは、決定を下す家父長《パーテル・ファミリアス》であった。母親は法的にも家父長に従属しており、他方、子供たちもまた成人するまでは両親に依存していた。家族のこの権威的な内部構造が久しく拘束力をもち続け、とりわけ世代間の葛藤の、とりわけ父親‐息子関係の、まったく特殊な諸形態を規定したことは、ほとんど疑いの余地がない。だがまた同様に、全体として、とりわけ一八九〇年代以来、各階層に固有の仕方でこの家族構造の弛緩が生じたことも争えないことであり、そのさい、当時においてすでに、自由思想とおおらかな教育との普及は、教育水準の向上ならびに物質的安定と結び付いていたように思われる。教育の社会史にとって、ここにも明らかに、いまひとつの領域が開けている。その子弟が青少年運動へと走ったまさにその諸階層から、のちに、新たな教育理念と教育実践とが他の社会諸集団へ浸透したのである。

小家族における第一次的社会化に関連して、権威的な家族と権威的な政治との間にはいわば直線的な関係があるという見解がしばしば主張されている。だが、「家父長制的な家族制度が権威的な行為像を導き出し、後者がまた権威的な政治制度をつくる」といったものであるかどうかは、なお未解決の問題である。(25) 比較はいずれにせよ、この見解をほとんど裏付けてはくれぬ。たとえば、マサチューセッツの後期ピューリタンたち、ヴィクトリア朝のイギリス人、また共和制期のフランス人は、その厳しさの点でヴィルヘルム期のドイツ人の父親像に後れをとらなかったのである。権威的な家族構造はきわめてさまざまの「政治文化」と結び付き得るように思われる。けれどもそれが権威的政治を全社会的レヴェルにおいて「根拠づける」ことはほとんどあり得ないのである。ただ、それが一般的な権威的指導像と行為様式とを備えた社会のなかに埋め込まれたばあいには、それが一種の乗数として作用することはあり得るであろう。そのばあいには、事実上、人間の姿をした父なる神から、王侯である国父ならびに家父長的な企業家を経て家長にまでいたるところの一筋の線が存在することになる。既存の歴史的傾向の「増幅器」――帝制ドイツにおける上述の家族秩序の帰結を最も納得的にこう規定し得るであろう。そして、こう規定すれば、この家族秩序を単一決定論的《モノカウザール》にあまり多くのことに結び付けすぎないですむであろう。

3.5.2

国民学校。六歳から一八歳にいたる学校での第二次的社会化にかんしては、ここでは教育史それ自体あるいは授業の質でさえなくて、別個の観点が前面に立たねばならない。すなわち、教育制度を通ずる社会構造と社会的権力関係との恒久化という観点である。この限りにおいて、教育制度は支配体制に属しているのである。あまりにも早くマックス・ヴェーバーは次のように主張した。すなわち、「教養の差は……今日、財産や経済的機能の構成という階級形成的な要素に対して、疑いもなく最も重要な、本来的に身分形成的な差」であり、「とりわけドイツではそうなのであって、ドイツでは、官職の内外におけるほとんどすべての特権的地位が、専門知識にかんする資格取得にだけではなくて、さらに『一般教養』にも結び付けられており、学校ならびに大学制度全体がそうした特権的地位に奉仕させられている」と。[26] この言葉は当時はまだ決して全面的には妥当しなかった。というのは、ドイツにおいてもなお専門知識よりも強力な決定力をもつ、出自とか財産とかいうまったく別の特権が存在したからである。ドイツにおいても専門教育による上昇流動性は一般的現象どころではなく、階層の異なるにつれてさまざまであったのだ。帝制ドイツの学校制度は、決してまだ、将来の安定、威信および消費機会のための「主要な社会的主導地位」になってはおらず、またいわゆる「階層への所属が……教育水準をではなくて、教育水準が……階層への所属を」規定するという意味における「階層構造の規定根拠」になってはいなかった。[27] むしろ、国家が総じてこの領域で市民の形式的な機会均等を目指して強力に介入し始めるまでには、なお数十年を要した。一九一八年以前においては、国民学校、ギムナージウム、大学のいたるところにおいて、教育機関への入学を永続的に階級制度のうちに占める地位に従属させ、したがって階級制度を暗黙のうちに「集計した」ところの、さまざまな政策決定の帰結を確認することができる。個人的上昇が例外的にあっても――この面での一八九〇年には学生一〇〇〇人のうち労働者の子弟はたかだか一人がまぎれ込んでいたにすぎない――一社会統計の明白さは否定すべくもない。もちろん社会統計においては、多くの段階を経た、あるいは二、三世代を通じて行われた、漸次的な社会的上昇の事例は捕捉され得ない。

一八四八年革命以前にすでに、学齢期にある児童の八二パーセントが読み書きを学んでおり、一八七〇年以後にはその数字は実際には一〇〇パーセントに達していた。もっとも、農村の児童の知識はしばしば貧しいものであったのではあるが。――革命の直後に、国家は、重要な諸領域における学校を維持する義務を負う機関として、明らかにヘーゲルの診断を銘記しようとした。ヘーゲルは一八〇八年に次のような判断を示していた。「表象の帝国が革命化されるならば、現実は持続しない[28]」と。それゆえ、新たな権威として伝統的な諸規範に反省を加え、旧来問われることのなかった秩序に対する批判的態度を傾向的に促進し、したがって政治意識を高めるよう作用するがごとき教育制度の拡大こそが革命運動の原因のひとつであったと、旧レジームの代表者たちは、十分の根拠をもって考えた。プロイセン国王は一八四九年に、あらゆる「悲惨」の原因は「えせ教育」、「非宗教的な大衆教育」、「くじゃくのように飾り立てたまやかし教育」にあるとさえ述べた。したがって、世論を形成させるような教育は、狂人拘束服のなかにおし込められることとなった[29]。たとえばプロイセンでは、一八五四年秋のシュティールの規程ないしラウマーの訓令は、祖国愛と王朝に対する忠誠とを強めることを最高の学習目標であると規定した。権力者の指示した真理に対する信仰が、本来の形態において堅持されねばならず、さらにまた授業を教会の管轄のもとにおくことによって強化されねばならなかった。この意味において、反革命的な精神的薬剤としての歴史教育が、愛国心を涵養するために動員された。

ところが、それにもかかわらず社会民主党の興隆が始まり、持続するようになると、教育は「赤い脅威」に対する防衛力を発達させるという追加的機能を受けとった。「社会主義思想の克服」における学校の協力にかんする多くの訓令（一八八九年、一九〇一年、一九〇八年）において――ときには幼年学校を模範として――七八〇万人の国民学校生徒に免疫性を植え付けるという課題が、ヴィルヘルム二世がそのセンセーショナルな演説で好んだような言葉で指令された。学校教育はすでに数十年間も粗野な圧力を受け、非自由主義化の道を永く歩んできた後のことであるから、「政治教育」（当時そう呼ばれ始めた）というこの新たな義務によって困惑することはなかった。学校教育は情操教育にさいしてこの指令を受け入れ、それを徳行の模範（勤勉や神への畏怖、従順や誠実など）へ翻訳し、これを「祖国なき輩」の無神的、煽動的な人心攪乱に対して宣伝的に対置することができた。一九一四年以前に年間千万人以上の国民学校生徒たちの手にとどいたこの黒白画は、歴史の教科書（その素材と記述ならびに教師用の手引きも、こうした「意志の状態」を促進するためのものであった）ならびに国民祝祭日（セダン祭！）等における学校講演その他のうちに、十分跡づけることができる。一九一一年一月のある「少年養護」令は、少年労働者の愛国者的信頼性を、卒業から国民の学校たる軍隊への入隊にいたる「学校砂漠」の時期においても確保しようとさえした。こうした影響の社会心理的効果を測定することはもとより困難であるが、たとえば社会民主党の国民的同化とか一九一四―一九一八年におけるその行動とかに注目するならば、その効果のほどはおそらく高く評価されるべきであろう。この分野では、社会的権力構造の安定化や、それと共に昇華された暴力関係の内面化を目的とするナショナリズムの操作的な投入が、きわめて明瞭に認められるのである。

3.5.3　ギムナージウム。当時、ドイツの児童の圧倒的多数にとっては、正規の教育は小学校どまりであった。それに引き続いて、職業学校制度が存在したが、その内容はきわめて貧弱で部分的なものにすぎなかった。わずかの者だけが、ギムナージウム入学という針の穴を通って、高等教育制度のなかに入り込んだ。たとえば一八八五年には帝国の人口四七〇〇万人、国民学校生徒七五〇万人に対して、わずかに二三万八〇〇〇人が「高校生《ペネーラー》」であり、そのうちプロイセンではわずかに一三万三〇〇〇人（ギムナージウム＝八万四三〇〇人、実科ギムナージウム＝二万四七〇〇人、上級実科学校＝五一〇〇人）がそうであった(30)。これらギムナージウム生徒の圧倒的多数は、教養市民層や官僚層の出身であった。したがって、こうした教養ある階層は、たえず新たに自己を再生産したのである。厳格な新人文主義と共に一八二〇年代以来、教養貴族的な特徴が高等教育制度全体のなかで支配的となった。この特徴は、一八四八―四九年が市民層にとって意味したところの後退の後に強化されて、うぬぼれた俗流観念論となったが、この俗流観念論は、一面的である点で、激しく批判された唯物論と何ら異ならず、政治的には――これが「現実政治」の裏面のひとつであったのだが――「権力に保護された内面性」（Th・マン）への退却を促進した。それは下層に対しては社会防衛的な防禦的態度に固執した。そして意識的に柵をはりめぐらし、高等教育のもろもろの利点――ここでは、より大きな物質的精神的な生活のチャンスの総体と解される――を、比較的狭い層のために温存したのである。

その権限にしたがって、ギムナージウムは（以前の古典語学校《ゲレールテンシューレン》と同様）大学教育の準備をし、かつて長期にわたってギムナージウムと激しく争った実科ギムナージウムならびに上級実科学校は、これまた劣らずながらくにわたって問題視された工科大学――これは近代的形態においては一八六〇年と一八九〇年との間に発生した――の準備をした。だが、第一に、かなり多数の生徒が、これらの本来九年制の中等教育を六年で切り上げて、いわゆる「一年志願兵《アインイェーリゲン》」――それによって兵役が有利となり、また中級官僚の経歴が開ける――を獲得して退学した。また第二に、十分な統計は欠如しているものの、挫折する生徒、つまりギムナージウムの「ドロップ・アウト」の数がすくなくなかったらしい。だが一八三四年以後、高等学校卒業試験合格証書《アビトゥアツォイクニス》が大学への正規の入学証となり、世紀の交（一九〇二年）にいたるまでこの大学独占をギムナージウムが維持した。けれども、かなり以前より、高等学校卒業試験受験者のすべてが必らずしも大学へ進むとは限らなくなっていた。たとえば一八八五年にはドイツ帝国の全大学には二万七〇〇〇人の学生しか在籍しなかったが、これは上級学校生徒数の十分の一であった。だがここまで進んだ者は、はるかに豊かな出世経路に通ずる梯子の次の階段をよじ登ってきたのである。

　ギムナージウムの生徒は、当時なお制服によって自己を顕示することがあった。彼らは指導エリートの後継者の大部分をなしたのである。それでも彼らの間からはまた、多方面に影響を及ぼした抗議運動である「ワンダーフォーゲル」、すなわち自由ドイツ青少年運動もまた発生した。この運動はその社会的構成からして、一九一四年にいたるまでギムナージウム生徒によって規定されていた。これらの諸グループは、一八九七年から一九〇〇年の間に発生し、正式には一九〇一年にベルリーン－シュテークリッツにおいて発足し、大戦勃発の直前ホーエン－マイスナーにおける集会において外的な繁栄の頂点に達したのであるが、とりわけ中小都市ないし大都市近郊の中・上層プロテスタント市民層の生徒を把握していた。学校のつめ込み教育への反抗、自然ならびに「自然の生活」への志向、創造的エネルギーの解放、青少年教育への有益なる影響――これらは高く評価されてしかるべき要求ならびに成果であろう――に対しては、しかし、もし収支計算をあえてするならば、高すぎるマイナス勘定が対立していた。反自由主義的、反民主主義的、反都会的、反工業的に行動しつつ、ワンダーフォーゲル・グループはあまりにもしばしば、ドイツ心酔の社会ロマン主義へと逃避した。ユダヤ人と少女とはメンバーからまったくしりぞけられ、ポール・ド・ラガルドやユリウス・ラングベーンの「ドイツ人レムブラント」が読み物として愛好され、性愛化された指導者崇拝を含むエリート的うぬぼれが、現代世界からの強い離反と融け合っていた。さらに、こうした心性は激情的なナショナリズムを蔓延させ、このナショナリズムはランゲマルクの戦闘にさいして何百人もの青少年運動参加者を唱いつつ機関銃の銃火のなかに突入させた。このロマン主義的で反近代的な基調、この現世ばなれした理想主義は、やがて責任ある地位につくべき人びとの交友圏のなかのえせ改革者的目的のための「青少年運動加盟者同志の」感激と結び付いて、明らかに、戦後一〇年にして都市的・工業的文明に対するプロテストを急進化させたような政治に感染しやすい体質を強めた。そこでは運動は新しい岸辺への出発を装っていた。だが、やがて「青い花」がロシアへ通ずる木造戦車路《ロルバーン》のかたわらに咲き出でたのである。

3.5.4　大学。一八七一年には一万三〇〇〇人の学生がドイツの大学に在学していた。つまり（総人口四一〇〇万人のうち）一〇〇万人あたり約三二〇人の学生がいたことになる。三〇年のうちに学生数は三万四〇〇〇人に上昇した。すなわち（総人口五六〇〇万人のうち）一〇〇万人あたりのその割合は倍になって六四〇人（一九三〇年には二一〇〇人、一九六〇年には四六〇〇人）となったのだが、このことは一八七〇年代以来「大学卒のプロレタリア」にかんする活溌な論争を呼び起こした。この三万四〇〇〇人のうちなお一〇パーセントが神学を学んでいた（一九六〇年には二・五パーセント）。そのさい、カトリック神学の研究が社会的上昇のひとつの通路となった。というのは神父たちの四パーセントしか大学卒でなかったからである。だがその他のすべての学部では、学生たちは主として、大学教育を受けた市民層と官僚層との出身であった。たとえば一九〇〇年頃にはプロイセンの全学生の二七パーセントが大学卒の父親を持っており、三分の一以上が国家官僚や教師の家族の出身であった。ヴュルテムベルクやバイエルン、ザクセンやバーデンでも数字はこれとほとんど異ならなかった。

要するに、人口数に占める比率と比較して、特権層は大学生のなかで著しく高い比率を占め続けたのである。統計的例外として一、二の労働者の子弟が試験によってどこかの大学に進学することに成功したばあいでさえ、これを高等教育制度への入りやすさの例証と見るべきではないであろう。けれども当時では、そうした入りやすさというものは——疑いの余地なく——他の西欧諸国でもきわめてわずかであった。大学教師の社会的補充領域もきわめて明白に限定されたままであった。たとえば一八六〇年から一八九〇年までの間に大学教授資格取得者全体の六五パーセントが官僚ならびに教授家族の出身であったのだ。(31)

大学を同調させようとする一般的政治的圧力は、一八七一年の後も同様に高かった。勢力ある哲学部では国家観念論が、プロイセン伝説にとは言わないまでも、まったく国家政策に集中した歴史叙述と協力して、現状を弁護した。「講壇社会主義者」が国家をひたすら讃美し国家の改革活動に対して絶大な信頼を寄せていた国家学部では、将来の官僚に対して——専門的にはすぐれた——恭順教育をほどこしていた。シュモラーの弟子たちや戦友たちの経済体制にかんする比較的おだやかな批判に対して、プロイセンの文部大臣ボッセは断乎として、「金の卵を生む雌鶏を殺してはならないという言葉にかんがみて、講義では企業者の立場を……従来に増して重視する」(32)ように、という公的な要請を対置した。一九〇〇年以後は、こうした市民的改革論者の原則的な異議はいずれにせよ力を失った。「支配の兵器廠としてある意味で封建的性格を」帯びていた法学部は、(33)昔から既成の現実に順応する視野の狭い旧套墨守の心性を生み出してきたが、ラーバント学派の法実証主義はそれをさらに強めた。医学部学生からは当時にあっても一般的に何らの批判的な異論を期待することができず、福音派の牧師の後継者たちの間では合理主義の衰退ののち一〇〇年後になってようやく「批判神学」との交渉が生まれたのであった。

ドイツの大学（帝制時代にはさらに一二の単科大学の新設がこれに付け加わった）の高度の、いな全世界に模範となる、学問的水準については、かく述べたからといって、何ら否定的な言葉を述べたことにはならない。だが社会安定化政策としてみれば、大学は現状《シュタートゥス・クヴオ》の防塁であり続けたのである。モムゼンやフィルヒョウに体現されたような断乎とした自由主義的な学者タイプは、八〇年代以来ますますすくなくなった。政治的ならびに社会的な保守主義――たとえ国民自由主義的色彩を帯びていようとも――が普及した。試験と団体《コルポラツイオン》機構とに対する各省や団体法による統制が高度の同質性を保証する一方で、ブリリアントなアウトサイダーたち――たとえばローベルト・ミヘルスやレオ・アロンスのような社会民主主義者たち――が、現実にしりぞけられていた。大学教師の同業者団体は「どんぐりの背比べよろしく」まとまっていた。

3.5.5　学生団体と予備将校制度。大学にはまた、市民層の「封建化」と関連をもつひとつの任務のあったことが認められる。すなわち、そこでは、こうした政治的な社会化の制度的担い手であったのは学生団体《コルポラツイオン》であり、総じて決闘団体である。社交団体ならびにビール消費の促進者としてのそれの役割にはここでは立ち入らない。だが、その社会的ならびに政治的機能は、とりわけ、市民の子弟を新貴族的な道徳通念‐行為規範にしばり付けることであり、また、未来の市民的政治を担う可能性をもつ代表者たちを前工業的‐貴族的な指導集団に結び付け、かくしてその潜在的攻撃力を新たな集団的心性によって緩和し、――やがて判明したように――いたるところで成功裡に別の生活圏へと接合したところの規範ならびに価値観念を彼らに刻み込むことであった。時代おくれになった成人式と誇大な肝だめしとの場であるフェンシング道場において、これらの学生たちは、封建的動機の明瞭なわざとらしく様式化された決闘を行い、傷口にからしをぬり込んでことさらに傷あとを人目につくようにした。こうした傷あとは、なるほど間もなく黒アフリカでは開明君主によって悪しき原始時代の遺物として禁止されたのであるが、ドイツ帝国ではそれを持つ者を万人の眼前で大学卒の上層の一員であると証明したのである。

さらに学生団体は、影響力の大きい「古参名誉会員《アルテ・ヘレン》」を通して、そのメンバーを、彼らの切望する地位へと送り込んだ。一八四八年に設立された「ケーゼン学生団体代表者会議総連合」は、最終的には現役一五〇〇人、卒業生四〇〇〇人、「古参名誉会員」二万五〇〇〇人をもつ学生団《コール》一一八を統合していたが、官職叙任権のもとで最も有名な人事割当センターとして機能した。そのメンバーの人事提案なしには、二、三の省庁では責任ある地位がほとんど決まらなかった。この典型的にドイツ的な「学生団体閥」を通じて、行政や司法畑での履歴は、新入生決闘ならびに決闘による名誉回復によって純化された世界観をもつ信頼できる官僚にしか開かれないという状態が確保された[34]。傷あとという名刺のおかげでいたるところで上流社会へ入ったところの、学生団体所属学生の「コネ」のもつ多くの利点については、ここではそれに注意を向けるだけで良かろう。たしかに貴族的な学生《コー》団《ル》と市民的な学生組合《ブルシェンシャフト》との間には、しばしば激しい闘争があった[35]。けれども彼らの間には同一の偏見がはびこっていた。すなわち、「ユダヤ女」とは誰も婚約してはならなかった。神経質なナショナリズムがますます拡大し、「支配者人間」にふさわしい挙動がすべての人びとによって試演され、あらゆる見解の相違をこえて、決闘する学生組合のもとでも市民的政治への断念が拡がった。

同様に、いまひとつの制度を通じて、市民層が政治的な槍の穂先をより鋭くすることができないような状態を確保しようと試みられた。すなわち、予備将校制度がそれである。この制度は、もともと市民的同権のしるしとして考案されたのであるが、一八七一年までに新編成された軍事国家の試験台となり、職業軍人である将校が「受け入れることのできる」市民出身者による補充《コオプタツィオン》の選定の仕方についてとり決めるようになった。このような制度の機能変化を通じて、予備将校制度は、学生団体もしくは法律家にとっての司法官試補教育と似た社会化の任務を引き受けるにいたった。市民出身者を予備将校としてある部隊の将校団のなかに受け入れるまえに、将校団はその市民を徹底的に吟味し、その職業関係ならびに婚姻関係（ユダヤ人の妻を持つ者は無条件に失格とされた）をルーペにかけて、いやモノクルをかけて調べたうえで、「信頼できる戦友」として格付けしたのである。このようにして選び出された者にとっては、この決定は、彼がたしかに熱心に職業軍人の規範や生活様式に適応しなければならなかったけれども、その代りに、国家のなかでの「最高身分」の栄光がいまや彼をも包み、とりわけその名刺にも明記されるようになったことを意味した。支配者にとっては、この予備将校教育は、憲法紛争のショックの後で努力家の市民たちの長期にわたる統合を目指すまったく巧みな制度であることが判明した。学位を授与された大学卒業者や学生団《コール》学生や予備将校であること――それはハインリヒ・マンのディーデリヒ・ヘスリングがみんなを代表して感じたように、市民的至福の頂点にまでよじ登ったことを意味した。保守派や自由派の諸政党のこのような特徴をおびた後継者について、伝統的なエリートたちは実際、権力のピラミッドの崩壊をなんら恐れる必要がなかったのである。

3.6　紛争の調停

支配的規範に対して違反があったばあいには、国家は紛争を権威的に解決せしめるために司法制度という装置を自由に使用することができた。だが同時に国家はまたその居住民たちの間に、臣民根性として特定の対立の激化を未然に抑制したところの、内面化されたある反応様式を期待することができた。しかし、もはやそれだけでは必ずしもつねに十分でなくなったとき、国家は大衆の忠誠心を維持し、あるいはとり戻すために、綿密すぎるほどに計算された補償給付を行うことを余儀なくされたのである。

3.6.1　階級裁判。

一八世紀ならびに一九世紀はじめにおける絶対主義との闘争の間に、官僚制が「法治国家」の構造のなかで獲得していたところの影響力が――いわゆる行政裁判権がそれのためにどれほど有益に働いたとしても――形式的にも保証されるにいたった次第については、ここでは詳述する必要はないであろう。だが、帝国が法の前でのすべての公民の事実上の平等という意味で模範的であったという根強い伝説に対しては、現代のわが国の有力なある法学者が、それが「法治国家であったというのは、まったく不当な評価である」と述べて断乎反対している。[36] もちろん、ここでたとえば、当時アメリカの大都市と比較してドイツの大都市が享受していた高度の法的保証――ここでは、たえざる不安をまったく持つことなしに生活できた――を否認しようというのではない。たとえばプロイセンの上級行政裁判所が厳格な公正さをもって少数民族闘争における官庁の嫌がらせを永らくにわたってなお合憲的な限度内にとじ込めてきたことも、人に畏敬の念を起こさせるのである。むしろ、ここで指摘したいのは、帝国の内政面での紛争史を通じて貫いている、形式的平等の保証に対する微妙なあるいはまた実質的な軽視についてである。けだし、無数の判決が階級裁判の意味で下されたからであり、言い換えれば、この国の裁判が「一面的に支配階級の利害とイデオロギーとによって影響され……それゆえに、法の形式的な適用にもかかわらず被抑圧階級は裁判所の処理の仕方によって損害を」受けたからである。[37] ところでこうした社会的な不利益処分は事実、赤い糸のように、工業労働者や農業労働者、ましてや社会民主主義者がかかわったあらゆる訴訟のなかに貫いているのである。それは一八七二年のライプツィヒの大逆罪裁判にすでに目立っており、社会主義者鎮圧法の時代にはいたるところで自明のこととなり、一八九〇年以降にもつねに明瞭に認められた。ヴィルヘルム時代の大労働争議、たとえば一九一二年の鉱山労働者ストライキの後にもなお、下された判決にみえる量刑の過多を、決闘や軍人の職権濫用に対する反応と比較してみるならば、若干の市民は他の市民よりも中立的裁判の恩恵をより多く受けていたことが容易に理解できる。旧プロイセン官僚層に認められたひどい収賄汚職《バクシーシュ》は帝制期の司法官僚には無縁のものとなっていたけれども、階級裁判というより微妙な汚職は一九一八年までは除去されなかったのである。

こうした階級裁判は暗黙裡に機能したが、それは本質的に司法官僚の養成上の特殊性に規定された採用事情に由来していた。ビスマルク政府の自由主義的官僚に対する厳しい闘争のなかで、とりわけ一八七八年以後、プットカマーの「官僚制改革」の超保守的な粛清措置と共に、ここでも転轍器が敷設され、望まれた効果がやがて達成された。すなわち、裁判所ならびに司法官庁の枢要のポストが「信頼のおける」手に委ねられたのである（III・1.4を参照）。そして、その後の司法官僚の年齢構成を調べてみると、このタイプの司法官のすくなからぬ者がヴァイマル共和国においてもなお、君主制的「法治国家」についての自己の考え方を貫徹するチャンスをもっていたことが分かる。というのは、プットカマーの「若者たち」は――これは調べてみなければならないことだが――一九一八年にはたぶん、ちょうど六〇歳であったはずであり、彼らより後の期の試補たちは――新しい方式がすでに実施されていたので――はるかに若くさえあったからである。この機構を無傷のままに残したとき、そのような裁判官たちに対して、フリードリヒ・エーベルトを擁護する正義やフェーメ暗殺団に反対する正義を、いったい誰が期待できたであろうか。

3.6.2

臣民根性。公権的国家のこうした機構に対する一種の心理的な補完物をなしたのは臣民根性であった。国家権力の意志行為や権利侵害をも受け身に甘受し、過度に用心深い沈黙をもって日常の些事にわたる嫌がらせに反応し、歩道で出会った少尉を脱帽して避け、とるに足らぬ村の巡査にも国家の面影の宿っているのを見、それゆえに抗議するよりもむしろ適応することを、この臣民根性は要求した。より自由なラインラントや西南ドイツでしばしば軽蔑を呼び起こしたところの、このすぐれて東エルベ的な心性は、何百年もの年月を経た政治的宗教的伝統の所産であった。かつてヴェーバーが語ったことがある。首を切られた一人の王侯は、それに続く全歴史のうちに自由化的な解放作用を呼び起こし得るであろう。けだし、そうなれば偉大な国父像の威光がもはやそれまでのようには無傷のまま存続し得ないであろうから、と。ここでもドイツは、自己が革命の経験のない国のままであることを感知していた。というのは、他の諸国では「かの内面化された、外国の観察者には品位のなさとして映ずる、権威への帰依の成立もしくは存続が、阻止または破壊されたのに、ドイツではそれがさえぎる者のない家産制的王侯支配の根絶し難い遺産であり続けた」からである。ヴェーバーは結論した。「政治的に見てドイツ人は過去、現在を通じて事実上、言葉の最も深い意味における独特な『臣民』であったのであり、それゆえにルター派の教義がドイツ人に適合的な宗教であったのである」と。その後一九一九年にはアルバート・アインシュタインが「祖先伝来の奴隷根性に対しては……革命は役に立た」ないと、軽蔑的に語った。(38)たしかに合理主義的な神学と政治的自由主義、ディースターヴェークの教育学とモムゼンのゼミナールとが、自由で独立の人間を育成しようと試みた。たしかに、まさしくこの意味においても社会民主主義と労働組合とは、無限に骨の折れる啓蒙事業をともなう解放運動であった。だが、一八七八年以来の運命的な保守的「再建設」の後、「全内政は」、ヒンツェが炯眼をもって観察したとおり、「フリードリヒ大王体制の見まがうべくもない特徴を」帯びたのである。(39) だがそのことによって伝統の重苦しい全死重がますます勢力を得た。——死者、生者を捉う《ル・モール・セジ・ル・ヴィフ》。そして、厳しい抑圧を決してためらわず、また叙勲や貴族化をも目的意識的におし進めたような国家にあって、こうした伝統の死重と闘うことは困難であった。このような行動様式は、その最も尖鋭な敵対者にも——おそらくはむしろ不可避的に——影響を及ぼしていた。「第二インターナショナル」のなかの批判者たちが、ドイツ社会民主党に対してその組織内部における「プロイセン化」を非難し、また観察者たちは「プロイセンの柵《ザブール・プルスキ》」のなかでのポーランド人のプロイセン的特性を認めたが、これらはまったく的はずれというわけではなかった。疑いもなく旧プロイセンはその歴史的時代を越えてながく、強靱な生命力をもって、人びとの行為を特徴づけつつ、存続した。このことを認めない者は、一九世紀ならびに二〇世紀のドイツの政治のジレンマを見過ごしてしまうであろう。

3.6.3

理想としての無紛争状態。公権的意識と臣民的心情とのこうした関係のなかへ、無紛争社会のユートピアとして解釈できるような表象も根を下ろす。そこでは政府と行政官庁とは、公共の福祉の超党派的な擁護者として、「純粋に事柄に即した《ザッハリヒ》」政策決定機関として、また、——そう言いたいのなら——テクノクラート的な専門家として理解され、一方、そのもとであらゆる社会諸集団は原則的に調和的な協同的な関係において共存するのである。敵対とか階級緊張とかはこの小景詩から追放されたままであり、無視されるか、あるいは外からの悪質な攪乱の試みの所産として理解される。さなきだに、あらゆる保守的な陰謀者理論のなかで優遇された地位を占めているこの平和攪乱者は、いまや打ち負かされ、追放され、必要とあらば除去されねばならない。こうしたモデルの魅力は明らかに、社会的発展における国家の干渉という現実の歴史的伝統にもとづいており、その魅惑のいく分かは、「大連合」に対する賛成や「組織された社会」のための草案において、今日にいたってもなお感得され得るのである。

構造的に条件づけられた紛争をこのように否認することの直接の帰結は、反議会的傾向である。なぜなら、見解の対立を厳格に規制された仕方で解決する広場《フォールム》としての議会は、実際に社会的利害対立の承認を前提するからである。このことが否定されるときには、議会もまた「おしゃべり小屋」として軽視されてしまい、また諸対立を制度化するなり、規定された闘争儀式のなかで日常化するなりしないで、それを異常なものと見る者は、また同時に階級闘争に反対する闘争へと傾くだけでなく、無紛争状態の強制にも傾き、ついには「党派的無頼漢」の衝突を断乎鎮静させることを約束してくれるような偉大な平和回復者を歓迎するにいたる。中間層的市民層の急進化にさいして著しい役割を演じた症候群の二、三の歴史的前提がここに見出される。なぜなら七〇年代以来、組織された左翼は調和的な公共生活を乱すかの平和攪乱者にあげられているからである。下からの脅威のこのシンボルに対しては、上に対する闘い——つまり貴族と封建国家とに対する闘い——が一八四八年、一八六二年、一八七一年の敗北の後に弱まるにつれて、ますます一方的にあらゆる攻撃と陰にこもった反感とが指し向けられ、ついにそれらは一九三三年以後爆発するにいたったのである。このような歴史的次元を抜きにしては、つまり一九一八—一九二九年以来の状況からだけでは、こうしたステロ版的な中間層の行動を十分に理解することはまったくできないであろう。

3.7　忠誠心を確保するための補償給付

帝制ドイツ社会の構造的に条件づけられた敵対を統禦しようとするあらゆる努力にかかわらず、社会化過程の操舵、階級裁判ならびに内面化された従順さだけでは、そのために必らずしも十分でないことが、かなりはやくから明らかとなっていた。加うるに一八七三年以来、不均等的な経済成長を通じて「社会問題が温室の温度のもとにおかれた」（ロートベルトゥス）[40]。一八七九年にいたる不況のなかで自由主義的な交易経済が急激に信用を失墜すると共に、市場の自己調整的メカニズムに対する信頼も突然に衰えた。つまり、社会的諸力の自由な発動は長期的に見れば公共の福祉をもたらすに相違ないという信念もまた衰えたのである。むしろドイツの産業革命以来の発展は、生産手段の所有者と労働力の販売者との間の距離が、ほとんどあらゆる生活領域において――それもまさしく実質的な所得の領域においてだけではなく――拡大したことを示していた。この発展を善意に自由主義的な仕方で放任したばあいに、そのことによってどのような社会安定化政策上の危険が呼び起こされるかということは、指導諸集団には七〇年代末には意識されていた。ジャーナリストのヘルマン・ヴァーゲナーや本省官僚のテーオドール・ローマンのような社会保守主義者たちは、いちはやく国家による改革活動の広範なプログラムを起草した。そして、カルドルフやシュトゥームやホーエンローエ－ランゲンブルクやフランケンベルクのような一八七八―七九年の連帯保護主義的結集政策の代表者たちが、ただちにまた社会政策的活動をも促進したのは決して偶然ではない。ミーケルもまた同じ動機から、いまこそ「仮借のないエネルギーをもって革命的な爆発をおさえ、小所有の促進によって社会的善意を創出し、労働階級の正当な要求をすすんで満たしてやり」、かくして「混沌を改革へと向かわせる」ことが肝要である、と言明した[41]。

3.7.1　社会改革に代る社会保険。ビスマルクははやくから、旧来の「警察政治」の伝統に立ちつつ、かなり率直に、国家による補助措置を擁護していたけれども、とりわけ自由主義的官僚の抵抗にあって挫折していた。しかし、不況が強まったとき、彼は国家主義的社会政策という典型的にボナパルティズム的な安定化の方法に立ち帰ったのである。それは、経済的ならびに植民地的膨張を外側とするところの、政策の内側を形作っていた。元来、この社会政策は労働者を保護し工業労働の世界を人間的なものにするという意味での社会改革としては理解されておらず、いわんや社会秩序の改造などとは考えられていなかった。帝国宰相は周知のとおり、一八七一年にようやく導入された工場監督制度の拡大、日曜労働の廃止、労働時間の短縮、婦人労働や児童労働の制限、最低賃銀の保証の導入等々を、一八九〇年にいたるまで頑固に拒んでいた。資本所有者の経営支配は彼らにも最後には課せられるにいたった社会政策費用によっては決して侵害されなかった。むしろビスマルクは、工業はその国際競争力の維持のためには重い負担を課せられるべきではないという、多くの企業者たちの見地を共有していた。企業内の社会政策が文字どおり冷却させられたばかりか、シュモラーによれば、「当面の企業家利害の促進」がビスマルクにとっては、まさしく「社会政策の核心」であったのである。[42]きわめておおっぴらに、八〇年代の保険立法は、はじめから、抑圧的な社会主義者鎮圧法に対する「必要な対概念」――一八七八年の副宰相シュトルベルクの発言――として構想された。ベネデット・クローチェの言葉を借りれば、ビスマルクは「地霊を眠り込ませ、意志を打ち破るために」、「物質的要求を」満たそうとしたのである。[43]宰相はまた、彼の社会政策がボナパルティズム的手段の兵器庫から取り出されたものであることを、まったく隠そうとはしなかった。自分は「ながらくフランスに暮らして」、「たいていのフランス人の政府に対する忠誠が……たいていのフランス人が政府からの年金受領者であるという事態と本質的に結び付いていることを知った」と、彼は帝国議会で言明した。[44]ナポレオン三世が国家保険、疾病金庫、少額貯蓄者に対する金利の保証、協同組合に対する補助金等々を通じて労働者層をそのレジームにつなぎとめようとしたときに、帝国宰相は「そのような意図を……このうえなく完全に」理解したし、また逆に、労働者保護や団結権に対するフランス皇帝の嫌悪をも無条件に共有したのである。

労働者層を社会主義者鎮圧法という「予防措置」によってその解放闘争放棄へと強制するだけではなくて、同時に「国家社会主義」を通じて保険立法に従わせようという、あからさまの意図をもって、彼はその馴致政策を開始した。物質的なサービスもまた、保護関税が生計費を著しく高騰させたがゆえに、そしてまた自由労働組合の興隆を阻止せんがために、提供されたように思われる。その間に政治目標であり続けたのは労働者層であった。労働者層の国家に対する金利生活者的地位が――ちょうど旧プロイセンのインストロイテの忠誠心と同じような――忠誠心を保証するものと考えられたのであった。それゆえにビスマルクは、時として彼に固有の呆れるばかりのあけっぴろげさで、飾り気なしに、「無産大衆のうちに、年金請求権をもっているという感情がもたらす保守的心情を……植え付けようと欲していること」を告白した。「年齢相応の年金を得ている者は、それの見込みのない者よりもはるかに満足しており、はるかに扱いやすい。民間の小使いと官庁の小使いとの相違を見られよ。後者は……前者よりはるかに従順である。なぜなら彼は年金を期待できるからである」と彼は、下部構造と上部構造とにかんする彼流の説明をあるジャーナリストに対して行った。こうして予防されるところの革命は、もしそれが勃発するならば、土地と財産との代りに「工業労働者に……補償として年金受領証つづり込み帳を」与えるこの政策よりも「はるかに多額の費用を」飲み尽すであろう、と彼は述べた。(45)

けれども、飴と鞭との結合は、社会政策の期待された効果を妨げた。政治的社会的平等権を目指して闘う労働者階級は、例外法のもとでの抑圧措置と、経営内における安全ならびに保護を拡充することが拒否されている状態とをだまって見過ごすことを拒否した。他方においてドイツ社会民主党の躍進や、ビスマルクの解任危機における社会政策の役割や、労働者の「国家是認的態度」の創出に失敗したという一八九〇年におけるビスマルクの告白やに思いいたるとき、帝国建設の年におけるロートベルトゥスの、「社会問題は……ビスマルクの名声にとってロシア遠征」になりかねないとの予診の正しさが部分的には確認されるのである。(46)だが抑圧と年金保証との政治的にみて著しく愚劣な連結が社会政策の魅力を減殺しただけではない。加うるに、きわめて限定された人的範囲にしか及ばなかったような、けちくさい給付もまた、魅力を失わせるものであった。おまけに、工業労働者の大多数に（まだまだ全員にではなく）保険加入義務を負わせた一八八三年の疾病保険法にしたがって、掛け金総額のまるまる三分の二が強制加入者みずからの手で負担されねばならなかったのである！　一八八五年には四七〇万人（人口の一〇パーセント）の加入者が存在したが、彼らはその都度、一一マルクの年間給付をうけた。一八八九年に導入された疾病‐老齢保険により、遺族年金を含めて、一九〇〇年の末までに約五九万八〇〇〇件、平均年額一五五マルクの年金が支払われた。それゆえ、病気にかかったり、怪我をしたり、老年となった労働者の心配のない生活については、近似的にさえ語り得なかった。したがって、自由保守党員ハンス・デルブリュックは次のように認めた。すなわち、「一部の労働者を、よろしいかな、ようやく一部分を」保証しただけであるのに「いつも変らず賢明な俗物性をもつ世論が」、「われわれは労働者のためにもう十分すぎるほど法律を作ったから、この辺で一服してはどうか」と語っているような「このような立法体系を社会民主党員があざけったからといって」、彼らを「悪く思って」はならない、と。(47)

きわめて緩慢に、ドイツの社会政策はそのボナパルティズム的な生成の痕跡をいくらか失った。きわめて緩慢に、具体的な給付もまた上昇した。一九一三年には保険給付平均年額はすくなくとも一六五マルクであった。徐々に法律的な諸保証も拡大された。すなわち、一八九一年には日曜日の休業と賃銀保証とが、一九〇三年―〇五年には児童労働保護が、一九一一年には職員保険が実現した。一九〇〇年には傷害保険の、一九〇三年には疾病保険の、適用範囲が拡大された。一八九九年以来、傷病者年金――それの高さは旧来、各事業所の財政力に依存していた——が全帝国一律の率によって支払われるようになった。一九〇一年には強制的な営業裁判所が導入され、それ以後公的資金がたとえわずかとはいえ（一九〇一年には二〇〇万マルク）労働者住宅用として承認された。一九〇八年の営業条例改正法は労働保護の適用範囲を拡大した。はるかに重要な意義をもつ実質賃銀上昇と結び付いて、修正主義が一定の限度内でビスマルクのもともとの計算を確証した。だがこの点については、いろいろの観点を忘れてはならない。

1．社会政策は、帝国指導部にとっては、あくまで紛争回避の戦略であった。行政技術的な色彩の強い補助が上から、その都度与えられた。だが平等権の増進という意味での社会改良を、それは一度も考えたことがなかった。農業労働者はつねにこの政策の継子であった。一九〇八年になお帝国結社法は彼らに対してストライキを禁止した（これは団結禁止とほとんど同じである！）。労働時間短縮と保安規定とが憤激を招いた罰則条項と結び付けられたが、後者はたとえば一八九一年に組合加入《ソリダリテート》強制を禁止した。この組合加入が以前より労働争議において「負け犬《アンダードッグス》」が成功する唯一のチャンスを意味したにもかかわらず。——

2．その治世の当初において改革の意欲を示すふりをしたヴィルヘルム二世は、社会民主主義者の「恩知らず」のゆえに挫折したのでは決してない。ビスマルクの解任から一八九三—九四年以来のおおっぴらな社会反動的な航路にいたるまで、彼は社会政策上のイニシアティヴをとったことは決してなく、重工業とのこのうえなく緊密な協力のなかで、息の短い人気取りに満足していた。この見えすいたぺてんが不成功に終ったのち、彼の「顚覆に反対する闘争」はこの仮面を投げ棄てた。社会政策的措置の行政的改善は、若干の積極的な議員やポサドウスキーのような高級官僚の業績であったにすぎぬ。だが彼らもまた、公民的な平等思想よりもビスマルクの意図の方に共感していたのである。それどころか、それに加えて、彼らの手工業者‐職員政策は、明瞭に分割《ディヴィデ・》支配《エト・イムペラ》を表現していた。すなわち、政府に忠実な中間層的な選挙勢力の戦術上の優遇が、被用者全体の生活保証の全般的改善に先行したのである。

しかもこのためらい勝ちなヴィルヘルム時代の社会政策すらが、一九一三年には広く支配階級のもとであまりにも労働者友好的であるとされたのである。一九一四年一月には、帝国内務省の責任ある長官でありベートマンの代理人たるクレメンス・フォン・デルブリュックは、社会政策を凍結させるというあからさまの意図をもって、全面的に企業者側へと旋回したのであった(48)。

3．最後に、一八九〇年以後の社会政策が、著しく強化された国家の譲歩意志をあらわしていると非難するのは、まったくの誤りであろう。ポサドウスキーの計画したくらいのことは、ローマンがすでに二〇年も前に思い浮べていた。それにもかかわらず――その累積的効果を――感得し得る一連の改良が達成されたとすれば、それはなによりもまず組織労働者のたえざる闘争の成果なのであって、彼らは、ストライキ妨害や階級裁判、団結権の制限や結集政策にもかかわらず、忍耐づよく一歩一歩と確実に譲歩をかちとったのである。あのいわゆる「国家」や「国家官僚」がヒューマンな感情や政治的洞察から、諸利害のせめぎ合いを超越して、もっぱら必要なものを与えた――そのようにいつも主張されているが――のではなく、彼らは社会的な勢力配置の帰結として――帝国議会においても――たえず部分的な譲歩を強いられたのである。そのさい、「赤の危険」に対する不安が、過去数十年間におけると同様、作用した。それゆえに――官僚がシュモラーのもとで研究したからとか、「社会的王制」という中立権力イデオロギーが流行したからとかではなしに――補償給付の薬剤がより強く調合され、もって大衆の忠誠心のそれ以上の減退がくい止められねばならなかったのである。（もっぱら私経済的な保険や経営内の社会福祉に代る）国家的社会政策という将来性ある構想は、それゆえ、帝制ドイツでは、労働者層に対

する権威的 - 家父長的戦線配置を通じて、重荷を負わされ続けた。たしかに長い目で見れば現代の干渉国家のみが国民所得の再配分によって社会的な機会均等を強めることができた。だが政治的 - 社会的平等権がきびしくしりぞけられていたので、制度的にうまくつくられていたドイツの社会政策も長い間その本来の作用を奪い取られていたのである。

3.7.2　補償としての威信政策。社会政策においては物質的補助と保障とが優先した。だがそれらは国家に忠誠な集団主義的心性をもたらすはずのものであった。けれども帝制ドイツの権力エリートたちは、追加的な心理的補償給付が必要であることをよろこんで承認した。高度工業化時代の急速な社会的変動、拡がった地位の不安定性、地位の悪化ならびに地位の維持し難さ、その帰結が現状《シュタートゥス・クヴォ》をばすくなくとも潜在的に脅かしたところの経済的変動——これらすべては、安定性と安全、安寧と秩序とをこよなくその生活理想としていたところの中小市民層の間にとりわけ、方向感覚の喪失にまで及ぶところの持続的で深い不安感を長期にわたって生み出したのである。この中小市民層が指導的集団の後期封建制的で、これまた威信と勢力とを重んずる、道徳通念に共鳴することがなかったにかかわらず、威信思想や威信政策を受け入れ易い体質をもっていたことの社会的根拠はここにある。これは、「帝国国民」から排除されていた労働者階級がほとんど一世代もの間まったく別の観念を信奉していたのと対照的である。したがって、ここでもつねにそれぞれの階層に特有の動機や推進力から出発しなければならず、これをあまり性急に、万人に共通するものと目されるところの刺激を与えるナショナリズムという公分母にまとめてしまってはならない。けだし、この有益であるよりもむしろ隠蔽する集合概念は、行動を規定する異った経験や伝統や利害のあり方——これが決定的に重要であり、またいま一度論及するように、工業労働者や小商人や郡長においてそれぞれまったく異っていたのだが——をあいまいにしてしまうからである。

威信コムプレックスを支配の技術として利用し尽くすにあたって、当該政策が本来目標とした集団（すなわち自らを中間層に属すると考えているすべての人びと）は、社会経済的に規定された感受性のほかにまた、イデオロギー的に見てとりわけ好都合な着手のチャンスを提供した。けだし、身分制に対して断乎として背を向けた、経済的に上向する市民層を「国民」と直ちに同一視したかの初期自由主義的な理念が、ここプロイセンでは、中間身分的な市民層が近代国民とその固有の規範観念をも代表するのだという、水増しされた一般見解《コムニス・オピーニオ》に転化していたからである。市民層と国民全体とのこの同一視にもとづいて、彼らは対外的な成功を自己の価値の直接的上昇として記帳し、さらにまた蒙った反撃を逆に自己に対する直接の攻撃として感受した。それゆえ、目的意識的な威信政策は一定の限界内である期間、社会経済的不満を補償し得たし、またこのイデオロギー的関連から、利益すなわち政府の政策に対する支持を取り付けることができた。艦隊政策、帝国主義ならびに対外政策とこの威信政策との関連については、後段でさらに詳しく立ち入るであろう。支配利害から要求されたところの、威信政策をも遂行するある種の必要性は社会的な諸変化や所与の階層イデオロギーと結び付いていたこと、若い国民の力の意識とか、沸き立つような勢力拡張衝動とかいう生物学的‐活力説的な隠喩によっては問題の核心が見失われるということ、これらをはっきりさせることのみが、ここでは大切である。補償目的のためにはまた、社会政策と補完的な威信政策とが歯車のように嚙み合い、かくてドイツの階級社会が解体から守られたのである。

4．租税政策ならびに財政政策

「予算は国家なり《レタ・セ・レタ》」——こう自由訳し得るであろうように、予算から一国の現実の社会体制を読み取ることができる。たとえばオーストリアの経済社会学者ルードルフ・ゴールトシャイトは国家財政の基本的意義を特徴づけて、それを国家のあらゆる「欺瞞的なイデオロギーがはぎとられた骨格」と呼んだ。彼によれば、近代国家の「公共財政を後楯にできないばあいには」、支配階級は決してその「経済的、社会的、政治的な権力地位を主張すること」ができなかった。国家は「支配階級がそれに押し付ける財政組織を通じて……」支配階級の「道具」となったのである。(1)とりわけ絶対主義的な領域国家と共にまた近代的な「租税国家」(シュムペーター)が興隆しはじめて以来、事実、国家予算の中心的意義について誰も異を唱えることはできないであろう。だが問題はすくなくとも二つの側面をもっている。一方では社会的利益集団は、まったく疑いもなく、国家の財政‐租税組織を通してその利害を貫く。けれどもそのさいゴールトシャイトはあまりにも資本主義的利潤追求のみを念頭におきすぎた。だが他方では、西・中欧では決してたんに従順に調整する代理人ではなかったところの支配装置〔国家〕は、自重を持っていたのであり、この自重はドイツでは、強力な前工業的‐農業的エリートの利害とこのうえなく緊密に結び付いており、その結果としてまた特殊な資本利害の侵害を命ずることもできたのである。体制維持の優位のもと、支配装置は徐々に国民所得の一種の再配分のための配電所にさえなることができた。——そのための制度的前提のきわめてためらいがちな端緒はやはり帝国の時代に見出される。したがって、帝国の伝統的諸要因を近代的諸要因と結合させる、混合的な権力構造にかんがみて、公共財政におよぼす同様に混合的な影響をではなくて、資本利害の一義的な支配を確認し得るであろうとする当て推量は、はじめから回避されなければならない。

4.1　支配体制の資金調達

経常的な公共財政需要がもっぱら規則的な租税収入の助けによってまかない得るといった事態は、一九世紀の最初の二〇年間に作り出されていた。ドイツ諸邦の財政経済は租税経済となったのであり、そのさい——だいた《グロッ》いにおいて《ソ・モード》——南ドイツでは収益税の制度が、マイン河以北では対人税ならびに所得税の制度が、形成された。一八二〇年のプロイセンの税制改革は都市と農村との伝統的な分離をなお維持しており、階級税によって農村と小都市との人口の七分の六に対して直接対人税を導入した。そのさい、旧来の団体的な財政分担金に代って、個人的な納税義務の結果としての年租税が登場すべきであるという考えが土台となっていた。けれども、それの「重大な欠陥」は、「裕福な人びとに対してはまったく不十分にしか負担をかけないのに、下層階級にはきびしい直接税を賦課する」(2)ことにあった。一八六一年にいたるまで騎士領は完全な免税を享受していた。革命の帰結のひとつである一八五一年の対人税改革は富者に対する賦課にさいしてささやかな進歩をもたらしたが、しかし相変らず大資産を擁護していた（このことはドイツ産業革命のこの局面において投資のための蓄積を促進したと思われる)。一八七三年になってようやく階級税が等級別所得税へと改造され、後者は時代おくれとなった都市と農村との分離を取り除き、評価額九〇〇マルク以上の所得(一八八三年以降!)に課税した。だが相変らず「租税負担は資産のすくない者にとって……圧迫的であり、査定の不平等は財政政策的ならびに社会政策的に二重に手きびしい」ものであった。ようやく最近になって、たとえば大農場主の所得(さらに彼の地租や家屋税も)の査定にさいして、東エルベの郡長がどのような著しい差別をしたり、また蔽い隠したりし得たかが、苦労して解明されるにいたった。

一八七三年以来、不況が租税制度の改善を困難ならしめた。だがとりわけ帝国宰相もまた、消費者に敵対的な間接税の強力な弁護者として、直接税に対して激烈かつ有効に抵抗した。累進的な所得課税でさえ彼と指導的集団とにとっては文字通りの呪い《アナテマ》であった。というのは、「累進課税原則の合理的な制限は不可能である。それはひとたび法的に承認されるや、社会主義の理想とする方向へとさらに発展するのである」と彼は的確に論じていたからだ[3]。こうした阻害の結果、最大の下部国家における税制改革は、一八七三年からプロイセン蔵相フォン・ミーケルが全般的な所得税を導入する一八九一―九三年にいたる期間、行き詰ってしまった。ミーケルが導入した所得税は九〇〇マルクという免税限度を上回るばあいに、もっぱら納税義務者自身によって申告された所得について〇・六パーセントから最大限四パーセントにいたる率をもって課税を行った。高度工業化が進み、農業に対する国家の愛の贈物《リーベスガーベ》政策が行われた時期にあって、これは苦痛を与える干渉では決してなかった。ましてや、統一が達成されたがゆえに――今日まで普通そうであるように――「ミーケルの改革」について語るべきか否かは、一八九三年に収益税が自治体に委譲されたということだけからでもすでに、きわめて疑わしいのである。だがこの自治体への収益税の委譲は、なぜ自分たちが新しい法律を通過させたかを自分たちの農村自治体《ラントゲマインデ》のなかで熟知していたところの農場主《アグラーリア》に対する前代未聞の優遇を意味した。というのは、一八九三年の地方自治体税法は三〇年前に廃止された「騎士領に対する地租免除を実際には再び」作り出したからである。かくして「租税負担の民主化」へのスタートが再び頓挫せしめられたのみならず、大農場主はこの「負担調整」によって巨大な負担軽減をさえ獲得したのである。それゆえに、法律前文の響きの良い改革にかんする美辞麗句を一瞥することや、それを条文の解釈にさいして真に受けることや、また否定しがたい合理化の効果が生まれたことから「巨大な達成」(4)について語ることや、さらに法律の権益政策的基礎とそれの具体的な意図された効果とを検討することを放棄すること等——、こうしたことでは断じて不十分なのだ。そのさいひとはただちに、ミーケルの結集政策をも支えた二本の支柱たる大農業と大工業との巨大な物質的優遇に出くわす。これはなんら驚くほどのことではない。だが「改革」のこの堅い核心を見落し、この立法者の意図についての言明を租税制度の現実であると言いたてることは、歴史家のはなはだしい正統派的な偏見である。しかし（まったく、目的が意図せざる作用《ヘテロゴニー・デア・ツヴェッケ》をもたらす異形発生の意味において）ミーケルの所得税が、国民所得の再配分を行う福祉 - 租税国家のための制度的諸前提を根本的に改善した——それも政策決定の担い手の意図に逆らいつつ、しかもまったくビスマルクの危惧した方向で——というのは正しい。だが全体としてミーケルの法律は一九一八年まで存続したし、それは部分的にはドイツ連邦共和国において通用していて、今日もなお土地所有者に利益をもたらしているのである！

租税から、またつねに国債からも、ドイツ各邦の財政はまかなわれた。（一九〇四年のシュテンゲル法によって補足された）帝国憲法第七〇条において規制された帝国の財政政策は、次の三つの源泉から流入する自己の収入に依存していた。すなわち、(1)関税、(2)消費税および取引税（塩・煙草・火酒・砂糖・醸造・手形印紙税）ならびに(3)帝国郵便収入。また追加的な収入が、(4)いわゆる連邦国費分担金、すなわち人口数に比例して各邦に賦課された分担金、(5)一八七一年のフランス賠償金による帝国財政資産、および(6)国債から生じた。一八七九年以来、関税収入は突然に増大した。そのさい「重点」は、帝国収入に占める割合に示されるように、まったく農業関税によって規定されていた〔表を見よ〕。これはドイツの最も著名な財政学者の一人が「社会政策的にみて、法外とは言わないまでも、あまり好ましくない」と受けとめた傾向であったが、実際この関税は、平均的な消費者に対する著しい負担を意味した。(5)

1879年	1320万マルク＝11.8%
1881年	3710万マルク＝19.2%
1891年	1億7630万マルク＝44.7%
1901年	2億5530万マルク＝46.0%
1913年	4億1370万マルク＝47.0%

疑いもなくこの制度は社会的に不正であった。だがそれは、一八九八―一九〇〇年以来急上昇した軍備支出が財政における収支のいっさいの均衡を破壊するまでは、なんとか機能したのである。直接税は有産者たちの旧来の特権を脅かしたから、彼らは声をふりしぼって間接税の引き上げを主張した。問題は一九〇六年まで持ちこされたが、ついに小さな改革が、直接税をタブーにしてはいたものの、帝国財政についてわずかな成果を生んだ。けれども、とりわけ一九〇八年以来のドレッドノート型戦艦建造は即座にこの増収分を食い尽くしたので、スタートのやり直しが避けられなくなった。

一九〇九年の帝国財政改革は、間接税による負担をいま一度、年々一億三八〇〇万マルク（一九〇九年）から二億九一〇〇万マルク（一九一三年）へと引き上げた。もとから議論の多かった遺産‐相続税に代って貨幣流通税とりわけ消費税が導入されたが、それは五億マルクの年間増収の期待を満たさなかっただけではなく、課税の公正を新たにはなはだしく侵害したので、本来の受益者たる、煽動者的デマゴギーにありとあらゆる手を使う農場主たちは、帝国宰相フォン・ビューローからでさえ「浪費的なエゴイストたち」と特徴づけられたほどであった。(6)租税政策はつねに一定の根本的な分配機構の認可をも意味するのであるから、まさしくこの帝国財政改革は、国家の藩屏たる「土地所有者身分」――ビスマルク時代以来「国家の組み立てを主として支える使命をもつ社会要因(7)」として理想化されてきた身分――の著しく消費者に敵対的な、さらにまた反工業的な、とりわけ農業的大所有者を優遇する立場をあらわしていたのである。

帝国財政の主要部分は軍備政策に消費し尽された。一八八〇年から一九一三年にいたる時期に、平時現有兵力が八七パーセント上昇したのに対して、軍備支出は三六〇パーセント上昇した。すでに一八七五年にそうであったように、軍備支出は、帝国収入が著増した一九一三年にもなお総支出額の七五パーセントを占めたのである。それゆえ一人当りの負担は、一八七五年の九・八六マルクから(一八九〇年＝一一・〇六マルク、一九〇〇年＝一四・九六マルク、一九一〇年＝一九・五六マルク)、一九一三年の三二・九七マルクへと上昇した。もし経常的な帝国予算を純需要と絶対的な軍備支出とについて吟味し、後者をさらに純需要に対するパーセンテージに換算してみれば、軍備利害の優位をさらに明瞭に描き出すことができる。ゲルロッフによって確かめられた数字(単位、一〇〇万マルク)によれば、次の概観が得られる〔次ページの上の表〕。

加うるに多額の国債があり、その正確な額は算定するのが困難であるものの、利子負担から読み取ることができる。利子負担は軍事国債についてだけでも、一八九一―九五年には年々四七〇〇万マルク、一九〇六―一〇年には年々六八〇〇万マルクに達した。したがって一九一三年の帝国予算の四分の三が軍備目的に支出されたのであり、その他のすべての目的(行政、社会保険、教育など)のためには二五パーセントしか残されなかったのである。「帝国財政需要が」――これに、各邦予算のうちの軍備のための明示された、また隠蔽された予算項目をも加えて――「戦前には圧倒的に軍備需要によって規定されていたこと」は、それゆえに、総じて争う余地のないところである。ここでは、各予算項目の背後に大プロイセン的軍事国家の優位がきわめて明瞭に認められたし、またある程度まで、アドルフ・ヴァーグナーの有名にして危惧された「国費膨張の法則」(8)の最も決定的な証明も見出されたのである！

この一般的な趨勢を次の数字は事実きわめて明瞭に示している。すなわち、帝国の支出は下の表のように上昇した。

	純需要	絶対的軍備支出	純需要に対するパーセンテージ
1876—　80年	481	485	100.8
1880—　85年	478	463	96.8
1886—　90年	700	656	93.8
1891—　95年	832	737	88.5
1896—1900年	974	837	85.9
1901—　05年	1200	1100	84.1
1906—　10年	1800	1300	73.7
1911—　13年	2200	1600	74.7

1872年＝4億マルク	国民総生産高	1人当り
1880年＝5億マルク	2.6%	12マルク
1890年＝10億マルク	3.3%	21マルク
1900年＝15億マルク	4.4%	29マルク
1907年＝25億マルク	5.4%	40マルク
1913年＝34億マルク	5.8%	51マルク

国債政策のうちにまたしても、経済的諸趨勢期間に対する政府の依存が示された。一八五九―一八七三年ならびに一八九六―一九一三年の期間には、「プロイセン・コンソルティウム」やその他の国債を仲介する大銀行のシンジケートの諸条件を拒むことに政府が成功するのは稀であった。けれども一八七三年から一八九六年にいたる期間に、資本過剰によって、前例のないほど低い利子率を持った、きわめて流動的な貨幣市場が作り出されたときに、国債を適当な値段で容易に売り捌くことが可能となった。そしてそのことは「権威的な統治をいっそう容易ならしめ、議会の影響を」弱めた。――それゆえに、一八八〇年から一八九〇年の間だけでプロイセン国債が三九億マルクも増大したのもおどろくにあたらないのである！(9) 財政難とけちな議会とについての帝国宰相の苦情にもかかわらず、この発展をひとは見落してはならないであろう。

	国民総生産高
1. 1860—69年＝106億7000万マルク	1. 1872年＝160億マルク
2. 1870—79年＝135億9000万マルク	2. 1880年＝179億マルク
3. 1880—89年＝189億5000万マルク	3. 1890年＝231億マルク
4. 1890—99年＝262億マルク	4. 1900年＝329億マルク
5. 1900—09年＝354億1000万マルク	5. 1910年＝480億マルク
6. 1905—14年＝431億1000万マルク	6. 1913年＝547億マルク

4.2　国民所得の配分

個別的には統計の不備が多々あるにもかかわらず、国民所得の配分にさいして貫徹するひとつの基本的特徴を摘出することができる。すなわち、「所得配分の発展における不均等」は、「上級ならびに最上級の所得の優遇による」不平等の増大の所産であったのであり、それは「景気上昇の」時期毎に「とりわけ明瞭に」あらわれたのである[10]。それゆえ、ドイツの国民所得の顕著な上昇にかんする概数は、ここではあまり多くのことを解明してくれないのである。だが、ドイツ産業革命の終局面から第一次世界大戦勃発にいたるまでに、それは四倍に増大した〔上の表を見よ〕。

そのさい、景気変動が明瞭に跡づけられる（たとえば工業所得は、一八六五—七四年＝三一・一パーセント、一八七五—八四年＝二六・七パーセント、一八八五—九四年＝二五パーセントであった！）。平均的な一人当り所得という統計的な仮構は——それはもとより厖大な落差を平均化してしまうのだが——、次ページの表のような上昇を示している。

だが、この数字を社会階級にしたがって解明してみると、世紀の交までにはドイツ帝国の人口の三分の一が工業に就業していたにかかわらず[11]、国民所得に対し工業労働者層が占める割合が一八七〇年から一九〇〇年までに五五パーセントも減少している

	1人あたり国民生産
1. 1860—69年＝272マルク	1. 1872年＝388.7マルク
2. 1870—79年＝320マルク	2. 1880年＝397.5マルク
3. 1880—89年＝406マルク	3. 1890年＝469.7マルク
4. 1890—99年＝505マルク	4. 1900年＝587.7マルク
5. 1900—09年＝592マルク	5. 1910年＝743.3マルク
6. 1905—14年＝662マルク	6. 1913年＝845.1マルク

ことが分る。もとより、国民所得に占める賃銀部分の正確な割合を、この長い時期を越えて十分に確定することはできないが、それでも、それは——不変資本の同時期における増大のもとで——一八七三年から一九一三年までに、ほとんどたえまなく（四年毎に指標点をとると）減少しているのである。

　労働所得の配分を調べてみると、ここでもドイツがいかに工業国家になったかが分る。というのは一八七九年から一九一三年までの成長率（パーセント）は、農業では二・五だったが、鉱業では五・八、工業・手工業では四・三、交通では五・一、商業では四・九であったからである。一〇〇万マルク単位で表示すると、農業の労働所得は、一八七五—七九年＝三七・二から一八九五—九九年＝二五・五、また一九一〇—一三年＝二一・六と下落したが、他の四つの経済部門では一八七五—七九年＝四一・二（二、二九・四、二・八、七）から一八九五—九九年＝五三・六（二・八、三七・四、四、九・四）、また一九一〇—一三年＝五九（三・九、三八・六、五、一一・四）に上昇した。資本所得をとってみても、構造的な重心の移動が明瞭に認められる。それは、農業については一八七五—七九年＝二九・三パーセント（二八億マルク）であったが（一八六〇—六四年にはなお四八パーセントであった！）、一八九五—九九年＝二三・五パーセント（六六億マルク）となり、一九一〇—一三年＝二九パーセント（一三一億マルク）となった。すなわちそれは停滞ないしはわずかに減少したのだが、一方それは工業（鉄道と郵便とを含む）では、一八七五—七九年＝四六・一パーセント、一八九五—九九年＝四八・一パーセント、一九一〇—一三年＝五一・五パーセント、と上昇した（ちなみに、一九六〇年のドイツ連邦共和国では、両者の比率は、一一・二パーセント対八三・二パーセントである!(12)。

4.3 不平等の固定化

だがこれらすべての概数は、趨勢についての一般的印象を作り出すにすぎない。大ブロックたる「農業」、「工業」等々の内部で精密な分析を行ってはじめて、一方では高位ないし最高位の所得と、他方では低位ないし中位の所得との間に鋏状差《シェーレ》がいかにたえず拡大していったかが分るであろう。他面では、ここにおいて、マルクスがいちはやく資本の集中として予測したところの集中過程が繰り返された。国家の干渉(たとえば租税政策、賃銀政策、社会政策の領域における)なしに、私的資本主義的工業経済は、それに固有の市場‐分配機構をゆだねられ続けたかぎりにおいて、所得分配においても、増大する不均等を生み出した。上述の数字を思い浮かべ、さらに労働者層ならびに下級職員層の実質賃銀が、――それはまったく彼らの唯一の所得源である――八〇年代末から一九一四年までに年平均において一パーセント以上増大することがなかったのに、国民所得は約一八〇億マルクから五〇〇億マルクに上昇しているということを想起するならば、いかに「市場の法則」が所得配分と財産形成という磁場において、諸要因を極端に一方的にある方向へと移動させ、そこに集結させたかについてひとつの印象が得られる。もともと身分制的伝統と新たな階級社会的制約とによってきわ立っていたところの帝国市民の不平等は、分配のメカニズムが自然成長的な経済‐支配利害によって規定され、またいずれにせよすぐれて福祉国家的影響力から免れたままであったことにより、ひき続き物質的にも支えられていたのであった。

5. 軍備政策

一八六六—七一年の「大プロイセン的な併合による結合体」は、軍部の威信を異常に強めたところの三回にわたる戦勝の結果として出現しただけではなく、そのことによって可能となった絶対主義的軍事政策の首尾一貫した継続をその「組織定款」(リダー)においても十分に計算に入れていた。しかしながら、帝国憲法の条文とは独立に、ここでは現実的な勢力配置が決定的な役割を演じた。そしてこの国内の権力問題は、いずれにせよ一九一八年にいたるまで、国民代表機関によるコントロールから自由な国王の軍隊を擁護する方向で、処理されていたのである。

5.1 陸　軍

一八六六年の「鉄のさいころ賭博」——ビスマルクが自分の冒険《リジコ》政策を、みずからそう特徴づけたのであるが(1)——におけるプロイセンの成功が道をならした後、一八六七年に「鉄の陸軍法」がさしあたって一八七一年一二月まで、兵力をつねに人口の一パーセントとすべき旨を定めた。成人男子一人当り二二五ターラーの年間支弁総額ならびにその他の軍事支出は、すでに述べたとおり、北ドイツ連邦の全予算の九五パーセントを固定したのである。軍事立法をめぐる一八七一年秋にさし迫った議会紛争を、ここでもうまい時にひき起こされた第三次戦争のおかげで、先へ引き延ばすことができた次第は、すでに述べたとおりである。すなわち、「鉄の」法律は大騒ぎなしに三年間だけ、一八七四年まで延長されたのであった。

帝国憲法（第六〇―六二条）において、一八六七年に規定された一括総額支弁方式をともなう平時現有兵力が、規定の言葉どおりに再び姿を見せた。もちろんそれは「将来」については「……帝国立法により確定」さるべきものとされた。だが帝国憲法第六三条第四項はこの規定と明らかに矛盾していた。皇帝は一八六七年以来、プロイセン国王として「連邦軍最高司令官」ならびに――副署を必要とする――「連邦元首」の二重性格を体現しており、いまや（第六三条第一項）最高指揮者として「戦時と平時との……帝国の全地上兵力」に命令した――そのばあい、もちろんバイエルンとヴュルテムベルクとは例外法を保持した――のであるが、その皇帝に対してここに無制限に、「帝国陸軍の……現員」を決定する権利が認められたのである。ここに憲法紛争における勝利者の本来の意図が表現されていた。それゆえビスマルクも、「帝国憲法の元来の目的は、軍隊の兵力にかんする規定において、皇帝を……帝国議会の決議から自由独立の立場におくことであった」と公然と認めた。それゆえ、「こうした皇帝の絶対的権力の制限」は、「重大事」であった。けだし、「帝国立法」への譲歩の結果として、「独立国家」（ルチウス）を形成していた軍隊の絶対主義的な密閉をあやうくするような新たな力試し(2)が、一八七四年いらい定期的にひき起こされたからだ。帝国政府は一八七四年に断乎たる処置に出た。すなわち、帝国政府は「永続予算《エーテルナート》」を要求した。つまり、現有兵力をもっぱら皇帝に委ね、議会の承認を自動的なものとし、かくして軍事予算額にかんする帝国議会の予算権を事実上除去すべしという要求がなされたのである。双方の予期した衝突が起こった。その決着はなるほどローン側近将校閥《カマリラ》を満足させはしなかったけれども、政府のいわゆる「七年間継続予算《ゼプテナート》」が七年の間、将校閥の欲した現有兵力を与えたのであるから、帝国議会はやはり根本的に譲ったのであり、いずれにせよその継承者を拘束しなければならなかったのである。論戦のなかで、十分理解できることだが、「憲法紛争」の戦線が再び姿をあらわした。自由主義左派を代弁してオイゲン・リヒターは七年間継続予算《ゼプテナート》を「軍事問題における絶対主義の議会制度に対する制限」と呼び、「絶対主義のこのようなひと切れは今後癌細胞のようにさらに喰い荒す」にちがいないと予言した。「軍国主義はますます形を整え肉と血とを備えてきている」と、中央党議員マリンクロットはこの法律を攻撃した。そして国民自由党党首たるフォン・ベニクセンも印象的に、原則的抗議をあらわした。彼は立法府の影響力を強化する試みが失敗したのちにこう要約した。「戦時体制、陸軍制度は……すぐれて各国の憲法の骨格を形作っているので、もし陸軍制度と防衛制度とを立憲制度一般のなかにはめ込むことに成功しないばあいには、そのような国の憲法はまだ本物にはなっていないのである」[3]と。この意味では帝国は事実四〇年後にもなお完全な立憲制度を持たなかったのである。

一八八〇年の第二次七年間継続予算は、前年の保守的な転換の後のこととて、すみやかに承認された。ビスマルクによってでっちあげられた「戦争の危機」の脅威のもとで、一八八七年の第三次七年間継続予算も早急に片付けられた。帝国議会は一八九三年以降、五年毎に新たに選出されたから、「五年間継続予算《クヴィンクヴェンナート》」の要求ならびに同時に三年間に代る二年間の兵役義務の要求が起こってきた。政府がこの二点について最終的に譲歩したとしても、政府はそのことで決して弱体ぶりをさらけ出したわけではなかった。むしろまさしくその自信のうちに、国王の軍隊の勝利がいまや確認されているのだということが明瞭となったのである。

軍事立法と共に平時現有兵力は継続的に増加した。たとえば人口数と比較した将校と兵卒との定員は次表のとおりであった。

1870年	4090万人	約40万0000人
1880年	4510万人	43万4000人
1890年	4920万人	50万9000人
1900年	5610万人	62万9000人
1913年	6700万人	86万4000人

すなわち、それは一八八〇年から一九一三年までの間にほとんど一〇〇パーセントも増大したのだが、そのさい現員数は通常定員数よりもいくらかすくなかった。同時に、すでに述べたように、支出は三六〇パーセント増大し、戦前に帝国予算の七五パーセントを占めたのである。

帝国は君主の統帥権の領域と軍行政の領域とのプロイセン的な区別を維持した。そして軍行政についてはプロイセンの陸軍大臣から帝国議会に対して何がしかの情報が与えられた。憲法紛争以来、議会のコントロールを免がれた統帥権の領域を議会の共同決定を求める要求に対して擁護したり、それどころか拡大しさえすることができるのか否かについて争われてきた。現実の憲法においては、「統帥問題について皇帝の命令は大臣の副署を」要しないものとするという決定に落着した。帝国憲法もプロイセン憲法もそうした文書の効力は形式的にはこうした副署によって生ずるとしているにもかかわらず、そうした決着がなされたのである。統帥権は依然として後期絶対主義的支配の核心部分であった。したがってそれをはっきりと定義することは近代的な、いわば自由立憲的な国法においてもほとんど不可能であった。それは封建制的秩序の頑強な遺物であった。すなわち、軍勢《ヘールバン》の血縁カリスマ的指導者としての国王に対して、戦士たちは人格的忠誠関係を通して義務を負っていた。――この人格的忠誠関係は一九世紀ならびに二〇世紀においても、リヒターが適切にも「国法上の神秘的概念[4]」と名付けたところの「大元帥」としてのプロイセンの統治者にとってあくまで理想であったのである。この大元帥を頂点として、その下部には、とりわけ三つの重要な機関、すなわち軍事内局、参謀本部ならびに陸軍省の網状組織が存在した。憲法によって定められなかった間隙、つまり議会の監督から免れた統帥権の領域のなかへ、国王の行政手段たる軍事内局もまた、暗黙裡にだがすみやかに入り込んでいった。軍事内局は国王の侍従武官職から発生して、一八二四年には陸軍省から独立した組織となり、一八五〇年以後は陸軍省とつねに対立しながら活動した。一八八三年には陸軍省の人事部は解体されて、以後人事は軍事内局がみずからとり行うにいたった。こうしてこの国王の直属官庁は統帥権の決定的な内実を意のままにしたのであり――軍は「批判的な目でのぞき込むことを許されない、特別の組織体であり続けねばならない」(5)という、この機関の長年にわたる総裁ヴィルヘルム・フォン・ハーンケ(一八八一―一九〇一年)の標語にとりわけ忠実に――直接にあるいは「黒幕」として、諸官庁に対して広範な影響力を行使した。老モルトケの辞任後は、軍事内局は参謀本部に対してもその意志を貫くのをつねとした。

参謀本部はプロイセンにおいて、ナポレオン戦争後の一八一六年に創設されたが、一八五八年にヘルムート・フォン・モルトケが指導者となるまではまったくとるに足らないものであった。一八五九年にいたるまでその長は陸軍大臣に対して直接に具申する権限をさえ持たなかったのである。しかしその後、一八六六年六月にいたって国王の命令により、参謀本部は陸軍省を介することなしに軍隊を直接に指揮し得る権限を与えられた。ドイツの内戦におけるモルトケの個人的成功は彼の官庁を強力に浮上させた。フランス出兵のさいのビスマルクとの有名な衝突においてモルトケは、一八七一年一月に、自分はこれまで、国王がビスマルクを重用するにいたるまでは、国王の前では宰相と「同等の権利を持つ」と信じていた、とさえ言明できた。緒戦の勝利はそれに続く志気をそぐようなパルチザン戦を色あせたものにした。フランスに対する「絶滅戦争」についてのモルトケの憎しみに満ちた言葉はおおやけにされることはなく(6)、ベルリーンにおける戦勝パレードと共に、みずから注意深くつちかった「偉大な沈黙の人」というモルトケ神話が完全に普及し始めた。もとより参謀本部、軍事内局ならびに陸軍省の間の管轄区分はひき続き争われた。だが諸官庁の間のまさしく古典的な密林戦争のなかで、一二年の後に決定的な問題が解決された。フォン・アルベディルに代表される軍事内局とフォン・カメーケに代表される陸軍省との間の細心に準備された抗争が、カメーケの解任へと導びいたとき、その後任者たるパウル・ブロンザルト・フォン・シェレンドルフに対してフォン・アルベディルから二つの条件が課せられた。1・陸軍省を犠牲とする軍事内局の強化、ならびに2・――参謀本部の援護射撃と陰謀とに対する感謝として――陸軍大臣が陪席していなくても皇帝に直接意見を上奏する権限を参謀総長に与えること。ブロンザルトは同意した。これ以後陸軍省は権力要因としてはほとんど意義を失うが、一方参謀本部は突然に自立するにいたった。官僚内部の主導権争いの血戦のこの帰結がもたらした重要な諸結果については、シュリーフェン計画にかんれんしてただちに立ち入って扱わなければならない。

だがさしあたりは、一八八三年の新しい勢力配置がビスマルクの意図にも添っていたことを確認することが肝要である。彼はたしかに陸軍を好んでその政策の道具として投入した。――デュペル堡塁の前に、プロイセンの分離戦争において、さらにナポレオン三世に対して――、だがいつも大プロイセン的拡張のために、投入した。その償いに彼は軍人の特権的な特殊地位を擁護した。――この防衛戦のさなかに彼は一八六二年に戦列に加わったのであり、この防衛戦に拘束され続けていた。けれども彼は、必要かつ可能のばあいにはつねに、軍人が独自の政治的役割を演ずることをきびしく禁じた。この理由からだけでもすでに、いたるところに彼の筆跡を示す憲法においては帝国陸軍大臣なるものは存在し得なかったのである。けだし、軍事国家の諸伝統を味方に付けることができるような潜勢的なライバルとの政治的競争を、彼は正当にも恐れねばならなかったからである。責任ある帝国閣僚なるものは「帝国宰相と絶え間ない軋轢をひき起こすであろう」と、この考察は要点を衝いている。(7)これに反してエルザス－ロートリンゲンの総督に対しては、皇帝に対して形式的には宰相と同等の権利をもつ地位が、危険のないものとして容認されていた。しかし、ビスマルクのあらゆる疑り深い警戒心にもかかわらず、軍人は政治的影響力を行使した。そして一八九〇年以後、その影響力は疑いもなく増大した。たとえばペテルブルクの大使館付陸軍武官ないし伝統的なプロイセンの侍従武官という機関を通じて、皇帝は直接に情報を受け取ることができ、外務省の審級順序を難なく回避することができた。

予防戦争を遂行すべしという、軍部上層から繰り返して打ち出された提案は、より重大であった。モルトケははやくから二正面戦争が帝国にさし迫っていると見て――ヴァルダーゼーと同様――しばしば攻撃者の利点を利用し尽すべきことを力説した。一八八七年にそうした諸計画のピークが訪れた。ロシア内部の弱点にかんがみて「戦闘開始の時がわれわれに有利になっており」、一方フランスの排外主義的煽動もまた悪しき未来を予告していると考えられるがゆえに、モルトケはロシアに対するドイツの冬季出兵を提言した。だがビスマルクの断乎たる反対にあって、またもや自説を貫くことができなかった。(8)ビスマルクの反対は（ビスマルク正統派が信じさせたがるように）先制攻撃の原理的拒否を要求するような道徳的－倫理的確信に発するものでは決してなく、冷静でキリスト教の教義からまったく自由な利害計算に発したものであり、この利害計算が未知数の重大さのゆえに戦争政策のマイナスを遅くとも一八七五年以後については大きすぎるとみなしたのであった。ビスマルクは長年にわたる特別の地位のおかげで、政策全体にわたって考え抜いた判断にもとづいて決定を下すことができたのだが、そうした判断を通ずる上述のごとき抑制こそが、一八九〇年以来欠落するにいたった。一方、参謀本部のなかではモルトケ以来形成されてきた純粋の軍事的な効率と好機とを重視する思想への傾斜が強まったのであった。

急激な兵器変革の時代において、来たるべき戦争に対して包括的な事前計画を立てて対処しようとするプロイセン-ドイツ軍部のこうした努力は、まさしく参謀本部の長年にわたる総長であったアルフレート・フォン・シュリーフェン（一八九一―一九〇五年）に体現されていた。彼の名で呼ばれる作戦計画は、まったく技術主義的な完全化の努力の所産であり、クラウゼヴィッツ的な政治の優位を暗黙裡に無視していた。その原案の大部分が一八九五年から一九〇六年の間に作成されたところのシュリーフェン計画は、さし迫っている二正面戦争に対して、いわば奇蹟的解決を与えるはずであった。第一の主要目的はフランスの制圧であった。それゆえにドイツ軍部隊の右翼は約六週間以内に大旋回をとげてベルギーと北フランスとを通り、フランスの兵力を包囲することができるほど強力に前進すべきものとされた。そのためにドイツ軍右翼はついには左翼部隊の七倍にも強力に配置されて、東部へ攻撃を向けるまえに、西部の敵を現代のカンネー――シュリーフェンの好んだ対比――において全滅させることを可能ならしめんとした。ほとんど誤ることがないと考えられた勝利のお墨付の最終案は、ツァーリ帝国が第一次革命で弱まって横たわっていた一九〇五年一二月―一九〇六年一月に成立したので、ドイツ軍部隊は結局八対一の割合で西部優位に計画された。

けれども、マルヌの戦いがシュリーフェン計画が挫折したというショックを呼び起こすよりずっとまえに、この野心的な原案をはじめから疑問の多いものにしていた三つの重大な問題群が認められたのである。

1・ドイツ陸軍はこの規模の巨大作戦を成功させ得るほどに決して十分強力ではなかった。モルトケの勝利がつねに量的優位にも立脚していたことを参謀本部がほとんど忘れることができなかったにもかかわらず、シュリーフェン自身も部隊数を必要に応じて増加させることに固執しなかった。それゆえ計画は、参謀本部の幕僚たちの評判の現実主義とは一致しがたい、空想的で軍事的に無責任な奇跡信仰に立脚していた。部隊数における著しい優越なしには右翼部隊はその決定的な任務に対して全然備えることができなかった。したがって「大シュリーフェン計画は……」「あり余った成功のチャンス」を持つような「たしかな勝利の処方箋では決してなくて」、「大胆すぎる冒険」であったのだ。(9)

2・西部戦線におけるカンネーなるものが二正面戦争に最終的に決着をつけるであろうというのは、もともと迷信であった。第一に巨大な東方帝国は、とりわけ一八九四年のフランスとの同盟以来、依然として、同盟国フランスの敗北によって直ちに撤退するとは考えられない、侮れない敵であった。第二に、予想されるフランスでのパルチザン戦とその予測しがたいあらゆる影響とが、顧慮されていなかった。計画作成者たちの多くが青年将校時代にそのパルチザン戦を体験していたにもかかわらず、そうなのであった。そして最後に、ベルギーへの侵入と共にイギリスの参戦することが、すべての歴史的経験にかんがみて、ほとんど確実であったのである。

3・一八九七年以来、ベルギーの中立を尊重しない企てがなされ、それ以後一九一四年までそれの侵犯が主張され続けた。シュリーフェン自身、イギリスがフランスを直ちに救援することになろうというこの大問題に、一九〇五年にはひとつの脚註でだけ言及したにとどまったが、その罷免ののちには、抵抗するベルギーに対するテロルの計画的行使(たとえば要塞都市の砲撃による)をさえ勧めたのである。さらに、西部におけるドイツの勝利はロシアをおじけづかせるであろうから、ドイツ部隊をロシアに向けて投入しなくてすむであろうと、彼は確信していた。この二点は、最高の権威を享受するドイツの主要計画者が事態をまさしくこっけいに誤算していることを示していた。小モルトケ〔甥〕はシュリーフェンの後任者として一九一三年に、ベルギー急襲はイギリスを帝国の敵手とするであろうことをきわめて明瞭に見てとった。それゆえに彼はすくなくともベルギーの領土を保証し、ドイツへの併合の断念をもまた保証しようとした。しかし彼もまた、あくまで政治的には信じられないほど単純であるだけでなく、軍事的にも盲目であったところの、かの宿命的な決定を容認してしまった。けだし、シュリーフェン計画は「純粋に戦略的な原理を途方もなく高めること」によって、ベルギー進軍がどのような政治的な、したがってまた「結局は軍事的にも事態を変化させる諸帰結を」生まざるを得ないかという「問題」を無視してしまったからである。[10]

大プロイセン的帝国において軍事技術的思考のこのように一面的な発展が貫かれ得たのは、とりわけ次の二つの発展にもとづいていた。(1)一八世紀以来のプロイセン社会の軍事化は、軍人を威信ピラミッドの頂点におしあげ、軍人的規範や行為や思考の様式をして市民社会をもますます拘束するものたらしめた。このようにして、尊敬という高い前払い金を払って、狭い軍人的な権限思考や専門家思考の勝利の道がならされた。六〇年代の戦勝と中部ヨーロッパにおけるドイツの覇権的地位とは、「帝国建設時代」において新たに戦力に対する評価を高め、遅くとも一八九四年以来、来たるべき二正面戦争における帝国の主張は旧にもまして軍事力と野心的作戦とに依存するように見えたのである。これらすべての条件は、おまけに神秘化された専門知識の後光にもつつまれていた軍人たちによって、したたかに利用された。だがこれらの諸条件は、軍人たちの積極的な関与がなくても影響力を発揮したのであり、そのさい、強力な政治的矯正策によって阻まれることもなかった。(2)なんとなれば、こうした発展と並行して、ビスマルクの解任以来、事情の強制を口実とする軍事的論証に対する政治家の降服がすんだからである。シュリーフェンと小モルトケとは、ホーエンローエもビューローも政治的決定の優位に固執しなかったと説得的に証言することができた。そして宰相職にあった官僚ベートマンは、第一次世界大戦後にもなお、自分に対する批判者に向かって次のように反論していた。「軍事問題の素人には、柄にもなく軍事的な可能性や、ましてや軍事的な必然性を判断することなどできなかったのだ」[11]と。これは軍人たちに屈服する職務放棄、政治的調整任務に対する背任、政治の優位――ビスマルクや、しばしばそのために腐心したクラウゼヴィッツのごとき人びとにとっては国家指導部の最も本源的な権利と思われた――の貫徹の放棄、を意味した。

それゆえに、一九一三年にそれまで西部の計画と共に立案されていた東部進撃計画の検討が推進されなくなり、その限りにおいて、政治的選択のチャンスが一段と狭められたのも、おどろくにはあたらない。この決定は、将来のドイツの戦勝がまったく根本的な意味においてフランスに対する迅速な予防戦争に依存しているということを含意していたが、それはまたシュリーフェン計画の重点構成にしたがって、ベルギーを急襲し、それによってイギリスの参戦を強いるものに他ならなかった。こうしてようやく、一九一四年夏における政策決定の余地をさらに縮小させたところのかの準連動機構が創出された。この転轍もまた、政治と軍事との間の国内の勢力分布を考慮することなしには解明できない。けだし、大きな戦略上の決定というものは古来、ほとんどぴったりと政治計画と結び付いているのであり、この政治計画は軍事的専門知識を決して前提せず、かえってこれに助言を与えつつ介入しなければならないからである。一九一四年の七月危機よりもはるか以前に、ベルリーンは、政治的に見て「あらゆる解決のうち最悪のもの[12]」である根本的にあやまった紛争戦略にこり固っていた。というのは、それはイギリスを仏露同盟の側に立って参戦するように強制したからである。さし迫ったフランス軍部隊のベルギー通過がドイツの対抗行動を余儀なくさせたとか、すくなくとも正当化させたとかいう議論は、ベルギーが一九〇六年以来その中立の立場を擁護することを固く決意しており、フランスのそのような考慮に対して、イギリスが一九一四年にいたるまで政治的理由から賛成することを厳しく拒否していたがゆえに、崩れてしまう。ドイツにおける社会的諸力の平行四辺形、国の「現実の憲法」、歴史的伝統の死重――それらは危急のばあいに備えた政治的により賢明な準備を妨げた。そして外政上の配置がドイツに至上命令を押し付けたのでは決してなく、なによりもまずそうした外政上の配置は内政上の諸決定の結果であったこと、この点についてはなお後段でお説教的な個人的な責任追及なしに論証するであろう（Ⅲ・7）。

けれどもここではなお帝国国境の外部におけるある軍事的発展について言及しておかねばならない。ヴィルヘルム時代のドイツの最初の戦争においてすでに総力戦の初期形態が実習された。すなわち、ドイツ領南西アフリカ植民地における一九〇四―〇七年のヘレロ族の大反乱の鎮圧にさいしてである。その地で行政総督に代って統治を担当した軍事政権は、あらゆる手段を血なまぐさく投入して蜂起を抑圧した。暴露的に述べられたとおり、もはや勝利ではなく「絶滅」がその目的となった。それゆえ、かの軍事政権は意識的に「平和の可能性のない闘い」を遂行したのである。[13] 原住民の半数近くが殺された。一部は水のないオマヘケ荒地へ意図的に追放されることによって殺された。四分の一は流刑に処せられ、捕虜収容所のなかで徹底的に計画的な絶滅政策にさらされた。直接支出が約五億九〇〇〇万金マルクに達した後に、植民地保護部隊は「安寧と秩序」を作り出した。――広範な地域に墓地の静けさが訪れ、あたり一帯に黒人や白人の間で憎悪と恐怖とが支配した。一九世紀においては西欧国家の戦争は、アメリカ南北戦争の最終局面においてのみ、この程度にまで過激化されたにすぎない。このドイツの植民地戦争は、はじめは自由主義者が、次いでは社会主義者が、植民地支配の帰結を批判したさいに抱いた憂慮を裏書きした。近い将来の戦争の形がここにくっきりと姿をあらわした。

5.2　軍国主義

本来の意味における軍国主義は、「政治指導の軍事指導に対する優位、政治的思考の軍事的思考に対する優位が危うくなる」ところで支配的となる（リッター）[14]、という考えは、以前からあまりに狭すぎる定義であるとして批判されてきたし、とりわけプロイセン-ドイツ史を顧みるとき、この批判に賛成しなければならないであろうと思われる。けだし、このばあい中心問題は社会全体のうちで決定的な諸集団の軍国主義化にあるのであって、——他のところでも確認できるのであるが——政策決定が軍事的思考の肥大によって一時的に圧迫されたという点にはないからである。軍人が威信序列の頂点にのし上っただけでなく、その価値-名誉表象とその思考-行動様式とを全社会に吹き込んだことのゆえに、この社会的軍国主義によってはじめて、一九四五年にいたる現代ドイツ史における軍人に固有の特殊地位を理解することができるのである。社会史的ならびに国制史的にみて、一八世紀におけるプロイセンの発展がこの特殊地位に対し決定的であった。この発展のなかで、グーツヘルが中隊《コムパニー》長《シェフ》となり、同時に裁判官として、さらにしばしばまた企業家としても、農村住民にとってはあらゆる生活領域において支配そのものを体現するにいたった。いわゆる軍隊経営《コムパニーヴィルトシャフト》はグーツヘルシャフトとこのうえなく緊密にもつれ合っていたのであり、同一の公権力に服する者がインストロイテならびに新兵としてたがいに向かい合っていた。諸改革や国民皆兵制も農村におけるこの結合を解体させず、いずれにせよ権力に慣れた土地貴族は、ひき続き都市住民をも「仕え」させたところの軍事的指導層であった。一八四八年ならびに一八六二年の力試しののちに、一八七一年にいたる成功は、その頂点から軍人が影響力を行使するところの特権の位階制を確定した。ゲルハルト・リッターのような歴史家でさえ、一八六六—七一年の成果として全ヨーロッパ的な軍国主義化過程を認めたとすれば[15]、歴史的な伝統にかんがみて、軍備拡張の他になおとりわけ強力な諸影響があったと考えなければならない。それは事実存在した。そして、教えられるところの多い諸現象から、ひとはそれを読み取ることができるのである。たとえば、すべてのドイツ帝国宰相は帝国議会において軍服を着用していた。国王の饗宴において帝国宰相ベートマン＝ホルヴェークは陸軍少佐として、陸軍大佐や将官たちの下座を占めた。有能なプロイセン蔵相フォン・ショルツは、民間人として獲得したにすぎぬ副曹長の軍服を国王の仁慈により少尉の軍服ととりかえることができたときに、それを生涯の最も幸せな瞬間であると考えた。予備将校という制度において、とりわけ影響するところの大きい成果のひとつが示された。同時に、社会経済的発展によるたえざる試練のゆえにまさしく、「国家の藩屏たる身分」としての将校団の隔離が持続した。それどころか、その隔離は、カーストの形成にいたるまで固まってしまったのである。

規範的な生活理念と行動模範とが軍人から社会全体へ拡がり、ベートマン＝ホルヴェークに典型的に見られるような文民の無力感を養ったという一般的現象は別としても、また、この社会軍国主義が、宮廷において最もとるに足らぬ少尉さえが上位を占めたことや、歩道では将校に対して道を譲ることのうちに、また退役下士官としての郵便局員や、ギムナージウムの体育訓練のうちに、つねに明瞭に存続していたことは別としても、また、社会軍国主義が支配階級の精神に沿ってきわめて望ましい規律を普及させる機能を果たしたことは別としても、ここではなお若干の観点がとりわけ強調されねばならない。

5.2.1　対内闘争手段としての陸軍。

疑いもなく軍隊はまず第一に軍事的衝突のさいにおける攻撃ないし防衛のための戦力として理解された。けれどもそれと並んで、軍隊が同時に「疑似絶対主義的政府の武装した支柱、礎柱」たらんとしたことを見逃してはならない。「この目的のために市民にとって軍隊という学校が上司に対する盲目的服従と国王に忠誠な心情とを養う学校にならねばならなかった」。それゆえにまた憲法紛争以来、長期の兵役期間が、政府が「内乱が生じたとき信頼できる軍隊を」自由に用いるための保証を与えるべきものとされた。[16] 内輪の討論においては軍部上層はこの鎮静化という任務をなんら隠さなかった。ローンはそれを永続予算紛争《エーテルナーツコンフリクト》の間に次のように表現した。「有能な軍隊は赤い妖怪や黒い妖怪に対する考え得る唯一の防壁である。彼ら（議員たち）が軍隊を滅ぼすならば、万事休すである」[17]と。この考えはその後強い影響力を及ぼしたし、それどころか、社会民主党の興隆と共にこの親衛隊思想はますます魅力を増したのである。それゆえに多くの職業将校にとっては、国民皆兵制は、ますます多くの社会民主党員をも軍隊へ引き入れたがゆえに、疑わしいものとなった。陸軍大臣フォン・ゴスラーに宛てた秘密の覚え書のなかで、一八九二年に、直前まで参謀総長であった将軍フォン・ヴァルダーゼーは、「十分な給与を受けて、主に国内の敵に対して使用されるような」「小規模の職業軍隊」を擁護した。ドイツにおいて「使用」の意味するところを、彼は同時に皇帝に対して次のように説明した。すなわち、これは社会民主党に対する予防攻撃を意味する。というのは、社会民主党の「指導者たちに大いなる決算の時機の決定を」委ねるのではなくて、「その時機をできる限りはやめ」ねばならないからである、と。いずれにせよヴァルダーゼーは、公然活動をする社会民主党員の追放、集会‐結社権の制限、好ましくない新聞雑誌の禁止、帝国議会選挙法の改正――つまり軍隊に支えられてのみ遂行し得るであろうようないっさいの施策――を要求した。[18] 一九〇七年には「反乱の発生した都市における戦闘」にかんする参謀本部第二戦史局の研究が完成されたが、その土台にあったのは疑いもなく社会民主党に対する内戦状況であった。[19] 将校団にとっては左翼はあくまで「祖国の内なる敵」であったから、この危惧は一九一二年の選挙での勝利の後に新たに拍車をかけられ、一九一二―一三年の軍備論争ならびに軍備計画に影響を及ぼし、社会民主党のなかではノスケ路線がつとに小リープクネヒトの軍国主義批判に対立して確かな地歩を占めていたにかかわらず、将校団の危惧は一九一四年までついに静まることがなかったのである。

5.2.2　社会的構成と行動コントロール。はじめは自由主義的‐市民的な、次いでは社会主義的‐プロレタリアート的な危険による脅威というこの感情は、一八四八年いらい職業将校のもとで根付いていた。ここには、「軍隊とはいまやわれわれの祖国である。けだしここにのみ不純な、はね上り分子が……まだ侵入していないから[20]」、というローンの標語が妥当した。この標語によってその後人事政策が規定され続けた。それゆえに首尾一貫してモルトケは憲法紛争のなかで市民の将校志願者の閉め出しを要求した。「なぜかというと、彼らは軍隊のなかで守らねばならない信念をもたらさないからである。何も変更してはならない[21]」、と。信頼し得る者とみなされたのは貴族の子弟、とりわけその幼年学校出身者であった。貴族の子弟を優遇し、また悪い影響から遮蔽することが肝要とされた。一八七〇年に将軍フォン・シュヴァイニッツはこう判断した。「われわれの力は、将校の地位を占めるべきわれわれのユンカー人材が枯渇するところで、限界にうちあたる」、と。ビスマルクは答えた。「私はそのこと〔ユンカー人材の枯渇〕を口にすべきではないが、そのことを念頭において行動してきた[22]」、と。

その後この線に沿ってフォン・ヴァルダーゼーも一八七七年に「カースト精神をわれわれのもとでもっとおし進めることが望ましく、われわれ将校身分を自律的身分として他の諸身分からますます区別すること」を要求した。けだし「他の諸身分に対して距離をおいて、将校身分の強固な共同体を形成すること」によってのみ、軍隊を「無産者の有産者に対する」闘争にそなえて攻撃力あるものとして維持するという目的が達せられ得るからである、と。当時すでにフォン・ヴァルダーゼーは「国民皆兵制」を放棄することを要求していた。というのは「職業軍隊のみが現存の社会状態全体の全面的崩壊を阻止する」ことができ、——あるいは「簡潔に言うならば……ためらいなしに、求められるやただちに賤民どもをひとまとめに射殺する」からである。「かくしてわれわれは戦士カーストを持つべきであろう[23]」、と。この社会的な排他原則の概要をシュリーフェンも一九〇〇年に明確に支持した。そして一九〇三年には陸軍大臣フォン・アイネムは、将校の「不足」は「出自への要求をすくなくすること」によってのみ解消され得る、と確言した。「だがそのようなことを勧めるわけにはいかない。なぜなら、そうなればわれわれはより大規模に、民主的なまた身分不相応なその他の分子を採用することを阻止できなくなるからである」、と。(24)

そのような社会防衛的な指導観念に規定された人事政策の結果は、統帥部のさまざまの機関が信頼し得るユンカーの優位を確保しようといかに猛烈に努力したかを証明している。一八六五年にはプロイセンの全将校の六五パーセントが貴族であったが、一九一三年にもなお三〇パーセントがそうであり、しかも彼らはほとんどすべての高い地位を占めていた。この年に騎兵では全将校の八〇パーセントが、歩兵では四八パーセントが、野戦砲兵では四一パーセントが貴族であり、貴族の割合は典型的に市民的‐技術的な工兵でのみ六パーセントにとどまった。プロイセンの全連隊の六二パーセントにおいて将校の五八パーセント以上が貴族の将校であり、一六ヵ連隊はまったく貴族だけからなる将校団を有していた。近衛部隊では一九一三年に市民出身の将校は五九人以下（一九〇八年にはわずか四人）であった。一九〇〇年には陸軍大佐以上の全階級の六〇パーセントが貴族によって占められており、一九一三年にもなお五三パーセントがそうであった。歩兵将官一九〇人のうち一九〇九年には三九人のみが市民出身であり、陸軍少佐の半数が貴族であった。参謀本部では一八八八年には二三九人、また一九一四年には六二五人の将校が所属していたが、そのうちではプロイセンの――大ていは貴族の――将校が四分の三をもって最大部分を占めていた。(25)一九一三年にいたるまで、プロイセン陸軍の重要な諸階級において――したがって帝国陸軍の中枢部においても――貴族が支配していたのである。だが見まごうべくもなくその割合は現有兵力の増大と共に低下していった。

それゆえに、一九一三年の大軍事改正法にかんする論争もまた直ちに将校団の社会的構成にかんする論争へ発展したのである。参謀本部ではとりわけ市民出身の作戦専門家のルーデンドルフがシュリーフェン計画の要求にこたえて三軍団の増強を主張したが、この参謀本部に対して陸軍大臣フォン・ヘーリンゲンは伝統的な貴族の稜堡を防衛しようとした。いま「現員のほとんど六分の一ものプロイセン軍隊の拡大が」要求されるならば、「徹底的な措置が……立ち入って吟味され」ねばならないであろう。けだし、「将校団を……それによって民主化にさらすであろうような、将校団の補充にあまり適していないような階層をも取り込むことなしには」、「法外に高められた要求は満たされない」からである、と。[26] 貴族的な軍事内局に支持されて、陸軍大臣はその拒否的態度を大筋において貫いた。たとえば対ロシア政策（7.2）におけるばあいと丁度同様に、軍備拡張のばあいにも、いわゆる軍事的必要は実現されなかった。政策決定を規定したのはむしろ国内における社会的権力闘争であった。マルヌの戦闘においてこの三軍団の欠如が帰趨を決したといって非難された。この軍事的攻撃力が欠落した原因は帝国議会の抵抗にではなく――帝国議会は終始協賛の用意を示していた――プロイセン－ドイツの社会的な権力配置と、それにともなう危惧や不作為に求められるべきである。極度の不信をもって市民は潜在的民主主義者とみなされ、ユダヤ人公民は絶対的に斥けられさえした。一八七八年から一九一〇年にいたる期間にプロイセン陸軍にはユダヤ人の職業将校は一人もおらず、一九一一年には全部で二一人のユダヤ人の予備将校がいたにすぎない。ここに「第二級の市民」にかんするラーテナウの言葉の正しさが証明されていた。陰に陽に、いずれにせよ有効に実践された反ユダヤ主義はあくまで帝国の将校団の特徴であった。この領域では国民社会主義はのちに国防軍のなかではじめてタブーを犯す必要はなかったのである。

ただ将校政策だけが一義的な選択規準によって規定されたのではない。軍隊は、下士官や兵員の補充にさいしてさえ、同様の観点にもとづいて処理しようとした。たとえば一九一一年にはドイツの人口の四二パーセントが農村に居住していた。だが国民皆兵制にもかかわらずこの年に全新兵の六四・一パーセントが農村出身者であり、二二・三パーセントが主として農村的性格の争えない小都市出身者であった。わずか六パーセントが大都市出身者、七パーセントが中都市出身者であるにすぎなかった。[27] ここでも軍隊は、数世紀にわたって内面化されてきた農村住民の臣民根性に依拠しつつ、傾向的に「赤い」都市住民の割合をできるだけすくなくしようと試みた。都市住民に対しては、伝統的な兵士虐待の方法が、社会民主党の議員によって世間に暴露される危険を犯してさえ行使され得た。以前から領主層に対する従順に慣らされていたプロイセンのインストロイテは、これに対して、新兵として比較にならないほど好んで「割り込」まされた。さらにインストロイテは、その「戦争神学」と王権主義的な説教とによって、国王ならびに皇帝であり、最高教父《ズムエピスコプス》ならびに大元帥でもある者の軍事的世界秩序の権威的構造を下に向かって正当化したところの従軍牧師によって、きわめて容易に捉えられた。

あらゆるレヴェルにおけるこうした人事政策のほかに、なお種々の制度が新封建主義的な道徳通念や社会格差の意味における行動コントロールを保証したものと考えられる。決闘は一九一八年にいたるまで将校たちの間で紛争を調停するための非公式に規定された形式であった。この古代的な儀式を拒否すれば、軍隊から閉め出されたのである。名誉裁判所は内部の係争問題に取り組み、決闘を要請した。一九一三年になおプロイセン陸軍省は、この名誉裁判所をもっぱら国王の統帥権のもとに立つものと決定していたのである。帝国議会のあらゆる権限要求はきびしく拒否された。本来の軍法会議はあくまで秘密であり、かつ民事裁判所を排除するやり方をとっていた。そしてそこでは将校団精神と過誤に対する連帯責任とが大文字で書かれていた。兵員が服務規律に違反したばあいにはきびしい拘禁刑に処せられ、いくつかの係争事件では後備軍軍人でさえ懲役刑に処せられたのに、将校たちは法の前での原理的不平等のなかで拘禁を免れていた。社会民主主義的批判、とりわけカール・リープクネヒトが多くの不公平を発見したとしても、この「軍服《ケーニヒスロック》への攻撃」は激しく払い除けられ、その内容は知悉しながら否認され、見通しのきかぬ柵が軍という「帝国のなかの帝国」の前でかたく閉ざされたのであった。

火鏡に映るように、軍人のこの特殊な地位は大戦勃発直前の、一九一三年のツァーベルン事件に表現された。二〇歳のある陸軍少尉がエルザスの駐屯市ツァーベルンで地元住民を侮辱し、これに対して暴力行為を行うように新兵を唆かした。事件は世間に知れわたり、帝国全体にセンセーションを巻き起こした。憤激が高まったために、武装した巡察隊が投入され、巡察隊は勝手きままにツァーベルンの市民を拘束するにいたった。プレス・キャンペーンはいまやデイリー・テレグラフ事件以来の高揚に達した。ベートマン－ホルヴェークに対する不信任決議を可決した帝国議会での鋭い衝突は、多くの新聞と同様あからさまに、文民官庁の、さらに広くは文民である市民の、軍人に対する完全な無力についての幻滅をあらわしていた。その幻滅は、ふざけた軍法会議の手続きによる責任ある将校の無罪判決によって、さらに際立たせられた。「ツァーベルンの予兆」は、帝国の構造的な憲法危機を暴露したが、そのさい陸軍は極限事態のなかにあって、国法上の保証を顧慮することなしに、ましてや純粋の政治的理性を顧慮することなしに、特殊な地位を高慢に擁護することができた。帝国司法省においても陸軍省においても、この処置にはなんら法的根拠がないということは明らかであった。だがそれにもかかわらず陸軍大臣フォン・ファルケンハインは、帝国宰相をして軍部を擁護せしめるよう強制する力を持っていた。帝国議会の無力と軍部のあけっぴろげな思い上がり、議会内反対派の急速な崩壊と伝統的な軍制の擁護――これらすべては、一九一四年以前の憲法の現実と、市民の抗議を決定的に弱体化せしめた社会軍国主義の帰結とを明示していた。(28)「帝国直属領」の土壌のうえで軍事的半絶対主義は、帝国没落のわずか数年前のツァーベルン事件の間、その真の相貌をあらわした。この仮面剝奪のうちに事件の本来の意義があるのだ。

5.2.3

「小市民的心情軍国主義の動員」(29)。陸軍は武装した「国民の学校」であると考えられ、本来の任務のほかに、つねに新たな新兵世代の教育と教化のために、兵営をこえて活動した。それは徹底的かつ多様な仕方で市民の政治的社会化に関与した。その限りでは、兵役や社会軍国主義を、規律を普及させ支配諸関係を確保するいまひとつの手段としての教育諸機関とのかかわりにおいても論ずることが重要であろう。そのさい、いまや、もっぱらいっさい軍事的なものの聖化をともなう諸学校の教材ではなく、独自の諸機関について考察すべきであろう。地方のレヴェルでは、たとえば原則的にすべての「満期兵たち」を市民生活への復帰の後に組織しようとしたところの在郷軍人会が注目に値する世論形成要因であった。一九一〇年には一万六五〇〇だけのプロイセンの在郷軍人会に一五〇万人もの会員が所属していた。一八七三年に二一四の会と二万七五〇〇人の会員とをもって発足した「ドイツ在郷軍人会」は、一九〇〇年頃には一〇〇万人の大台に乗り、一九一〇年には一七〇万人の会員をさえ擁していた。さらに「キフホイザー在郷軍人会」には二五〇万人もの人びとが組織されていた。加うるに上部組織に属していない多くの在郷軍人会があった。すべてに共通であったのは、注意深く育て上げられた、戦闘的に反社会民主主義的で、しばしば反ユダヤ主義的でもあった基本姿勢であった。ビスマルクはこの在郷軍人会を内政上の煽動の道具に機能転化させる可能性をいちはやく認識し、「国家を脅かす諸努力に対する」在郷軍人会の「強力な防衛機能」を利用した。この特殊な団体組織において政府はつねに「帝国に忠誠な」支柱を保持した。その後さらに「ドイツ青少年団」や「国防青少年団」のような疑似軍国主義的な青少年諸団体がこれに付け加わった。そして、「艦隊協会」や「国防協会」の支持者――「帝国に忠誠な」集団として選挙戦にも動員される——を算入するなら、軍隊は一九一四年以前に、本来の部隊を含めて、すくなくとも五〇〇万人のドイツ人を、すなわち成年男子と青少年全体の六分の一を、把握していたことになる。(30) 帝制ドイツ社会における、広範に分肢した影響可能性をもつ軍部の意義を評価しようとするなら、こうした数字をも実感し、その背景にかくれた影響力や集団心理をありありと思い浮べてみなければならない。

5.3　艦　隊

帝国の後半期において、ドイツの艦隊は予想もしなかった意義を獲得した。この時以来ドイツの軍備政策ならびに軍事政策はつねにまた艦隊政策でもあったのである。たしかに七〇年代以来すでにドイツの艦船が、帝国主義的膨張を擁護すべく、東アジアや太平洋やアフリカ周辺に投入されていた。しかし、そのばあい投入されたのはもっぱら小型巡洋艦と砲艦だけであった。たしかにまた一八八九年には、先行する他の帝国官庁と並んで帝国海軍省もまた成立していた。だがそれはベルリーンにおける政策決定の中枢のなかでは無力なものにとどまっていた。けれどもその後、一八九八年以来のドイツの戦闘艦隊建設は深い切れ目を意味した。それは、一九一四年にいたる帝国の内外政策の路線を根本的に規定したところの、きわめて重要な発展に寄与した一連の諸条件の所産であった。そのさい、おそらく真っ先に目につくのが、ヴィルヘルム時代の主要な立役者の一人であるアルフレート・フォン・ティルピッツの人となりである。彼ははじめ魚雷艇隊建設の責任者であり、一八九二年から一八九五年までは海軍最高司令部の参謀長を勤め、とりわけ東アジアにおける帝国主義に関与し、これの注意深い観察者であったが、一八九七年に帝国海軍省の新長官に任命された。彼が一種の行き過ぎた管轄省への献身《レソール・パトリオテイスムス》から艦隊建設をおし進め、ついには伝統豊かな陸上戦力との差をつめるにいたったと考えるのは、まったく誤った想定である。彼の熟慮は他の目標を狙っており、艦隊政策の実践はいずれにせよ、ただちに次の二つの機能が支配的になるような状況へ導いたのである。

1・競合する諸国家、とりわけ当時世界最強の海軍国であったイギリスに対する対外的戦闘任務。防衛的な冒《リ》険《ジコ》思想という後年展開させられた形態は、この任務をいくらか軽減するはずのものであった。この威嚇戦略にしたがって、ドイツの艦隊はみずから、最強の敵に対して、その敵が単独では圧倒し得ないほどに、強力にならねばならなかった。だが、その攻撃的な目標設定によれば、艦隊は「常備の《イン・ビーイング》」権力手段として、もしくは緊急時に出動して反抗を打ち破るための権力手段として、海外市場を開拓し開放し、もって経済的利益を保障する目的に奉仕すべきものとされた。

2・だが、当初よりこれと最も緊密に結び付いていたのが、社会帝国主義（Ⅲ・6）という意味における内政的戦闘手段たる機能である。ティルピッツや皇帝を含むその促進者たちの意図にしたがえば、艦隊はとりわけ重工業や造船工業、さらにまた労働者層の物質的利益の充足を助け、それと同時に——部分的にはその帰結として——市民層とプロレタリアートとの政治的な権力要求を抑止し、伝統的な権力構造を安定化すべきものであった。その社会的基盤すなわちとりわけ、具体的な工業的利害と市民の艦隊熱狂との融合は、八〇年代のビスマルクの帝国主義の社会的基盤よりもはるかに広かった。艦隊建設のためのもろもろの発注は、すくなくともその心理的効果から見て、景気政策的に長期にわたり安定化的に作用した。艦隊はドイツの世界強国をめざす努力を象徴的に体現しており、ナショナリズムのエネルギーを自己に結び付けており、補償を与えつつ内政上の諸問題を外へそらせるという意味でも、「国民的」任務と一体化することを可能ならしめた。ヴィルヘルム主義のもつ独裁君《ツェーザリ》主制《スティシュ》的傾向が艦隊とこのうえなく緊密に結び付いていたのは、決して不思議ではない。「怖れられた議会主義化に対する対錘として、人民投票的な仕方で基礎づくりをされた艦隊帝制《フロテンカイザートゥム》」[31]は、最も近代的な武装技術の外面の背後で、政治的社会的な近代化の社会防衛的阻止に奉仕した。艦隊政策はこうしてつねにまた社会安定化政策《ゲゼルシャフツポリティーク》でもあったのである。

ティルピッツはすでに一八九五年に次のように論じていた。一八七〇―七一年の威信が消耗し尽されて後に、「ひとつの目的、ひとつの愛国的結集のスローガンを求める国民の一種の要求」があらわれた、と。すでに八〇年代のビスマルクの帝国主義はそのことを考慮に入れようとしていた。だが、社会的に見て重大な帰結をともなう工業化や一八九〇年以後の社会民主党の政治的興隆と共に、問題はさらにさし迫ったものとなった。「不毛の社会政策的ユートピアに対する健全な対錘」を創り出した、「国民政策的問題の討論への高揚」が、艦隊煽動を通じて再び訪れるはずであった。戦闘艦隊を主要手段として、内政上の危機に対応する戦略が、ティルピッツの脳裡に浮かんだ。すなわち、戦闘艦隊の助けを借りて「世界政策」が遂行さるべきであった。けだし、この「新たな偉大な国民的課題ならびにそれと結び付いた経済的利益」から、彼は、その古典的定式化の謳うごとく、「教養ある社会民主主義者や無教養な社会民主主義者に対する強力な緩和剤」[32]を期待したからである。そのさい、この政策の、それどころかすでに艦隊煽動それ自体が単独でももつ、国民をイデオロギー的に統合する効果が、海外における期待された具体的利益と同様に、重視された。それというのも、この政策が帝制ドイツの階級社会の国内的な権力闘争ならびに焦眉の諸問題をそらす誘導手段であったからである。それゆえに、この戦闘艦隊政策の代表者たちにとっては、狭義における市民社会の階級構造の維持が主要目的であり、その決定的な社会的準拠集団をなしたのは有産ならびに教養市民層であった。彼らの地位は「下からの」政治的、社会的な脅威に対して擁護されねばならなかったし、一方それと同時に前工業的なエリート、とりわけ東エルベの地方土地貴族が直接的にではなく間接的に、反動的な結集政策が与える補償的な利益を通じて、「厭うべき艦隊」から利益を得た。艦隊政策は決定的な共鳴板を市民層のなかに見出した。そして帝国海軍省は、市民層が艦隊のなかに「自分たちの」兵科を見出し、かくしてまた陸軍のなかで平等権が閉ざされてしまったことに対する代替物を見出すよう、彼らを支援したのである。

対外的ならびに対内的防衛というこの二つの任務のための前提を形作ったのは、巡洋艦隊から戦艦隊への移行であった。そのさい重要であったのは、アングロサクソン諸国における新「海軍主義」のおそらく最も影響力の大きい予言者であるアルフレッド・T・マハンによって歴史的イデオロギー的に正当化されたところのまったく国際的な発展なのであった。マハンの著作は、ヴィルヘルム二世がはっきりと要請したこともあって、ドイツ海軍将校の必読文献となっていた。マハンの『海軍力の影響』(*Influence of Seapower* 〔*upon History 1666—1783*, 1890〕)はティルピッツの「海軍聖書」であった。(33) この綱領的な軍備改造要請の根底にあったのは、先例のない大口径の大砲を装備した、重装甲の戦艦が、公海上の会戦や沿岸都市砲撃において、将来支配的になるにちがいないという、一八九四—九五年の日清戦争で確証された想定であった。それゆえに、ほぼ同じ時期に(一二年以内に)、アメリカ合衆国、ドイツ、日本を含むすべての海軍諸列強が、大型装甲巡洋艦を建造し始めた。ティルピッツが、その諸計画をもってこの潮流に棹さしたとき、帝国はかくて現代艦隊政策の先頭に立ったのであると論じたのは正しい。新しい戦艦艦隊のこのうえなく高価な建造は、陸軍の財政需要との競合のなかで行われねばならず、しかも他方では戦勝に輝く伝統による支えが欠けていたから、帝国海軍省はまったく現代的なスタイルを持った、

議会的 - 政治的影響力や大衆動員的プロパガンダや意図的な世論操作を繰り拡げ、このように動員された世論と協同して帝国議会において増大する予算の承認を獲得しようとした。技術的な意味では、「艦隊協会」や煽動好きの「艦隊教授連」、また新聞や雑誌、代議士や政党との帝国海軍省「広報」部のこの新種の協力は、疑いもなく成果をあげた。もとより、それがとてつもない政治的なコストをもたらすものであることがはやばやと明らかになった。

さしあたって、一八九八年の第一次艦隊法においては、六年間の建造計画が実施されたが、これによればそれぞれ八隻の戦艦からなる二戦隊が発生するはずであった。実際にはこのばあいには、暗黙の、だがティルピッツによって意図的に追求された、予算永続化《エーテルニジールンク》が問題であった。というのは、この艦数はそれ以降、臨機に必要な補充建造の法定期間——それについては海軍が決定した——によって、現代的水準に維持さるべきものとされたからである。そこに、いわゆる限定された目的を追求するばあいのティルピッツやその協力者たちの政治的心理的な熟達さが示された。だがすでに二年後には、一九〇〇年の改正法が、あからさまに海上世界強国の地位へ向かう進撃を要請した。すなわち帝国海軍省は、それぞれ八隻の戦艦、二隻の旗艦、八隻の大型巡洋艦、二四隻の小型巡洋艦からなる四戦隊、ならびに大型巡洋艦三隻と小型巡洋艦一〇隻とからなる一国外巡洋艦隊に固執して譲らなかった。それだけで量的ならびに財政的にすでに巨大な負担であった。とくに帝国議会はその他に一七年間にわたる建造計画を多数の支持によりすでに決定していたのだからなおさらのことである。だが質的に見ても、世紀の交のこの構想は、新しい種類の要素を意味した。この強行された艦隊政策と関連して「冒険思想《リジコ》」が全面的に展開したが、それと共に戦艦建造のうわべだけ隠蔽されていたにすぎない攻撃的要因も目に見えるものとなり、同時に社会帝国主義的側面が、数十年にわたって過大の要求をする「ティルピッツ計画」のなかにも、煽動のなかにも、明瞭になった。ブルジョア自由主義諸政党の支持はまったく強力なものとなり、戦闘艦隊建設は自由主義左派にまで及ぶ賛同の波によって支えられたのである。ドイツ自由主義のかの座礁した船首像たるフリードリヒ・ナウマンは、当時なおそのプロテスタントの牧師職にふさわしく、とりわけ絵のように美しい義化を行った。彼は九〇年代にその「うれしげなティルピッツ信仰」（Th・ホイス）の擁護のためにこう書いた。「私はイエスが、行け、建艦せよ、そしてそれを用いずにすむよう神に祈れ、と語っているのを聞く思いがする」と。[34]けれども、このような軍備信仰が第一次艦隊改正法を決定的にしたわけではなかった。たしかに艦隊プロパガンダは油が乗っていた。一五年後にベートマン‐ホルヴェークは、この「排外主義的傾向鼓吹政策」は民衆を「艦隊の……建設支持者」たらしめるために必要であったと判断している。[35]だが煽動だけでは不十分であった。すでに一九〇〇年三月にベルリーン駐在アメリカ大使館付海軍武官は、ドイツにおけるひどい権益政策についてはすでに故国で教えられてきたことを認めて、こう述べている。その権益政策の勢力配置にもとづいて「増強された艦隊法案が通過するであろう。そして農場主はその利害の保護のために譲歩を獲得し、できれば将来の通商条約に具体化されるところの農産物輸入に対する関税率をかち取らんがために、彼らの艦隊法案支持を利用している」[36]と。この当時、内閣ではすでに長年にわたって、保護主義の新たな強化のための準備作業が進んでいたのであり、その保護主義は次いで一九〇二年のビューローの関税率において実現された。事実、艦隊改正法と関税率とは帝国議会多数派が紐で結わえ上げたひとつの包みに他ならなかった。すなわち、市民層と重工業とに対しては艦隊建設が、大農場主に対しては改善された保護関税制度が認められたのである。艦隊改正法と関税率とは共同して、ミーケルの結集政策の成果を確証した。艦隊政策がほかならぬこの結集政策を生み出した。そして、艦隊改正法と関税率とは共同して外国貿易政策ならびに軍備政策の面で、一九一四年にいたる転轍を行ったのであるが、それらはいずれも、国内の体制安定化の優位のもとに立って、まったく特殊な利害に奉仕していたのである。この利害は――「生産的諸身分のカルテル」というビスマルクの伝統に結び付きつつ――国民的デマゴギーでもって、多方面へ影響を及ぼす外政上の決断を、内政上の闘争措置のための道具と化したのであった。(37)

一九〇六年の第二次艦隊改正法は、いまや帝国が、ドレッドノート型戦艦の建造に移行した限りにおいて、深い切れ目を意味していた。この新型の強力な大戦艦（約二万五〇〇〇登録総トン数、三〇―三八センチ砲を装備し、二一ないし二八海里の高い航行速度をもつ）――これはイギリスの造船所が、ドイツの艦隊建設に対する応答として、一九〇六年までに開発していた――を通じて、旧来のすべての装甲艦がある程度までは格下げされてしまった。軍備競争は異常に激化した。というのは、イギリスが結局はドレッドノートによってのみその優位を維持し、ドイツは類似の戦艦によってのみイギリスの優位を縮めることができたからである。ティルピッツの前提のうち三つが、すでにこの時までに誤りであることが明らかとなった。すなわち、イギリスはドイツの建造テンポをより現代的な艦艇によって凌駕することが十分にできた。またイギリスはその政治的孤立をも克服したが、一方ドイツの財政状態は、まさしくドレッドノートが新たな要求を提示したときに、改善されないで悪化しており、それと同時に外交上の活動の余地が狭められたのである。だが、自由主義左派まで含めて多数派が形成されており、彼らは（従来の「主力艦」に対する代替艦としての）ドレッドノートの建造のほか、三隻の新しい戦艦と六隻の大型巡洋艦とを承認したのである。

次いで一九〇八年の第三次改正法は、すべての主力艦の耐用年数を二〇年間に短縮し、それによって新型艦がより速やかに就役させられ得るようになった。それと同時に「四隻テンポ」（一九一一年まで毎年四隻のドレッドノートの建造）が導入された。なるほどそれは完全には守ることができなかったが、それでも一九〇八年から一九一三年までに一四隻の戦艦と六隻の大型巡洋艦とが造船台から進水した。イギリスとの海軍交渉は、海軍管轄領域におけるこの相対的な成果のゆえに、一九一二年に挫折した。ティルピッツは、建造計画の自己運動といわゆる軍備政策上の必要とをたてにとった。こうして、彼は、イギリスの譲歩を不十分であるとしてしりぞけた決定的瞬間において、ベートマン－ホルヴェークに対立して自説を貫いた。ベートマン－ホルヴェークは退任すると脅してまで、双務的な軍備縮小という意味でのロンドンとの調停を断乎目指していたのである。

帝国指導部は交渉のこの結末に対して、新たな第四次艦隊改正法によって答えた。三隻の新たなドレッドノートと二隻の小型巡洋艦とが、第五戦隊を編成し得るようにする目的をもった改組と共に、帝国議会で承認された。陸軍法案のさいと同様、大きな多数派が形成されて、その優位にもとづいてこの艦隊改正法案が貫かれた。すなわち戦前の最後の数年間には軍備予算の六〇パーセントが艦隊建設へと流れたのである。それゆえ一九一四年には独英の艦隊は一〇対一六の比率となった。つまりベルリーンが望んだ二対三の比率にほとんど等しくなったのである。内政的には艦隊は、世紀の交にそれに寄せられたような多幸症的期待をたしかに満たさなかったけれども、結集政策を支えた。しかし、艦隊は階級対立を決定的に緩和し得なかった。こうした機能喪失は、さらに「平和的手段によるヴィルヘルムの社会帝国主義が破産したこと」(38)を意味していた。外政的には艦隊の効果は致命的としか言いようがない。つまりフランスやロシアとの間にはもはや実現され得なくなったところの(Ⅲ．7)協調が可能だったであろう唯一のヨーロッパの強国たるイギリスとの関係が、結局は回復し得ないまでに傷つけられた。シュリーフェン計画を別としても、反英的な切っ先をもって戦闘的に主張された艦隊政策は、ロンドンにこのうえない疑惑の念を起こさせ、その死活にかかわる利害を脅かしたにちがいなかった。軍事的には戦闘艦隊は壮大な失敗であることが明らかとなった。というのは、それは戦争の経過を決定し得るような影響力を一度ももち得ず、ましてや中欧諸国のためには役立ち得なかったからである。スカゲラク海戦の引き分けに終った決戦の後に、艦隊のなかには、一九一八年一一月に爆発したような気分が鬱積していったのであるが、軍事的に挫折した男である海軍元帥フォン・ティルピッツは、一九一六年三月に退任して後、一九一七年に、早期ファシズム的な「ドイツ祖国党」を設立することによって、彼の社会定安化政策的構想の枠内では首尾一貫した一歩をあゆんだ。

6．帝国主義

西洋の帝国主義をここでは、工業諸国がその社会経済的‐技術的‐軍事的な優越にもとづいて低開発諸地域において行使したところの、かの直接的‐公式的、または間接的‐非公式的な支配と理解するが、この西洋の帝国主義は複合的な現象である。この現象は、あらゆる否定しがたい連続性にもかかわらず、帝国主義を旧ヨーロッパの植民地主義から区分するところの、工業化という普遍史的な句切りを前提にもつ。そして、ここでもまた――序論ですでに一般的には素描しておいたが――相互に交叉し合う中心的諸問題を分析することを許すような理論的枠組みのなかで最も示唆的な仕方で論じることができるのである。

1．帝国主義をたんにまったく一般的な意味で、いわゆる「経済」や「工業化」なるものと結び付けるだけでは、今日ますます不十分だと言わねばならない。けだし、そうした叙述や発言がなされ勝ちだけれども、それはあくまでも一般的であるがゆえに余りにも漠然としており、たいていはまた成果を生まないからである。むしろ、できるだけ具体的に、膨張する諸国家の工業経済ならびに農業経済の成長を把握することが肝要である。その歴史的性質から見て成長は不均等にすすむ。それゆえ上昇する永続的な発展の長期的趨勢は、一局面をあらわして見せるだけである。だが成長停滞（リセッション、不況、季節的な変動）、周期的変動（四〇ヵ月の「キチンの循環」、一〇—一一年の「ジューグラーの循環」、二〇年の「クズネッツの循環」、もしくは「コンドラチェフの」長期波動さえ）、要するに、ブーム—恐慌—崩落—不況—回復というこの不安定なリズムは、同時代人にとって、さらに歴史的社会科学者にとっても、激しすぎる振動を数学的統計的にぬぐい去った没個性的な長期的趨勢よりも、たいていはより重要なのである。(1)

2・経済過程の前提に属すると共に、経済過程の顕著な随伴現象ならびに帰結にも属するところの社会変動は、それぞれ特殊な社会構造として把握されねばならない。そのさい、とりわけ社会的な勢力配置の変化ならびに国民的な階級構造の持続が研究の中心となる。これと結び付いているのが、

3・権力チャンスの獲得、維持、拡大をめぐる政治闘争、すなわち支配体制の内的ダイナミズムの分析である。そのさいひとは、とりわけ体制維持の優位もしくは体制変革の優位のもとで闘い抜かれる対決との関連で、帝国主義を防衛的な支配安定化のための戦略ならびに手段として、解明することができる。そのさい内政と外政とは同一の社会安定化政策の両面《ファセッテン》となる。ついでこの脈絡のなかでイデオロギー（たとえば社会ダーウィニズム）の作用もまた規定される。このイデオロギーは準自律的な要素としては理解できないし、また思想史的研究によっても十分には把握し得ない。このようにして西洋列強の帝国主義的膨張のおどろくべき同時性と同質性もまた、きわめて容易に理解されるのである。というのは、決定的な推進諸要因をそれぞれ特殊な国民的衝動に帰せしめるならば、歴史的個性原理のこのドグマ化は徹底的な誤りをもたらすからである。けだし、このドグマ化は、構造的共通性に照らしてその説明能力を示し得るところの比較分析を、まったく阻止してしまわないまでも、困難にするからである。

6.1　不均等な成長と支配の正当化——社会帝国主義

帝国主義をそうした観点から論ずるとき、経済成長の問題に関連してとりわけ二つのことに注意する必要がある。工業経済の史上未曽有のダイナミックな力は、その後長く内在的強制のシステムとして感じられたところの推進力を解き放った。実用主義的な膨張主義がそれに対応したのであり、この膨張主義は、非公式に、もしくは植民地的な地域支配を通じて、保護された市場を拡大させた。だがそのさい、（ほぼ一八九五年までの）不況帝国主義をそれに続く好況帝国主義から区別したり、いわんや景気の発展との結び付きを全面的に否認したりすることはできない。なぜかというと、経験的に言って現代帝国主義の生成は分かち難く——しかも主観的には当時の行為者たちの意識のなかで、だが客観的にも今日の帝国主義研究にとって——景気変動と結び付いているからである。そのことはドイツの膨張だけでなく、同時にアメリカ、フランス、ベルギーの膨張にとっても、また——通時的な移相をともなって——イギリスの膨張にとっても妥当する。さらに、一八九六年から一九一三年までの世界経済の好況期においても決定的であり、この好況期と不況期との両局面に共通していたのは、利潤獲得のチャンスの合理的予測が相変らず困難であり、したがって外国貿易に執着し、それどころかこの執着をイデオロギー化へすら導いたような過度の外国貿易への期待を生み出すといった、不均等成長の経験なのである。好況期は実際、決してブームの中断なき連続を意味するものではない。——一八九六年以後も、一九〇〇—〇一年、一九〇七—〇八年および一九一三年には恐慌や部分的には不況が景気の回復を中断し、均等に上昇する成長の存在しないことを手痛く思い出させた。それゆえに、当時すでに計算できたし、今日ますます計算し得るようになった植民地の損になる商売だけが、あるいは寄生的な利益集団の少なかったり法外に多すぎたりする利ざやだけが、歴史的にみて唯一の示唆的なもの、ましてや決定的なものなのではない。それに劣らず重要なのは、政策決定過程に関与した者にとっては、地球上の発展途上諸地域が販売‐投資のチャンス、したがって国内の経済過程に対する安定化の可能性を提供するように見えたという事実である。それゆえ実用主義的な膨張主義は、経済的な持続的好況とその操舵とを探し求めつつ、不均等発展を制限しようと試みた生成途上の干渉国家が、それによって反循環的な景気政策の初期形態を見出したところの行動の一部分をなしていた。国家に保護された輸出攻勢ならびに外国市場の獲得は――次いで「非公式の帝国」や植民地的な領域支配へと導くことができたのであるが――その受容能力が長らく過小評価されてきたところの、ようやく徐々に開花しつつあった国内市場を背景として、経済的繁栄の再獲得ないし維持を目指していた。国の物質的福祉は、さまざまな形態の効果のある膨張に（たしかにまたつねに、同等に発展した国々との交易にも）依存せしめられた。また、たとえば将来にそなえた併合という方法で将来チャンスを確保しようと努力した予防《プロフィラクティシュ》的帝国主義もまた、国の物質的福祉に奉仕したのである。

だがつねに経済的な動機の束というものは、それが経済理論によっていかに絶対化されようとも、帝国主義の推進力の一部分を形作ったにすぎぬ。むしろこの拡大には、終始、社会的現状《シュタートゥス・クヴォ》と政治的権力構造とを成功した帝国主義によって正当化しようという期待や断乎たる意図が結び付いていた。そのような社会帝国主義の意味では、とりわけドイツの海外膨張の意図と機能は、保守的な誘導‐馴致政策として――自由主義あるいは組織された社会主義的労働運動の解放的諸力が体現していたような――体制を危うくする改革努力を、外へそらせてしまう点にもあった。この社会防衛的戦略は、たえざる変動のさなかにあって現代的方法による伝統的構造の頑固な擁護を目指したところの、保守的ユートピアという対内社会的目的設定と結び付いたのであるが、この戦略は、大プロイセン的帝国のなかで、伝統的な前工業的な社会‐権力構造の維持に奉仕すべきものであったと同時に、工業‐教養市民層を「第四身分」の興隆に対して援助すべきものでもあった。その結果として多くの戦線に投入され得た社会帝国主義は、内政的に利用され得るような海外での現実の利益を約束したか、さもなくば、国民イデオロギー的な威信の社会心理的に有効な満足をもたらし得るような行動の成果——おそらくは純然たる行動主義のたんに見せかけの成果——を約束した。つまり、まさしくこの計算が、社会帝国主義をして、上から目的意識的に階級社会の諸矛盾に対処して投入することのできる統合イデオロギーたらしめたのである。それは市民層の政治活動を「補償空間」へとそらせ、市民層のためにまさしく、「現存の国家、その構造とその要求とに対する……適応が」そのうえで行われるところの「舞台」となったのであるが[(2)]、一方視野の広い大農場主たちは海外での活動プログラムをそなえた社会反動的な結集政策のうちに、自己の社会的政治的な支配者の地位を維持するための新たな保証を見出した。

支配の安定化ならびに支配の正当化の道具として、経済帝国主義ならびに社会帝国主義は現代干渉国家の創世記に属しており、したがって前に（Ⅱ・２）素描したような関連に立っている。国家に規制された資本主義のシステムのなかでは、政治的支配は、国家指導部ができるだけ恒常的な経済成長を保証しようとし、さらにかくして社会全体のために重要な安定諸条件をみずから維持しようとすることによって、ますます正当化されるようになるから、まさしくこうした機能が、社会帝国主義的政策の操作的な支配技術と協同して、持続的にドイツの海外政策の中核を形作ってもいた。政府のカリスマ的ならびに伝統的権威が疑われたのにかんがみて、はやくもビスマルクの経済帝国主義ならびに社会帝国主義は、一八七九年の新保守主義的な「連帯保護主義」（H・ローゼンベルク）の経済的利益諸集団や社会的同盟者たちのためにこの安定諸条件を改良しようとした。かくしてビスマルクの帝国主義は、国民所得の配分をめぐって一八七三年以来増大した紛争を和らげ、政治的心理的エネルギーを統合の極としてのはるかな新目標へとふり向け、その結果として国民的任務ならびに国民的利害という観念に新たな輝きを与え、総体的効果において権威的な国家の首長の地位を、それを支える特権的な社会諸集団とども、新たに強化しようとしたのである。

不均等成長の諸問題と、ビスマルクのボナパルティズム的レジームのための正当化強制の問題とは、ここでは重なり合っており――発展が示したとおり――帝国主義的路線をあからさまに不可避のものとして現象せしめた。一八七九年にいたる六年間の不況が短期間の回復によってとって代られた後に、一八八二年から一八八六年にいたる新たな不況は、この点からも衝撃的な経験（その他ではアメリカおよびフランスにおいても）を意味した。広範な、一八七〇年代末以来成立してきたイデオロギー上のコンセンサスは――それは団体や新聞雑誌、帝国議会や官僚を横断して拡がっており、だがとりわけ一八七九年の結集政策家たちの「戦略閥」（ルッヅ）のなかで支配していたのだが――、強行的な外国貿易への要求を植民地獲得を求める要求と結び付けた。両者は経済恐慌からの脱出を目指すものであったが、また社会紛争をも緩和すべきものであった。「ドイツの労働の過剰生産に対して、規則正しい広い排水溝をつくら……ないならば」と、ある典型的な予想は述べた。「われわれはすみやかに社会主義革命を迎えることとなろう」(3)と。ドイツの内的発展の「過熱したボイラー」に対する「安全弁」についてひとは好んで語った。一八八二年に設立された「ドイツ植民協会」の会長である侯爵ヘルマン・ツー・ホーエンローエ－ランゲンブルクは、「われわれはドイツで社会民主主義の……危険に対して」植民地によって「もっとも効果的に闘うことができると確信」していた。また、海外の獲得にかんして強力に行われた植民地煽動は、直接の経済的利益のほかに、「共産主義に対するもっと大きな安全」を約束した。経済的繁栄と社会的安定状態との関連は、模範像として、このイデオロギー的コンセンサスの代表者たちの脳裡につねに存在し続けたのである。

ビスマルクが外政上の状況に助けられ、経済状態を改善しイデオロギー上のコンセンサスを獲得するについてのそうした歩みの効果を確信しつつ、さらには一八八四年の帝国議会選挙を想起しつつ、数年来強化されてきた外国貿易政策と国内状況の安定化をはかる方法とをその植民政策によって補完したとき、やはり彼の念頭に浮んだのは、上述の関連であった。一八八四年から一八八六年までの短い期間に帝国は、南西アフリカ、トーゴー、カメルーン、東アフリカ、太平洋に「保護領」を獲得した。それらははじめは、国家の保護のもとにある民間のシンジケートに与えられるはずであったが、ほとんどすべてがすでに一八八九年までに直轄植民地となってしまった。というのは、利害関係者たちが当初の構想の費用の高さにおそれをなし、国家に対して金のかかる社会《インフラシュ》施設《トルクトゥール》の完成や外国の競争からの保護を求め、さらには反乱が軍事干渉を招いたからである。一八八九―九九年までには太平洋と中国で（「保護領」のあるサモアと膠州）、のちには相殺割譲によりアフリカで、なおわずかの植民地が付け加えられたにとどまる。だが同様の推進力にもとづいて世界市場に進出してきた競争者たちとの競争が激化しなかったならば、おそらく一八八〇年代にも公式の植民地支配に到達しなかったであろう。けだし、「非公式の《インフォーマル・》帝国《エムパイア》」の利点はビスマルクの念頭を一生の間去らなかったからである。その限りでは「コンゴ自由貿易圏」ならびに中国における「門戸開放」は最もよく彼の考えに合致していた。だが国内の圧力と国際競争との挾み打ちにあって、彼は保護領化政策に踏み切り、それがまもなく帝国領植民地へと導いた。ビスマルクはその特別の地位にもとづいて、なお、あまりにも危険な、つまりイギリスまたはフランスとの直接的衝突を生み出すような、植民地拡張衝動の行き過ぎを抑制する力をもっていた。たとえば若干の保護領を彼が断念したことや、カール・ペータースとその「ドイツ植民会社」との意味における中央アフリカ大帝国に彼が反対したことは、とりわけ明瞭にこのことを示している。けれども、彼はそうすることによってまた、強大な内政上の敵をもつくったのであり、その敵は彼の解任を準備したところの連合を明らかに強化した。ビスマルクの後継者たちはこの猛獣使いの役割をもはや演じ続けることができなかった。とりわけ階級社会の諸矛盾の次元もまた拡大し、この後継者たちを、ドイツ社会民主党の成長がその外的状況証拠であるところの諸問題と対決させるにいたったから、なおさらのことである。

6.2　内政としてのヴィルヘルムの「世界政策」

たんに八〇年代の経済帝国主義だけが進行方向を指し示したのではなく、社会帝国主義という支配方法もまた転轍器をおいたということが、いまや明らかとなった。工業国家ドイツの現実への部分的な適応というカプリーヴィのシーシュフォスの労働が農場主たちによってぶちこわされてのち、帝国の政治は意識的にそして絶えず社会帝国主義に拠ったのである。ミーケルの結集政策は――ミーケル自身が一八九七年に定式化したように――国民を「外へ」向け、国民の「感情を……共通の土台の上に」誘うべき帝国主義へと、「革命的要素を」そらせることのうえに成り立っていた。この機能上の便益は、ホルシュタインがこの時期に次のように論じたときに、やはり彼の念頭に（ついでながら八〇年代以来）浮かんでいたのである。「皇帝ヴィルヘルム二世の政府は外に向かっての具体的な成果を必要としており、この成果は国内にもはね返って効果をあらわすであろう。この成果は、世界史的な賭博であるヨーロッパ戦争、もしくはヨーロッパ外の獲得の所産としてのみ期待し得る」(4)と。たとえば一八九七年から一九〇〇年にいたるドイツの中国政策は、形成されつつある戦闘艦隊と同様、この戦略的考慮を計算に入れていた。また帝国のいわゆる自由主義的帝国主義者たち――フリードリヒ・ナウマンやマックス・ヴェーバー、ティルピッツの主要なイデオローグたるエルンスト・フォン・ハレや国家学者エルンスト・フランケその他多くの人びと――の脳裡にも、そうした考えが明瞭に浮かび出ていた。一方では、社会政策と議会主義化とが、労働者層に満足を与えることを通じて、強力な「世界政策」をはじめて可能ならしめると主張された。――このばあい国内改革は優越する帝国主義に奉仕するものとして機能づけられ、階級統合は対外的な力の前提となったのである。あるいはまた、他方では、「世界政策」が社会政策を物質的にはじめて可能ならしめ、またその成果を通じて一種のモラトリアムを保証するものと主張されたりした。もとより、これらの自由主義者は、たいていは政策決定になんら関与したのではなく、あらかじめベルリーンで確定されていた継続的な膨張政策の路線を支持したのである。

ヴィルヘルムの「世界政策」の本来の意義は、明らかに、この社会帝国主義の観点のもとでのみ把握することができる。「世界政策」のめまぐるしく変化する性格に目を奪われて、それの基礎に内政上の目的のために外政がまったく冷静に計算された道具と化して横たわっていたことを見失ってはならない。具体的な利害が欠如しているところでは、威信という要因が以前よりはるかに強く前面に押し出されていた。けだし――フライブルクの法学者H・レームが一九〇〇年に鋭い洞察を試みて一般に認めさせたように――「世界強国ドイツという理念のみが国内における経済的利害闘争を封じ込めることができる」(5)からである。もとより、結集政策という様式における経済的紛争の緩和だけが問題であったのではなく、すくなくともそれに劣らず、工業労働者層の参政権と社会的同権化とが問題であった。そして、その政治的代表者〔帝国の敵〕に対立して一八八四年以来の「帝国友好的」帝国主義が容易に動員され得た。「帝国国民」の階級社会への内的分裂にかんがみて、また一方での公権的国家、地方土地貴族的指導層、封建化された市民層と、他方での議会主義化と民主化とを推進する諸勢力との間の激しい緊張にかんがみて、ベルリーンの政治家たちの経験の地平には、社会帝国主義的馴致に代り得る有効な代替物はなかったように思われる。ベルリーンの政治家たちは、その防衛的な姿勢からして、政治的社会的制度の近代化を、必要な程度において欲しもしなければ、実行することもできなかったのである。このような事態は決定的なことであったが、宿命的なことでもあった。けだし、海外への不関与という意味での節度ある抑制を行うことは、（多くの人びとがそれ以来考えたように）決して彼の任意に選択し得ることではなかったからである。政治ならびに社会における緊張の結果として、社会帝国主義という信頼できる手段に繰り返し依存しなければならない体制内在的な強制が存続した。その限りにおいて、そのような「対外政策のわが国内状態に及ぼす良き影響」を期待したフォン・ヴァルダーゼーは、同時に「われわれが国内から出発して救出策を見出し得ないのは」、「不健康のしるし」であると考えたときに、事態《ネルヴス・レールム》の本質に触れたのである。だがその限りにおいて、ビューローはまた政策決定中枢から、「有効な外政のみが……役に立ち、融和し、安定させ、結集し、統一する」ことができる、と頑固に主張したのであった。(6)

　それにもかかわらず、ヴィルヘルムの「世界政策」のこの熱病的かつ冒険的に関与しようとする意志の客観的機能のみが際立っているのではなく、同時に「政策決定者たち《デシジョン・メーカーズ》」の公言した意図、したがって彼らの主観的な意図もまた表明されている。たとえばビューローはこのうえない率直さで、その広く読まれた『ドイツの政策』のなかで、戦争勃発直前になお、この「活気ある国民的政策」を「社会民主主義に対抗する真の策」として詳細に根拠づけ、かくして国内での改革政策の破産、すくなくとも近代的公民社会の創設を断念することを告白したのである。(7) ひとつの政治的行動の模範のごとく、社会帝国主義は八〇年代以来のドイツの政治のなかに刻み込まれており、ボナパルティズムのレジームからヴィルヘルムの多頭制《ポリクラティー》への急激な移行と共に、「社会構造と、産業革命にともない変化した社会状況をほとんど顧みることのなかった政治秩序との間の」伝統的な「深刻な矛盾」を、「ドイツの内部構造の時期おくれの改革」を蔽い隠した「社会帝国主義の意味における利害圧力の外への誘導」によって、「中和させようとする」「傾向が強まった」。(8) まさしくドイツの「世界政策」を、内政として、現状《シュタートゥス・クヴォ》の国内的擁護の地球大の闘技場における継続として、把握する解釈ほど説得的な解釈がどこにあるだろうか。

もとより、ここではひとつのことに注意することが必要である。すなわち、ドイツ起源の社会帝国主義がその機能上の核心において階級社会的な諸問題と時代錯誤的な権力配置との挑戦に対する保守的な回答であったのはたしかであるが、けれどもそれをセンセーショナルな操作的な要因に全面的に還元してしまってはならない。ほとんどつねに狭義における経済的利害もまた役割を演じ、海外での積極的行動を確実なものにしようと試みた。たしかに一八九七年以後の中国政策は主として内政上の手を打つための機会を提供したが、しかし膠州の「租借」と結び付けられた山東条約は中国の最も豊かな州のひとつをドイツの経済的影響のもとに確保した。それは本国で停滞した鉄道建設に、したがってまた重工業に、アジアの大市場の開発への参加を約束した。たしかにバグダード鉄道建設の政治的局面は決して見過ごさるべきではない。けれども特殊な利益諸集団にとっては（そして、このような膨張にさいしては終始この利益諸集団が重要であった）、バグダード鉄道によって心をそそる機会が開かれたのである。国家指導部がしばしば経済的利害を推進し、その重要さを誇張し、もしくは経済的利害を関与するよう文字どおり駆り立てたばあいでも、その経済的利害が海外で重さと影響力とを獲得するやいなや、やはり国家権力もまたそれに従ったのである。けれども推進諸要因の重要度を確定する問題をつきつめ、しかも同時に政策決定の量的把握を試みるならば、そのときにはもとより、社会帝国主義的要因が一九一四年以前には支配しているか、もしくは経済的計算とならんでつねに少なくとも同等のものとしてあらわれていることが明らかとなる。その後帝制ドイツの膨張政策の最終局面では、すなわち第一次世界大戦の戦争目的政策では、社会帝国主義的要因は明らかにいまひとたび優位を獲得したのであった。

6.3　帝国主義のイデオロギーとしての社会ダーウィニズムと汎ゲルマン主義

L・A・フォン・ロヒャウは、その著作『現実政治の原理』において、一八五三年に革命後の時代に対して具体的な利害状況への適応を推奨していたのであるけれども、それでもこの著者は、「理念はつねに……それを内面化している人びとがそれに賦与するだけの力をもっている」という告白に賛成していた。「それゆえに……ある国民全体を、もしくはある時代を満たしている……ところの理念は、すべての政治的な力のなかで最も現実的なものである」(9)。西洋の帝国主義時代にそのような力を獲得した理念のひとつとして、しばしば社会ダーウィニズムがあげられている。すなわち、「自然淘汰」と「生存競争」における「強者の勝利」とにかんするダーウィンの生物学上の定理の社会安定化政策的な政治生活への転用がそれである。この社会ダーウィニズムは七〇―八〇年代いらい西洋工業諸国において否定すべくもなく普及し、明らかに著しい影響を及ぼしてきたが、国民社会主義による人種主義的急進化のなかではじめて頂点に達した。社会ダーウィニズムは同時に、影響力ある理念と社会発展との分かち難い交錯についての適切な事例をも提供している。そしてイデオロギー批判的分析は社会ダーウィニズムをこのような交錯のなかへとりわけうまくはめ込むことができるのである。

この連鎖をマルクスとエンゲルスとははやくから鋭く洞察していた。すでに一八六二年にマルクスは驚嘆して、こう述べている。「ダーウィンがいかに動植物界のなかに、分業や競争や新市場の開拓や『諸発明』やマルサス的な『生存競争』をともなう、彼のイギリス社会を再認識しているかは、注目に値する。それはホッブズの言う万人に対する万人の闘い《ベルム・オムニウム・コントラ・オムネス》であり、『現象学』におけるヘーゲルを想い出させる。そこでは市民社会は『精神的な動物界』としてあらわれるのだが、他方、ダーウィンでは動物界が市民社会としてあらわれるのである」と。その後エンゲルスも七〇年代半ばに次のように書いた。「生存競争についてのダーウィンの全学説はたんに万人に対する万人の闘いにかんするホッブズの学説、競争にかんするブルジョア経済学説ならびにマルサスの人口理論を、社会から生物界へ移し換えたにすぎない。この芸当をやりとげた後では……こんどはこの学説を自然史から再び社会の歴史へ移し換え、しかもこの主張が社会の永遠の自然法則であることが、こうして証明されたのだとあまりにも素朴すぎる主張をすることは、きわめて容易なことである」と。彼らの後にあらわれたニーチェならびにシュペングラーと同じく、彼ら二人は、社会ダーウィニズムをきわめてすぐれた「市民的資本主義弁護の体系」[10]（プレスナー）として認識していた。それと同時にマルクスとエンゲルスは分析のためにひとつの枠組みを示したのであり、この枠組みに対しては今日にいたってもほとんど何も付け加えるべきことがない。

ダーウィンも、またその研究がダーウィンに『種の起源』を公刊せしめた生物学者A・R・ウォーレスも、研究心理的にみて決定的な瞬間に、マルサスの著作を通じて、彼らの進化論へ向から刺激を受けたのである。このマルサスはアマチュア自然科学者としてその考えを自然から導き出し得るものと信じていたのだ。ダーウィンやウォーレスのばあい、いわゆる学問に内在する発展についてはまったく語り得ない。マルサスをこのように逆立ちさせたダーウィンはやがて、ヨーロッパならびにとりわけ合衆国における「いわゆるアーリア人種」の興隆を、彼の理論が人間世界にも妥当することの適切な証拠であると言い張り、それどころかはっきりと社会ダーウィニズムの人種論的解釈を基礎付けたときに、みずからいわば最初の社会ダーウィン主義者になったのであった(11)。科学の高みに達したと信じたこの世界観は、疑いもなくマルサスならびにダーウィンから俗流社会ダーウィン主義にいたるこの絶えざる循環論法ののちに、まさしくそれが市民的営利生活や資本家的競争戦、企業家的絶対主義や国民的自負心を正当化することを約束したがゆえに、あれほど大きな反響を呼んだのである。実証主義の堕落現象として、この世界観は開かれた社会への希望を閉ざし、その代りに反平等主義的な社会貴族主義の鉄の法則をおいた。その機能的意義からみて、社会ダーウィニズムは支配諸集団に対して彼らの進歩との一致をも、現状《シュタートゥス・クヴォ》の必然性をも、保証することができた。同時にそれは労働者階級――あるいはまた植民地諸民族――の解放の要求を、生存競争における価値の低い劣等者の無益ないきり立ちとして片付けることを可能にする。この多面的な応用可能性が、争う余地のない自然科学的認識という後光につつまれた社会ダーウィニズムに対して、支配諸利害から生じた具体的かつ媒介された関連のなかでその力を保証したのである。それは帝国主義を正当化するイデオロギーとしてまさにうってつけであったし、ぞろぞろ続く宣伝屋の群はそれを中心諸国《メトロポールシュターテン》において活力あらしめ続けた。だが社会ダーウィニズムを一定の社会構成の脈絡から切り離してしまうと、ひとは明らかにそれを偉大な観念として自立化させてしまい、純学問上の誤った解釈であると誤解し、かくしてまさしくそれのもつ破壊力を見失ってしまうことにもなるのである。

まったく同様に汎ゲルマン主義は、このような弁護ならびに膨張のための努力の、ますます人種主義で満たされるにいたった変種として理解できる。このような泥沼の花も、一定の社会的環境のもとでのみ、かかる発光力をもって開花し得たのである。経済的集中過程と社会的両極化過程とは、「自国民が当然に享受しなければならない特権的地位のなかに」、ある点では反映していた。経済的興隆と海外諸地域の征服とは国民の「特別の自然的特性」、「それゆえにその人種的特性」のおかげであると考えられた。いずれにせよ、そこから乱暴な要求権が引き出された。その本質により世界を救済するはずであった人種論的汎ゲルマン主義から、持続的膨張のえせ学問的に「陰蔽された根拠づけ」が成立した。それはチュートン族の世界的使命という「より高次の全般的利益」への献身を要求した。この元来は限定されていた民族的思想は、「推進力として」この新たな目的へ「奉仕せしめられ」、その漠然とした輪郭のなかにはすべての人が――銀行家フォン・デア・ハイトであれ、ドイツ国粋主義者上席教論であれ、ほら吹きの軍人また中間層の植民地熱狂者であれ――その願望を投影させることができた。(12)ベルリーンの政策決定に対するその直接の影響はこれまで立証されてはいないけれども、汎ゲルマン主義は、「帝国の友」の作り出す世論のなかにあって、政府が政治的配慮から批判することのあまりにも稀であった一要因であった。とりわけそれは世論を形成する上層ならびに中間層のなかではびこり、「全ドイツ連盟」、「艦隊協会」、「国防協会」といった彼らの好戦的な組織のなかに後ろ楯を得た。明らかに汎ゲルマン主義は、後年に「民族主義者」を先へ先へと駆り立て、その際限なさを現実の敗北が償うこととなった、かのイデオロギー的混合物の有毒な一成分であった。

7. 対外政策

7.1　諸国家体制のなかの対外政策

一八六六—七一年に強国ドイツが中部ヨーロッパに成立し得たという事態は、ツァーリ帝国によっても大英帝国によっても好意的に黙認されたし、それどころかまさしく支援されさえした。新帝国が列強体制のなかにあって占めたその場所は、他の諸国がこの体制の伝統的に敵対的な構造にしたがって虚々実々のかけひきを展開した場にほかならなかった。ドイツ帝国は権力‐経済要因として覇権に近いと言える地位を獲得したが、この地位はビスマルクが「現状維持《ザトウリールトハイト》」政策を言明したために、けばけばしく強調されないですんだ。とはいえ、たとえばベルリーンが数年の後に最も重要な国際会議の場になったという事実は、重心の移動を明瞭にさらけ出したのであるが。連通管体系におけるように、一八七一年以降の国内における社会保守的な馴致政策に対応して、獲得したものを防衛するためにヨーロッパの舞台でも保守的な現状維持政策がさしあたって推進された。帝国の現状は一八六四—七一年におけるような好戦的な対外冒険《リジコ》政策によって新たに危険にさらされてはならなかったから——そして体制維持のこの保守的格律はこれをまったく許さなかったのであるが——帝国建設にともなう「脅威的な帰結」を「国際的領域において」そらせ、なによりも「列強体制のなかでの不安定な地位を平衡させ」ると同時に、「古びた社会秩序」を防衛することが肝要であったかぎり、ベルリーンに可能な一般的な行動戦略は三つ残されていただけである(1)。

第一に、競争相手である列強との軋轢を避けるか、もしくは緩和するために、伝統的な便宜主義の意味において利害領域の境界の確定を目指すことが可能であった。第二に、列強相互の利害を反目させ、さらにできるかぎりドイツの影響圏の周辺ないし、帝国主義的な膨張へそらせるという不確かなチャンスが残されていた。そして第三に、電撃的な予防戦争に訴えて仮想敵国を撃退し、あり得べき連合《コアリツイオーネン》を萌芽のうちに破壊することができた。かくして、このばあいかかる同盟《アリアンツエン》が形成される危険が、明らかに、まさしく風雲急をつげる未来に対する恐れから呪文で呼び出されることがあり得たのである。だから帝国指導部は第三の可能性を、見通し得ないリスクのゆえに、軍部がモルトケ以来この路線を繰り返し主張してきたにもかかわらず、四三年間もの間断念したのである。他の二つの構想はそれぞれに役割を果たした。周知のとおりビスマルクは永年にわたって敵対国の諸利害を周辺へそらすというその基本的構想を実現しようと試みてきた。この考えは、北アフリカやインドシナにおけるフランスの植民政策を彼が支持したことのうちに、さらにまたエジプト問題や中央アジアにおける露英紛争に対する彼の立場のうちに、一筋の赤い糸のように貫いている。だがこの最適の戦術も、海外においてドイツの利害が働らきはじめ、あるいはヴィルヘルムの「世界政策」の社会帝国主義的性格が恒常的な介入をまさしく命じたとき以降は、リスクの多いものとなった。ドイツの政策は現状維持原則を前提とする静力学をかなりはやく喪失していたから、ここでは一時しのぎを行うしかなかった。ところで利害領域の永続的確定もまた、本質的に見て、ドイツ国内の諸勢力によって挫折せしめられた。すなわち、帝国建設ののち数年も経過しないうちに、膨張しつつある産業資本主義が、現状に飽満していたいというドイツの政策のいっさいの切願をいわば内側から掘り崩すにいたったことが、ますます明らかとなったのである。たしかに公式にはヨーロッパにおいて新たな領土上の目標を狙うことはなかった。しかし、工業のダイナミックな力は至上命令をもって国家的境界をのり越えたのであり、高度工業化時代におけるドイツの外国貿易利害の質的変化は、国際政治について伝統的なものの考え方をするヴィルヘルム街の人びとがおそらくは過小評価していたような不安定要因を外政へ持ち込んだのである。周知のとおり、一八七八—七九年の独墺交渉は——それは結局一八七九年一〇月に二国同盟という最小限の成果をもたらしたにすぎなかったが——、なによりもドイツ工業経済の支配領域としての強力な中欧ブロックを生んだかも知れない、はるかに包括的な関税同盟計画をめぐって動いていた。独露経済関係は、バルカンにおけるドイツの関与の増大と同様に、一八八七年の句切りにいたるまでのこうした経済上の問題性を指し示していた。初期のドイツ帝国主義や保護関税やカプリーヴィの通商条約等々は、すべてがそれぞれの仕方で、国際経済や世界市場へのたえざる編み込みを明示していた。この現実に対して、ドイツの飽満《ザトウリールトハイト》という相対的に静態的な観念はやがて不適切な隠喩であることが明らかとなった。

　社会保守的な内政と、でき得る限り紛争をすくなくしようとする外政とのこの防衛的な全体構想は、したがって、すでに一八七〇年代末以来たえざる浸食にさらされていたのである。その浸食は、まず第一に諸国家体制のなかの他の演技者のせいにされ得べきものでは決してなく、ましてや個々人の無能力によるものでもあり得ず、おそらく終始一貫——すでにビスマルク時代の最後の六年間が示すかに見えたように——帝国内部の社会経済的問題性と、それと結び付いた権力エリートによる中心的利害の新解釈との結果として生じたものであった。たとえば初期のドイツ帝国主義は、上に素描したように、たしかに一方では内政上の防衛戦略として理解され得るものであったけれども、他方では外政上の関係のなかへ攻撃的な要因を導入したのであった。このような両刃的性質はしばしば認められるし、それどころかそうした意図と行動とのヤーヌスの頭に似た双面的性格はまさしく、ほぼ一八七九年以降の時代の特徴をなしているのである。それはケーアがいっさいの対外政策の「国内的戦線」と名付けたものの分析によってはじめて十分に説明され得る。これに反して「本源的な権力政策」といった途方にくれたあげくの空虚なきまり文句を用いていては、いつまでたっても主題に入ることはできないのである。けだし、それでもっていったい何が解明されるのであろうか。このばあい政治的行為の怪し気な理念型が、すなわち権力の享受と行使、ホッブズの言う「権力の権力を求めるあくなき渇望」を、「本源的」つまりえせ人間学的要因であると規定するような、疑わしい社会心理学的定数が、導入さるべきであろうか。むしろ、一定の諸集団における権力にかんするそれぞれ異った表象を明るみに出し得るためには、各階層に特有の社会的な価値や規範の体系、政治的社会化の過程、型にはまった言葉づかい——この暗号のなかにこうした信念や無意識の前提などが潜んでいるのであるが——これらの諸点が究明されねばならないのではなかろうか。「権力」が、できるだけ精密にその社会的な脈絡や、諸利害の絡み合いや、諸支配構造の機能的な連関のなかに位置づけられ、かくして、没歴史的な均衡を示唆するこの「本源的権力政策」なるものをできるだけすみやかに具体的な状況分析によっておき換えること、要するにこの概念に見切りをつけ得るようにすることが必要なのではなかろうか。「本源的な」権力衝動の意味における同一物の永劫回帰に対する問いは、行動研究者を刺激するかも知れない。だが歴史家がこのような短絡に満足してしまうなら、彼は具体的な研究にいたる道をも、また歴史理論の枠内における体系的把握にいたる道をも閉ざしてしまうことになるのである。したがって、ここでは、この領域にかんする偏見に陥っているとは考え難い人物の次の判断を真剣に受け止めることが重要であろう。「たんに内部の状況だけを考慮しようとしては、世界は認識できないであろう。われわれは外部の状況をも把握する。ただしそれをただ第二次的な状況としてのみ把握するのである。外部の状況は一時的なものであるが、内部の状況は持続的である」とランケは述べた[2]。

7.2 「内政の優位」のもとにおける外政

外政の不安定なメカニズム、作用と反作用との血の通わない運動物理学、紛争除去または紛争激化の外交的手続き――こうした諸問題はここではわざと扱わないことにする。たとえば、ビスマルクの同盟体制やヴィルヘルムの外交を詳しく知りたい人を、洪水のような文献が待ち受けているのである。けれども、その都度それらの基礎にあった状況は、終始第一次的で「持続的な」状況、つまり「内政の優位」へとひとを引き戻すのである。仏英露という三大強国に対するドイツの関係における重要問題を一瞥すれば、そのことが分かる。

7.2.1　フランス。エルザス－ロートリンゲン併合の決定は一群の動機にもとづくものであったけれども、そのうちでは、広義における内政的考慮が、軍事的要求とあいまって、伝統的に優越していたフランスに対してドイツの権力的比重を高め、また対外的安全を高めようとする一般的考慮をはるかに上回っていた。この地域の割譲が住民の圧倒的多数の意志に反してひとたび行われた後には、独仏関係は永続的に損なわれてしまい、ある点では、第一次世界大戦においてもなお「帝国直属領《ライヒスラント》」の併合解消をめぐって戦闘が行われたのであった。一八七〇―七一年の決定の災いに満ちた外政上の帰結は終始、その決定の修正を命じていたであろうが、内政的にはその修正はドイツでは自殺的課題であると考えられたのである。ちなみに、こうした帰結はただちに認識されていた。マルクスは一八七〇年秋に、きたるべきフランスの奇襲に対して「物質的保証」が必要であるとして併合を根拠づけるいっさいの議論を、「頭のにぶい人びと」をまどわしてきた口実であるとして片付けた。マルクスは次のように述べた。軍事的には一八七〇年の出兵は、ドイツからフランスを攻撃することの容易さを示した。加うるに、ほかならぬティルジット和約後のドイツ史が、敗戦国民は領土割譲に対していかに反応するものであるかを示している、と。マルクスは問うた。「軍事上の考慮を国境を決める原則にまで高めるのは」、総じて「アナクロニズム」ではないのか。もしそうならばオーストリアにはミンチョ河の線を、フランスにはライン河の線を要求する権利があることになろう。もし「国境が軍事上の利害によって決定されるべきものであるならば、諸要求には果てしがないであろう。なぜなら、どんな軍事境界線にも必ず欠陥があり、その外側の領域をもっと併合すれば、改善され得るものであるからだ。そのうえ軍事上の境界線を終局的に、また公正に決めるなどということは、決してできるものではない。なぜなら、それは、いつでも勝者によって敗者に押し付けられる境界線であり、したがって、確実に新しい戦争の種子をはらんでいるからである」。エルザス－ロートリンゲンの略奪によって、戦争はまさしく「ヨーロッパ的制度」へ転化した。なぜなら、フランスもまた、せいぜいのところ休戦であり得るにすぎないみせかけの平和の後には、失った東部諸州を再び奪い返そうとするであろうからである。だがそれはヨーロッパの二大国民の間の戦争が恒久化し、「互にせめぎ合って」その破滅をもたらすことを意味する、と。さらにそれ以前にマルクスは、プロイセン－ドイツにおいて「軍部専制政治」が化石化して、その結果ポーランド西部を要求し得るようになることを恐れた。マルクスにとっては紛争の東部への「不可避的」と目されていた拡大が決定的な問題であった。というのも「一八七〇年の戦争は、ちょうど一八六六年の戦争が一八七〇年の戦争をはらんでいたように、まったく必然的に独露間の戦争をはらんでいるからである」。そうなれば疑いもなくドイツは、その獲物を防衛するために「ロシアの領土拡大の公然たる下僕」としてかかわり合うか、あるいは「かの新式の『局地』戦争」のためにではなく「スラヴ人とロマン人との両人種の連合に対する人種戦争」のために備えなければならなくなるであろう。そのような仏露同盟に対する二正面戦争のなかでドイツ帝国は没落するであろう、と。マルクスはこのように論じた。[3]

　ロンドン亡命中の明るい視野をもったこの批判家の予測のなかでも、これほど完全に実現されたものは数すくない。マルクス以外ではなおバルト系ドイツ人時事評論家ユーリウス・フォン・エッカルトのみが同様に懐疑的に、また同様に早く、「帝国直属領《ライヒスラント》」における同化問題や、重武装した諸隣国の永続的敵視や、仏露軍事同盟の迫り来る予兆を認識していた。しばらくの間、ドイツの宰相は、「彼らが余を恐るる間は、彼らが余を憎むも可なり《オデリント・ドゥム・メトゥアント》」という残忍でもあり馬鹿気てもいる標語をあてにするか、もしくはその後は「フランスに対してエルザス以外のすべての事柄について宥和的態度を取ることを望む」との指令を発するつもりであった。[4]だが裂け目はそんなことでは修復されず、すでに八〇年代にはドイツ軍部上層もまた併合批判にくみするにいたった。彼らは、自分たちがエルザス―ロートリンゲンの奪取によって陥った「ヨーロッパ的苦境」を訴え、それが「独仏間の恒久的な戦争状態」を確定したと考えた。モルトケはすでに一八七一年いらい二正面戦争を危惧していたし、一八九二年の露仏軍事協定締結の五年前にはビスマルクもまたプロイセンの陸軍大臣に対して、「われわれは遠からぬ将来に対仏戦争と対露戦争とを同時に持ちこたえねばならなくなるだろう」ということを認めていた。だがそうなれば「存亡にかかわる戦争の勃発」となろうと言うのである。[5]かくしてビスマルクは、併合後一七年、世界大戦勃発前二七年にして、一八七〇年の決定の運命的な遠隔作用について記述したのであった。

　漂石のようにドイツとフランスとの間の関係改善への道を閉ざし、かくしてヨーロッパの平和を危うくしたところのエルザス－ロートリンゲンを、すくなくとも中立化すべきであるとの提案が、何度もきわめてさまざまの側からなされている。新聞雑誌において、またヴィルヘルム・リープクネヒトがその考えを取り上げた帝国議会において、さらに一八九七年のヴィーンのある外交上の提言においてさえ、このことが論じられた。だがフランスのネオ・ナショナリズムが世紀の交いらい妥協をしりぞけ、「祖国復帰」に固執するにつれて、ドイツでは現状《シュタートゥス・クヴォ》に疑いを持つことはいっさいタブー化されていった。それでも一九〇五年に、第一次モロッコ危機の絶頂ののちに、参謀総長フォン・シュリーフェンは、フランスに対して予防戦争を仕掛けるか、それとも最終的にエルザス－ロートリンゲンにかんして新規制を見出すか、という選択肢をきわめて冷静に展開した。帝国の政策に他に打つべき手はもはやない！と。[6] だが帝国の政策はフランスとの新たな和解案《モードゥス・ヴィヴェンディ》を真剣に追求しなかったから、危機において選択の余地が狭まり、一方交通路へ入り込んでしまったのである。

7.2.2　イギリス。猜疑と陰謀とをもって一八七一年以来の帝国の発展を追いかけて、ついには「封じ込め」を完遂したところの「不誠実なるアルビオン〔イギリス〕」にかんする根強い伝説のために、ベルリーンの側が最初に独英のまじめな協調を拒絶し、次いでまったく不可能にしたという事実が、ながらくの間蔽い隠されてきた。たしかに一九世紀においては、イギリスの世界帝国とロシアの世界帝国、この鯨と熊の間の深い軋轢こそ、ドイツのあらゆる政策がなによりもまず考慮しなければならない定数であった。それにもかかわらず、一八八四年から一八八九年にいたる時期に跡づけられ得るように、選択の余地は著しく拡大していたのである。だが一八九〇年にいたるまで、この英露の対立や地政学的考慮よりもつねに重要であったのは、ビスマルクと彼をとりまく「戦略閥」によって感じられていたところの、独英協同から自由主義化の影響が発生し得るのではないかという恐れであった。ここで最も重要な役割を演じたのは、ようやく発生しつつあった独英の貿易上の競争などではなく、独英の政治上の価値や政治制度や政治様式の対立——したがって歴史や政治文化やその基礎にある社会的勢力配置の異質性であった。ドイツにおける「ボナパルティズム的半独裁」ならびに前工業的寡頭制の統治に代る歴史的な他の選択肢をなしたのは、さしあたって、「国民」自由派であれ、「進歩」自由派であれ、自由派によって主張された議会主義的君主制であった。憲法紛争ならびに七〇年代はじめの国民自由主義の勢力は、いっさいの予測しがたい障害を別としても、そのような可能性が現実へ移ることがまだまったく不可能ではないように思わせた。しかも、ビスマルクにとっても、自由派にとっても——都市や南ドイツや西エルベ・ドイツで、一八八一年と一八八四年の選挙結果が際立たせたごとく、一八七九年以後もなお国民の支持をあてにすることのできた自由派にとっても——そう思えたのである。ヴィルヘルム一世襲撃事件後のフリードリヒ〔三世〕による統治継承のもたらすべき二、三のまったくあり得べき諸結果を想像してみるだけで——のちの自由主義的分離派はまったく具体的にこの想像を行ったのであるが——ひとは容易に、ベルリーンにおける相対的に流動的な勢力均衡に気付くであろう。そのような事実に反する想定上の諸問題がどのように判断されるにせよ——ビスマルクは政治的自由主義をまともに敵と考えて、したがってまた、敵を利するように作用しかねない不可測のことども、たとえば皇太子と、国民的な劣等感に悩むところのまったくないそのイギリス人の妻との親英感情や、イギリス議会生活のもつ持続的なデモンストレーション効果や、さらにまたイギリスの土地貴族と商工業ブルジョアジーとのドイツとはきわめて別様な共生関係などをも敵視したのである。これらは、ひとたび緊密に協同すれば、予見することはできるけれども、容易にコントロールし得ない影響力を発揮し得るような諸要因であった。ヘルバート・フォン・ビスマルクはこう述べたと言われている。八〇年代のはじめには「皇太子はまだ病気でなく」、われわれは「イギリスの影響」が——皇太子妃ヴィクトリアと脅威的な「グラッドストン内閣」とのおかげでいわゆる「イギリスに対する親密感」がベルリーンにおいて――「支配的となるであろう」ところの、「長い統治期間を覚悟しなければならなかった」。だが、ビスマルク〔宰相〕もそのことを「わが国の国内事情にかんがみて気づかわしいこと」と考えた、と。(7) 宰相自身、大使フォン・シュヴァイニッツとの会話を伝えている。そのなかで彼はその息子とまったく同様、「ドイツの対英憤激を養い育て」、かくして「立憲主義と自由主義とにかんする……イギリス思想のドイツに及ぼす影響を」阻止するために、イギリスとの一時的な外交上の摩擦が必要であると述べた。(8) そしてビスマルクは、グラッドストンに対しては、その原則への忠実さと政治の道徳的使命に対する信頼とを憎んだだけでなく、グラッドストンのうちに正当にも、力強い時代の潮流に棹さす、民衆的で市民的な自由主義を具現する偉大な敵手を見出したのである。それゆえにビスマルクは、限定的な紛争と両立し得ると思われるような、クールな共存以上の関係に、独英関係を発展させなかった。そしてそのさいに、東隣りに大帝国ロシアが存在するという事実そのものがビスマルクの態度を正当化しているように見えたけれども、それでもロシアの潜勢的武力よりも、むしろツァーリ専制への反自由主義的共感や東方諸君主国に共通の保守主義が彼の態度を規定したと見るべきであろう。したがって、政治的伝統のもつ正当化効果にかんして言えば、ロンドンに対して意識的に作り出された距離、それどころか一八八四―八九年の植民地をめぐる対立に由来する反英感情がビスマルク時代と結び付いていたのである。

その後九〇年代に入ると、世界市場における商業上の競合が飛躍的に増大しただけでなく、戦闘艦隊建設と共にドイツの政策はイギリスの死活にかかわる利害に打撃を与える方向をとった。一九〇〇年の第一次艦隊改正法いらい、公認のあるいはひたかくしにされた攻撃性をもつドイツの目標は、そのことを疑わせなかったし、またロンドンにもこの新たな危険に信頼の心で対処しようとする気分は支配していなかった。ドイツの艦隊政策が海峡の彼方の敵の像と結び付いていたことは余りにも明瞭であったので、ここでは自覚して待機するのみといった状態であった。いま一度「ティルピッツ計画」の内政的次元を思い浮べるならば、そして他面では戦闘艦隊建設に向う国際的な潮流の跡を追うだけでなく、ロンドンの政策によって強制されたわけでもないのに、かくも強行されて、このような規模で対英軍備をしようとした、ドイツの政策決定を、いま一度思い浮べるならば、この将棋盤上でもドイツの駒を動かす手が一九一四年にいたるまでのゲームの諸条件をいかに確定していたかが分かるであろう。

7.2.3

ロシア。「君主制原理」の社会的、イデオロギー的共通性や、ポーランド分割の共犯者たちを結び付けていた接着剤を無視するとしても、政治的、軍事的、経済的利害が強大な東方の隣国に対して慎重な路線をとるようにドイツに命じていた。一八六四年から一八七一年までの大プロイセン的拡大がロシアの背面掩護のおかげもあって進捗した後に（たとえばビスマルクは、「ロシア人がわれわれにエルザス－ロートリンゲンを取らせてくれたのは」まさに「アレクサンドル二世の個人的政策」であったことを認めた）(9)、七〇年代には輸出に対する配慮と参謀本部の作戦とができ得るかぎり摩擦のない独露協調を要請した。その後、ベルリーン会議の結末がペテルブルクの政策にもたらした幻滅は、おそらく余りにも一面的に、ヴィルヘルム街の「忠実な仲介人」に対して向けられた。だが一八八〇年一月以降発効したドイツの農業関税は、ロシアの穀物輸出に直接に打撃を与えた。ロシアの穀物輸出は、そうでなくてもアメリカ小麦の流入いらい、ドイツの輸入のうちに占めるその獅子の分前を守るのに苦労していたのである。一八八五年にはドイツの関税率は三倍となり、一八八七年三月にはいま一度ほとんど倍近くに引き上げられた。不可避的な、それどころか意識的に反ロシア的な傾向をもつこのドイツの農業保護主義は、なるほど七〇年代末以来の社会的な諸力の平行四辺形に対応しており、帝国指導部にとってはいやおうのない必然であったのであるが、しかしそれはロシアにおいては次のひとつの理由から格別に苦しみを与える作用を及ぼしたのである。すなわち、クリミア敗戦以後のツァーリ帝国の近代化に向かう端緒は、工業化が成功するか否かという条件とますます結び付いたのであるが、この工業化の金融はまったく決定的に農産物輸出の収益に依存していたのである。しかし、高い関税障壁が隣接する受容力の大きいドイツ市場への進出をわずか数年の間に著しく困難にするにつれて、所期の近代化の支柱のひとつが――したがってまたツァーリ寡頭制が内政上ならびに外政上近代化に託していた望みがすべて――ゆらぐにいたった。いまやドイツの外交官たちの注意をひくにいたったドイツ嫌いの増大は、彼ら外交官たちによって適切にも「穀物関税問題」に起因するものとされた。だがドイツ国内の力関係は、農業保護主義がもたらす外政上の破壊的効果が認識されていたにもかかわらず、長続きする矯正策を排除してしまった。

さらにビスマルク政府は、第三次関税引き上げの半年後に、流動的自己資本の欠如ゆえに根本的に資本輸入に頼っていたところの、ロシアの初期工業化の第二の柱に対しても、重大な結果をもたらす打撃を与えた。一八八七年までにドイツの貨幣市場は決定的地位を得ていた。すなわち、プロイセンにおける貯蓄銀行の預金総額が二二億マルクを越えていなかった時期に、二〇億ないし二五億マルクものいわゆるロシア有価証券がドイツ人の手中にあったのである。けれども一八八七年一一月には事実上ロシア有価証券に対して資本市場が閉鎖されるにいたった。つまり、動産抵当貸付《ロムバート》禁止とロシア証券を以後もなお信託投資先とみなすことの拒否とのゆえに、ベルリーン取引所でパニック的な混乱が生じ、それにひき続いて、若干の銀行がロシア国債の大部分を引き受けていたところのパリへの大量流出が起こったのである。さらに、これと共に、露仏同盟の経済的基礎がベルリーン自身の協力によって築かれた。農業関税に付け加えて、このようにさらに金融戦争が勃発したとき、ロシアは（一八九〇年以来の）産業革命の突破直前にあった。すなわち、ほとんど無限の資本需要のある局面のなかで、パリへの道だけが残されていたのである。というのも、ロンドンのシティはロシアに対して閉されていたし、ベルリーンの政策に忍従することは政治的に不可能であったからである。

この無謀な結果を生じる対外貿易政策ならびに資本政策を推進した諸動機のなかには、伝統的な意味で外交政策と呼び得るようないくつかの動機が摘出され得る。明らかに過大評価された、いわゆる好戦的な汎スラヴ主義を、この荒療治によっておさえこみ、ペテルブルクの親仏グループに打撃を与え、ドイツとの親善が効用のあることを露骨に証明することによって親独グループを持ち上げ、膨張的で反オーストリア的なバルカン政策を意気そそうさせようと目論まれたのである。「首尾一貫して」、「ロシアの信用を低く」おさえておき、もって「その好戦性を和らげ、できれば停頓せしめるような影響をもたらさなければ」ならぬと、外務省の反ロシア的な長官はこの厳しい措置を弁護して述べた(10)。けれども、それ以上に、この対外経済的「瀬戸際政策《ブリンクマンシップ》」という、否定し得ず、また測り知れないリスクをあえて犯そうとする態度は、内政的諸要因によって規定されていた。東エルベの穀物経済の強力な経済的利害、ならびにそれと結び付いた農場所有者層の社会的政治的支配利害は、農業保護主義を要請したが、さらにまた、農場所有者に劣らず軍部が恐れたロシア西部鉄道に対する融資を助けるドイツ貨幣市場から競争相手ロシアを排除することをも必要であるとした。輸出を指向する工業は、一八七七年いらい急激に引き上げられるロシアの輸入関税に対する報復を、ずっと以前から遅すぎると非難していたが、事実、ドイツの対ロシア輸出は一八八〇年から一八八七年までの時期に半分以下に減少し、ドイツの外国貿易に占める割合から言えば、一八七五年の二四パーセントから一八八五年の五パーセントに激落していた。保守的な結集政策の二つの決定的に重要な利害ブロックは、この種の非常手段によっていま一度ビスマルクの政府へより強く結び付けられ得たのである。同時にこの対露紛争は、でっち上げられたフランスよりの戦争の脅威とあいまって、議会政策的には、カルテル帝国議会において一八八七年一一月の陸軍増強案を確実に通過させるのに貢献した。そして、東部における予防的なドイツの冬季出兵の提唱者たちに対しては、ビスマルクが「予防的な攻撃決行」の絶対的拒否を主張したのみならず――「われわれは……失うだけで得るものは何もない」――経済冷戦がこの要請を、一定限度内で満たすことによってもまた、弱めてしまった。(11) 対内的にも対外的にも防衛的な全体構想がここに認められるが、それと同様にこれらの防衛措置の攻撃的な帰結もまた、ここに認められる。けだし、そこにおいて、かの保守的ユートピアの弁証法が表現されていたからである。すなわち、アナクロニズム的権力諸関係がまったく無条件に守られた結果、「ビスマルクが平和のために用いた手段でさえも……平和への脅威へ」と転化したのであった。(12) 宰相がそもそも衝突戦術をいま一度修正し得るという自信をもっていたかどうか、また対外政策と対外経済とを分離することが可能であると考えていたかどうか、にかかわりなく、諸作用は一八八七年以来あくまで運命的であった。再保障条約という苦しまぎれの一時しのぎに対し、農業政策上の非妥協性のゆえに唯一つ可能であった安定した経済的基盤、つまりロシアをドイツの債券市場につなぎ留める錨を与えてやる代りにベルリーンは、露仏同盟交渉の成功裡の結末をもたらす運命を定めたのであった。それと共に、さらに二正面戦争の危険がドイツの政策によって高められたのみでなく、まさしく保証されさえもしたのである。一八八七年には一八九四年と一九一四年のために転轍器がすえられたのであり、しかも明らかに、ベルリーンが規定していた社会的政治的な体制維持の優位は、基本的に別の方向をとることを許さなかったのである。そのうえに、一八八七年の諸決定ならびにその諸帰結によって、ロシア市場がドイツの海外への帝国主義的進出に代る、とりわけその商品・資本輸出に代る、大陸における巨大な代替物になり得るかどうかという問いにも、否定の答えが返ってきた。そしてそれ以来、この道は閉されてしまった。

8・第一次世界大戦――前方への逃避

第一次世界大戦の後、一二年間もの間、激しい論争が続いたが、その間に、地位や名声のあるほとんどすべてのドイツの歴史家たちは、ヴェルサイユ条約第二三一条における道義的‐法律的な責任追及を否定しようとしたのである。いわく、一九一四年の七月危機のなかで帝国は正当防衛から、とりわけおしよせるロシアの「蒸気ローラー」に対して行動したのである、と。もっと後には、帝国は自己の戦争政策のせいではなく、結局は敵の優勢の前に敗北したのである、と。その後三〇年代にいたって、とりわけアングロサクソン系の研究においても、すべての首都で一様にうまく機能しなかったのであり、したがってベルリーンにもまた共同の責任があるとする見解が一般化した。たとえばフォン・ヴェーゲラーやフェイやルヌーヴァンたちの厖大な著述のなかでこの心を落着かせるような、免責するような見解が、活潑に主張された。国民社会主義のもとでは批判的な検討が不可能となり、また戦争直後の時期には褐色支配の病的な暴力行為がもっと焦眉の問題を投げかけていたので、ハムブルクの歴史家フリッツ・フィッシャーのドイツの『世界強国への挑戦』にかんする著書が出た一九六一年までは事態は変らなかったのである。一九一四年夏における帝国指導部の態度ならびに一九一八年にいたるまで固執された戦争目的政策に対する彼の強烈な批判と共に、激しい論争が巻き起こった。一九一四年ならびに一九三九年におけるドイツの主要責任というテーゼをともなうフィッシャーの議論は、現実には理論的にも経験的にも多くの攻撃され得る面をもっていたけれども、彼の多くの論敵のかん高い、悪意ある、国家主義的語調は、戦間期のタブーをのり越えるべき絶好の時が来たことを明るみに出した。最初の憤激がひき起こされた後、二つの陣営が相対峙した。すなわち、一方の側が『世界強国への挑戦』における総体的な非難を固守したのみならず、大戦前の時代における意識的な戦争準備、それどころか戦争計画、したがってドイツ帝国の攻撃的侵略の連続性を、探し出そうと試みたのに対して、反対の側は――徐々に暗黙裡に、著しい譲歩をしていたのだが――拘束されるところのない意見表明と責任ある政策決定との間の差異、平時の熟慮と戦時の計画との間の差異、流布された帝国主義的目的と見せかけの一枚岩的な結束との間の差異を、結局はドイツの諸政策決定の防衛的な性格を、主張してゆずらなかった。(1)

8.1　攻撃的な防衛政策

両派は――もちろんここでは単純化して対置されているのだが――それにもかかわらず、ドイツの政策における攻撃的な諸要素と防衛的な諸要素との独特の絡み合いを分析するのに適した、筋のとおった説明モデルをなんら提供することができないでいる。八〇年代以来ますます明瞭となってきたところの、市民層と旧指導層とによって分かち持たれた「世界強国への意志」については、重大な疑問の支配する余地はあり得ない。けれども、当時さかんに呪文で呼び出されていた世界諸国家体制のなかでトップ・グループに属したいという断乎たる意志から、長い間前もって計画されてきた戦争遂行にいたるまでには、大きな一歩があり、しかもこの一歩は経験的な歴史学がこれまで支持し得なかったような性急な結論にとどまっているのである。一九一四年のドイツの膨張の目的にかんする論争について言えば、まずはじめに、公式の影響力を求める願望と非公式の影響力を求める願望とを、ひとたび注意深く区別しなければならない。たとえばフランス工業へのドイツの会社や銀行の参加はたしかに一定の利害状況を規定したけれども、それは直接的には領土併合の意図とは無関係であった。たしかにそこここでフランスの鉱床、とりわけロンウィーブリィ鉱床の獲得について楽天的に語られ、アントウェルペン港が必要であると言われ、ベルギー領フラマン地方の併合が汎ゲルマン主義的な世論によって求められたが、そのために目的意識的に戦争が挑まれ、それゆえに政策決定の中枢によって戦争が推進されたと言うのは伝説である。たしかに一九一四年以前にたえずオスマン帝国の分割について書かれた。――このオスマン帝国の分割はもともと遅くともクリミア戦争以来の著名な動機《コーズ・セレーブル》であった。――だがまたベルリーンは他国に先んじてこの熱い鉄で指を焼こうとはしなかったのである。たしかに七〇年代末いらい中部ヨーロッパ関税同盟について、ときには曖昧な、ときには精密な諸構想が存在した。しかしドイツの支配下に立つ競争力あるヨーロッパ大市場というものに対する願望は、なお、国家的孤立のなかで合衆国、大英帝国、ツァーリ帝国といった巨人たちとの農・工業上の競争に敗れるという恐れによって圧倒されていたのである。たしかに「東部国境地帯協会」の狂信者たちは、東部における拡大とゲルマン化とに賭けていた。だがそのような「熱狂的過激派」がいたのは何もヴィルヘルム・ドイツだけではなかったのだ。要するに諸目的の連続性を検討するときにはつねに、一九一四年以前には否定すべくもなく沢山の一部は具体的で一部は奇怪な考慮が存在したが、そこから一九一四年夏における政策決定行為への直線をひくことはできないのだということをはっきりと知っていなければならないのである。経済的影響力の疑いもなく意図的な拡大は、領土上の併合目的とは決して同一視することができない。ベルリーンの若干の諸省における戦時に対する備えに該当するとされ得るような、まさしく一般的でしかもディレッタント的な事前の熟慮、ならびにそれに続く若干の行動は、他の諸国にも存在した。だがそれらはどこの国においても、特定の時点での戦争の明確な経済‐財政的準備とは無関係であったのである。帝国の政策が長年にわたって大戦争に向けて意識的に準備してきたところの、曲折のない一方交通路を構成することは、ひとを説得し得ない。そうした構成はむしろ大戦前時代の現実と対決させるばあい崩れてしまう。そのうえ、このテーゼの擁護者は、大規模な戦争というものが新しい種類の思考の可能性を創り出すということを見損っている。発生史的な原則にしたがえば、そのような思考の前例や準備はあるかも知れないけれども、一九一四年の誇大妄想狂的なドイツの九月計画のような特殊に極端な形態は、なんといっても戦争という姿をとった非連続性によってのみ理解し得るのである。

しかし、他方では帝制ドイツの政策は、それが七月危機を意識的に尖鋭化し、ヴィーンを不吉な対決へと追いやったときに、否定すべくもなく、もはや局地化し得ないヨーロッパ大陸的規模での戦争という冒険を受け入れたのだということは、今日確認ずみと言ってよいであろう。だが直接的な連続性のテーゼは、それの前提とする目的志向性が政策決定行為の人間的、制度的限界を軽視しているがゆえに理論的に支持しがたく、また平時における戦争目的についての美辞麗句の使用が、一九一四年夏における決定諸要因の測定のために十分でないがゆえに、経験的にも支持し難いとすれば——ひとは戦争の冒険を受け入れるように導びいた諸条件の環を別様に規定しなければならない。

そのばあい、外政、とりわけ同盟義務の力学がすべてにまさる意義をもつことを強調する伝統的な決まり文句に対しては、まったく副次的な役割をしか与えることができない。すべての当事者たちが、ヨーロッパが二つの高度に武装した陣営に分裂しているという事実を知っていた。ある限度を越えた紛争の高まりが冷戦を熱戦に転化させるであろうことを、誰もが十分すぎるほど知っていた。この点ではベルリーンは何ら特殊な地位を占めたのではない。したがってここでは、予見し得る反作用にもかかわらずエスカレーションを命じた諸動機に力点がおかれねばならなかった。植民地をめぐる紛争は——ヨーロッパの左翼が年来恐れていたように——世界を火中に投じ得るものであったが、この原因には属さなかった。すなわち、ラテン・アメリカではモンロー・ドクトリンの影のなかで経済上の競争戦が拡大した。また太平洋では政治的な無風状態が支配していた。東アジアでは一九一一—一二年に満州〔清国〕皇帝が共和国に席をゆずったが、この解体が帝国主義的競争の激化をもたらすことはなかった。アフリカ植民地については——ベルリーンとロンドンとの間でも——まもなく協定がとり結ばれたが、それはいずれにせよ摩擦を高めるものではなかった。むしろどちらかといえば「世界の分割」の一時的終結は、ヨーロッパ列強とその被保護領との関係という伝統的な紛争領域がいわば新たな緊張関係に立たされるという効果を生んだのである。一九〇八年のボスニア危機以降、いくら遅くみても第二次バルカン戦争以降、見識あるすべての人にとっては、この危険地帯において地雷の雷管が抜き取られねばならないことが明瞭であった。したがって、サラエヴォにおけるフランツ・フェルディナント大公の暗殺ならびにオーストリア－セルビア関係の断絶は、そのことに間接的にしかかかわりを持たなかったベルリーンの政治に対して、冒険的な危機戦略にのり出すためのきっかけとして役立ったのである。何故に最高度の力を投入することになるこの運命的な「瀬戸際政策」にいたったかは、とりわけ爆発性をもつ国内的諸要因群に対する洞察によって説明され得る。

ドイツの政治は何十年もの間、対外的成功の反作用に、つまり国内の諸矛盾をそらす社会帝国主義的誘導に、本質的に依存してきた。フィッシャーもまた次のように要約している。「力強い対外政策が危殆に瀕した社会的現状《シュタートゥス・クヴォ》を固めるのを助けるべきものとされた。大工業とユンカー層とが、保守的精神に満たされた軍部ならびに国家官僚とイデオロギー的にも社会的‐個人的にも結び付きつつ、世界政策や国民的権力政策を本質的に、国内における社会的緊張を外部への突進によって和らげるための手段とみなす『国家理念』の特殊で信頼できる担い手となった」(2)と。ドイツ保守党ならびに自由保守党は（中央党と同じく）、ビスマルクの植民政策、ヴィルヘルムの世界政策ならびにティルピッツの艦隊建設の内政的効用を認識した後は、彼ら自身の利害を促進するための手段としての帝国主義を擁護することを学んでいた。国民自由党にとっては帝国主義は、一八八四年いらい重要な綱領項目であり、一九〇七年以後はまさに一種の「選挙政策上の非常用大錨」となっていた。マイネッケは一九一二年に、国民自由党員の一人として書いている。「わが党を……核心において今日しっかりと結合させ、わが党内の左右両翼だけでなく、すべての国民同胞を危急存亡のときにおいて結合するにちがいないのは、まさしく帝国主義の理念」である、と。(3)事実やがてこうした理念には事欠かなくなるはずであった。自由主義左派のもとにおいてもナウマン‐ヴェーバー的な起源の「自由主義的帝国主義」の諸表象が普及しており、大きな利益団体や煽動団体においてドイツの膨張政策はしばしば中心的な役割を演じていた。しかるに社会民主党は原則的な批判を続けることができたが、もちろんその批判は時としてドイツの植民政策に対するプラグマチックな抗議の背景に退いていた。このドイツ帝国主義がいかに著しく、帝国内部における社会経済的‐政治的状況に発しているかは、すでに繰り返し強調したところである。ドイツ帝国主義は全体として、改革という別の選択肢が欠如していたがゆえに、国内の諸問題に対する最良の解決策としての対外的成功へ向かう公然たる、または潜在的な志向を、とりわけ権力エリートのなかに生み出した。そのことをビューローはまさしく、一九一三年のその『ドイツの政策』のなかでいま一度このうえない率直さで、帝国の政策の基本線であると述べたのである。艦隊構想の内政的破綻の後には、一九一二年の帝国議会において「進歩人民党」と共に最大のブロック（議員三九七名中一五二名）を形成していた社会民主党の選挙での大勝利は、同じ年の大ストライキとあいまって、きわだった危険信号であった。大工業と大農場主とは相互に接近し、右派の愛国的な結集党が希求され、社会政策は凍結された。政治的な諸陣営は相対立するブロック化のなかで頑として変らず、とりわけ右派諸政党やそれに近い諸団体にほとんど展望を与えなかった。何十年もの間ドイツ産業家中央連合の事務局長であったH・A・ビュックが一九一〇年末に、社会民主党を「圧服し破壊すること」がドイツ工業の主要任務であると述べる一方、中央党左派の指導者マティーアス・エルツベルガーは一九一四年春に、「社会民主党の強大な権力の破壊」が「内政上の生活の核心問題」であると述べた。これに対して社会民主党は一九一二年以来、「党員数の趨勢」をみれば次の帝国議会選挙で議席はさらに著しく増えそうだと、ますます信頼し切っていた。また、左派ブロックを助けてダイナミックに躍進せしめ、冒険《リジコ》にそなえる用意を強化させるか、それとも政敵に対して、ほとんど統治能力を失った体制のなかでベートマン－ホルヴェークの対角線の政治が――これは問題を取り扱うが、めったに解決しない――必ずしも指し示さなかったような打開策を力強く指示できるような、そうした人物もどこにも見当らなかった。一九一三年に始まり一九一四年まで持続したリセッションは、その客観的な諸困難によるよりもむしろ不況心理的な不確実性によって、地盤がさらに脆くなるであろうという印象を強めた。またドイツ金融資本主義にとって、とりわけ高く評価された長期的意義をもつバルカン－トルコ業務において、いまや顕著に感じられるようになった著しい資本不足も、それを促した（集団としてはドイツの支配的金融勢力《ホッホフィナンツ》は――わずかの重要でなくはない例外を別とすれば――もちろん、用心深い路線に傾き、非公式の影響－支配領域を愛好した。危機的瞬間（一九一四年の七月危機）においては、支配的金融勢力は国家の枢機《アルカーナ・イムペリイ》の外にとどまった）。したがって資本不足は、本来的な戦争の動機ではなかったが、しかし危機意識を追加的に尖鋭化したのである。一九一二年以来、見通しのきかない危険な発展が積み重なるように見え、それが伝統的な指導諸集団の視野のなかでは、ほとんど止まることなしに自分たちが片隅に追いやられているという総体的な印象を生み出していた。They felt cornered（彼らは進退きわまったと感じた）――英語で言えばその状態はこうしたものであったろう。そして、それにつれて、必死の防衛戦に備えようとする彼らの態度が強まり、時代錯誤的な特権を自からすすんで放棄はしないという彼らの意志が固められた（学習能力のよりすぐれたイギリスのエリートが以前しばしば実演してみせてくれ、しかも同じ時期にアイルランドの「自治《ホーム・ルール》」の問題で同様に強情かつ無責任に反応したのと同様にである！）。こういう工合に、壁を背にして身を守っている指導諸集団にとっては、支配者の地位を守り通すために大きな冒険をあえてするという考えがとりわけふさわしい。ここには、今日もなお繰り返して観察することのできる、政治的行為の一般的モデルが示されているように思われる。主観的にはそれは手紙、日記、文書に表わされた防衛的姿勢として記録されている。だが客観的には、攻撃的手段による防衛戦を公然たる紛争となるまで闘い抜いてさしつかえないという見解が表明されているのだ。この態度は、目的意識的な戦争計画とは関係ないが、この種の捨てばちで無謀な防御は、戦争という――決して完全には予測し得ないがゆえに、かえってこのような極端な形をとる――冒険《リジコ》を辞さない。攻撃的手段によって防衛を継続しようとするこの志向のうちに、一九一四年夏の帝国の政策を解く鍵がある。

ところで、第二次モロッコ危機以来ますます培かわれてきたこの志向は――それは、一八六四年から一八七〇年にいたる冒険政策の外見的には輝やかしい成功を想起することができた――、決定的な時点において、軍部上層の影響力あるグループによって支持されていた。軍部上層の議論は、権力エリートの「暗黙の諸前提《アンスポークン・アサムプションズ》」とあいまって、以下の政策決定にさいして重きをなした。すなわち、新たなバルカン危機を、国内への有益な反作用をともなうはなばなしい対外的成功のための槓杆として利用し、かくして、はっきりとした形をとりつつあったけれども時間のかかる列強の危機処理を信頼する代りに、前方への逃避を開始するという決定がそれである。こうした軍部にとって、可能な決定の余地はきわめて局限されていた。軍備拡張は信頼できる将校後継者に対する社会安定化政策的配慮から、軍部によって抑制されていた。また西部におけるシュリーフェン計画に対する信頼から、また陸軍増強がいまなお不十分である結果、彼らは東部進軍を後回しにした。さらに右翼軍に期待されたカンネー効果は、計画的な動員ならびに速やかな先制攻撃に依存したが、しかし最新の情報は、ロシアの軍備政策が一九一六―一七年までにツァーリ帝国の明白な優越をもたらし、ドイツの東部国境に兵力の一大部分を縛り付けかねないが、一方ドイツのフランスに対する優位は一九一五年までは続くであろう、ということを裏付けているように思われた。この収縮する時間的水平のなかで、彼らはみずからの作戦‐開進自動機構に囚われた者として、大きな力試しによって威嚇する試みなしに、この機会を見逃してしまおうとはしなかった。ことに政治的ならびに社会経済的理由により、ドイツの軍備テンポの新たな上昇がもはや不可能とみえたから、なおさらそうであった。はったりがきけば、帝国はより長く息を入れることができる。火縄が火薬樽まで燃え寄せたとすれば、彼らにとってより早い時期の方が、いずれにしてもより不利なより遅い時期へ決闘を延期するよりも、有利であるように思われた。早ければ早いほどよい。――「二年後になれば」敗北は「もはや」避けられない、と「軍部」は帝国宰相に向かって断言した。ここにおいて、彼らの熟慮と恐れとが、伝統的な権力エリートのなかで成長した冒険を賭する志向と一致したのである。そのような冒険志向は、合理的な考慮が政策決定のために十分な確実性を生み出し得ないような危機の瞬間に、「政策決定者《デシジョン・メーカーズ》」が立ち帰るところの、かのおおむね暗黙の諸前提に属するものであった。

恐れや歴史的負荷のこの多面的な症候群については、本書ですでに繰り返し記述しようと試みてきた。一九一四年春に、公爵フォン・ラティボールはフランス大使カムボンに対して、「商業階級ならびにブルジョア階級」は「軍部ならびに農業階級を犠牲にして優位を占めはじめて」おり、「戦争は旧状を回復するために必要なものである」と打ち明け、さらに「六四年、六六年、七〇年の戦争」も「……軍部ならびに農業諸派を強化」したと考えられるので、いまや「事態をもとの軌道に戻すためには戦争が必要」であろうと述べた。バイエルンの外交官フォン・レルヒェンフェルトがベートマンとの対話の後でメモしたように、「帝国内部の各界」は、赤の危険を見通しつつ、より強く――プロイセンの旧保守派のフォン・ハイデブラントが戦争を「家父長的な秩序や信念の強化」と結び付けたのとまったく同様に(4)――「保守的な意味における……国内状況の健全化」を戦争から期待していた。それは、ビスマルクが戦争によって憲法紛争の決着をつけて以来の保守派の思考像に対応していた。いまや危機状態がかつてのそれに匹敵するほど脅威的であると考えられるにつれて、やけくその一か八かの大勝負に向かうこの傾向が新たに基盤を得はじめた。戦争は「ある意味で」予防戦争であった、というベートマン＝ホルヴェークの一九一八年の回顧的な発言を、この意味においても理解することができるのである(5)。

そのさいもとより、帝国宰相自身が一九一四年夏に、大戦争の及ぼすまさしく別の内政的影響を恐れていたことを、見落してはならない。すなわち、彼は六月はじめになお、「まったく見通しのきかない帰結をともなう世界戦争は、社会民主党が平和を説いているがゆえに、同党の力を途方もなく強化させ、多くの王権を倒させることになりかねない」と懐疑的に述べていた。ハイデブラントの期待を彼は飾らずに「ナンセンス」であると言い、「戦争がどのようにしてであれ勃発すれば、現存秩序の全体が転覆する」と予想していた(6)。だがこうした現実的な予測がなされたにもかかわらず、彼は行動を決定的に変えることができなかった。言い換えれば、帝国の官僚政府の頂点に立っていたこの官僚は、公式ならびに非公式の政策決定諸機関の組織のなかにあって、自己の危惧をば、その考える社会保守化的平和政策へと転化し得るに足る、力量をも、卓越した人格的資質をも持ち合わせていなかった。新たに七月危機のなかで、この帝国宰相もまた帝国の政策をもはや、明確な、調整するスタイルをもって指導し得ないことが明らかとなった。

構造的な障害がこうした調整を妨げていたのであるから、個人の責任を追及することは、「社会的発展の深層のなかに」突き止めることができる固有の問題性を見失う結果となるであろう。ドイツにかんするかぎり、第一次世界大戦は――短く定式化して言えば――長年にわたる戦争計画の所産ではなくて、まず第一に、ドイツの指導層の「無能」の所産であった。彼らは急速に民主化されてゆく世界の増大する諸問題をうまく処理し得なかったのだ。次いで、歴史的に形成された傾向が運命的な影響を及ぼした。つまり、このような内政的な困難に攻撃的な防衛でもって対応し、もって、対外政策の分野で、必要とあらば戦争に訴えてでも、これらの問題を押さえ込み、あるいはせめて一息入れ、こうして、さらに「自己の狭い利益を追求し、社会民主党の台頭を抑止し」[(7)]ようとする傾向がそれである。ベルリーンによって唆かされたオーストリア-ハンガリーとセルビアとの紛争が、当時の諸同盟の連結体制を直ちに行動へと駆り立てたので、「計算された冒険」の政策は挫折してしまった。そうした政策は、可能な帰結としての大戦争と戯れたのみでなく、それを意識的に賭し直接に解き放つのを助けたところの、まさしくやけくその危機戦略として、一九一四年八月に、明るみにさらけ出されたのだ。一八七二年にブルクハルトはこう予言していた。政治的-社会的な権力喪失を他へそらせようとする「同じ目的がもう一度戦争を求めるときには、再び戦争となるであろう」と。だがそれが二〇世紀において意味するであろうところのものを、エンゲルスはすでに一八八七年に明確に予言していた。「プロイセン－ドイツにとっては世界戦争、しかも未曽有の拡がりと激しさとをもつ世界戦争以外の戦争はあり得」ないであろう。「八〇〇万人ないし一〇〇〇万人もの兵士たちがたがいに屠殺し合い、そのさい、バッタの大軍もこれまでやったことがないほどヨーロッパ全体を喰い尽すであろう。三〇年戦争の荒廃が三年ないし四年に凝集して、大陸全体に拡がり、飢饉、疫病、急激な困窮によって呼び起こされた軍隊や民衆の全般的な野蛮化が生じ、われわれの商業、工業、金融の精巧な機構が救いようがないほど混乱して全般的破産にゆきつき、これまでの諸国家とその伝統的な国家的英知が崩壊し、一ダースもの王冠が敷き石のうえに転がっても拾い手がないほどになる」。一八九七年にビスマルクは次のように述べたと言われる。「余はおそらく自から築いた作品の崩壊においてテされるおのれの復讐をなお体験することになるであろう」と(8)。のちに、上述のごとき破局のなかで、このビスマルクの願望は実現され得たのである。

8.2　戦時財政と戦時経済

第一次世界大戦の軍事的経過やそれと結び付いて打たれた外交上の手については、精粗さまざまの叙述が大量に存在している。ここではこうした問題の代りに、ドイツの戦時財政ならびに戦時経済の若干の基本的特徴を浮き彫りすることとしよう。戦争は――多くの国ぐにで期待されたような――数ヵ月のみの決闘的な打撃の応酬に終らなかったのであるが、この戦争の財政は、一九一四年八月四日いらい全権授任法によって可能とされた。直接的戦費は一五二〇億マルクないし一五五〇億マルク、すなわち一日あたり九八〇〇万マルクないし一億マルクと見積られたが、そのうち約六〇パーセントが額面九九〇億（実質九七〇億）マルクの九件の長期国債によってまかなわれ、残余は大蔵省証券（一九一八年一一月末にその額は五一二億マルクに達した）ならびに税収によってまかなわれた。ついでに言えば、フランス賠償金の残高が死蔵されていたユーリウス塔の有名なシュパンダウ戦時予備金は二億五〇〇〇万マルクしかなく、したがって戦費をちょうど二日間しかまかない得なかった。(9) 一八七〇―七一年の戦争のばあいと同様、将来の敗者にドイツの財政負担の主要部分を負わせるという原則が存続していた。それにしたがって、〔帝国大蔵省〕長官ヘルフェリヒは帝国議会に対してまったくあからさまに、「われわれは、われわれに対して強いられた戦争の勘定書を、講和締結のさいにわれわれの敵に提示し得るという希望を固持する」旨、言明した。(10) それゆえに、イギリスが結局は導入したような、だが主に有産者層が負担しなければならないような、高額戦時課税をドイツが断念したことは、必然的に、一三回もの紙幣発行によってまかなわれた通貨流通の増大、ならびに国債によるその部分的な吸い上げを含意したのである。新たに創造された紙幣や預金通貨は、戦時中には経済の実物面とのつながりをまだまだ免れていたから、もろもろの影響は崩壊の後にようやく全面的にあらわれてきた。それゆえに、ドイツの戦後インフレーションの始まりを一九一四年八月に見るのは正当である。

国債はドイツの戦時財政政策のなかできわめて重要な地位を占めた。法的な国債独占が帝国に与えられ、それ以外の資金調達者はもはや許されなかった。「ドイツの国家指導部の意のままになっていたら、負債全体のなかに占める長期国債の割合はもっと大きくなっていたことであろう」（リュトゲ）。一九一六年三月の第四次戦時国債までは、上昇する総額が、ある程度まで短期負債を整理するのに足りた。だがその後、第五次から第九次までの国債においては、それが不可能であることが分った。したがって一九一八年一一月には、未整理の超過負債の額は五一二億マルクに達した。実際には短期帝国債の長期帝国債への書き換えが行われた。そしてそれは「多数の財産所有者たちの手中における財産請求権……の創造」を意味する。もっとも、それはしばしば、いずれにせよ物質的な特権者たちに属していたけれども。一九一九年における一五六〇億マルクの現実の帝国負債は、五パーセントの利子率のばあい、年々五〇億マルクの償還義務によって帝国財政に経常的負担をかけることになったであろう。

イギリスでは一九一七年いらい高額戦時課税によって、すべての資本会社の戦時利得の八〇パーセントが徴収されており、それがすくなくともその総費用の三〇パーセントをまかなっていた。もし帝国でそうした高額戦時課税がなされていたなら、多くの利点を生んだことであろう。もとよりまさしく帝国内部における社会的権力配置のゆえにその利点は活用され得なかったであろうが。そうした高額戦時課税は、ただちに通貨を流通から引き上げ、かくして通貨額を低落する消費財生産に適応させ、生計費の膨張をともなうインフレ的な価格上昇をすくなくとも緩和する効果をもったであろう。さらに、とりわけ戦時利得者は、将来利息から高い収入を得る見通しのもとに、軍需発注によって儲けた貨幣をあれほど大規模に帝国に貸付けることはできなかったであろう。公共の福祉を目指す政策であったなら、国民総生産高のかくも一方的な移動を許さなかったであろう。だがドイツの権力エリートたちは、一九一八年にいたるまで国債政策に固執し続けたのみならず、一九一六年まではいっさいの戦時利得税を阻止することさえできたのである。戦時利得税はその後一九一七年には四八億マルクに達したが、一九一八年には二五億マルクにとどまった。総計すれば、一九一八年にいたるまで、税収によってドイツの戦費の一六パーセントがまかなわれたにすぎなかった。こうしたやり方の結果、終戦に続いて前代未聞の財政的崩壊が起こらねばならなかった。そしてこの崩壊はとりわけ市民的中間層の物質的基盤にひどい打撃を与えたのである。同様の経過が二五年後に繰り返され、しかも本来の責任者に対して幻滅が——その時にも、あるいは以前にも——差し向けられなかったのは、いまにいたるも呆れるべきことである。ドイツ戦時経済の根本事実、つまり、原料および食料の輸入への依存、労働力不足ならびに連合軍による封鎖の効果の増大は、四年間の戦時をこえて存続した。一九一三年には必要な量の硝酸カリウム（弾薬用）、マンガン、ゴムが一〇〇パーセント、棉花、羊毛、銅が九〇パーセント、皮革が六五パーセント、鉄鉱石が五〇パーセント、輸入された。石炭は帝国領内に十分に存在していたし、また不足する鉱石も最後までスウェーデンから調達することができた。だがその他の面では原料調達を中央で組織し管理するさし迫った必要が直ちに起こってきた。アー・エー・ゲーの支配人ヴァルター・ラーテナウは一九一四年八月に早くも、陸軍省のなかに戦時原料部を創設し、みずから一九一五年四月までこれを指導した。彼にひき続いてこの部を一九一八年まできわめて巧みに指導したのは、軍事テクノクラートであるケート少佐であった。この部ならびにその他の官庁によって、限定された計画経済体制が作り上げられたが、しかしそれは私的な資本所有、私的な投資決定、私的な減価償却決定、私的な価格決定等々には、それらが戦争遂行に対して明らかに妨げとなったにもかかわらず、終始手を触れなかった。拡大された統制にかんするラーテナウの計画は草案にとどまり、決して実現にはいたらなかった。

農業経済の領域では、帝国は部分的にしか自給できなかった。たとえば一九一三年には二〇億マルクの食料が輸入されねばならなかった。たしかにパン用穀物の九〇パーセントはドイツで生産された。だが戦時中に収穫高がたえず減退し、ついに一九一七年には一九一三年の半分の収穫高にまで落ち込んでしまった。こうした落ち込みは、とりわけ穀物と馬鈴薯とについて著しかったので、封鎖のもたらす飢餓が連合軍側の有効な武器であることが分った。隣接諸国や中立諸国からの輸入品はきわめてわずかしかドイツに届かなかった。それにもかかわらず、強制経済への端緒があらわれたのは、ようやく比較的後になってからであった。農場主の妨害が一九一六年まで統制を妨げたし、その後、渋々ながら実施された諸措置も、一九一六―一七年の意気そそうさせたリューベンヴィンター〔かぶらで飢餓をしのいだ冬〕が訪れるのを阻止できなかった（疑いもなく第二次世界大戦中のドイツ国民の食糧事情は、一九四四年末にいたるまで、はるかに良好であった。というのは、事前の計画が存在しており、占領諸地域が組織的に掠奪し尽され、貯蔵倉庫がより良く組織されていたからである）。

都市はこうした発展により著しく不利な影響をうけた。都市には闇市ができ、その法外な価格が再び裕福な者に利益をもたらした。都市と農村との間には激しい対立が生れ、また同時に増大する貧富の対立は、とりわけ都市の階級社会の戦線を深化せしめた。一九一六年春に、供給の貧困に反対するはじめての抗議デモが行われるにいたったときに、五月になってなるほど戦時食糧庁設立の計画がついに実現されたけれども、その仕事ぶりは一般の人びとを落胆させたのである。一九一六―一七年の冬には、とりわけ収穫が悪かったために、一人当りの一日の配給量としてパン一七〇グラム以上を確保することができなくなった。幼児死亡率は一九一三年いらい五〇パーセント上昇した。戦中の餓死者七〇万人という数字は、誇大でなく、むしろ過小に見積られているように思われる。これが「銃後」の現実であって、政治的右翼の著述家たち——ユンガーやボイメルブルクやツェーベルライン等々——が後年描いてみせたような、かの理想化された状況ではなかったのである。

戦時食糧経済は、農業利益諸団体によってあきあきするほど繰り返された、公共の福祉に奉仕する給付能力のある「食糧身分」にかんする仰々しい美辞麗句が、うつろなきまり文句にすぎないことを暴露したのであるが、他方で、労働力の組織化がまったく別個の問題を提起した。開戦当時、約五〇〇万人の男子が兵士となったが、この数字は徐々に上昇してついに一一〇〇万人に（全人口の七・五パーセントから一六・五パーセントへ）達した。だが、それは、長い間恐れられてきた失業に代って、やがて労働力不足が発生することを意味した。したがって、戦時経済、とりわけ軍需工業の要求は、企業家の権力を高めたばかりではなく、測り知れないほど自由労働組合の影響力をも高めたのである。戒厳令が発せられると共に開戦第一日目から軍団管区のなかで執行権を獲得したところの軍司令官の後見のもとで、使用者と被用者との間にためらいながらの協調が始まった。生産の上昇やストライキの回避というその主要目的を達成するために、総司令部と企業家の代表者たちは社会政策的譲歩を与えなければならなかったが、こうした譲歩は全体としてその相手側の勢力を増すのに役立ち、結局のところ一種の非公式の自律的〔国家の介入から自由な〕賃率協約へ導いたのであった。こうした内政上ならびに経営政策上の発展は、他方において、両陣営において解決されたような紛争を激化せしめた。社会民主党ならびに自由労働組合の内部では、戦争遂行をほとんど無条件に支持した右翼と、勢力拡張のおかげでその反対派的立場をますます無視し難い仕方で擁護することのできた左翼との間の裂け目が拡大した。だがまた、企業家陣営においても、ドイツ産業家中央連合とドイツ産業家同盟とが一九一四年に「ドイツ工業戦時委員会」に合同したのであるが、仮借のない「家長的《ヘル・イム・ハウス》」観点と一定限度の譲歩をする観点との間に対立が存在していた。「城内平和」というイデオロギー的模造品はここでも諸問題をほんの束の間おおい隠したにすぎない。帝国の政策には、強力な議会とその諸政党とから発生し得るような固有の統合化作用が欠けており、またそうした作用を「一九一四年の理念」という貧弱な安酒で代替することもできなかったから、戦時中に諸団体の力はさらに増大した。その力は、とりわけ、有産者をはなはだしく優遇し、また実質賃銀よりもはるかに生計費を騰貴せしめたところの、麻痺した国家的戦時強制経済のうちにもあらわれていた。

それでも、やはり、力関係と双方の側の権力チャンスとが強制したところの、不安定な妥協という性格を、一九一六年のヒンデンブルク計画もまた帯びていた。すなわち、それは、はじめて独自の計画にしたがって総力戦を遂行し得るようにしようとする強制された努力であった。それまで支配的であった場あたり的政策をやめて、第三次陸軍最高統帥部は、ルーデンドルフとヒンデンブルクのもとに、戦争遂行の徹底的な強化の方向を打ち出した。すなわち、(1)ルーデンドルフの右腕のバウアー陸軍大佐が表現したように、軍需物資の生産は「どんな犠牲を払ってでも」これまでの生産高の二倍ないし三倍に高められることとなった。(11) これと結び付いていた具体的な諸要求は、最高統帥部が構想を練り上げるにあたって協同したところの、重工業の要求をほとんどすべて満たすものであった。(2)生産計画と結び付いていたのが、いわゆる補助勤務法であり、これは傾向としていっさいの成人の国民を戦争目的のために掌握しようと努力した。もともとルーデンドルフは、全般的な労働強制（婦人にも）、兵役義務年限の五〇歳への拡張、青少年に対する軍事教練、大学ならびに戦争遂行にとって重要でないいっさいの工場の閉鎖を要求していた。ここに社会全体の完全な軍事化が宣言されたのである。こうした広範な要求に対しては直ちに左翼ならびに中間の政治家たちの抵抗、さらに、とりわけ労働組合の抵抗が起こった。労働組合は、要求された通りに労働の自由を断念する代りに、譲歩を求めたのである。彼らはあらゆる経営に労働者委員会ならびに調停－仲裁委員会を設置するよう主張して譲らなかった。最高統帥部鉄道部長グレーナー将軍は、軍部の代表ではあったけれども、南ドイツ出身で、抽象的な正義の理念をもいささかは持ち合わせており、協議のなかでそうした譲歩に賛成の意向を表明した。一方、帝国内務省長官のヘルフェリヒは、あからさまに大工業の利益代弁者として行動しており、頑固にこれに反対した。彼はさしあたって法案のなかに自分の意見を盛り込ませることに成功した。けれども帝国議会の多数派は法案に激しい批判を加え、この批判は政府の防衛にもかかわらず、結局は修正をもたらした。一九一六年一二月に法律は二三五票対一九票で採択された。それは一六歳から六〇歳までのすべての者の労働義務と軍需工業の職場へ配置するための強制手段とについて規定していた。労働場所の変更は、経営調停委員会に申請してその許可を受けることを要した。同委員会はまた経営内の仲裁をも担当した。たしかに政府は企業家利得が制限されないようにすることに成功したけれども、同時に名目賃銀の上昇を統制することはできなかった。生産計画のうちに重工業は自己の意志を通すことができたけれども、補助勤務法の結果として労働組合が形式的には企業家たちと同権の権力要素として測り知れないほど格上げされることとなった。帝国議会は法案を（最高統帥部が追求したように）疑似人民投票的な歓呼による賛同を通して承認することを拒否しただけではなく、戦後時代の労働争議の解決の先例として理解され得るような制度的規制を作り出した。はじめて多数派（社会民主党、自由主義左派、中央党）がこのために結束したが、この多数派は後に一九一七年七月の「平和決議」を可決し、いわゆるヴァイマル連合の先駆形態を形作ったのであった。この帰結は最高統帥部、政府、使用者の側に深い幻滅を呼び起こしたけれども、政党政治家や労働組合員も彼らのいずれにしても限定された成果を非常な負担によって購わなければならなかった。たしかに労働者層とその組織の国家への統合が進んだということもできたであろう。だが具体的には――そしてまたいわば雰囲気的には――これは「混沌とした政治体系」（フェルドマン）への適応、私的資本主義経済の中核的諸条件の変更されない貫徹、いいずれにせよそれゆえに「負の統合」の継続を意味したのである。その力を承認されることを渇望していた労働組合の実務家たちよりも、この点を明瞭に察知していたのは、少数の反対派にあえてとどまった社会民主党員であり――そして、しばらくの後にはすでに独立社会民主党の何十万人もの人びとがこの見解に同じた。

新設された戦時局はグレーナーの指導下に陸軍省を実際には排除してこれに取って代ったけれども、たえず機能を麻痺させるような管轄争いのなかに巻き込まれていた。そのうえ、すでに一九一六―一七年の冬には、原料・石炭・輸送の危機という形をとった崩壊が、ヒンデンブルク計画の実行不可能なことを示した。そして補助勤務法は、総力戦の遂行に協調させる代りに、むしろ労働組合と企業家との対決を激化させた。軍需産業では賃銀が四年以内に約一五〇パーセント上昇したけれども、それは工場生産者の利潤にくらべればまったくわずかの増加にすぎなかった。けだし国家が独占的購買者として最後まで全商品にどんな価格でも支払ったからである。こうした事態は、食糧問題ならびに戦線の膠着とあいまって、国内事情の不安定性を増大させた。

一九一七年以来のストライキがこのことを示す測り難く大きな状況証拠であった。その件数はこの年に飛躍的に五六二件へ（一九一六年には二四〇件にすぎない）、その参加者は一五〇万人へ、はね上った。四月における最初の大ストライキの導火線となったのは、ロシア革命ならびにパンの配給量の切り下げであった。軍部はこれを鎮圧した。けれども、とりわけライプツィヒでは、併合目的と三級選挙法とに公然と反対を表明した独立社会民主党の勢力が明瞭となった。ストライキの波はさらに夏にいたっても続き、とりわけ企業家が伝統的に極端に労働組合に敵対的な態度をとってきたオーバーシュレージエンとケルンにおいて激しくなった。それ以来、社会的政治的な両極化が急激に進んだ。最高統帥部、使用者、右派諸政党は、声を限りに、仮借のない弾圧路線を要求し、それが実際にしばしば実現された。他方では左派が――とりわけ金属労働者連合において――前進した。右派の労働組合役員たちは――「山猫」ストライキが示したように――気分と行動とをコントロールすることがますます困難になった。彼らは、すべての支配的影響力が自己の手中から滑り落ちるのを見たくなければ、急進化に徐々に適応しなければならなかった。新たな頂点を形作ったのは一九一八年一月の大衆ストライキであり、これはベルリーンにおいては直ちに五〇万人、帝国では一〇〇万人以上もの労働者を、一部は自然発生的な抗議の形をとって、立ち上らせた（革命までには一九一八年になお四九九件のストライキがあった！）。仲裁だけではなくて、利潤の監視や戦時利得税の引き上げをも支持したグレーナーが、すでに一九一七年夏に最高統帥部と重工業とによってその地位を追われたのは、象徴的なことであった。彼と同様、なんらかの調整を考えた人びとは、諸決定機関のなかにはもはやほとんどいなかった。戦時最後の年が始まると共に、社会的政治的対決は、一方では熱狂的併合主義ならびに「祖国党」と、他方では厭戦気分、飢餓ならびに独立社会民主党とによって激化されつつ、ますます和解の余地のないものになっていった。

8.3 戦争目的と階級社会

ドイツ社会におけるこの根本的衝突は、この階級社会の対立が戦時中にかつてなく激化したさいに、その階級的性格をきわめて明瞭に明るみに出した。この社会構造的な、だがまた同時に憲政的な次元を考慮することなしには、戦争政策の中心的な局面、すなわちドイツの戦争目的の意義と機能とを把握することはできない。この点については、最近一〇年間に多くのことが書かれ、また討論されてきた。敵対国が互にその政策によってますます感情的な高ぶりに陥ったことや、当事国のすべてが要求と対抗要求との不吉な網の目に巻き込まれてしまったことや、あるいは非常事態下にモラルが曇っていたという意味ではどの国も他国を非難する資格を持たないということは、ここでは論じないでおこう。ここで関心をそそるのは、帝国ドイツの社会帝国主義の連続性であり、それどころかその強化である。一九一四年のいわゆる「九月計画」におけるドイツの戦争目的の途方もないカタログから一九一八年秋におけるこの計画怪獣《プラーヌングスシメーレン》の最後の尻尾にいたるまで、戦争目的には、つねにきわめて明瞭に、一部では野蛮なおおっぴらさでもって、直接的な利益——それが経済的な性質のものであれ、戦略的、植民政策的もしくは民族政策的な性質のものであれ——への期待が結び付いていたことについては、いまや真面目な議論でもって異論をさしはさむ余地はまったくあり得ない。そのさい、フランス領ロートリンゲンにあるロンウィー－ブリィの鉱床や、ベルギーの港湾や、ロシアの「穀倉」や、ポーランドの「国境地帯」などが重要であったにせよ——公式の併合もしくは非公式の支配確保の首唱者たちの具体的な強力な物質的利害については、なんら隠しだてされるところがなかったのである。けれども、戦争目的政策をこうした利害にすっかり解消してしまい、たとえば流行の経済主義のスタイルで重工業の膨張ロビーの利潤追求を指摘することだけで満足してしまったり、あるいはいわゆる戦略的前地の確保のみを主要動機であるとしたりするのは、人を誤らせるものであろう。沢山の政治家の覇権の夢や全ドイツ主義的教授たちの権力イデオロギーのうちに、そうしたことがもっぱら見出さるべきでは決してない。むしろ、病的な爽快感を覚えた発端から幻滅に終った終焉にいたるまで、戦争目的には、いま一度対外的な成功を通じて帝国の内部の改革の必要性をそらし、伝統的な支配関係を特権的な権力エリートと共に改めて正当化し得るのではないかという期待が結び付いていた。この危機戦略は何十年来ベルリーンの政策の確固とした思考ならびに行動の範型へと凝結していたのであり、戦争の状況はそれに対して前代未聞の新しい可能性を与えたのである。

これらの動機は赤い糸のように、おびただしい覚え書や書簡や請願書、要するにフィッシャーの『世界強国への挑戦』以来の論争のおかげで知られるにいたった、かの厖大な史料を貫いている。それは帝国の政策について妥当するだけではない。幻想的な計画やグロテスクな時代錯誤があらゆる現実の関連を蔽い隠しているところの「ドイツ連邦の戦争目的政策[12]」のなかにもまさしく、旧秩序とその担い手のためのこうした救済努力が前面に押し出されている。賠償取り立てにかんする果てしない論争、節度のない幻想によって活気づけられたバルト海沿岸地方における新ドイツの諸属国にかんする計画、プロイセンがエルザス－ロートリンゲンやフランドルにかんし、ザクセンがリトアニアにかんし、ヴュルテムベルクがポーランド王権にかんし、交互に立てた分割計画――こうしたありとあらゆる錯雑した事柄が、何年間もの間、諸侯の内閣や顧問によって熱烈に討論されていたのである。たしかに、文字どおり後期封建制的な意味における王朝的な名誉欲が役割を演じたし、たしかに、予想されるプロイセンの勢力拡張に対する疑い深い盗み見がたえず刺激を与えた。だがここでもまた、こうした考慮や策略の本来の意義はとりわけ、貴族的－王朝的伝統をもつ古ぼけてしまった世界の安定化要求にあったのである。奇怪な組み合わせのおい繁った渦巻き模様（計画作成者たちの病的な結核性消耗状態を控え目にこう言いあらわすならば）の背景には、堅い核心として現状《シュタートゥス・クヴォ》擁護をつねに見てとることができるのである。それゆえに戦争目的論争は、昂進した誇大妄想狂や世界強国たらんとする野心、びっくりするような節度のない美辞麗句や現実感覚の欠如を示すのみでなく、国内事情の根本的変化をなんとしてでも阻止しようとする指導諸集団がそのいだく期待の地平において持っていたところの、自由に動ける余地の狭さや施策を入れる矢筒の狭さをも示している。彼らは自己の地位を致命的に脅かす危険が成長してくるのを見たがゆえに――ベートマン－ホルヴェークが一九一四年六月に、だがフリードリヒ・エンゲルスがすでに一八八七年に、予想したように(13)――広範な大衆の公然たる、あるいは陰にこもった政治的社会的な改革要求に対する恐れから、壮大で、空想に呪縛された膨張の達成によって、時代を越えて生き残り得るようにと、その慣れ親しんだ路線のテンポをはやめた。それゆえに、これらの計画にはやむを得ないといった性格がつきまとっていた。――いわば、ドイツの権力状況がひとたび形作られたそのとおりの、ドイツの事態存続《レーブス・ゲルマニツイス・シック・スタンティブス》が企図されたのである。それゆえに、手足を拡げようという攻撃的な意図だけではなく、改めて一八八〇年代以降の帝国主義の示すとおり、だがいまやよりいっそう、対外的な手段をもってする防衛が是非とも必要と感じられていたことが決定的であった。

戦争目的政策のこうした機能的局面はいくら強調してもし過ぎることはなかろう。疑いもなくこの政策は権力エリートによって統合のためのかすがいとして理解されたのであり、その限りにおいて病的な計画過多は帝国ドイツ社会の社会政治的亀裂を正確に反映していた。もとより、そのさい、一九一八年春以降の具体的な膨張利害や膨張政策の定義のうちに質的に新しい種類の目的への飛躍を見出し得ることを見落してはならない。そしてまたそれらのゆえに、「第二次世界大戦の前史は……すでに第一次世界大戦のうちに」[14]始まっていると言うこともできよう。一九一七年のロシア革命の後に第三次陸軍最高統帥部は、ソヴェト政府を最後通告の形でブレスト－リトフスクの強制的講和（一九一八年三月三日）のくびきのもとに屈服させることに成功していた。その時から、戦争目的計画は数ヵ月の間、きわめて具体的な決定に移されるにいたった。というのは、その時になってはじめて、そのためのチャンスが具体的な形をとって出現したからである。ロシアの領土的分断（たとえばウクライナ人民共和国、フィンランド、バルト諸国の分離主義的な独立）、経済的諸要求、過渡期の後にウラル以西の国土をドイツの統治下におこうとする意図等をともなうこのまさしくカルタゴ的な講和諸条件ほど、ドイツが勝利したばあいにその敵国に課したであろうと考えられる条件を明瞭に示すものはない。一九一四年一二月の全ドイツ連盟のある覚え書——それはロシアをピョートル大帝時代の国境にまで押し戻すことを要求し、その時は印刷を許されなかったが、いまやルーデンドルフの介入のおかげで版を重ねることができた——の諸要求の大部分は、実現されて余りがあったのである。西部戦線が膠着し、バルカン戦線が虚脱状態をあらわにしていたときに、「ドイツの指導部全般のなかで」、一九一八年三月以降、「全ロシアを掌握し、この巨大帝国を永続的にドイツに従属させておく」という構想が同意を見た。この「自明の理」は事実、一九一四年以前におけるツァーリ帝国に対する過大評価とは「絶対的に対立」していた！　ブレスト＝リトフスク条約はこの「大構想《グランド・デザイン》」の実現のための若干の前提を作り出し、一九一八年八月三日の独露補足条約は非占領地域のロシア領に対する帝国の間接的な影響を強化した。ドイツ軍はナルヴァからプレスカウ＝オルシャ＝モギレフを経てロストフにいたる戦線を維持した。ドイツ軍はウクライナを支配していた。先遣隊はクリミア半島を占領し、トランスコーカサスで持ちこたえていた。東部におけるドイツの「広域圏《グロースラウム》」は具体的な形をとるにいたった。ここにおいて強力な戦争目的がついに永続的に実現されたかに見えた。それゆえにこそ、一九一八年秋におけるドイツの崩壊はよりいっそう突然で衝撃的なものであった。亡霊のごとく東部の「前地」は消え失せたかに見えた。だがすでに数年後にヒトラーの「ソヴェト同盟の廃墟のうえにドイツの東方帝国を建設するというはるかな目標」が宣伝されたときに、それは夢想家のたんなる幻覚的ヴィジョンであったのでは決してなく、「一九一八年にすでにひとたび達成されたものとの具体的な結節点が」十分に存在したのである。「ドイツ東方帝国は」、たとえ短期間であれ、「すでにひとたびは現実」であった。[15]

国内に及ぼす効果を度外視しても、また穀倉および原料源へ直接に到達することが切実に要求されたこと——もっとも到達した後には最少限しか利用され得なかったのだが——を度外視しても、その強烈さにおいて新しい別個の動機が、ドイツの政策決定行為に対して影響を及ぼした。それらもまた、質的な変化について語ることを正当化してくれる。１・連合国による封鎖がドイツをほとんど四年間にもわたって世界市場から切り離し、ドイツの通商関係を絶滅させ、一九一六年春いらい戦後の世界の経済的分割にかんする協商国側の計画がベルリーンにも知られるようになった後に、アウタルキーの思想が、もとからあった「中欧計画」をはるかに越えて、一般に普及するにいたった。この関連で言えば、食糧ならびに地下資源の巨大な潜勢力をもつロシアへの進出は、必須なものに見え、それどころかまさしく成功の唯一のチャンスを提供するかに見えた。とりわけここではドイツのアウタルキー擁護者たちはツァーリズムの崩壊の後に計画を実行することができた。2・その時期までに、有力な指導諸集団のなかでも、世界大戦は世界列強がたえざる格闘のなかでその支配領域をたえず新たに決定するであろうような「きたるべき諸大戦」の序幕でしかないとするような見解が支配的となっていた。敵対的な諸国家体制という教義のこの社会ダーウィニズム的な変種に対応していたのが、全ロシアを自由になる破産財団のように取り扱うほどの巨大な範囲にわたる戦略的自己保全策であった。3・この新たに獲得された「東方の地」において、「全ドイツ連盟」や「東部国境地帯協会」のみならず、ルーデンドルフもまた、スラヴ人の仮借ない強制移住やその跡地へのロシア生れのドイツ人全員の集団入植という「民族上の耕地整理」をもねらっていた。すでに一九一五年一二月に第三次陸軍最高統帥部のこの本来の支配者は、ロシアについて次のように判断していた。「ここにおいて、われわれは東部におけるさらなる戦闘のために必要な人間の飼育場を獲得するのである。そうした戦闘は必ずやってくる」と。(16) この言葉は思わず内心をもらしたものだ。その後一九一八年には人種主義的なゲルマン化政策が開始された。したがって、この容易に拡張され得る動機分析は、国民社会主義の綱領ならびに実践の重大な諸前提がこの時期にいかに成立し、もしくは創出されていたかを示してくれるのである。

戦争目的政策のほかに、その他の諸統合イデオロギーも、すくなくとも暫定的には重要な役割を演じた。一九一四年八月に布告された「城内平和」は、内政上の紛争を鎮めようとするものであった。「戦う国民」の一体性を保証するために、擬制的な民族共同体が呪文で呼び出された。紛争のない社会という理想に強く捉えられていた中間層的な市民層のなかで、さらにまた一九一四年八月四日に国民全体のなかに受け入れられたかに見えた社会民主党の「祖国なき輩」の間でも、「城内平和」の美辞麗句が開戦当初には、疑いもなく、すくなからぬ影響力を獲得した。その後、一九一六年までにはもちろんこの大言壮語の織物は破れてしまった。

学界は「一九一四年の理念」にもっと長い間固執していた。学界は革命の伝統を持たなかっただけに、せめてイギリスの小商人精神やフランスの浅薄さやスラヴ的野蛮に対抗する防衛イデオロギーをなんとしてでも手に入れたく思ったのである。この「理念」は、これらの諸国に対する戦前からのあらゆる悪しき恐怖症――イギリス憎悪や反ユダヤ主義、ゲルマン化のうぬぼれやロマン化的なドイツ超国粋主義――と結び付いていた。著名な学者たちがどん底社会の言葉で毒づいた。いま一度、西欧の精神文化や政治文化からの訣別が運命として定められた。ドイツと西欧とを結び付ける絆が意図的に切断され、思い上がった独善はドイツ的存在の孤立化をば、世界が病いをいやすよすがとすべき優秀な質として賛美した。これに加えてカトリック、プロテスタント両宗派の戦争神学がこの有毒な煎じ汁のなかに注ぎ込まれた。そしてこの毒汁が無数のパンフレットや戦争演説や野戦郵便の手紙等々のなかに盛り込まれた。ここには総力戦の観念もまた、我慢できないほど理想化された形で繰り拡げられていた。総動員ならびに総力戦は、敵の連合に対する量的劣位を埋め合わすものであったのみならず、ドイツ階級社会の諸問題に対するえせ解決策でもあった。際限なく神化された「塹壕共同体」に対しては、平時の資本主義が多数の人びとに対して拒否したような事柄が美徳として是認された。前代未聞の希望の倒錯のなかにあって、前線におけるように死が遍在する状況にのみ起り得る異常な社会関係が、健全な社会のモデルとして評価された。その健全な社会では権威的な紀律を守る時代錯誤的な共同体生活が支配すべきであるとされた。「武装した民族」のイデオローグたちは、現代世界を回避して、軍隊生活と社会的軍事化とによって特徴づけられた社会ロマン主義のなかへと逃避したのである。階級対立は、位階制的に組織された戦争国家の見渡しのきく司令構造によって除去されようとしていた。そして一九三三年以前の「全体主義国家」の右翼保守主義的な代表者たち——フライヤー、ユンガー、フォルストホフその他大勢——は、国民社会主義それ自体と同様に、直接的にこのような観念に結び付くことができた[17]。

一九一八年にいたってプロパガンダ的な論争好きの著述家の多くが突然に周章狼狽した。けれども酔いがさめたのはごくわずかの人びとだけであった。——ヴァイマル共和国の政治的気候がそのことを示している。そして、いま、カール・クラウスが辛らつな嘲笑をもって、次のように述べた。「しばしば思うことであるが、あの当時……一部は酔眼もうろうとした愚かさから、一部は他人の壮烈な戦死を賛美することによって自らはそれを免れようという思惑から、書きなぐったことどもを、今日、一句一句印刷されることほどひどい責め苦は、中欧諸国のやくざ詩人、やくざ文士全体にとってあり得ないであろう」。けれども、おそらく「彼らすべてが、自分たちの精神錯乱を文学に移し植えるという幸運を持たなかった人びとを、どのような方法で破滅へ追いやったか」を思い出させることは、ひとを「健全に」してくれるであろう。「講和の後には戦争文士を捕えて、傷病兵の眼前で鞭打つべきであると私は提案したのだが、この提案はまだ実行されないままである。……[18]」

8.4　最後の「上からの革命」

戦時中のドイツ社会における二元的発展は多くの過程から読み取ることができる。それは、工業企業家の労働者層に対する関係、「中間層」を上層から分かつ社会的距離の増大と「中間層」をプロレタリアートへと押しやる距離の縮小、諸階級と国家機関との間の関連、ストライキや鎮圧策や実質収入等々によって、読み取ることができる。政治的な両極化も一九一六年いらい増大した。三月には、戦時国債をめぐる第一回の論争いらいますます明瞭な輪郭をとるにいたった社会民主党フラクション内の少数派が、正式に離党した。かくしてドイツ社会民主党の公然たる分裂が告知された。一月には大ていカール・リープクネヒトとローザ・ルクセンブルクとによって執筆された『グルッペ・インテルナツィオナーレ』の「スパルタクス書簡」もあらわれ始めていた。このグループから同年に「スパルタクス団」が成立した。それは、一九一七年四月にこれまたゴータで創設され、組織労働者層の分裂を決定的にした「ドイツ独立社会民主党」のちっぽけな左翼をなしていた。

他方では、一九一六年八月に設置され、ルーデンドルフならびにヒンデンブルクのもとにあった第三次陸軍最高統帥部により、ドイツの内政における右傾化趨勢が支持された。ルーデンドルフは直ちに最高統帥部の「独裁」が「おそらく可能であろう」と考えた。彼の親友バウアーも秋に、あからさまにこれに賛成の意見を述べた。一二月にはバウアーは、「唯一の打開策としての軍部独裁にいたら」ざるをえず、「絶対的な軍部独裁」のみが事態をさらに支えてくれるがゆえに、ルーデンドルフは「名目的にも頂点に」立つこととなろう、と述べた。一九一七年七月におけるベートマン゠ホルヴェークの失脚は、こうした最高統帥部独裁が目的意識的に樹立されたと言えないまでも、若干の分野において事実上形成されたことを知らす合図であった。ルーデンドルフが帝国宰相職をも受け継いだと噂された。皇帝は名目上は大元帥であったが、おそくとも帝国宰相の強いられた引退の後には、「彼自身の将軍たちによって一種の影の皇帝にされてしまった」(19)。たしかに最高統帥部の「独裁」は、内政的に必ずしもつねにその意志を十分に貫くことができず（ヒンデンブルク計画！）、一九一八年九月末以後には人民投票的基盤をも失ってしまったのではあるが、しかしそれまでに何といってもきわめて多くの権力チャンス権力要素の構造のなかにおけるその地位が蓄積され実現されてきたので、――一部は完全に無力化していた――その地位を独裁的と呼ぶことができる。こうした発展にはある種の首尾一貫性がなくもなかった。大プロイセン的帝国の頂点に生じた権力の真空は一八九〇年代以来もはや十分に埋められてはいなかったし、皇帝には力量がなかったし、議会と諸政党とは遠ざけられていた。そして市民の力は指導力を行使せよとの要請にこたえ得るほど成熟してはいなかった。そして、軍部が一八七〇―七一年の建国をはじめて可能ならしめ、かつその特殊の地位をその後もねばり強く擁護し、そのうえに権力をにぎる競争者たちが一九一四年以後一九一八年秋にいたるまでその地位をほとんど脅かすことができなかったから、いま内外の危機の瞬間において、帝国が成立したさいの基本原則が前面に押し出されてきたのである。すなわち、軍国主義がその素顔をあらわし、ルーデンドルフの「軍部独裁」は、あたかもモルトケの軍隊が帝制ドイツの発端を規定したごとく、帝制ドイツの最終局面を切り開いた。円環は閉じ始めた。

第三次陸軍最高統帥部の背後には、一九一七年夏に成立した「ドイツ祖国党」が立っていたが、この党の側でも最高統帥部の保護を受けていた。ちょうど最高統帥部が三級選挙法の擁護にさいしてプロイセン邦議会を背面から掩護したのと同様の事態が見られるのである。一九一七年七月に帝国議会において多数派によって平和決議がなされて後に、東プロイセン一般地主信用組合理事ヴォルフガング・カップと、軍事的に失敗した海軍元帥フォン・ティルピッツとは、利益団体や煽動団体と協力して、早期ファシスト的特徴をもつ、ナショナリズムで煽り立てられた帝国主義的な大衆運動のための貯水池としての「祖国党」を創設した。九月三日のケーニヒスベルクでの設立集会において、カップとティルピッツとは正副議長に選出された。そして役員には広範な全権が与えられ、強力な煽動を行いつつ党員獲得が開始された。「祖国党」は一九一八年七月末までに一二五万人の個人党員ならびに団体党員を二五三六の地方支部のうちに獲得したと自称しているが、その党の公表された目的はつねに、次のこと――すなわち、厖大な、これまでのすべての戦争目的をさらに上回る、東部ならびに西部における併合計画、オランダ－ベルギー海岸の支配、さらにまた中央アフリカ植民帝国の支配、それどころかロシアならびにトルコを経て「太平洋とインドの門に到る」膨張――であった。[20] 一九一三年に方向が定められ、一八七九年―一八八七年―一八九七年いらい手本が示されてきた結集政策の線上にあったところの、右派の結集政党が、ついに実現され得たのである。重工業（たとえばシュティンネス、キルドルフ、フーゲンベルク、レートガー、レヒリング）、電気・化学・機械製造工業（たとえば、C・ドゥイスベルク、W・フォン・ジーメンス、E・フォン・ボルジヒ）、ハンザ都市の大商人と造船所所有者、ドイツ産業家同盟、ドイツ産業家中央連合、ドイツ帝国中間層連盟、農民同盟、「全ドイツ連盟」、その他の排外主義的な諸団体――これらが「祖国党」の広範な組織上の、それでいて脆弱な、土台を形作っていた。この党は資金が豊富であったばかりではなく、ゲッベルスのごとき人物でさえ顔負けしたであろうほど宣伝も巧みであった。国家官僚ならびに軍――そこではルーデンドルフによって導入された「愛国教育」が、いまや、違法だが黙認された「祖国党」の煽動によって補足されていた――に近い筋が存分に利用された。強烈な言論抑圧が、そのような戦争貫徹－戦争目的スローガンに染まりやすい世論部分の動員と結び付いていた。むしろ控え目なマイネッケでさえ一九一八年九月に書いたように、この「考えちがいの利害エゴイズムと考えちがいの理想主義とから生まれた怪物、お人好しをたぶらかすドイツ政党史上まれなる大だぬき《ギムペルフェンゲ》」は、「対内的対外的な厳しい支配者政策を徹底的に貫くためのすぐれた道具を、併合主義的なナショナリズム」のうちに見出した。[21] あらゆるみせかけの勝利の確信にもかかわらず、すでに疑わしくなりつつある、最後の盲信的な、反抗のなかで、「祖国党」に結集した諸勢力は、戦争最後の年において、不可能なこと

――国内においてあらゆる権威的な構造を維持し、国外に対しては、ブレスト－リトフスクを第一歩として、世界強国ドイツへの道をさらに歩み続けるための勝利の講和を奪い取ること――を試みた。

この驕りはほとんど一年あまりしか続かなかった。けれどもドイツの急進ファシズムのためには、ここでもまた組織や宣伝のうえで手本が示されたのである。部分的にはドイツの急進ファシズムは、直接的にも「祖国党」に結び付いていた。すなわち、アントン・ドレクスラーは「祖国党」の指導者《オプマン》ならびにナチ党の創設者として、まさしくこの結び付きを象徴している。マイネッケが第二次世界大戦の破局を回顧したとき、「全ドイツ連盟ならびに祖国党はヒトラーの台頭のまさしく序曲であった」ことが彼には明らかなものに思われたのであった。(22)

「祖国党」の短命な歴史が一九一八年春にその不吉な頂点に達したとき、同時に――四月末いらい――西部戦線におけるドイツ軍最後の大攻勢の挫折が明確になり、七月中旬にはこの「ミヒャエル」攻勢が破綻し、協商国側の反攻が広範な戦線で始まった。八月一四日にはスパの大本営のなかの最高統帥部がはじめて、東部戦線におけるドイツ軍の展開にもかかわらず、事態はいまや「見込みがなく」なったことを容認した。九月二九日までには最高統帥部は――「ドイツ陸軍は……終焉」し、「決定的な敗北はおそらく不可避」であるがゆえに――その休戦要求を、突如としてアメリカ大統領ウィルソンの平和綱領と関連させて、作成した。このウィルソンの綱領の一四カ条は最高統帥部にたしかに一〇月五日までは一度も正確に知らされていなかった。まさしく最後通告のように、最高統帥部は、帝国宰相がこの申し出を「いささかの遅滞もなく」相手方へ送付することを主張してやまなかった。九月三〇日に保守派が、一〇月二日に他の諸政党の首脳が、事態について知らされた。深渕のような幻滅が多くの人びとを戦争目的熱から呼び醒ました。たとえばシュトレーゼマンは一種の神経破綻に悩んだ。ベートマンの協力者クルト・リーツラーは一〇月一日に書いた。「百年にわたって奴隷化されよう。世界強国の夢は永久に消え去った。あらゆる驕りの終末である」[23]と。これは全体としては尚早すぎる判断ではあった。だが気分の急変をよく映し出している。

一九一七年いらい陸軍最高統帥部では、とりわけ左翼が国内から前線に向かって背中へ突き刺した「あいくちの一撃」について語られるようになった。一九一八年七月には――すなわち、革命よりずっと前に！――あいくち伝説がはっきりとした形をとって主張されていた。一〇月一日にはルーデンドルフが皮肉な口調で、「われわれがここまで来た」のは「主として」政治家の「おかげである」のだから、政治家は「いまや彼らがわれわれに対して仕出かした結果」を背負わねばならない、と言明した。グレーナーはその印象をこうまとめた。その時いらい「陸軍統帥部は休戦とその後のあらゆる歩みとに対する責任を拒否する」立場に「立った」と。そして事実、公式には法律上介入しなければならなかった政治指導部が、こうした急激な事態の推移と結び付いた悪評を背負わされることとなった。同じ頃、「全ドイツ連盟」の議長ハインリヒ・クラスはひとつの不吉な方法を提案した。彼は「わが善良な欺かれた民族のきわめて正当な憤りがそらさるべき」「ユダヤ人に対する仮借なき闘い」を提唱したのである。[24]

軍部がみずから恥知らずにもそれまで行使し尽してきた責任から逃亡している間に、政局は衝撃的に変化した。最高統帥部は逃亡戦略として帝国統治の議会主義化の要求を展開し、それによって多数派諸政党に破局と戦後の諸問題とを背負い込まそうとした。新たに外務省長官に任ぜられ、最高統帥部にきわめて近かったフォン・ヒンツェ提督は、この改憲を、最後の「上からの革命」、唯一の「下からの革命を予防する手段」であるとした。最高統帥部によって「それは舞台にかけられ、ひとつの過渡をなすはずであった。勝利から敗北へのどんでん返しを耐え得るものにすること……これがその糊塗策の効能であるはずであった」。それゆえに、グレーナーのような事情通はまた、「ヒンツェによって実行された議会主義化」について飾ることなく語った。もとより、崩壊を阻止しようとして、また連合諸国向けに、考案されたこの新体制の正面《ファサード》の背後には、王権と戦力という稜堡ができる限り温存され――ルーデンドルフが一〇月七日に語ったように――再びひらりと馬にまたがって旧来の方法によって支配し得る日を待つこととされたのであった。(25)

これに反して、最近の研究では、最高統帥部のこの戦術は帝国議会の強力なイニシアティヴと重なり合っていたのだというテーゼが展開されている。けれどもこれは、ヴァイマル議会主義の端緒をできるだけ遠くまで遡及するという要請から、誇張して表現されているように思われる。一九一八年春にはなお、ルーデンドルフに対する敬意や西部攻勢に対する配慮から、帝国議会の総会ならびに本委員会は秋まで、またフラク間委員会は二ヵ月間、停会となっていたのである。議会主義化のためのこの闘いは、きわめて感銘深いと言えるようなものではなかった。たしかに九月末までには、第三次陸軍最高統帥部のかかしとしての宰相フォン・ヘルトリングは政党政治家からも退陣を強いられるにいたった。だがこの時期にはまた――簡略のため次のような用語を使用するならば――ヒンツェの議会主義化圧力が貫徹したのである。問題になった多数派諸政党のすべての候補者が帝国宰相の椅子を拒否した。たとえ最も不利な事情のもととはいえ、これが自覚的な議会主義化キャンペーンのしるしであると言えるだろうか。――そうこうするうちに押し出されてきたマックス・フォン・バーデン公については余り知られていなかった。ともかく彼は平和決議を否認した。一九一八年春になお彼はそれを拒否し、軍事的勝利を最大限に利用することと、議会主義的な統治形態に抵抗することとを要求した。一八七一年いらい帝国宰相職が最も魅力を失ったときに、彼が手練にたけた操縦者たちに助けられてこの地位に就いた。だがそれが可能になったのも、「ヒンデンブルクとルーデンドルフとが候補者を『認可した』」からに他ならなかった。(26) かりに九月二九日いらい崩壊しつつある軍部独裁が、自分たちにとっていずれにせよ危険な存在たり得ない——と思われた——色あせた、だが善意の候補者をたとえ拒否していたとしても、一体帝国議会のイニシアティヴから何が生まれ得たと言うのであろうか。こうしてフォン・バーデンは一〇月三日に任命されたが、なおその日の夕刻のうちに、最高統帥部によって起草された連合国宛電報文に署名した。「この一歩は降服にひとしかった」と彼はその後に判断した。だが彼に対しても「彼の後任者たちに対しても、最高統帥部は責任を」負うべきである、という腹立たしげな付言は、政治的に夢のような望みでしかなかった。帝国議会に発する議会主義化への歩みの自立的成果ということがきわめて疑わしいがゆえに（そうした歩みや、またまさしく恒常的な、影響力を増しつつある、議会の諸党派形成の一種の慣行化がその当時存在したとはいえ）、その後アルトゥール・ローゼンベルクも次のように判断した。「議会主義化は帝国議会によってかち取られたのではなく、ルーデンドルフによって命令されたものである。この種の革命は全世界史のうちに例をみない[27]」と。

　たしかに一〇月改革は、なかでもルーデンドルフ罷免の二日後の一〇月二八日に、議会主義的君主制の導入にかんする法律をもたらしたが、しかし権力構造の決定的変化については、ましていわんや議会主義的統治様式の確実な基礎については、語り得べくもなかった。海軍指導部は新政府からまったく身を引いていた。——一〇月二九日に同指導部は遠洋艦隊に対して抜錨を命令した。これが革命への直接のきっかけとなった。同日に皇帝は大本営に、すなわちプロイセン軍事国家の中核へ、いわば逃げ帰った。旧レジームの諸勢力と新秩序の諸勢力との間の力くらべは決して決着がついていなかった。逆に、一〇月以来、保守側からのクーデター的逆襲の可能性を示す状況証拠は見逃すことができない。その身分にふさわしくない公正さ《フェアネス》で海軍兵学校長ミュールヴィクは次のように判断した。「(『われわれ』がそうであるように）破滅して、舞台から引き下がらねばならないときに、危機の瞬間に代役を務めようとする人びとに対して、執拗に横車を押したがるのは男らしくないし……とりわけ高貴なことではない。けだし、われわれはなんと言っても破滅してしまったのだから」と。改革の進展により脅かされ、議会主義的君主制が、ウィルソンをごまかすのに役立つのにとどまるどころか、現実となりかねず、したがって現状《シュタートゥス・クヴォ》へ戻る道が塞がれたかに見えたとき、王権と軍部との戦闘抜きの試合放棄はますます実現性がうすくなった(28)。だが議会主義的君主制はドイツでは三日間しか続かなかった。革命があらゆる対策に先んじて発生したのである。軍事的にはまったく無意味な、面子を守るための威信の誇示の犠牲になることに反対し、また、もっぱら海軍指導部のハラキリ精神のために、確実な大量死をともなう自暴自棄的作戦行動——降伏するよりは、むしろすべての軍艦の沈没をかけようとする行動——を甘受することに反対する、水兵達の抵抗が、一〇月二八日から一一月三日にかけての公然たる蜂起へと導いた。蜂起はただちにキールから他の諸都市へ波及した。一一月七日には革命はミュンヒェンに到着し、一一月九日にはベルリーンに及んだ。皇帝と皇太子は王冠を捨ててあわてふためいて逃亡した。そして社会民主党員フィリップ・シャイデマンが共和国を宣言した。一一月一〇日には社会民主党員、独立社会民主党員、各三名ずつからなる革命的「人民委員評議会」が統治事務をひき継いだ。同評議会に認められ、したがってマックス・フォン・バーデンの直接の後継者としてではなく、多数派社会民主党員フリードリヒ・エーベルトが非公式に政治の頂点に立った。一八七一年から数えてドイツ帝国の歴史はまる四八年間とは続かなかったのである。

8.5 ドイツ革命。社会的民主主義か、それとも、保守的共和国か。

帝国の没落を最終的に決定したものは何であろうか。反乱かそれとも革命か。一九一八年一〇月末から一九一九年一月末までの間に、どのような歴史的な発展の可能性が存在したであろうか。この間に、なるほどすべてのドイツの王侯が退位したけれども、相対的に開かれた状況が過ぎ去って、新共和国のために一定の軌道が用意されたのであった。ドイツが短期間であれ革命を経験したことについては疑問の余地はない。ながらくの間塞き止められてきた構造的な諸問題は、一九一八年一一月―一二月に、もろい障壁を通して顕現した。旧来の支配体制はぬぐい去られ、労兵評議会《レーテ》が権力をにぎった。広範な制度上の新秩序と共に、社会的勢力配置の推移が起こりはじめたかに見えた。一一月一一日に自由主義左派の評論家テーオドール・ヴォルフは『ベルリーナー・ターゲブラット』紙において、この変革を「かくも強固に建てられた、かくも堅固な壁で囲われた稜堡が、かくも一撃で除去されたことは一度もないがゆえに」、「あらゆる革命中の最大のもの」であると評価した。一一月末には、現代の問題に対して鋭い目をもつ学者エルンスト・トレルチも、こう書いた。「ドイツは今日、勝利した革命を経験している。それはちょうど、かつてのイギリスやアメリカやフランスのばあいと同様であるが」、もとより「全般的な軍事的、経済的、神経的な破綻という最悪の瞬間においてなのである」[29]と。ただたんに飢餓と敗戦と兵士の蜂起とだけが革命へ導いたのではない。むしろ深い社会経済的緊張が、ながらく蔽い隠されていた――戦中の権威喪失によって異常に尖鋭化し、ついに決定的となった――政治的な基本的危機とあいまって、変革を求める願望のための潜在力を生み出したのであり、それが最終的に革命的な爆発へと導いたのであった。

一九五〇年代の末までは、戦争末期頃の発展のチャンスは主として次のような選択肢——すなわち、ボルシェヴィキ的なレーテ独裁か、さもなくばヴァイマルの議会制共和国か——という形で提示されていた。これに対して、新しい討論——それはアルトゥール・ローゼンベルクのような批判的なアウトサイダーと結び付いており、いずれにせよヴァイマル共和国よりも「もっと堅固な基礎をもった民主的共和国」という尺度を根底にすえている——の成果は、——再び短かく定式化すれば——保守的共和国と社会的民主主義との間の選択肢である。ボルシェヴィキ的革命はいまでは、「せいぜいのところ」「擬制的な」可能性にとどまり、「決して現実的な」可能性を持ち得なかったものと考えられているのである。[30] どちらの見解においても主要な役割を演じたところの労兵評議会《レーテ》は、争う余地なく自然発生的に、部分的には一九〇五—〇七年ならびに一九一七—一八年のロシアの先例にならって、盛り上がる大衆運動の「暫定的な闘争ならびに支配の道具」として、発生した。[31] それはまた自己の目的をマルクス主義的な労働者階級の用語で定式化していた。というのは、それが彼らの脱却したいと希求しているサブカルチュアのなかで、唯一の彼らの熟知していた用語であったからである。けれども彼らの圧倒的多数は一九一九年春にいたるまで反ボルシェヴィキ的な立場にとどまっており、評議会《レーテ》をば、そこから個々の要素だけが議会制共和国という制度的再建のなかへ持ち込まれるところの即興的な過渡体制であると理解していた。レーニンが一九一七年一一月に二五万の党員に、また第二回全ロシア・ソヴェト大会でボルシェヴィキの絶対多数（六〇パーセント）に、依存することができ、それどころか一一月末に普通選挙法にもとづいて開催された憲法制定議会の選出にさいしては、九〇〇万票の投票（二五パーセント）ならびに左派社会革命党員との協同を獲得したのに反し、「スパルタクス団」ないしドイツ共産党は一九一九年一月に数千人の党員を擁していたにすぎず、ベルリーンのレーテ会議でもせいぜい代議員の二・五パーセントに対して影響力を有したにすぎない。一九二〇年六月の国会選挙にさいしては、共産党は投票数の二・一パーセントを獲得した。それゆえ、かりに同党が一九一九年一月の国民議会選挙に参加していたとしても、同党はA・ローゼンベルクの評価によれば恐らく一パーセントしか獲得していなかったであろう。左派の多数は独立社会民主党で活躍したが、同党はしかし、戦闘的な社会民主主義者や急進的民主主義者の貯水池とみなされねばならないのである。ちなみに、句切りをつけることの必要についての共通の見通しが、同党のなかでも、修正主義論争の両当事者であるカウツキーとベルンシュタインとをしばらくの間ふたたび協同させたのであった。暴力的な権力奪取をめざす多数の共産党幹部《カードル》も、目的意識的な計画や準備も存在しなかった。そのことを一月蜂起がまったく明瞭に示した。要するに、「スパルタクス団」とドイツ共産党は一九一八年から一九一九年にかけて、「赤のテロル」が小市民層や有産市民層の幻想のなかでいかにグロテスクに誇張された様相を呈していたとしても、成功のための最小限のチャンスをさえ一度たりとも持たなかったのである。最近五〇年間の歴史的展望のなかでみた共産主義諸政党の課題、つまり強行的な工業化を通じて発展途上国を部分的近代化へと駆り立てるという課題は、ドイツにはもはや存在しなかった。この点にこそ、当時も今日も、ドイツの政治のなかで共産党が本来的に機能し得ないことの根拠があるのである。けだし、同党は社会政治上の参加権や民主的コントロールを目指す闘争のなかでは全体として信用されない存在にとどまったからである。

したがって左側からはなんら重大な危険は存在しなかったとしても、しかし、王朝の崩壊ならびに一〇月改革の挫折の後には、一方では、権力ピラミッドの頂点に生じた空洞が埋められねばならなかった。他方では、政治や社会や経済における旧支配秩序を根本的に改めることが革命の任務であると一般に考えられていた。「東エルべを変えることの不可能性」について、ベートマン-ホルヴェークは一九一六年に悲歎的な反省を行い、東エルベは「打破され——没落するにちがいない」と結論していた。トレルチもまた、「この社会主義革命は避けられ得たものかどうか、旧支配者層の抵抗を排除しようとするマックス公の政府の始めたことが、社会的性格をもつ疑いもなく大きく徹底した改革を含めて、実際にやり通せるものであったのかどうか、あるいは、古い構造の完全な破砕なしには実際には何事も起こり得なかったのではないのか」という懐疑的な問いを投げかけていた。グスタフ・マイヤーはすでに一九一八年一〇月二〇日に熟慮を求めてこう述べた。手術をしなければ早晩「ドイツの権力政治家が……再び……ドイツを支配するように」なるのではなかろうか、と。(32)

国家や官僚、社会や経済の諸制度の根本的な改革と民主化というこの歴史的な課題に直面して、ドイツ革命は挫折したのである。なにゆえか。一九一七年いらい多数派社会民主党の第一議長であったフリードリヒ・エーベルトは、一一月一〇日にその指導委任を革命側から得ており、決して帝国の側から得ていたのではないにもかかわらず、彼は直ちに軍の代表であり、さらに間接的には伝統的な指導諸集団の代表でもあるグレーナー将軍と非公式の同盟を結んだのであった。この協定は、新政府に対しては過渡期にできるだけの秩序を、また反対側には大衆運動の馴致を、現状《シュタートゥス・クヴオ》擁護のための第一前提としてもたらそうとするものであって、革命が閉塞し捕獲されたことの象徴と見ることができる。指導的な多数派社会民主党員たちはそれをやむをえないものとみた。敗戦を目の当りに見、数百万の軍隊の動員解除や連合国の封鎖の存続のもとでの戦時経済からの転換の間の騒乱状態を予感し、左側からは、とりわけ「既存の野党諸派」の危機と政党-労働組合諸機関に対する深い不信とを表現していたところの、独立社会民主党ならびにレーテに追い抜かれ、指導的な多数派社会民主党員たちは、ドイツにおいてケレンスキー的体験をなすこと——革命が忌避さるべきボルシェヴィキ化にいたるまで急進化する。

こと——を恐れたのであった。しかしそのさい、いたるところで想像上の危険が重要な役割を演じたのであって、それの呪縛のために政策決定の余地が早まって狭められてしまった。また「中央労働共同体」——そのなかで、シュティンネスとレギーンとの指導のもとに、一一月半ば以来、エーベルト－グレーナー同盟とほとんど時を同じうして、企業家と労働組合とがその地位のその都度の擁護のために協調したのであるが——もまた、崩壊の状況のなかでは組織された被用者を馴致する作用を果たした。(33)

だが革命に対する多数派社会民主党指導部の全体的に見て防衛的な態度は、一九一七—一八年の直接的な状況からではなく、彼らの歴史的に特徴づけられた心性、その行動の伝統、理論と実践とに対する彼らの独特のかかわりを、明らかに決定的な諸条件として認識したときにのみ、理解され得るのであって、それらの諸条件が大胆な改革路線を排除してしまったのであった。だが根本的な諸政策決定はこの指導部の態度いかんにかかっていた。けだし独立社会民主党とレーテとは変革を求めていたからである。彼らならそうした路線を追求したかも知れない。さらに多数派社会民主党支持者を含む大衆もまた「彼らに寄せることのできるあらゆる期待に応えた」。すなわち、彼らは立ち上り旧レジームを打倒したのである。彼らは新発足のための前提を創り出した。そして純民主主義的な秩序の建設を積極的に支持する用意を示した。——しかるに彼らの政治的指導部は役に立たなかったのである。(34)

帝制期の社会民主党のサブカルチュアのなかに革命派の養成所を見出すことは困難であろう。既得権の擁護と新たな地位の獲得とに向けられた組織的努力が、ほとんどすべてのエネルギーを吸収してしまった。他方では差別や嫌がらせも、革命的気質を育てるほどに耐え難い圧迫にまで高まることはなかった。このことからもまた、個人的なカリスマの点をまったくおくとしても、ドイツのレーニンあるいはドイツのトロツキーが頂点に立つことは困難であった。大戦直前一〇年間における大衆ストライキ論争の結果も、三級選挙法が一九一八年一〇月まで存続したにもかかわらず政治的ゼネストはほんのひとにぎりの極左派によってしか討論されなかったという事実と同様、ひとを冷静にさせるものである。カウツキー主義の革命的美辞麗句の羅列は実践的な改革政策を蔽い隠してしまった。またそれは、つねにリスクに満ちた選択肢を助成するよりは、むしろ決定論的な待機主義を助成した。何十年間にもわたって社会民主党指導部は、君主制国家の改革を未来の課題であると理解してきた。だが突然彼らは、責任ある地位に就いて、革命のさなかで、慣れない課題にとり囲まれて、行動しなければならなかった。そして、多数派社会民主党の指導者はその思考習慣や行動習慣の枠から脱出し得なかったことが明らかとなった。彼らが——独立社会民主党指導者やレーテ政治家や「革命的オプロイテ」ならびに大衆運動が立証したように——あのような反動へとゆき着かねばならない必然性はなんらなかったにもかかわらず。強力な連続性に囚われていたために、彼らは解放をもたらす革命の非連続性をすぐれて脅威として捉え、改革のためのチャンスとしては捉えなかった。彼らは革命の全権受託者としてでなく、代官《シュタットハルター》として自覚していた。彼らの過渡的レジームは彼ら自身によって意識的に短命の幕間劇として理解された。その期に及んでも彼らは合意の幻想にとりつかれており、紛争に耐えぬく代りに自身の側から「城内平和」を引き延ばしていた。左翼からの誇張された危険は、彼らの静観主義的な旧套墨守の心性にとっては、一時的に弱体化されたにすぎない右翼からの攻撃に対する弱さよりも、いずれにせよより脅威的なものに映じた。彼らがいかに真剣に改革への要求にこたえるかという真実の時がきたとき、彼らは挑戦に応じ得ないことを示した。

主観的には多数派社会民主党指導者は、それ以外に行動のしようがないと信じていた。これは彼らの発展の跡をたどってみるとき、決して理解に困難でない。だが客観的な作用をも際立たせようとする者は、多方面に影響を及ぼす帰結を見過ごすことはできないのである（これについてはすぐ後でさらに言及する）。いずれにせよ、こうした態度の症候群は、力強く促進されるいっさいの変化を阻止した。たとえば、兵士評議会のみならず、多数の将校も期待したにもかかわらず、軍制改革が阻止された。たとえば、労働者評議会のみならず、広範な市民的‐自由主義的諸政党ならびに諸階層にいたるまでが不可避であると考えたにもかかわらず、経済改革が阻止された。たとえば農地改革によってのみ、権力に慣れ親しんだ土地貴族の物質的背骨を打ち破ることができたにもかかわらず、農地改革が阻止された。たとえば、司法と行政の改革によってのみ、帝制の官僚支配が克服され得たにもかかわらず、この改革が阻止された。だがそれにもかかわらず、こうした諸改革により、時間的に測り得ない機能阻害の代価を背負い込むことが必要であったのはたしかである。小市民的な秩序思想のみならず、すくなくとも内戦に似た状況に対する恐れがそれを阻んだ。なによりもまずこの不安からエーベルト－グレーナー同盟が飛び出した。その後まさしく軍部の政策が「人民委員評議会」における多数派社会民主党代表者の計算の誤りを暴露するのだけれども。――グレーナーは国内情勢を安定化させるため一〇個師団を供給することを約束した。そのうち総計一八〇〇人の兵員が到着した。だが彼らも革命的水兵の前に一二月二四日以前に消滅してしまった。完全に解体しはじめた帝国陸軍はもはや最高統帥部の命令に服さなかった。一月六日にベルリーン蜂起が始まったときに、政府はいまだに軍隊を持っていなかった。けれども何十万人もの呼び寄せられた労働者が、一月一一日に義勇軍が進入してくる前に宰相府を守り、政府を救い、ほとんど首都全体を占領したのである。オーストリアの社会民主党が共和主義的な人民軍によって秩序を創り出したのに対して、多数派社会民主党指導部は、何十万人もの党員や、将校や武器もまた存在したはずであるにかかわらず、共和主義的な民兵を築き上げるチャンスを二ヵ月間もの間なおざりにした。社会民主主義的な大衆を武装させ、組織し、遅くとも一月六日には群衆の「武器を、武器を、我らに武器を与えよ」という要求を満たす代りに、多数派社会民主党首脳は、彼ら自身の支持者を恐れ、信頼できる戦闘力を築き上げなかった。陸軍最高統帥部は廃止されずに存続した。そして義勇軍に対して道が拓かれた。

国民議会の選挙が始まったとき、「帝国の支配‐精神機構全体」が、すなわち「行政、司法、大学、教会、経済、将官」がそのままに存続していたことが、すでにはっきりと示されていた。[35] それがゆえにはじめて、それまでの革命の市民的‐民主主義的な第一局面の後に幻滅への転換が起こり、幻滅は急進化へ転じていったので、かくして第二局面の間に、一九一九年春の速やかに失敗に帰した、血なまぐさく鎮圧された、プロレタリア的抗議行動を招来したのである。革命開始の二ヵ月後に、旧権力エリートは、どこにおいても自分たちに対して急速かつ効果的な措置がとられないのを見てとるや、「崩壊時の意志の麻痺から」、政治的にも軍事的にも回復し始めていた。[36] そこで選挙と（社会民主党、中央党ならびにドイツ民主党として登場してきた自由派による）ヴァイマル連合とは、本来、マックス・フォン・バーデン政府への復帰を意味したのである。革命はそのための流動的で攪乱的な幕間劇であった。まもなく、これが総じて真の革命であったことが一般に否認されるにいたった。後にトレルチはこう確認することができた。すなわち、注目すべきことにひき続きドイチェス・ライヒ〔ドイツ帝国〕と呼ばれたところのヴァイマル共和国は、「根本的に見て反革命的な、秩序維持的な……原理を」体現していた。「勝利を祝い、一八四八年革命の目的がいまや達成されたと考えることのできたのは、視野の狭い者だけであった。そうではない。一八四八年に大胆な進歩の試みであったもの〔共和国〕は、いまや保守的な停滞と革命の克服とであり、革命の敵に対して合法的な活動と増大する影響力とを確保してやるための手段であった」と。[37] 思い切った人的制度的な変革を断念したというこの重苦しい負担をかかえながら、第一次ドイツ共和国の短命な歴史が始まった。

ここでは以下の二つの問題だけをさらに論じておくこととしたい。１．本書のテーゼによれば、国家機構、社会ならびに経済の根本的な改造なしには、一九一八年以後のドイツに永続的に機能する民主主義は成立し得なかった。そのためには、改革の貯水タンク――レーテ運動もまたそれの表現であった――が断乎として活用されねばならなかったはずである。けれどもこう言ったからといって、決してレーテ体制が制度的な持続的規制を実現し得たであろうなどと主張するのではない。そして、そのようなことは、実際レーテの大部分でさえみずからながらく主張しなかったところである。私見では、これに対立するのが、有力な――ここでは略説するにとどめる――以下の異論であって、それは「直接」民主主義に不利な形で代議制原理を支持する立場である。[39] レーテ体制はたえざる参加と警戒心とに立脚しているが、こうした永続的な動員は、参加と休養との交替という人間学的定数に逆らっては、ほとんど実行不可能なものと思われる。同様にまた、要求された超党派性も実現され難いものである。すなわち、直ちに諸党派によるフラクション形成が行われるか、もしくは各政党による陪臣格への格《メディアティジー》下げ《ルング》が起こるのである。またレーテは官僚組織なしにはやってゆけない。「執行評議会」のためには約五〇〇名の職員が働いていた。高度に分化した経済の計画化と統制とは官僚制的な専門家幹部なしには、もともとほとんど考えることができない。位階制もまた形成される。というのは、レーテの位階のなかで上級機関が情報の優先権を獲得し、その地位の永続化に利害をもつようになり、その交迭が困難となり、したがって選挙民によるコントロールは決して容易に行われないからである。権力分立が実践においていかに問題をはらんでいようとも、そうした権力分立を制度的に廃絶してしまうことは、なんといっても上級レーテによる権力独占のチャンスを増大させ、個人や集団の自由行動の余地を狭めるものである。歴史的にはレーテは主として労働者と兵士によって形成されたのであるが――しかし紛争状態が終った後に、いかにして少数派に保護が加えられるのであろうか。

権力を奪われた者はだまって耐えねばならないのか、それとも抵抗することが正当化されるばあい、そうした抵抗は実際上いかにして可能であろうか。レーテによる自治という理念は、合理的な考慮と行動とを前提としている。この前提が欠けるときには、「チェック・アンド・バランス」の欠如のために、独裁的な少数派による権力の簒奪に対して抵抗することが前よりももっと困難になるのである。そのうえ、原理的に言ってレーテ理論は支配者と被支配者との一体感という擬制に立脚しており、したがってそれは社会調和という社会ロマン主義的な願望像を含意しているのであるが、そのような社会調和は複雑な社会の事実上の利害の多元性と矛盾しており、その結果としてまた紛争を発展の構造的に規定された起動力として承認せず、議会制民主主義にくらべてさらにいっそう、少数派を保護し得ないのである。国家や経済における官僚制と寡頭制とに対する批判は正当であるけれども、また政策決定と政治権力の受託者とに対するコントロールを改善することはさし迫って必要ではあるけれども――工業国家におけるレーテ制は、長期的な制度的枠組みとしては、きわめて問題が多く、改革能力のある代議制に劣るもののように思われる。だが一九一八―一九年のような歴史的な激変状況のなかでは、政治的指導部がレーテを断乎としておし進めていたならば、ドイツのレーテは改造のために動員され得たであろう。というのは、これが決定的な点なのだが、大部分のレーテは何ヵ月もの間民主化を要求しこそすれ、ボルシェヴィキ的なプロレタリアート独裁を決して要求しなかったのであるから。こうした民主化を実現し、そのことによって事実上旧来の国家体制や社会体制や経済体制の主要条件を廃絶しようと欲する者にとっては、ドイツにおける労兵評議会《レーテ》の助力による変革に代る別個の選択肢はなかったのである。

2・帝国からヴァイマル共和国へのこのような移行にかかわる多くの問題においては、もちろん、発展の可能性にかんする反事実《コントラ・ファクティシュ》的な考察が、すなわち、もし……であったとすれば、どうであったろうか、という考察が、問題となっているのである。これには争うべくもなく作為的性格がつきまとっているとはいえ、歴史家はあり得べきさまざまな選択肢の判断を放棄することはできないし、また放棄すべきではない。いまのばあい、問題となるのは、ヴァイマル共和国を成立させるために支払われ、またすぐさま目に見えるようになったところの社会的コストである。さてそうした社会的コストについて、たとえばアジアに目を向けて検討してみると、わが国では分かり易いかも知れない。中国の社会経済的近代化への革命的飛躍は、流血の犠牲をともなったけれども、その間にはるかに多くの犠牲を聖なる牛や聖なる鼠に支払い、また洪水の惨事や飢餓の惨事をともなったインドの漸進的進化の道よりも、よりわずかの苦悩ですんだのではなかろうか。これは多くの変数を含む複雑な問題であって、批判的な討議のなかで最終的な解答を与えることはできない。けれども、誠実であろうとし、経験に学び得る能力を信頼しようとするなら、下された政策決定ならびに怠った政策決定の社会的コストについて繰り返し問い直さなければならないのである。したがって、ヴァイマル共和国のもちえたチャンスについてのどのような判断も、次の問題を回避することはできない。すなわち、わずか一二年間余の後にブリューニングの権威的な統治への下降が始まり、一九三三年には国民社会主義がその「権力掌握」に成功したという問題がそれである。たしかに、ここにドイツ史の結節点があるのであって、これを説明するためには、第一次世界大戦の敗戦の後の多くの問題を考察するのみならず、一群の長期的に作用する歴史的な諸負担をもさかのぼって考察しなければならない。しかしそのばあい、一九一八―一九年の転轍は測り知れないほどの意義をもち続けているのである。一九一八年における新発足に要したであろう代価――すなわち、旧指導諸集団の排除、機能の弱体化ないし一時的な機能麻痺――というものを、一九三三年以来の犠牲や恐怖と比較して検討しなければならないのではないのか。ヴァイマル的な解決に対する是認《ヤー》は、その終末を甘受することによって購われるのではないのか。だがそうだとすれば、一九三三年における「裂け目」という主張もまた、いっそう疑わしくなるのではなかろうか。チャンスをのがした結果がすみやかに出てしまったのだから、すくなくとも、政策決定を行った時の状況とその帰結たる諸問題との多次元的性格にかんする判断は厳しいものにならざるを得ないのではなかろうか。帝国官僚制や陸軍、教育制度や政党制度、さらには経済や利益諸団体等々における連続性が明らかに優越したことの結果として、すくなくとも、伝統的な権力エリートがヒトラーのために鐙をつけてやることが可能となったのであった。ナチ党に固有のダイナミズム、中間層の急進化、農村住民への侵入、労働運動の弱体化——これらすべてが最強の政党の「権力掌握」を不可避のものとしたか否かについては、ここでは未決定のままにしておこう。具体的な状況のなかで、ナチ党の「総統」は、いずれにせよ、そうした鐙なしには鞍にまたがることはできなかったであろう。それゆえに、そうした様相のもとで、一九三三年には、一九一八—一九年の諸政策決定のコストが夢想だにしなかったような、ついには全世界を蔽うような規模にまで拡大し始めたのであった。

Ⅳ　ひとつの決算

「時代の精神に逆って、新ドイツ帝国の尊大な城は建設された。策謀と強力とを通じて、国の内外における敵手との苦しい闘いのなかで、憲法違反と内戦とのもとで、気にそまない国王の頭をのり越えて、さらにビスマルクの道を歩みたがらない大多数のドイツ国民の意志に反して……」と、自由主義的歴史家ヨハネス・ツィークルシュは、帝国の没落の数年後に述べた(1)。だが、それゆえにこそ、すでに新帝国の土台のなかへその没落の萌芽が埋め込まれていたのだという彼の考えは、もとより長い間、厳しく攻撃されたアウトサイダーの見解にとどまっていた。たしかに、本書においても、「帝国建設時代」の状況が根本的な影響力をもっており、それ以来深刻なさまざまの裂け目が生じる基礎がおかれたという見解が表明されている。けれども、そうは言っても、より長い時間的地平のなかで見るならば、いったい君主制的‐大プロイセン的公権的国家がそもそも平和裡にもなお発展能力を持ち得なかったのであるのか否かという問題は、まだ決して解決されていないのである。旧秩序は戦勝によって、それどころか一九一四年における旧状《シュタートゥス・クヴォ・アンテ》の主張によってさえ、前代未聞の仕方で正当化されていたにもかかわらず、社会政治的な近代化が敗戦をともなわないで可能であったろうか。それとも、もっと早い時期に端緒を求めて、戦争ならびに革命における権威的レジームの挫折をその政治ならびに体制全体の帰結として理解しなければならないのか。旧世代が長い間そうしてきたように、一九一八年というものを、実際にはいまなお、虚妄の、だが修正し得る事実と見て、帝国の改革能力に固執することができるであろうか。それとも、意図的な冒険《リスク》政策、それを生み出した諸勢力の配置、したがって歴史的に特徴づけられた諸制度・利害・理念の硬直性を指摘せねばならず、脆弱性のうちにそれらのアナクロニズムの証明を見出さねばならないのか。事実、他の諸君主制は敗戦を越えて生き延びているのである。批判的考察の困難さは否定すべくもない。けれどもそうした考察は、二度にわたる世界大戦の勃発や、その総力戦への高まりや、急進ファシズムの形成など――測り知れない帰結を現代にまでもたらしている事態――におけるドイツの役割を想うならば、回避し得ないものである。国民的統一国家という規範的な拘束力の束縛が失われてしまっているように思われるゆえにかえって、そうした考察は容易になっている。そのさいに、討論を進め、問題に照明を与える指標が定められ得るならば、批判的考察は可能となるであろう。

私見によれば、ここではとりわけ三つの大きな問題群から出発することができるように思われる。そのさい、提起された問題はしばしば方向づけのための手がかりであるにとどまり、解答は部分的なものにとどまらざるを得ない。

1．政治的、社会的ならびに経済的な近代化はどれほど包括的かつ持続的に可能であったか。これに含まれる問題として、以下のものがある。平等権ならびに社会政治的な参加権を拡張することはいかにして可能であったか。法的、空間的、社会的流動性はどれほど広範に実現されたのか。構造的な紛争はいかにして調整されたか。

2．近代化が成功したばあいと、遅滞したばあいと、閉塞されたばあいとでは、社会的な利得とコストの配分はどのように異ったか。短期的ならびに長期的に見て、とりわけ特定の社会層もしくは社会全体にとっての冗費はどれほど増えたのか。

3．ますます急速に進む変動を目のあたりにして、社会的な、超主観的な学習能力はどれだけ高まったのか。

歴史を学習過程としても把握するようなマルクス主義という問題をも含めた学習理論的なシステム学の正当な関心は、この点に収斂するのである。この学習能力はとりわけ政策を決定する立場にある権力エリートについて吟味されなければならない。国民的な、あるいは特定の社会層に特徴的な、価値体系は阻止的に作用したか、あるいは促進的に作用したか、またそれは特殊利害を利し、かくして特定の構造によって支えられたか、という問題もこれに属する。

そのばあい、それではいったい、何を目指して近代化が行われるべきであったのか、時代の思考の地平のなかで可能な、どのような学習目標が追求されるべきであったのか、という問いが、直ちに迫ってくる。この点についてのわれわれの討議の基礎には――すでに序論で詳しく述べておいたとおり――、ひとつの導きとなる表象がある。それによれば、この時期において問題となったのは、参加権と政策決定の民主的な正当化とを拡大し、これを公式に保証する方向で、社会経済的変動と政治的諸制度の発展とをほぼ同時化させるか、それとも、危険な緊張の潜勢力の生産、つまり体制の危険な脆弱性をかかえ込み、重すぎる「学習病理《レルンパトロギー》」症状に陥り、かくして恐らくは発展能力をすでに平時において危うくしてしまうことか、いずれかであった。工業化と民主化とが必ずしも同時に進むとは限らないのはたしかである。ドイツ、日本、ロシアならびに大ていの発展途上諸国の歴史がそのことを示している。むしろ工業化と官僚制化とが機能的な依存関係のなかで結び付いていると言った方が当っている。その限りにおいて、民主化は――一八世紀以来、きわめてしばしば産業革命と民主主義革命とが結び付いて登場したとは言え――工業化の直接の所産なのでは決してなくて、従来最も適切であった制度を工業国家のために発展させ維持するために、政治的社会的な闘争を通じてその都度苦労してかちとられるべき成果なのである。けだし、民主的な基本秩序は、これらの諸工業国家が近代的な社会国家を建設するにあたって、最も容易に、政治制度にとって必要なかの弾力性と、かの負荷能力のある正当化の基盤とをもたらすように思われるからである。これらなしには解決困難な基本的危機が不可避的に発現する。したがって、社会政治的な近代化は民主的な国制の現実と切り離すことができないのであり、社会的な学習能力についての判断は、工業世界における社会経済的な諸変化が、どれだけ広くかつ速やかに、平等権や、政策決定の透明さや、権力の担い手に対する民主的コントロールや、適切な生活保障などの貫徹を、要するに、民主的な社会国家の漸進的実現を、ともなっているかを指標として測定され得るのである。この判断の基礎にあるのは、究極の状態《ノン・プルス・ウルトラ》についての教条化された表象ではなく、こうした国制の方が他の国制よりも、政策決定をより容易に修正し得るチャンスを備えた、人間的で開かれた社会へ接近することを許すという歴史的経験なのである。

工業化の急速な達成という意味での経済的進歩が、プロイセン-ドイツのような当初なおいたるところに伝統色の濃かった国家においても可能であったことは、一八五〇年以降のその経済史が示している。実際、ほかならぬドイツの工業経済の争うべくもなく決定的な経済的成功そのものが、特殊の諸問題を投げかけたということは、すでに繰り返して言及したところである。たしかに、農業上の圧力団体は平時が終わるまで、たとえば租税政策、財政政策、取引所政策上の諸措置を通じて、工業発展の輪動装置に砂をかけようと試みた。けれども工業発展の長期的過程が制度的、政策的、理念的に十分支援されてきたという事情を、それはもはや、いささかも変更することができなかった。あらゆる抵抗をのりこえて、工業経済の興隆は漸次に組織資本主義という形態においても続行した。

社会的近代化の側面における印象は二面的である。住民の法的ならびに空間的-横断的な流動化は、形式上はすでに一八七一年までに可能にされていたし、事実上もそれは、一八九〇年代いらい、農村住民の大規模な国内移住にも役立つことができた。けれども、社会的な垂直的流動性は、一九一八年にいたるまでは、「帝国国民」の独特の後期身分制的な、また同時に階級社会的な分裂のゆえに、著しく阻害されていた。上層への上昇は当時においても完全に遮断されていたわけではない。南北戦争後のアメリカと同様、帝制ドイツにおいても、呆れるほどの経歴を示す若干の成功物語は存在した。けれども社会的出自、宗教、教育の機会等々が、アメリカより以上に、早くからかつ永続的に、社会的な流動性のチャンスを規定したのであった。きわめて多くのばあい、たとえば、熟練労働者から小学校教師へ、さらには高級官僚や大学教授へといった階梯をよじのぼるには幾世代をも要したように思われる。否み難い人事政策上の専門知識をもっていたヴァルター・ラーテナウは、一九一七年にいたってなお、次のように判断していた。「諸身分の隔離はわが国ではきわめて尖鋭である。私はこの三〇年間に、労働者や労働者の息子が高い市民的地位に上昇したのを見たのはわずか一度だけである」[2]と。社会的平等権が制度的に定着することは総じてなかったか、あるいはきわめて緩慢であった。教育制度の面でそのことはとりわけ明瞭であるが、団結権の面でも、労働者、とりわけ農業労働者が著しい不利益を蒙っていたことが分かる。そしてさらに、イデオロギー的な反平等的格差を国家‐権力エリートたちはもともと緩和しようとはせず、いわんや除去しようとはしなかったのである。

　国家機関や政治的代表団体は全社会的な政策決定権限を持つがゆえに、政治的近代化の停滞がここではとりわけ重要な意味を持つ。ビスマルクの任命と共に「反動の最も強力な最後の矢が神の恩寵によって」[3]射尽され、まもなく自由主義的な突破が起こるであろうという、ロヒャウの一八六二年の予測は、一八七一年までには非現実的であることが明らかとなった。三度にわたる戦争ならびに大プロイセン的帝国建設を通じてむしろ旧権力構造が安定してしまったのである。おびただしい旧状維持政策によって、こうした努力はひき続き継続された。たしかにビスマルクは、輝かしい表現のゆえに彼の行動の準則であると多くの人びとに考えられた発言のなかで、繰り返し、歴史は創られ得るものではなく、「ある種の基本問題は最後まで残らざるを得ず」、「時の流れは……操舵」し得「ない」のであるという考えを表明してきた。[4] けれども、彼は決定的な内政問題において、まぎれもなく正に逆のことをなし遂げたのであり、指導諸集団の代表的人物として、議会主義化と民主化、平等権と参加のチャンス、したがって現代の基本的な潮流、に逆行する路線を堅持したのであった。ヴィルヘルム時代の多頭制《ポリクラティー》もこの点ではビスマルクを継承した。それゆえにまた、「これらすべてによってひき起こされるであろう内政の今後の発展については……われわれはなおしばしば涙を流さねばならない」であろう、[5] という一八七一年のブルクハルトの懐疑は当っていた。

たしかに帝国議会選挙権は、それの創始者たちの保守的人民投票に対する期待を満たさなかったとはいえ——もっとも、それの民主的性格は彼らのために間接的に政治的なクッションの機能を果したけれども——、この選挙権は議会主義的な政権交替と結び付いていなかったから、それは一九一八年一〇月にいたるまで、中途での停滞を意味したのみならず、政治的反対派がひき続き異端者扱いを受け、無力状態におかれることが可能であった。国家の枢機《アルカーナ・イムペリイ》への越えがたい敷居の前で、疑いもなく政党の意義は多少は増大した。けれども政治全体にかかわる責任は相変らず政党の手に渡らなかった。そのことによって、レジームは、合法的な政策決定上のポストへの参加が容易になっていたなら統合されたであろう反対諸集団の忠誠という重要な利得を得る道をみずから塞いでしまったのである。この点にかんしてマイネッケでさえ一九一〇年に、「保守派の内政」について、それは「警察国家という武器でもって、社会民主党に対して潜在的な内戦をしかけている」と述べた。[6]

帝国立法府の取り扱いにおける中途半端さは、公開投票と結び付いたプロイセン三級選挙法の頑固な擁護によって強められた。そして、一八九六年には、しばしば見過ごされている新ザクセン等級選挙法がこれに加わった。その他の階級選挙法（たとえばハンザ諸都市における）とあいまって、このプロイセン三級選挙法は邦選挙にさいして下位の階級におとしめられた全選挙人の大多数にとって絶えず苦痛を与える棘を意味した。指導諸集団は近代化への適応を迫る圧力に抵抗することができたばかりか、たとえば工業地帯ザクセンのばあいのように、選挙法を改悪することさえできたのである。世界大戦はこの野蛮な利害エゴイズムをますます耐え難いものとしたが、しかし、かりに事態を洞察したとしてもその修正が行われることはなかったであろう。ベートマンは一九一六に予感に満ちてこう述べた。「帰郷してくる兵士たちの法外な要求」が予想されるがゆえに「戦後には革命の悪夢が待ち受けている」と。彼が「法外な」と考えたことは、選挙法問題のなかでは、マックス・ヴェーバーの見解によれば、「最小限の羞恥心と礼節」があれば実現できたのである。――ヴェーバーは言う。「帰還兵の大衆は」、特権的選挙人たちの財産を「外地でその血を流して擁護」した後に、いったい「影響を与えることなしに最下層階級のうちに」再び収まるとでも言うのであろうか、と。事実、保守派の考えによれば、党派色のいかんを問わず、彼らはそうすべきであった。たとえば陸軍大佐バウアーは一九一八年四月にこう書いた。「プロイセンでも、他のどの邦でも、平等選挙法ができたらおしまいであることが、繰り返し強調されねばならない。結局はユダヤ人どもや貧乏人どものなかで窒息するくらいなら、何のためにいったい、現在このように犠牲を払っているのか」と。一〇月改革はこの領域においても遅すぎた。それゆえに、プロイセンに、また国家に忠誠なシュモラーでさえもが、一九一〇年に、もしプロイセンの選挙権が拡張されず、秘密かつ直接の選挙にならないなら、一八四八年のフランス革命のような革命になるであろうと予言したが、無駄であった。(7)

なるほど帝国議会選挙法は、はじめ自由派が、次いで軍部やクーデター支持者たちが考えたように、解消せしめられることはなかった。しかし、連邦もしくは国家全体にかかわる重要性のある決定がなされるレヴェルでは、参加権は公然とではなく、せいぜい——たとえばバーデンにおけるように——非公式に拡張されたにすぎず、時には後退しさえした。社会保険の地域疾病金庫で労働者代表が協同したということが、しばしば強調されるけれども、これは総じてなんら補償を意味するものではなく、まして労働組合加入の強制を有罪と宣言し、かくしてストライキのための連帯を困難にしたところの営業条例第一五三条——これは一九一八年五月まで有効であった——に対する補償を意味するものでは決してなかった。それはまた、「政治団体」にかんする結社の禁止——その結果、全国的な労働組合の組織形態がようやく一八九九年いらい漸次的に可能となるにいたった——に対する補償を意味するものでもなかった。またそれは、一九〇八年の帝国結社法にいたるまでの労働組合にかんする苦情権の不当な拒否に対する補償をも意味しなかった。またそれは、経営内共同決定権が一九一六年にいたるまで拒否されたこと、すくなくとも部分的に認められたにすぎなかったこと——その結果、立憲君主制が立憲制的に経営される工場に対応することは決してなかった——に対する補償をも意味しなかった。こうした目録は簡単には終らないのである。

その他の領域においてもコントロールの制度が有効に塞き止められていた。帝国議会や邦議会が事実上麻痺していることを目のあたりにして、官僚制を吟味した人がいたであろうか。軍部の後期絶対主義的な特権に対して有効に闘い得た人がいたであろうか。工場監督官や労働組合書記が都市被用者の側に立ってなし得たように、農村労働者の側に立って地方の寡頭制と闘い得た人がいたであろうか。組織された生産利害の重みに対抗して、行政的決定の透明性を高めることを主張し得た人がいたであろうか。討論を通ずる政策決定の公開性が増大したか否かは、測定が困難であるにせよ、総じて疑問なのである。一八六〇年代の自由主義的なジャーナリズムを過小評価してはいけないし、また一九一四年以前の認び寄る自由主義化を過大評価してもいけないと思われる。

相変らず大きな影響力をもつ前工業的諸価値体系が帝国のエスタブリッシュメントの防衛を支援してきた。ドイツの国家イデオロギーは、ひき続き権益政策を超党派的なものとして神秘化し、政党に対する誤った制限を培養し、官僚を批判から遮蔽した。中間層やワンダーフォーゲルや新トミズムや民族主義的急進派の社会ロマン主義が、紛争を公然と政治的に解決する代りに、不自然なものとして非難し、紛争から目をそらさせてしまった。ボルシスムス〔プロイセン主義〕はプロイセンの政治の異常な成長を、軍事王制の生命力の力強い証拠であるとして弁護した。前工業的諸価値体系のすべてが、現実を注視することを妨げ、さらに強力な利害を助長したのであり、この利害が前工業的諸価値体系を講壇や説教壇から、教科書や新聞のなかで、精力的かつ巧妙にドイツの「真の価値」のために機能させたのである。国民学校やギムナージウムの「情操教育的な」諸科目のための授業計画を一瞥するならば、そこで支配的な思想がいかにはなはだしく支配者の思想を反映していたかが明らかになる。

したがって、全体的印象から言えば、帝国の社会政治的権力構造は、それを支えるイデオロギーを含めて、きわめて安定的であり、その結果としてその制限的な諸条件を一九一八年秋にいたるまでドイツ社会に負わせることができた。しかしそのためには政治的社会的な不均衡の増大という代価を支払わなければならなかったのであり、こうした不均衡に対しては危機制御がますます持続的な解決をもたらし得なくなっていたのである。

ここでひとまず発展途上国の現代社会科学的分析の若干の定理――それによれば、こうした諸社会はとりわけ六つの危機に対処しなければならない(8)――へ戻るならば、多くの点でこれと比較し得るような成立事情をもつ新ドイツ国家において、国家行政の肥大と分化とは「文化闘争」の時代においてのみ、真の勢力浸透の危機を呼び起こしたのであることが確認される。それ以後には国家の影響はますます広範に社会生活のなかに侵入したが、そのような緊張をいま一度呼び起こすことはなかった。帝国ナショナリズムならびに経済の景気変動、教育制度ならびに軍制は――いくつかの重要な要因のみをあげるならば――、若干の諸社会層について統合の危機をすみやかに克服してしまったが、しかし、労働者階級の国民化にもかかわらずくすぶり続けた社会民主党に対する差別待遇は、統合が未完成であることのはっきりと目に見える信号として最後まで存続した。これに反して現実の同一性の危機にいたることはなかった。共通の標準語や、文化的政治的伝統や、国民国家の時代における連帯的な経験は、それを未然に防いでしまった。けれどもそのことによって、隣接諸民族との関係の規定や諸国家体制のなかでの役割の不安定性は一向に除去されなかった。分配の危機は解決されなかった。それはそれまでどの国においても解決されていなかったのだが、一九一四年以前の帝国ドイツでは、まさしく、工業社会の成立と共に福祉が一般的に向上しつつあったものの、それがまったく不均等に配分されるという事態が慣習化したために、尖鋭化するにいたったのである。同様のことは、重要な諸要求を無視し、部分的にはすでにアナクロニズムとなっていた支配体制の、持続的な参加の危機と正当性の危機とについてもあてはまる。

そのさい、この危機の問題には、二通りの仕方でさらに厄介な作用が付け加わった。敵対的な社会の推進力としての紛争は、最後まで完全には是認されなかった。戦争という諸条件のもとでようやく、賃率を決定する当事者の自律への最初の端緒が国家によって認可された。紛争解決の場としての議会では、一九一二年の多数派でさえ相変らず自己の無力さに直面していた。一九一三年にいたってなおベートマン＝ホルヴェークは二つの不信任決議（ポーランド人の土地収用ならびにツァーベルン事件）を苦もなく無視することができたが、それは彼が皇帝の支持を確保し続けたからであった。階級緊張ならびに利害対立に対抗して、調和をもたらす共同体理念や、いわゆる国民的利害や、最後に「城内平和」の仮装行列が持ち出された。すべてはたしかにみえすいた反イデオロギーであったのであるが、しかし臣民に対して紛争の承認をできるだけ長く留保し、こうしてまた紛争の制度化された処理や、比較的合理的に制御された解決をできるだけ長く留保しておこうとする公権的国家の努力のあらわれでもあった。どのように深く根差した歴史的伝統からこうした紛争嫌いが生れたかは、すでに上述で触れた。いずれにせよ、紛争嫌いは結局のところただ対立を高め、革命の一原因を作ったにすぎない。社会的、政治的に――さらにまた、たとえば東エルベの大農業の領域に見られるように、経済的に――近代化が遅れてしまったことのコストは、時として、たとえば保護関税や租税にかんする帝国法を通じて、公式には社会全体に負わされたのであるが、しかし実際にはこの負担は階層ごとに途方もない相違をともないつつ作用を及ぼしたのであった。大農場主は、その擁護した農業関税を通じてひき起こされる輸入基準食糧の騰貴に対して、工業都市の賃銀に依存する大衆よりもはるかに平然として対処できた。大工業家は、所得税の言うに足りない累進率を、何ら苦痛と感じることもないくせに、盗みだと攻撃しようとしたが、高い間接税はとりわけ、さなきだに貧しい何百万の家計の生計費を騰貴させた。非独立の、労働する消費者の多数――彼らは何十年もの間、差別された政党を通じてしかその抗議の意志表示をなし得なかったのだが――の相対的な無防備さは、農場主に対する「愛の贈物政《リーベスガーベンポリテ》策《イーク》」や、重工業に対する助成的な扱いや、政治上の支配利害に貫かれた中間層的諸階層の優遇とははなはだしい対照をなしていた。たとえば、手工業立法もしくは職員保険によって、物質的要求と同時に集団イデオロギー的、保護的諸要求が広範に満たされたことによって、体制を安定化させるような効果が多数の人びとの犠牲によって購われたのであった。一般的に言って、財産分布がますます強者に有利に不均衡化していったことに対応して、コストの弱者への転嫁の不平等がますますはなはだしくなっていったのである。

　もっと微妙な意味においても、社会的な利益ならびにコストは不平等に分配された。教養貴族的な学校制度や大学制度は、すべての公式の機会均等を嘲笑し、狭い社会環節の特権化を継続した。そして、生れた身分による利益や生産過程における恵まれた地位のほか、ますます特殊な専門知識が社会的上昇を決定した時代においてなお、この教養貴族的な学校制度や大学制度は、資格を付与する専門知識ならびに一般「教養」を修得するチャンスを拒否することによって、大多数の人びとをその出自という偶然的諸条件に縛り付けたのであった。社会民主党ならびに独立社会民主党の教育政策上の見解の発展を跡づけてみると、教育における伝統主義にもとづく流動性の阻害がいかに緩慢にしか認識されず、またいかに緩慢にしかその打開の主張がなされたにすぎなかったかが分かる。だがまたそれゆえにこそ、ドイツの左翼は一九一八年から一九三三年にいたる間にほぼ完全に挫折したのであり、国民社会主義的な民族共同体というえせ平等主義的な約束が——教育上の差別が変ることなく維持され、冷酷に示され、痛みをもって受け取られたがゆえにも——魅力的なものとなり得たように思われるのである。

　教育制度の特徴はおそらく、より全般的な問題の兆候であるとみなし得るであろう。個人、集団、もしくは社会全体の、超主観的な学習能力はすぐれて、社会的諸関係の相対的な公開性もしくは閉鎖性に左右されているように思われる。ここでもまたドイツにおいては多くの事柄が、市民革命の未成立、したがってまた伝統的構造を揺がしたり、打破したり、弛緩せしめたりしなかったこと等にかかわっていた。前工業的権力エリートの打破されることのない支配の伝統、軍制における絶対主義の延命、自由主義の弱体ときわめて早期に起こった脱自由主義化、社会的流動性の阻害、身分的な差異や規範にこだわる特有の性癖、一九世紀における市民層の政治的弱体と敗北から結果し、表面的には脱政治化を意味したが、しかしこうして深層では現状《シュタートゥス・クヴオ》を擁護したところの、教育制度の精神貴族的基調——たんに例示したにすぎぬこれらすべての諸要因は、革命なき発展史のなかでひとたび重要性を帯びた後に、ビスマルクの政策がこれらを巧みに正当化したことによっていま一度強化されたのであった。このことは、部分的近代化、たとえば経済の部分的近代化を排除するものではなかった。とりわけ「上からの革命」の戦略が、まさしく一八四八年の後に経済の領域に対して真っ先に体制強化的に作用したがゆえに、そうなのである。またこのことはその他の達成を妨げるものでもなかった。たとえば技術上の教育制度は抵抗を排しながら巧みに組織されたので、その結果科学技術上の革新の流入はかなり早期に始まりかつ持続することとなった。またたとえば、多くの大都市は自由主義的な指導者たちの自治体のレヴェルへの撤退からも、また官僚制的伝統からも、利益を得た。一八九〇年代以降のアメリカの「進歩主義」にとって、自治体の公益事業を含むドイツの都市行政が模範となったのは偶然ではない。たしかに一八九五年にはスト参加のゆえに罰せられた一七万人以上もの人びとは、階級裁判とは何を意味するかを知った。けれども都市や農村地域では、労働者や少数民族の人びとに対しても高度の人身上の安全性が保たれたのである。アングロサクソン的政党民主主義を高く評価する者は、かの地の日常生活の暗黒面——たとえばニューヨークの移民居住地区のジャングルやあるいはアメリカ南部諸州におけるリンチ裁判——を一度は見てみなければならぬ。リンチ裁判は、南北戦争後何十年にもわたって、毎日すくなくとも黒人一人を犠牲にしてきたのである。政党政治、リンチ裁判ならびに大都会の生活は比較を絶する規模に達しているのだが、あらゆる比較は争う余地なく比較し難いプラスとマイナスとをともなっている。帝国においては、いずれにせよ規律と抑圧とだけが——それが粗野に、もしくは繊細に、その効果をあらわしたことがいかに否定しがたいにせよ——凝集力を高めたのではなく、生活環境もまたそれを高めた。そして、この生活環境を多数の人びとはあらゆる抗議をしつつも、それほど圧迫的なものとは受け取らず、かくして危機が平時に生じたとしても革命的情勢に転ずることはなかったであろう。

それゆえに、エリートの社会的な学習態度に関連させつつ、いま一度、その伝統的基礎について上述で繰り返して言及しておいたところの、相対的な安定性の原因を問わなければならない。若干の領域においては（現代的理論の用語法で）「病理学的な学習《パトローギッシェス・レルネン》」についてのみ語り得るであろう。階級選挙法の維持や導入、基本的な社会的紛争に対する対応や所得税の強化、一九一三年のツァーベルン事件や一九一七年四月にようやく実現された帝国結社法の言語条項の廃止——それらすべては、体制維持へのまったくエゴイスチックな関心によって測られるものではあるにせよ、はなはだしい愚かさを暴露したものであって、それによってベートマンの次の判断が裏付けられる。歴史は「軍国主義の無教養や、愚劣さや、排外主義的傾向をもつ上層階級全体の脆さを暴露する」であろう、と。[9] ここに、一九一八年の革命的危機が直接的に準備されたのである。他の場所では、受け継いだ権力的地位に固執したさいに、成果がリスクを上回ったばあいもあった。疑いもなく、たとえば貴族、本省官僚、地方官庁ならびに郡長——農業的な東エルベにおける安定性の真の礎柱——の同盟体制は、政治的緊張を生みはしたけれども、中立的行政の神話と伝統の緑青とは、有力な利害関係者に対する効果的な配慮とあいまって、そうした緊張をながらくの間、赤い危険記号に達しないようにしたのであった。また疑いもなく兵役と、日常生活や学校の教科や諸団体における社会軍国主義との結合も、挑発的な摩擦面を生み出したけれども、安定性の利益は戦争初期にいたるまでそれを上回ったのであった。この二つの場合において実際、一九一八年一一月の事態によってようやく、官僚と軍部とに対する反感の真の拡がりが露呈された。

　おそらく最も有効であったのは、学習過程にも立脚するところの、現代的諸形態への適応をば旧来の権力的地位の粘り強い擁護と結び付けたところの、かの諸戦略であった。社会帝国主義、社会保護主義、社会軍国主義の神聖ならざる三位一体はその十分な事例を提供している。社会帝国主義においては、工業化への対応が社会政治的特権位階制に有利な利用効果と結び付いた。社会保護主義においては、国家的な保険立法のような将来性のある諸制度が、これまた自由主義的でなく後ろ向きの保護措置や特権と——これらが「帝国の友」の陣営を増大させた限りにおいて――結び付けられた。強力に推進された社会軍国主義においては、伝承された身分特権が現代的な煽動諸形態や意識的に構想された訓練目標によって擁護された。同様のことは初期の干渉国家の性格についても妥当するのであり、農業者同盟のような現代的な利益団体も、時代に即した組織やプロパガンダへのこうした適応が徹頭徹尾いかに古い利害の主張と調和したかをまったく明瞭に示した。総じてハンス・ローゼンベルクが旧農業エリートの「えせ民主化」(10)として叙述したところの全過程は、外面的には時流に棹さそうとするが、その正面《ファサード》の裏側ではそれだけによりいっそう容赦なく防衛に固執しようとする、しばしばおどろくほど柔軟な用意を示している。

これらいっさいの措置や、戦略や、病理学的もしくは工夫の才に富む学習の過程は、相互に連動していた。それゆえに、また伝統主義と部分的な近代化との混合を通じて、それらは、一方ではおどろくほど長期にわたって、歴史的にはもう過去のものになった権力構造の安定性を維持したのであった。それらはまた、再三再四、対立の必要な融和に成功した。だが他方ではそれらは、とりわけ長期的に見るならば、増大する重荷を測り知れないほど生み出した。けだし、そのようにして保護された利害と伝統とは、平等権や参加のチャンスや疑わしい伝統からの解放を求める要求の増大に対して、長引けば長引くほどますます和解し難く対立したからである。ドイツの工業化の経済的成功が巨大な社会的政治的諸問題を投げかけたのと同様に、政治・社会・経済における伝統的な権力諸関係の擁護の成功もまた、たしかに後払いではあるが、しかしそれだけにいっそう高価で長びく代価を要求したのであった。結局は停滞してしまった未解決の諸問題によるよどみ、再生を必要とした古ぼけてしまった諸制度の化石化、とっくに少数の特権者の領分ではなくなったはずの諸特権への頑固な固執、内政改革からの逃避と誘致との持続、譲歩するよりはむしろ戦争の冒険をあえて選びとろうとする決定――これらは、しかるべき時期に近代的な政治的社会的諸関係への移行を導入する意志も能力もなかった権力エリートの、学習用意にかんする判断を示しているのである。けだし、ここで問題なのは理論的な思弁なのではなく、旧レジームの革命的な破砕と没落とに帰着したところの過程だからである。この句切りは、討議によっては除去され得ない歴史の事実性に属するものである。それは生産的な適応をなす能力が欠如していることに対する勘定書を意味したのである。

こうした切断面が十分な深さに達せず、いたるところで時代にそぐわない伝統の成功裡の主張がもたらす結果がひき続き感じられたということは、二〇世紀のドイツ史における連続性の問題の重要性を形作るものである。見え透いた弁護論を展開して「連続性という範疇による判断の歪曲」[11]を嘆く代わりに、大切なのはあらゆる歴史的社会科学の放棄し得ない重要な伝統に棹さしつつ、連続性にかかわる諸問題に立ち向かい、これらを精密にふるい分けてゆくことであって、現実逃避に陥ってはならない。そのさい自明のことながら肝要なのは、事実において浅薄な人物中心の歴史叙述（ビスマルクからヴィルヘルム二世やヒンデンブルクを経てヒトラーへ）なのではなく、母型として作用しつつ、長期にわたって同一または類似の構成を作り上げることのできた社会的、経済的、政治的、心理的諸構造であり、かつまた異常な展開と非連続性とを支えた諸要因なのである。これを解明した後に、そうした諸構造を背景として、もとより、ドイツにおいてカリスマ的政治家に有利に働いた特殊な諸前提という問題が改めて提起されなければならない。

一九四五年にいたるまで、それどころか多くの領域ではそれ以後も、古い歴史的伝統と新しい経験とに助成されて、帝国の権力エリートの収めた運命的な成果が作用し続けた。権威的な政治に対する抵抗力のなさや、教育制度や政党制度における民主主義に対する敵対性において、前工業的な指導諸集団や規範や願望像の影響力において、ドイツの国家イデオロギーの強靱さにおいて、官僚制の神話において、身分的格差と階級対立との重層化において、政治的反ユダヤ主義の操作において。——このようにして重い歴史的負荷の長い一覧表が始まるのである。すでにそれゆえにこそ、一八七一年から一九一八年にいたるドイツ帝国の歴史にかんする知識は、最近五〇年間のドイツ史の理解のための絶対に必要な前提であり続けているのである。

V 付録

1 略 語 表

AA = Auswärtiges Amt
AHR = *American Historical Review*
BA = Bundesarchiv Koblenz
BdL = Bund der Landwirte
DZA = Deutsches Zentralarchiv, I : Potsdam
GW = O. v. Bismarck, *Gesammelte Werke*, 19 Bde, 1924/35
Fs. = *Festschrift*
GStA = Geheimes Staatsarchiv
Hg. = Herausgeber
HZ = *Historische Zeitschrift*
IESS = *International Encyclopaedia of the Social Sciences*, 17 Bde, 1968
JCH = *Journal of Contemporary History*
JMH = *Journal of Modern History*
Jh. = Jahrhundert
MEW = *Marx-Engels, Werke*, 41 Bde, 1957/66
MS = Maschinenschriftliches Manuskript
Nl. = *Nachlaß*
PA = Politisches Archiv des AA Bonn
PVS = *Politische Vierteljahresschrift*
RB = *O. v. Bismarck, Reden*, 14 Bde, 1892/1905
RT = *Stenographische Berichte über die Verhandlungen des Deutschen Reichstags*
RV = Reichsverfassung
ZfG = *Zeitschrift für Geschichtswissenschaft*
ZGS = *Zeitschrift für die Gesamte Staatswissenschaft*
ZdI = Zentralverband deutscher Industrieller

2　註

序論

1　K. Marx, *Einleitung zur Kritik der Politischen Ökonomie* (1857). *MEW*（略語表を参照せよ）13. 1961, 632.（全集邦訳13、大月書店、一九六四、六二八）一般的に引用文だけ出典を挙げる。付録V・3の文献解題は番号を付けた節の順に最も重要な文献にかんする簡潔な概観を与える。

2　E. Rosenstock-Huessy, *Die europäischen Revolutionen u. der Charakter der Nationen.* Stuttgart ^{3}1962, 526.

3　B. Moore, *Soziale Ursprünge von Diktatur u. Demokratie.* Frankfurt ^{2}1971; H. Rosenberg, *Probleme der deutschen Sozialgeschichte.* 1969（大野英二・川本和良・大月誠訳『ドイツ社会史の諸問題』未来社、一九七八）; ders., *Große Depression u. Bismarckzeit.* Berlin 1967.

4　F. Engels an Danielson, 18. 6. 1892. *MEW* 38. 1968, 365.（全集邦訳38、一九七五、三一九）。

5　R. Dahrendorf, Demokratie u. Sozialstruktur in Deutschland, in: ders., *Gesellschaft u. Freiheit.* München 1961, 262.

6　この点については H.-U. Wehler, *Krisenherde des Kaiserreichs 1871–1918.* Göttingen 1970, 12f. を参照せよ。

7　K. F. Werner, *NS-Geschichtsbild u. Geschichtswissenschaft.* Stuttgart 1967, 97.

8　F. Engels, 1887/88. *MEW* 21. 1962, 454.（全集邦訳21、一九七一、四五七）; A. Rosenberg, *Entstehung u. Geschichte der Weimarer Republik.* Frankfurt ^{18}1971, 95.（足利末男訳『ヴァイマル共和国成立史』みすず書房、一九六九、九八）。

第I部

1　T. Veblen, *Imperial Germany and the Industrial Revolution* (1915). Ann Arbor 1966. マルクスも参照せよ（*MEW* 23, 12f. 全集邦訳23 a、一九六五、九　――五〇年も前に！）; A. Gerschenkron, *Economic Backwardness in*

Historical Perspective. Cambridge/Mass. 1962 (^{2}1965), 5–30.

2 G. Schmoller, *Charakterbilder.* München 1913, 49.

3 G. Ipsen, Die preußische Bauernbefreiung als Landesausbau, *Zeitschrift für Agrargeschichte* 2. 1954, 47 ; F. Lütge, *Geschichte der deutschen Agrarverfassung vom frühen Mittelalter bis zum 19. Jh.* Stuttgart 1963 (^{2}1967), 228.

4 最後の引用は H. Rosenberg, Die Pseudodemokratisierung der Rittergutsbesitzerklasse, in : ders., *Probleme*, 33, 12, 16f.（前掲訳、五〇、一二五、一二九以下）

5 Gerschenkron, 62.

6 T. Hamerow, *Restauration, Revolution, Reaction. Economics and Politics in Germany 1815–71.* Princeton 1958, 207, 210 ; A. Desai, *Real Wages in Germany, 1871–1913.* Oxford 1968, 108, 117 ; I. Äkerman, *Theory of Industrialism.* Lund 1960, 305, 307, 309, 311, 331–80. 経済統計および社会統計のデータは、別に記さないばあいは、W. G. Hoffmann u. a., *Das Wachstum der deutschen Wirtschaft.* Heidelberg 1965. による。以下のストライキの数字については W. Steglich, Eine Streiktabelle für Deutschland, 1864–80, *Jahrbuch für Wirtschaftsgeschichte* 1960/II, 235–83.

7 Chargé de Rumigny, 4. 4. 1829, nach : P. Benaerts, *Les origines de la grande industrie allemande.* Paris 1933, 15 ; Metternichs Denkschrift für Kaiser Franz, Juni 1833, in : A. v. Klinkowström Hg., *Aus Metternichs Nachgelassenen Papieren.* V, Wien 1882, 505, 509.

8 *MEW* 13. 639, 642（全集邦訳13、一九六四、六三五、六三八）――階級はこの節では分析的な範疇として理解される。

9 *Stenographische Berichte über die Verhandlungen des Preußischen Hauses der Abgeordneten,* 1855/56, II, 462 (20. 2. 1856).

10 E. N. Anderson, *The Social and Political Conflict in Prussia, 1858–64.* Lincoln 1954, 441 ; M. Messerschmidt, Die Armee in Staat u. Gesellschaft, in : *Das Kaiserliche Deutschland.* Hg. M. Stürmer. Düsseldorf 1970, 95.

11 O. v. Bismarck, *GW* XV, 165, vgl. 114 ; H. Oncken, *R. v. Bennigsen.* II, Stuttgart 1910, 45 ; G. Ritter, *Die*

preußischen Konservativen und Bismarcks deutsche Politik, 1858–76. Heidelberg 1913, 74.

12　G. A. Craig, *Die preußisch-deutsche Armee, 1640–1954.* Düsseldorf 1960, 214 ; F. Lassalle, *Ges. Reden u. Schriften.* Hg. E. Bernstein. IV, Berlin 1919, 307f.

13　C. Schmitt, *Verfassungslehre* (1928), Berlin ^{2}1957, 31f. 118 と共に Rosenberg (*Probleme*, 52 前掲訳、七三).

14　H. Rothfels, *Probleme einer Bismarck-Biographie, Deutsche Beiträge* 1948/II, 170.(原文に手を加えて言葉をおきかえた)。ders., *Bismarck.* Stuttgart 1970, 20. では、例のごとく叙述がぼかされている。

15　G. Mann, *Deutsche Geschichte des 19. Jhs.* Frankfurt 1958, 383. 〔390 の誤記〕

16　Burckhardt an Preen, 12. 10., 17. 3. 1871, in : J. Burckhardt, *Briefe.* Hg. M. Burckhardt. V, Basel 1963, 139, 152 ; 同じく Scrutator (M. McColl), *Who is Responsible for the War ?* London 1870, 95, 102.

17　R. Stadelmann, *Moltke u. der Staat.* Krefeld 1950, 145 ; J. Becker, Zum Problem der Bismarckschen Politik in der spanischen Thronfrage, *HZ* 212. 1971, 603 ; ders., Der Krieg mit Frankreich als Problem der kleindeutschen Einigungspolitik Bismarcks 1866–70, in : *Das Kaiserliche Deutschland*, 83. Clausewitz : Wehler, 110–12.

18　W. Sauer, Die politische Geschichte der deutschen Armee u. das Problem des Militarismus, *PVS* 6. 1965, 349. 続いて ders., Das Problem des deutschen Nationalstaats, in : H.-U. Wehler Hg., *Moderne deutsche Sozialgeschichte.* Köln ^{4}1973, 407–36.

19　*GW* V, 514f.; Otto an Talleyrand, 13. 8. 1799, in : P. Bailleu, *Preußen u. Frankreich, 1795–1807. Diplomatische Correspondenzen.* Leipzig 1881, 505 ; K. Schwartz, *Leben des Gen. C. v. Clausewitz.* I, Berlin 1878, 234 (21. 5. 1809) ; K. Griewank Hg., *Gneisenau. Ein Leben in Briefen.* Leipzig 1939, 379f. (9., 14. 8. 1830) ; *GW* VIII, 459.

20　*Freytag* (Sept. 1871) nach : H. Kohn, *Wege u. Irrwege. Vom Geist des deutschen Bürgertums.* Düsseldorf 1962, 178 ; A. v. Villers, *Briefe eines Unbekannten.* II, Leipzig ^{5}1910, 44f. (an A. v. Warsberg, 24. 7. 1870) ; G. G. Gervinus, *Hinterlassene Schriften.* Wien 1872, 21–23 (1. Denkschrift zum Frieden, Anfang 1871) ; Marx, *Kritik des Gothaer Programms* (1875). *MEW* 19. 1962, 29.(全集邦訳19、一九六八、二九)。

21　R. Stadelmann, Deutschland u. die westeuropäischen Revolutionen, in : ders., *Deutschland u. Westeuropa.* Laupheim 1948, 14, 27f., 31.

第II部

1 J. Habermas, *Technik u. Wissenschaft als ,,Ideologie''*, Frankfurt 1968, 68.

2 R. Höhn Hg., *Die vaterlandslosen Gesellen, 1878–1914.* I, Köln 1964, 29 : *MEW* 6. 1959, 405（全集邦訳6、一九六一、四六一）; Desai, 108. 一九一四年までの精確な日付けについては A. F. Burns, Business Cycles, *IESS* 2. 1968, 231 Tab. 1. に示されている。より詳細には、Rosenberg, *Depression;* H.-U. Wehler, *Bismarck u. der Imperialismus.* Köln [3]1972, 39–111.

3 *MEW* 23, 28 (1973).（全集邦訳23 a、一九六五、二三）。

4 Höhn, I, 29 ; W. Mommsen Hg., *Deutsche Parteiprogramme.* München 1960, 790.

5 Rosenberg, *Depression*, 187 ; ders., *Probleme*, 72（前掲訳、九三―四）; 税率については H.-H. Herlemann, Vom Ursprung des deutschen Agrarprotektionismus, in : *Agrarwirtschaft u. Agrarpolitik*, Hg. E. Gerhardt u. P. Kuhlmann. Köln 1969, 189 ; モティーフについては K. W. Hardach, *Die Bedeutung wirtschaftlicher Faktoren bei der Wiedereinführung der Eisen- u. Getreidezölle in Deutschland 1879.* Berlin 1967, 30–49.

6 A. Gerschenkron, *Bread and Democracy in Germany* (1943). N. Y. [2]1966, 67.

7 Statistisches Bundesamt Hg., *Statistisches Jahrbuch 1963.* Stuttgart 1963, 57.

8 J. A. Schumpeter, *Theorie der wirtschaftlichen Entwicklung* (1911). Berlin [6]1964, 102.

9 F. Kleinwächter, *Die Kartelle.* Innsbruck 1883, 143.

10 R. Calwer Hg., *Handel u. Wandel 1900.* Berlin 1901, 27.

11 Hoffmann のほか以下を参照せよ。P.-C. Witt, *Die Finanzpolitik des Deutschen Reiches, 1903–13.* Lübeck 1970, 382–85 ; A. Feiler, *Die Konjunkturperiode 1907–13.* Jena 1914, 171f., 86, Tab. 177–204. 集中については Wehler, *Krisenherde*, 308f., Lit. 428f.

12 F. Grumbach u. H. König, Beschäftigung u. Löhne der deutschen Industriewirtschaft 1888–1954, *Weltwirtschaft-*

liches Archiv 79. 1957/II, 153 ; T. Orsagh, Löhne in Deutschland, 1871–1913, *ZGS* 125. 1969, 476–83.

13 F. Naumann, *Demokratie u. Kaisertum.* Berlin 1900, 92f. ; K. Kitzel, *Die Herrfurthsche Landgemeindeordnung.* Stuttgart 1957, 13–65, 引用は 18 ; M. Weber, *Gesammelte Aufsätze zur Sozial- u. Wirtschaftsgeschichte.* Tübingen 1924, 503.

14 L. Bamberger, *Erinnerungen.* Berlin 1899, 501–517 ; *Deutscher Ökonomist* 12. 6. 1909, 387f.

15 L. Bamberger, *Bismarcks Großes Spiel. Die Geheimen Tagebücher.* Frankfurt 1932, 339 (6. 6. 1887). T. Fontane, *Briefe an Friedländer,* Hg. K. Schreinert. Heidelberg 1954, 305 を参照せよ。一般の経営についても、たとえば、G. Briefs, *Betriebsführung u. Betriebsleben in der Industrie.* Stuttgart 1934, 120. を参照せよ。

16 M. Weber, *Gesammelte Politische Schriften.* Tübingen ²1958, 19.（田中真晴訳『国民国家と経済政策』未来社、社会科学ゼミナール22、一九五九、四七）。

17 L. Brentano, *Die deutschen Getreidezölle.* (1911), Stuttgart ³1925, 25–32.

18 F. Beckmann, Die Entwicklung des deutsch-russischen Getreideverkehrs unter den Handelsverträgen von 1894 u. 1904, *Jahrbücher für Nationalökonomie u. Statistik* 101. 1913, 145–71 ; G. Schmoller, Einige Worte zum Antrag Kanitz, *Schmollers Jahrbuch* 19. 1895, 617 ; Gerschenkron, *Bread,* 53f., 64, 69, 74f., 79f. ; Rosenberg, *Probleme,* 67–80.（前掲訳、八八―一〇二）。

19 H. Heller, *Staatslehre.* Leiden ³1963, 113.（安世舟訳『国家学』未来社、一九七一）。

20 H. v. Friedberg an Kronprinz Friedrich, 4. 5. 1879, *Nl. O. v. Richthofen,* 1/1.2, PA, AA Bonn ; T. W. Adorno, Einleitung, in : ders. Hg., *Spätkapitalismus oder Industriegesellschaft?* Stuttgart 1969, 23f.

21 Habermas, 76f., 84, 92.

22 Hardach, 70–72. を参照せよ。

23 A. Bebel, Zum 1. Oktober, *Neue Zeit* 9. 1891/II, 7.

第Ⅲ部　1

1 A. Rosenberg, 15; *Bismarck an Bülow*, 21. 12. 1877, *GW* VI, 103.

2 Weber, *Polit. Schriften*, 233. R. v. Friesen, *Erinnerungen aus meinem Leben*. III, Dresden 1910, 11f. によるビスマルク。

3 G. Anschütz, Der deutsche Föderalismus, in: *Veröffentlichungen der Vereinigung der Deutschen Staatsrechtslehrer*. I, Berlin 1924, 14f.; T. Hobbes, *Leviathan*, Hg. I. Fetscher. Neuwied 1966, 206 (II, Kap. 26, Abs. 6).（水田洋訳『リヴァイアサン』(二)、岩波文庫、一九六三、一七九）。

4 E. R. Huber, *Deutsche Verfassungsgeschichte nach 1789*. III, Stuttgart 1963, 11; 以下の引用は 18.

5 Marx an Ruge, 5. 3. 1842, *MEW* 27, 397.（全集邦訳27、一九七一、三四二）。

6 K. D. Bracher, *Die Auflösung der Weimarer Republik*. Villingen [5]1971, 11.

7 Lassalle, II, 60 (*Über Verfassungswesen*, 1862).

8 Roggenbach an Bamberger, 11. 2. 1879, *Nl. Bamberger*, DZA I, 173/4–5. W. P. Fuchs (Hg., *Großherzog Friedrich v. Baden u. die Reichspolitik, 1871–1907*. I, Stuttgart 1968) に沢山の独裁非難が見出される。

9 F. Meinecke, Reich u. Nation von 1871–1914, in: ders., *Staat u. Persönlichkeit*. Berlin 1933, 167.

10 L. v. Schweinitz, *Denkwürdigkeiten*. II, Berlin 1927, 83 (18. 11. 1879), 270 (Apr. 1884), vgl. 307; ders., *Briefwechsel*. Berlin 1928, 214 (Mai 1886); Bosse nach J. Röhl, *Deutschland ohne Bismarck*. Tübingen 1969, 26; K. Oldenburg, *Aus Bismarcks Bundesrat, 1878–85*. Berlin 1929, 10, 38, 55; J. Hansen, *G. v. Mevissen*. I, Berlin 1906, 843 (1884); Kapp an Cohen, 23. 8. 1879 u. 9. 7. 1881, in: F. Kapp, *Vom radikalen Frühsozialisten des Vormärz zum liberalen Parteipolitiker des Bismarcksreichs. Briefe 1848–1884*, Hg. H.-U. Wehler. Frankfurt 1969, 122, 133. —Ampthill an Granville, 11. 3. 1882, in: P. Knaplund Hg., *Letters from the Berlin Embassy*. Washington 1944, 256; Kasson an Bayard, 30. 4. 1885, in: O. Stolberg-Wernigerode, *Deutschland u. die Vereinigten Staaten im Zeitalter Bismarcks*. Berlin 1933, 327, 329.

11 L. Bamberger, *Bismarck Posthumus.* Berlin 1899, 8 ; *GW* VIc, 156 (4. 2. 1879) ; *GW* VIII, 532.

12 *Der 18. Brumaire des Louis Bonaparte* (1852), *MEW* 8, 115–207.（全集邦訳8、一九六二、一〇七―二〇四）。

13 L. Bamberger, *Charakteristiken.* Berlin 1894, 84 ; Engels an Marx, 13. 4. 1866, *MEW* 31, 208.（全集邦訳31、一九七三、一七三）。

14 Bamberger, *Posthumus*, 58, 25 ; Burckhardt an Preen, 26. 9. 1890, in : Burckhardt, *Briefe*, Hg. F. Kaphahn. Leipzig 1935, 490 ; *Die Geheimen Papiere F. v. Holsteins.* II, Göttingen 1957, 181 (17. 11. 1884).

15 H. Gollwitzer, Der Cäsarismus Napoleons III. im Widerhall der öffentlichen Meinung Deutschlands, *HZ* 173. 1952, 65 ; F. Mehring, *Weltkrach u. Weltmarkt.* Berlin 1900, 34 ; S. Hellmann, *Die großen europäischen Revolutionen.* München ²1919, 15–17 を参照せよ。

16 L. Bamberger, *Zum Jahrestag der Entlassung Bismarcks* (1891), in : ders., *Ges. Schriften.* V, Berlin 1897, 340. 皇太子妃ヴィクトリアの嘆き（Mann, 430f.）を参照せよ。

17 H. Rothfels, 170 ; K. Griewank (*Das Problem des christlichen Staatsmannes bei Bismarck.* Berlin 1953, 55.「頽廃諸現象のための動因と模範」）も同様の見解。

18 A. v. Deines an H. Deines, 20. 3. 1890, Militärarchiv Freiburg, N 32/11 ; Burckhardt an Preen, 13. 4. 1877, *Briefe*, VI, 1966, 124 ; Kohn, 198, 201. によるセムゼン。

19 *GW* XV, 640.

20 Bismarck an Wilhelm I., Okt. 1879, *Nl. Bismarck*, 13. Schloß Friedrichsruh ; このほかに H. Pachnicke, *Führende Männer im alten u. im neuen Reich.* Berlin 1930, 63.

21 M. Stürmer, Einleitung, in : ders. Hg., *Das Kaiserliche Deutschland*, 20f.

22 *GW* XIV, 1475, 27. 11. 1872. 古典的な発展史については H. Rosenberg, *Bureaucracy, Aristocracy, Autocracy. The Prussian Experience 1660–1815.* Cambridge/Mass. 1958 u. ö. ドイツ語で一八四八年まで書かれて、やがてゲッティンゲンで出版される。

23 K. Heinig, *Das Budget.* I, Tübingen 1949, 388. 一般的には E. Kehr, Das soziale System der Reaktion in Preußen

unter dem Ministerium Puttkamer, in: ders., *Der Primat der Innenpolitik*, Hg. H.-U. Wehler. Berlin ^{2}1970, 64-86. および文献 III. 1. 4.

24　C. zu Hohenlohe-Schillingsfürst, *Denkwürdigkeiten aus der Reichskanzlerzeit*. Stuttgart 1931, 290; P. Molt, *Der Reichstag vor der improvisierten Revolution*. Köln 1963, 142f.; P. Rassow u. K. E. Born Hg., *Akten zur staatlichen Sozialpolitik in Deutschland, 1890–1914*. Wiesbaden 1959, 146.

25　E. N. u. P. R. Anderson, *Political Institutions and Social Change in Continental Europe in the 19th Century*. Berkeley 1967, 167, 166–237; O. Hintze, Der Beamtenstand, in: ders., *Soziologie u. Geschichte*. Göttingen ^{2}1964, 68, 66–125. 一九一八年までの時代についていっそう詳細には J. Kocka, *Klassengesellschaft im Krieg. Deutsche Sozialgeschichte 1914–1918*. Göttingen 1973, Kap. III, 67–85.

26　M・ヴェーバーについては，たとえば，*Wirtschaft u. Gesellschaft*. I, Tübingen ^{4}1956, 125–30; II, 823–876; ders., *Polit. Schriften*, 294–431. 概観としては A. Lotz, *Geschichte des deutschen Beamtentums*. Berlin 1909.

27　Anderson, 195; Molt, 143; L. Muncy, *The Junker in the Prussian Administration, 1888–1914*. Providence 1944, 189f.; R. Lewinsohn, *Das Geld in der Politik*. Berlin 1930, 20f.; W. Runge, *Politik u. Beamtentum im Parteienstaat*. Stuttgart 1965, 170–74, 181; R. Morsey, *Die Oberste Reichsverwaltung unter Bismarck*, 1867–90. Münster 1957, 246.

28　C. Schmitt, H. Preuss in der deutschen Staatsrechtslehre, *Neue Rundschau* 41. 1930, 290; Runge, 173; J. Röhl, Beamtenpolitik im Wilhelminischen Deutschland, in: *Das Kaiserliche Deutschland*, 295.

29　J. Kocka, Vorindustrielle Faktoren in der deutschen Industrialisierung, in: *Das Kaiserliche Deutschland*, 265–86; より詳細には ders., *Unternehmensverwaltung u. Angestelltenschaft, Siemens 1847–1914*. Stuttgart 1969.

第Ⅲ部　2

1　T. Heuss, Das Bismarck-Bild im Wandel, in: L. Gall Hg., *Das Bismarck-Problem*. Köln 1971, 264.

2　以下は多くはM・R・レプシウス Lepsius (Parteiensystem u. Sozialstruktur: Zum Problem der Demokratisierung der deutschen Gesellschaft, in: *Fs. F. Lütge*. Stuttgart 1966, 371–93; *Extremer Nationalismus*. Stuttgart 1966;

Demokratie in Deutschland als historisch-soziologisches Problem, in: *Spätkapitalismus?*, 197–213) およびT・ニッパーダイ Nipperdey (Über einige Grundzüge der deutschen Parteigeschichte, in: *Fs. H. C. Nipperdey*. II, München 1965, 815–41) の観点による。

3 T. H. Marshall, Citizenship and Social Class, in: ders., *Class, Citizenship, and Social Development*. N. Y. 1965, 71–134.

4 G. Mayer, Die Trennung der proletarischen von der bürgerlichen Demokratie in Deutschland, 1863–70 (1912), in: ders., *Radikalismus, Sozialismus u. bürgerliche Demokratie*, Hg. H.-U. Wehler, Frankfurt ²1969, 108–78.

5 F. J. Stahl, *Die gegenwärtige Parteien in Staat u. Kirche*. Berlin 1863, 73.

6 Kapp an Cohen, 5. 1. 1875, *Briefe*, 107f.; Hammacher an seine Frau, 28. 5. 1879, *Nl. Hammacher* 20/36f., DZA I.

7 Bamberger, *Erinnerungen*, 501.

8 この点について基本的なのは次の文献である。H.-J. Puhle, *Agrarische Interessenpolitik u. preußischer Konservatismus im wilhelminischen Reich, 1893–1914*. Hannover 1966.

9 H. Boldt, Deutscher Konstitutionalismus u. Bismarckreich, in: *Das Kaiserliche Deutschland*, 127.

10 内相フォン・プットカマーの一八八三年一二月五日の衆議院における発言。H. v. Gerlach, *Die Geschichte des preußischen Wahlrechts*. Berlin 1908, 37. による。

11 A. Schäffle, *Die Quintessenz des Sozialismus*. Gotha ³1878, 1.

12 W. Andreas Hg., Gespräche Bismarcks mit dem badischen Finanzminister M. Ellstätter, *Zeitschrift für die Geschichte des Oberrheins* 82. 1930, 449 (1. 2. 1877); 類似の叙述が以下にある。H. v. Poschinger, *Stunden bei Bismarck*. Wien 1910, 98; *RB* VI, 346f.; VII, 287.

13 Rosenberg, *Depression*, 82–88. 政治綱領については Mommsen, *Parteiprogramme*, 294–403; 政治活動については文献目録Ⅲ・2-1.4を見よ。

14 Schmoller, 52; Griewank, 47.

15 E. Bernstein, Rez., *Dokumente des Sozialismus* 1. 1902, 473; F. Naumann, *Die Politischen Parteien*. Berlin

1910, 96. を見よ。

16 Mommsen (*Nation* 13. 12. 1902). L. M. Hartmann, *T. Mommsen*. Gotha 1908, 258 による。

17 G. Mayer, *Erinnerungen*. München 1949, 179.

18 Rosenberg, *Probleme*, 34f. (前掲訳, 五二以下)。

19 W. Hennis, Verfassungsordnung u. Verbandseinfluß, *PVS* 2. 1961, 23–35.

20 E. Kehr, Soziale u. finanzielle Grundlagen der Tirpitzschen Flottenpropaganda, in: *Primat*, 130–48; ders., *Schlachtflottenbau u. Parteipolitik, 1894–1901*. Berlin 1930 (^{2}1966), 169f.; W. Marienfeld, *Wissenschaft u. Schlachtflottenbau in Deutschland 1897–1906*. Berlin 1957, 83; H. A. Bueck, *Der Zentralverband Deutscher Industrieller*. I, Berlin 1902, 291f.

21 K. v. d. Heydt an Hammacher, 30. 6. 1886, *Nl. Hammacher* 57; K. Lamprecht, *Deutsche Geschichte. Zur jüngsten deutschen Vergangenheit* (1903). II/2, Berlin ^{4}1921, 737.

22 G. Radbruch, Die politischen Parteien im System des deutschen Verfassungsrechts, in: G. Anschütz u. R. Thoma Hg., *Handbuch des deutschen Staatsrechts*. I, Tübingen 1930, 289.

23 W. Liebknecht, 9. 12. 1870, *Norddt. RT* 1:2:154.

24 Sybel an Baumgarten, 27. 1. 1871, in: J. Heyderhoff u. P. Wentzke Hg., *Deutscher Liberalismus im Zeitalter Bismarcks*. I, Osnabrück ^{2}1967, 494; R. Stadelmann, Moltke u. das 19. Jh., *HZ* 166. 1942, 309.

25 Sauer, *Problem*, 428–36. ——歴史学の新伝統主義者たちに対する注意。こうした技術は文書のうえの何処かに書かれている必要はない(したがって直接的な史料は欠けていてもよい)。しかしそれにもかかわらず、こうした技術は、政治的行動様式へ言わば組み込まれた支配利害の合理性から解明され得るものである。これらの技術は、関係のある諸人物を超えて、ある「挑戦」に対する「反応」として貫かれ得るが、それにもかかわらず事後的に戦略的必要や意図された行動という形で解釈可能なものである。

26 O. Pfülf, *Bischof v. Ketteler*. III, Mainz 1899, 166.

27 *RB* 12, 305; *GW* VIII, 419; XIV/II, 910; H. Hofmann, *Fürst Bismarck*. III, Stuttgart 1914, 154; *GW* XIV/II, 955.

28 この点については、後述のⅢ・3・3における政治上の反ユダヤ主義についての詳論を参照せよ。

29 *GW* VIc, 350 (24. 12. 1886).

30 R. Lucius v. Ballhausen, *Bismarck-Erinnerungen*. Stuttgart 1921, 304 (25. 10. 1884); E. Foerster, *A. Falk*. Gotha 1927, 430 (29., 30. 8. 1878); M. Stürmer Hg., *Bismarck u. die preußisch-deutsche Politik*. München 1970, 131, 127; 詳細には ders., Staatsstreichgedanken im Bismarckreich, *HZ* 209. 1969, 566–615.

31 マルクスについては H.-U. Wehler, *Sozialdemokratie u. Nationalstaat, Nationalitätenfragen in Deutschland, 1840–1914*. Göttingen [2]1971, 57; Burckhardt an Preen, 26. 4. 1972, *Briefe*. V, 160.

32 Bismarck an Puttkamer, 3. 3. 1883, BA, P 135/6348. (Stürmer Hg., *Bismarck*, 195 に印刷されている)。

33 Pourtalès an Bethmann, 15. 10. 1853, in: A. v. Mutius Hg., *Graf A. Pourtalès*. Berlin 1933, 73; Mann, 443.

34 Rosenberg, *Probleme*, 33. (前掲訳、五〇)。

35 Schmoller, 41; Bismarck an Mittnacht, Herbst 1878 (Entwurf), *Nl. Bismarck* XLVII; *GW* VIII, 298 (18. 2. 1879); Kronratsprotokoll, 5. 6. 1878, in: Stürmer Hg., 125; C. v. Tiedemann, *Aus 7 Jahrzehnten*. II: 6 Jahre Chef der Reichskanzlei. Leipzig 1909, 258; J. M. v. Radowitz, *Aufzeichnungen u. Erinnerungen, 1839–90*, Hg. H. Holborn. II, Stuttgart 1925; Wehler, *Bismarck u. der Imperialismus*, 189–91.

36 Entwurf, Anm. 35 ; *GW* VIII, 492 ; H. v. Bismarck an Rantzau, 29. 10. 1881, *Nl. Bismarck* 41 (auch W. Bussmann Hg., *Staatssekretär Graf H. v. Bismarck. Aus seiner politischen Privatkorrespondenz*. Göttingen 1964, 108); 30. 10. 1881, *ebda*, Protokoll der Staatsministeriumssitzung v. 8. 12. 1884, in: Stürmer Hg., 207; *GW* XV, 288, 393, 398, 449, 465.

37 Hofmann, I, 132 (*GW*, VIII/304; *RB* X, 130 を見よ) ; II, 406–8 (11. 3. 1897); D. Stegmann, *Die Erben Bismarcks, 1897–1918*. Köln 1970, 67; E. Kehr, Englandhaß u. Weltpolitik, in: *Primat*, 164; ders., *Schlachtflottenbau*, 265. Vgl. Berghahn; III/5. 3. 1, u. H. A. Winkler, *Mittelstand, Demokratie u. Nationalsozialismus*. Köln 1972, 40–64.

38 Hofmann, I, 130 (*RB* X, 56); *GW* VIc, 121; O. Hintze, Das monarchische Prinzip u. die konstitutionelle Verfassung, in; ders., *Staat u. Verfassung*. Göttingen [3]1970, 378.

39 Naumann, *Demokratie*, 139.

40 H.-G. Zmarzlik, *Bethmann Hollweg als Reichskanzler, 1909–14*. Düsseldorf 1957, 50; *Der Weltkrieg*, Hg. Reichsarchiv. *Kriegsrüstung u. Kriegswirtschaft*. Anlagen I, Berlin 1930. 122f.; Stegmann, 216f., 288, 404–499.

41 W. Rathenau, *An Deutschlands Jugend*. Berlin 1918, 100.

第Ⅲ部 3

1 J. Heyderhoff Hg., *Im Ring der Gegner Bismarcks, 1865–1896*. Leipzig 1943, 223 (Roggenbach an Stosch, 7. 11. 1883).

2 L. Bamberger, *Die Nachfolge Bismarcks*. Berlin ^{2}1889, 41.

3 *GW* VIb, 486 (12. 9. 1870).

4 *GW* VIII, 79 (21. 4. 1873), 441 (12. 12. 1881, Bennigsen).

5 R. Hilferding (*Das Finanzkapital* [1910]. Berlin 1947, 504f.) および O. Bauer (*Die Nationalitätenfrage u. die Sozialdemokratie*. Wien ^{2}1924, 491ff.) のすぐれた論究による。

6 W. Rathenau, *Ges. Schriften*. I., Berlin 1925, 188f. (復刻版)。

7 E. Bernstein, *Geschichte der Berliner Arbeiterbewegung*. II, Berlin 1907, 59.

8 Th. Mommsen an Anon., 13. 8. 1882, *Nl. Bamberger* 151/4, DZA I; Bamberger an Hillebrand, 17. 12. 1882, *ebda*, 91/72; Bleichröder (1880) については W. Frank, *Hofprediger A. Stoecker u. die christlichsoziale Bewegung*. Hamburg ^{2}1935, 86 による。

9 ドイツ保守党の選挙の檄, *Nl. Goldschmidt*, PA.

10 Mommsen, *Parteiprogramme*, 84.

11 Foerster, *Falk*, 485 (10. 3. 1878, Lasker); Bamberger, *Posthumus*, 35 (Friedenthal).

12 Frank, 110; H. v. Bismarck an Rantzau, 2. 11. 1881, *Nl. H. v. Bismarck* 41.

13 W. v. Bismarck an Rantzau, 23. 5. 1884, *Nl. Rottenburg* 4/203, GStA Berlin-Dahlem.

14 H. v. Bismarck an Rottenburg, 8. 8. 1882 (Bleichröder), *Nl. Rottenburg* 3; 25. 9. 1887 (AA), *ebda*, 3; an Münster, 20. 4. 1885 (Meade), *Nl. Münster*, 5, Schloß Derneburg.

15 Bamberger an Hillebrand, 7. 12. 1880, *Nl. Bamberger* 91/33; Mommsen an H. Bahr. P. W. Massing, *Vorgeschichte des politischen Antisemitismus*. Frankfurt 1959, 177. による。

16 *GW* XIV/1, 568 (ビスマルクの妹宛ての手紙 26. 3. 1861).

17 Rantzau an Rottenburg, 12. 12. 1886, *Nl. Rottenburg* 5/237 u. *Nl. O. v. Bismarck*; Holstein an H. v. Bismarck, 13. 12. 1884, *Nl. Bismarck* 44.

18 Wehler, *Krisenherde*, 188; ポーランド政策については 181–99 (数字を含む)、エルザス－ロートリンゲンについては 51–56、北シュレスヴィヒについては ders., *Sozialdemokratie*, 86–102.

19 Papiere Holsteins. III, 1961, 214 (Bülow an Holstein, 10. 12. 1887); Schieder については Wehler, *Krisenherde*, 194 による。

20 F. Meinecke, *Ausgewählter Briefwechsel*, Hg. L. Dehio u. P. Classen. Stuttgart 1962, 59 (an Goetz, 6. 5. 1915).

21 Weber, *Wirtschaft u. Gesellschaft*. II, 683f., 698f.

22 *Ministerialblatt für die gesamte innere Verwaltung* 37. 1876, Berlin 1877, 44.

23 A. de Tocqeville, *Über die Demokratie in Amerika*. I, Stuttgart 1959, 343.

24 引用は H.-U. Wehler Hg., *Geschichte u. Psychoanalyse*. Köln 1971, 28f. (Litt, Adorno, Hartmann) による。

25 Lepsius, *Demokratie*, 204.

26 Weber, *Polit. Schriften*, 235f.

27 R. Dahrendorf, *Soziale Klassen u. Klassenkonflikt in der industriellen Gesellschaft*. Stuttgart 1957, 64.

28 G. W. F. Hegel, *Briefe*, Hg. J. Hoffmeister. I, Hamburg 1953, 253 (an Niethammer, 28. 10. 1808).

29 T. Nipperdey, Volksschule u. Revolution im Vormärz, in: *Fs. Schieder*. München 1968, 117 (F. W. IV.), 141f.

30 以下の記述は、F. Ringer, Higher Education in Germany in the 19th Century, *JCH* 2. 1967, 123–38; W. Zorn, Hochschule u. höhere Schule in der deutschen Sozialgeschichte der Neuzeit, in: *Fs. M. Braubach*. Münster 1964,

321-39. による。

31 C. v. Ferber, *Die Entwicklung des Lehrkörpers der deutschen Universitäten u. Hochschulen, 1864–1954.* Göttingen 1956, 176f.

32 *Der Preußische Landtag. Handbuch für sozialdemokratische Wähler.* Berlin 1908, 505.

33 R. Michels, *Umschichtungen der herrschenden Klassen nach dem Kriege.* Stuttgart 1934, 68.

34 T. Eschenburg, *Ämterpatronage.* Stuttgart 1961, 20, vgl. 33–41.

35 個人的な追想をひとつ。一九五三年にいたってなお、ある討論のさなかに、かつてはきわめて封建的であったボンの学生団「ボルシア」の議長が、市民出身学生二名もの加入を許可した旨報告したところ、学生団《コール》所属学生の反対にあい、学生組合員《ブルシェンシャフト》たちが口笛を吹きならすのをしり目に、「とんでもない《ブファイ・ダイベル》」の一言で否認されてしまった。

36 R. Schmidt, *Die Zeit,* 13. 10. 1967, 29.

37 E. Fraenkel, *Zur Soziologie der Klassenjustiz.* Berlin 1927 (Darmstadt 1968), 41.

38 Weber, *Wirtschaft u. Gesellschaft.* II, 660; A. Einstein—H. u. M. Born, *Briefwechsel,* 1916–55. München 1969, 39 (9. 12. 1919).

39 O. Hintze, Die Industrialisierungspolitik Friedrich d. Gr., in: ders., *Historische u. Politische Aufsätze.* II, Berlin ^{2}o. J., 132.（一三一ページには「国内行政ならびに対外政策におけるフリードリッヒ大王的思考の影響」とある――）

40 Nach H. Dietzel, Bismarck, *Handwörterbuch der Staatswisssenschaften.* III, Jena ^{3}1909, 65.

41 Interpellation Stumm u. a., *RT* 4:3:3, Anl. I, 17; H. Herzfeld, *J. v. Miquel,* II, Detmold 1938, 33; Wehler, *Bismarck u. d. Imperialismus,* 459–64.

42 Schmoller, *Charakterbilder,* 41, 59.

43 Stolbergs Votum im Preuß. Staatsministerium, 11. 9. 1878, in: Stürmer Hg., 133; B. Croce, *Geschichte Europas im 19. Jh.* Frankfurt ^{3}1968, 266.

44 *RB* XII, 639f.

45 *GW* VIc, 230; VIII, 396; H. Rothfels, *T. Lohmann, 1871–1905.* Berlin 1927, 63f.

46 H. v. Lerchenfeld-Koefering, *Erinnerungen u. Denkwürdigkeiten, 1848–1925*. Berlin ^{2}1935, 297 (1890); *Briefe u. sozialpolitische Aufsätze von Dr. Rodbertus-Jagetzow*, Hg. R. Meyer. I, Berlin 1882, 136 (Rodbertus an Meyer, 29. 11. 1871).

47 H. Delbrück, Polit. Korrespondenz, *Preußische Jahrbücher* 57. 1886, 312. 数字は，*Deutsche Wirtschaftskunde*. Berlin 1930, 337–42; S. Andić u. J. Veverka, The Growth of Government Expenditures in Germany since the Unification, *Finanzarchiv* 23. 1963/64, 247. による。一人あたりの支出は次のとおり。

一八八五年。五九マルク。
一八九一年。一五八マルク。帝国財政の五・一パーセント。
一九〇一年。四二四マルク。〃　八・七パーセント。
一九〇七年。六八六マルク。〃　九・六パーセント。
一九一三年。九九四マルク。〃　一〇・三パーセント。

48 K. E. Born, *Staat u. Sozialpolitik nach Bismarcks Sturz, 1890–1914*. Wiesbaden 1957, 98, 104f., 178, 183, 214, 218, 223, 101, 90, 96, 246.

第Ⅲ部　4

1 R. Goldscheid, Staat, öffentlicher Haushalt u. Gesellschaft, in: *Handbuch der Finanzwissenschaft*, Hg. W. Gerloff. I, Tübingen 1926, 171; ders., *Staatssozialismus oder Staatskapitalismus*. Wien 1917.

2 W. Gerloff, Der Staatshaushalt u. das Finanzsystem Deutschlands, 1820–1927, in: ders. Hg., III, 1929, 9. 私はここでは，この最良の概説書（一―六九）にしたがう。引用は同書一〇。

3 *GW* VIc, 406 (22. 1. 1889). 以下の引用は Rosenberg, *Probleme*, 69, 19.（前掲訳，九〇―一，三二による）。

4 F. Hartung, *Deutsche Geschichte, 1871–1919*. Stuttgart ^{6}1952, 232.

5 Gerloff, 28.

6 Witt, 275: 先行する発展については，139ff., vgl. 292ff.

7 *Provinzial-Korrespondenz* 12. 10. 1881.

8 Gerloff, 19f., 23, 28; A. Wagner, *Grundlegung der politischen Ökonomie*. Leipzig [3]1892, 895. Allg. Andić/Veverka, 243–78.

9 Rosenberg, *Depression*, 45. 数字は A. Spiethoff, *Die wirtschaftlichen Wechsellagen*. II, Tübingen 1955, 2; H. Stuebel, *Staat u. Banken im preußischen Anleihewesen, 1871–1913*. Berlin 1935, 22, 43.

10 W. Fischer u. P. Czada, Die soziale Verteilung von mobilem Vermögen in Deutschland seit dem Spätmittelalter, in: *3. International Conference of Economic History*. II, Paris 1968, 287. 数字は W. G. Hoffmann u. J. H. Müller, *Das deutsche Volkseinkommen, 1851–1955*, Tübingen 1959; P. Jostock, The Long-term Growth of National Income in Germany, in: *Income and Wealth*. V. Hg. S. Kuznets. London 1955, 79–122; Andić/Veverka, 241.

11 P. N. Stearns, *European Society in Upheaval. Social History since 1800*. N. Y. 1967, 206.

12 Hoffmann, *Wachstum*, 86f., 95, 100.

第Ⅲ部 5

1 *GW* X, 324 (11. 3. 1867).

2 Stürmer Hg., 221 (9. 1. 1887); Lucius, 51.

3 Richter: E. Eyck, *Bismarck*. III, Zürich 1944, 76; Mallinckrodt: A. Wahl, *Deutsche Geschichte von der Reichsgründung bis zum Ausbruch des Weltkrieges*. I, Stuttgart 1926, 114; Bennigsen: *RT* 2:1:2:754.

4 R. Schmidt-Bückeburg, *Das Militärkabinett der preußischen Könige u. deutschen Kaiser, 1787–1918*. Berlin 1933, 78.

5 Hohenlohe-Schillingsfürst, *Reichskanzlerzeit*, 116 (2. 11. 1895).

6 Friedrich III., *Das Kriegstagebuch von 1870/71*, Hg. H. O. Meisner. Berlin 1926, 325.

7 *Großherzog F. v. Baden*, 93 (12. 4. 1875).

8 Wehler, *Krisenherde*, 174f.

9 G. Ritter, *Der Schlieffenplan*. München 1956, 68f.; これと共に 27, 71f., 79, 81, 35.
10 F. Meinecke, Die deutsche Katastrophe (1946), in: ders. *Autobiographische Schriften*. Stuttgart 1969, 367.
11 T. v. Bethmann Hollweg, *Betrachtungen zum Weltkriege*. II, Berlin 1919, 9.
12 Ritter, Schlieffenplan, 95, 83, 91.
13 H. Bley, *Kolonialherrschaft u. Sozialstruktur in Deutsch-Südwestafrika, 1894–1914*. Hamburg 1968, 203f.
14 G. Ritter, *Staatskunst u. Kriegshandwerk*. I, München 1954, 32.
15 Ebda. II, 1960, 115.
16 *MEW* 17, 106 (Engels, 17. 9. 1870). (全集邦訳17、一〇一)。
17 A. v. Roon, *Denkwürdigkeiten*. III, Berlin ^{5}1905, 390 (4. 2. 1874).
18 W. an v. Gossler, 20. 2. 1897 *Nl. Bülow*, 22, 85–91, BA. A. v. Waldersee, *Denkwürdigkeiten*, Hg. H. O. Meisner. II, Stuttgart 1923, 388 (an Wilh. II, 27. 1. 1897).
19 W. Deist, Die Armee in Staat u. Gesellschaft, 1890–1914, in: *Das Kaiserliche Deutschland*, 318, 329.
20 Roon, I, 154 (25. 3. 1848).
21 Stadelmann, *Moltke*, 407 (6. 12. 1861).
22 Schweinitz, *Denkwürdigkeiten*. I, 259 (26. 5. 1870).
23 Waldersee an Manteuffel. 8. 2. 1877, nach: Ritter, II, 360f.
24 *Der Weltkrieg*, Anlagen II, 91 (Nr. 26, 19. 4. 1904).
25 M. Kitchen, *The German Officercorps 1890–1914*. Oxford 1968, 5, 22, 24; Deist, 322; Kehr, *Primat*, 58.
26 Der Weltkrieg, II, 180 (Nr. 56, 20. 1. 1913); vorher: H. Herzfeld, *Die deutsche Rüstungspolitik vor dem Weltkrieg*. Bonn 1923, 63.
27 Kitchen, 148; *Antisemitismus*: 22–48; *Ehrengerichte*: 51.
28 Wehler, *Krisenherde*, 65–83.
29 Messerschmidt, 110.

30 Kitchen, 132, 141f.; K. Saul, Der „Deutsche Kriegerbund“, *Militärgeschichtliche Mitteilungen* 1969/II, 159.
31 V. Berghahn, *Der Tirpitz-Plan*. Düsseldorf 1971.
32 A. v. Tirpitz, *Erinnerungen*. Leipzig ^{2}1920, 98, 96, 52.
33 Kehr, *Schlachtflottenbau*, 45, 107; A. T. Mahan, *The Influence of Sea Power upon History*, Boston 1890; vgl. ders., *Die weiße Rasse u. die Seeherrschaft*. Leipzig 1909.
34 T. Heuss, *F. Naumann*. Stuttgart 1937, 138.
35 Bethmann an Valentini, 9. 12. 1915, nach Stegmann, 456.
36 Beehler an State Dept., 31. 3. 1900, Record Group 59, National Archives, Washington, D. C.
37 Dazu Kehr u. Berghahn.
38 Berghahn, 392.

第III部 6

1 Wehler, *Bismarck*, 41f.; ders., *Krisenherde*, 306f.
2 Nipperdey, *Grundzüge*, 832f.
3 E. v. Weber, *4 Jahre in Afrika*. II, Leipzig 1878, 564; zum Folg.: Wehler, *Bismarck*, 112–93, spez. 121, 163.
4 Miquel nach: H. Böhme, *Deutschlands Weg zur Großmacht*. Köln ^{2}1972, 316; Holstein an Kiderlen, 30. 4. 1897, *Nl. Kiderlen* (Kopie Böhme); ähnlich an Eulenberg, 4. 12. 1894, in: J. Haller Hg., *Aus dem Leben des Fürsten P. zu Eulenburg*. Berlin 1924, 173.
5 In: A. Kirchhoff Hg., *Deutsche Universitätslehrer über die Flottenvorlage*. Berlin 1900, 21.
6 *Tagebuch* 31. 12. 1895, in: H. Mohs Hg., *A. Graf v. Waldersee in seinem militärischen Wirken*. II, Berlin 1929, 383; Bülow an Eulenburg, 26. 12. 1897, in: Röhl, *Deutschland*, 229.
7 B. v. Bülow, *Deutsche Politik, in: Deutschland unter Kaiser Wilhelm II.*, Hg. S. Körte u. a. I, Berlin 1914, 97f.
8 K. D. Bracher, *Deutschland zwischen Demokratie u. Diktatur*. München 1964, 155.

9 A. L. v. Rochau, *Grundsätze der Realpolitik.* Stuttgart 1853, 28 (Hg. H.–U. Wehler, Berlin 1972, 40).

10 *MEW* 30, 249 (18. 6. 1862) (全集邦訳30、二〇三); 20, 565 (*Dialektik der Natur*); an Lawrow, 12./17. 11. 1875 (全集邦訳20、六〇九), *ebda*, 34, 170 (全集邦訳34、一三九); H. Plessner, Zur Soziologie der modernen Forschung, in: *Versuche zu einer Soziologie des Wissens.* München 1924, 423.

11 G. Himmelfarb, *Darwin and the Darwinian Revolution.* N. Y. 1959, 157–61, 235f.; 393–96; R. M. Young, Malthus and the Evolutionists: The Common Context of Biological and Social Theory, *Past & Present* 43. 1969, 109–45; H.–U. Wehler, Sozialdarwinismus im expandierenden Industriestaat, in: *Fs. F. Fischer*, Düsseldorf 1973, 133–42; C. Darwin, *The Descent of Man.* I, N. Y. 1871, 154, 173f.; ders., *Life and Letters*, Hg. F. Darwin. I, London 1887, 69, 316.

12 Hilferding, 504–6; Bauer, 491–507. も同様の見解。

第Ⅲ部 7

1 Nach A. Hillgruber, Entwicklung, Wandlung u. Zerstörung des deutschen Nationalstaats, 1871–1945; in: *1871. Fragen an die Deutsche Geschichte.* (Berlin 1971), 171–203.

2 Ranke について は E. Kessel, Rankes Auffassung der amerikanischen Geschichte, *Jahrbuch für Amerikastudien* 7. 1962, 31 (aus dem Nachlaß). による。

3 *MEW* 17. 1964, 268–79 (全集邦訳17、二五〇—二六〇); その他に Wehler, *Krisenherde*, 22f.; Wilhelms I. Urteil: *ebda*, 331, Anm. 16.

4 Bismarck an Arnim, 2. 2. 1873, *GP* I, Nr. 96; Wehler, *Bismarck*, 316.

5 A. v. Waldersee, *Aus dem Briefwechsel*, Hg. H. O. Meisner. I., Berlin 1928, 36, 57, 69; K. E. Jeismann, *Das Problem des Präventivkriegs.* Freiburg 1957, 109ff.; Bismarck an Bronsart, 31. 12. 1887, *GW* 6c, 378f.

6 Wehler, *Krisenherde*, 334f., Anm. 31; *GP* XII, 279 (22. 1. 1897); Schlieffen: *Kitchen*, 105.

7 B. v. Bülow, *Denkwürdigkeiten.* I, Berlin 1930, 429; Schweinitz, *Briefwechsel*, 193.

8 F. Ponsonby Hg., *Briefe der Kaiserin Friedrich.* Berlin 1929, 471; Queen Victoria, *Letters*, 2. S., III, London 1928, 505f.; Holstein, II, 167; *GW* 8, 381, 383.

9 Holstein, I, 123. 以下の叙述は Wehler, *Krisenherde*, 163–80. による。

10 R. Wittram, Bismarcks Rußlandpolitik nach der Reichsgründung, in: H. Hallmann Hg., *Zur Geschichte und Problematik des deutsch-russischen Rückversicherungsvertrags von 1887*. Darmstadt 1968, 469.

11 Bismarck an Reuss, 15. 12. 1887, *GP* VI, 1163; Stürmer Hg., 245; Wehler, *Krisenherde*, 175.

12 H. Oncken, *Das alte u. das neue Mitteleuropa.* Gotha 1917, 56.

第III部 8

1 F. Fischer, *Griff nach der Weltmacht*, Düsseldorf 1961; ders., ***Krieg der Illusionen. Die deutsche Politik 1911–14***. Düsseldorf 1969.

2 Fischer, *Krieg*, 366.

3 F. Meinecke, *Werke* II, Darmstadt 1958, 62 (22. 5. 1912); W. J. Mommsen, ***Neue Politische Literatur*** 1971, 485.

4 ビュックとヨルツベルガーとは、Fischer, *Krieg der Illusionen*, 53, 47. に引用されている。Vgl. D. Groh, Negative Integration u. revolutionärer Attentismus, *Die deutsche Sozialdemokratie 1909–1914*. Berlin 1973, Kap. 4; ders., Je eher, desto besser. Innenpolitische Faktoren für die Präventivkriegsbereitschaft des Deutschen Reiches 1913/14, *PVS* 13. 1972, 501–21; *Gespräch Ratibors mit Cambon: The Diary of Lord Bertie of Thame, 1914–1918*, Hg. L. A. G. Lennox. I, London 1924, 352, 355 (1./2. 6. 1916, von Cambon); Lerchenfeld: P. Dirr Hg., *Bayerische Dokumente zum Kriegsausbruch*. München ^{3}1925, 113 (4. 6. 1914); Heydebrand: K. Riezler, ***Tagebücher***, Hg. K. D. Erdmann. Göttingen 1972, 183 (7. 7. 1914).

5 Gespräch Bethmanns mit Haussmann, 24. 1. 1918, nach: W. Steglich, ***Die Friedenspolitik der Mittelmächte.*** **I**, Wiesbaden 1964, 418 (dort auch ,,in 2 Jahren'').

6 Nach Lerchenfeld u. Riezler, Anm. 4.
7 Mommsen, 493.
8 *Burckhardt Briefe*, V, 160; *MEW* 21, 350f.（全集邦訳21，三五六以下）; F. X. Kraus, *Tagebücher*, Hg. H. Schiel. Köln 1957, 684 (21. 3. 1897, von Jolly nach Besuch in Friedrichsruh).
9 この前後の記述は，F. Lütge, Die deutsche Kriegsfinazierung im 1. und 2. Weltkrieg, in: *Fs. R. Stucken*. Göttingen 1953, 243–57, Zit. 249f. による。R. Andexel (*Imperialismus, Staatsfinanzen, Rüstung, Krieg*. Berlin 1968, 15–59) は，戦費一五〇〇—一七〇〇億マルク，一日あたり八五〇〇—九五〇〇万マルク，イギリスの戦費一〇五〇億マルク，フランスの戦費七四〇億マルク，諸国の戦費合計四八五〇億マルク，と見積っている。
10 G. Keiser, Die Erschütterung der Kreditwirtschaft zu Beginn des Krieges 1914/18, *Bankarchiv* 39. 1939, 505. による。
11 G. D. Feldman, *Army, Industry and Labor in Germany, 1914–18*. Princeton 1966, 149–249. 本書は，Ⅲ・8でつねに参照されるべきコッカの分析（*Klassengesellschaft*）とならんで，この項のための最良の作品である。
12 たとえば，秀作 K.-H. Janssen, *Macht u. Verblendung*. Göttingen 1963 のサブタイトル。戦争目的にかんする文献については以下をみよ。W. Schieder Hg., *Erster Weltkrieg*. Köln 1969.
13 S. Anm. 4 u. *MEW* 21, 351.（全集邦訳21，三五七）。
14 A. Hillgruber, *Deutschlands Rolle in der Vorgeschichte der beiden Weltkriege*. Göttingen 1967, 58.
15 引用は *ebda*, 64, 66, vgl. 60–67; 以下の引用は 63. Die Verträge: H. Stoecker Hg., *Handbuch der Verträge, 1871–1964*. Berlin 1968, 171–75.
16 Ludendorff an H. Delbrück, 29. 12. 1915, nach: E. Zechlin, Ludendorff im Jahre 1915, *HZ* 211. 1970, 352.
17 Dazu Wehler, *Krisenherde*, 98–109.
18 K. Kraus, *Unsterblicher Witz*. München 1961, 318, 329.
19 H. Delbrück: *Das Werk des Untersuchungsausschusses der Verfassungsgebenden Deutschen Nationalversammlung u. des Deutschen Reichstags*, Reihe IV, 4. 156, vgl. 2, 173; 7, 261. Bauer: W. Deist Hg., *Militär u. Innenpolitik*

im Weltkrieg, 1914–18. II, Düsseldorf 1970, 651f. (Nr. 246) 第1巻の序言には最高統帥部独裁というテーゼに対する反論がある。 Vgl. auch v. Thaer (u. Anm. 23), 151, 198.—W. J. Mommsen, Die deutsche öffentliche Meinung u. der Zusammenbruch des Regierungssystems Bethmann Hollweg, *Geschichte in Wissenschaft u. Unterricht* 20. 1969, 657, Anm. 4; Wehler, *Krisenherde*, 364, Anm. 37.

20 Stegmann, 501 (3. 8. 1918) による。vgl. 497–519.

21 Meinecke, *Werke* II, 251, vgl. 222.

22 Ders., *Autobiogr. Schriften*, 354 (*Deutsche Katastrophe*, 1946).

23 A. v. Thaer, *Generalstabsdienst an der Front u. in der Obersten Heeresleitung*, Hg. S. A. Kaehler. Göttingen 1958, 234f. Riezler, 480.

24 Thaer, 236, W. Groener, *Lebenserinnerungen*, Hg. F. Hiller v. Gaertringen. Göttingen 1957, 466; Stegmann, 515.

25 *Werk des Untersuchungsausschusses*, IV, 2, 401; *Illustrierte Geschichte der Deutschen Revolution*. Berlin 1929, 169; Feldman, 516, vgl. 363, 502–7; Groener, 450.

26 E. Matthias u. R. Morsey, Die Bildung der Regierung des Prinzen M. v. Baden, in: *Vom Kaiserreich zur Weimarer Republik*, Hg. E. Kolb. Köln 1972, 76, Anm. 68. (P. Scheidemann, *Memoiren eines Sozialdemokraten*. II, Dresden 1928, 187 による)。たとえばそこに問題のテーゼが見える。

27 A. Rosenberg, 218; E. Matthias u. R. Morsey Hg., *Die Regierung des Prinzen M. v. Baden*. Düsseldorf 1962, 216 (16. 10. 1918).

28 Deist, II, 1316, Anm. 8; ders., Die Politik der Seekriegsleitung u. die Rebellion der Flotte Ende Oktober 1918, *Vierteljahrshefte für Zeitgeschichte* 14. 1966, 341–68; W. Sauer, Das Scheitern der parlamentarischen Monarchie, in: Kolb Hg., 77–99.

29 E. Troeltsch, *Spektator-Briefe*. Tübingen 1924, 19 (30. 11. 1918). 以下の叙述は R. Rürup (*Probleme der Revolution in Deutschland 1918/19*. Wiesbaden 1968), E. Kolb Hg. ならびにそこに要約された新文献 (v. Oertzen, Kolb, Tormin u. a.) による。

30 Kolb, 25, u. H. Grebing, *ebda*, 386–403. 旧来の説は K. D. Erdmann, *Das Zeitalter der Weltkriege* (Gebhardt IV). Stuttgart ^{8}1959, 77–92. に見られる。

31 Rürup, 20.

32 Riezler, 359 (14. 6. 1916); Troeltsch, 302f.; Mayer, *Erinnerungen*, 314.

33 G. D. Feldman u. a., Die Massenbewegungen der Arbeiterschaft in Deutschland am Ende des Ersten Weltkrieges (1917–1920), *PVS* 13. 1972, 85 (Zit.); ders., The Origins of the Stinnes-Legien Agreement, in: *Fs. Rosenberg*, Berlin 1970, 312–41.

34 R. N. Hunt, F. Ebert u. die deutsche Revolution von 1918, in: Kolb Hg., 135. (軍事政策については以下これによる)。

35 G. Mann, *Deutsche Geschichte des 19. u. 20. Jhs.* Frankfurt 1958, 670.

36 Feldman u. a., 97.

37 Troeltsch, 15.

38 G. A. Ritter, ‚Direkte Demokratie' u. Rätewesen in Geschichte u. Theorie, in: E. K. Scheuch Hg., *Die Wiedertäufer in der Wohlstandsgesellschaft*. Köln 1969, 188–216. の見解による。

第Ⅳ部

1 J. Ziekursch, *Politische Geschichte des Neuen Deutschen Kaiserreichs*. I, Frankfurt 1925, 3f.

2 W. Rathenau, *Briefe*. I, 250 (an E. Norlind, 1. 4. 1917).

3 Rochau, Hg. Wehler, 9.

4 *GW* 8, 340; RB 13, 105; vgl. 4, 192; 12, 380; 13, 130.

5 Burckhardt, V, 130 (12. 10. 1871).

6 Meinecke, *Werke* II, 41.

7 Riezler, 359; Weber, *Polit. Schriften*, 235; Stegmann, 502; G. Schmoller, Die preußische Wahlrechtsreform von

1910, *Schmollers Jahrbuch* 33. 1910, 357, 361–64.

8 Vgl. Committee on Comparative Politics Hg., *Studies in Political Development*. 7 Bde, Princeton 1963–71, vor allem L. Binder Hg., *Crises*, 1971.

9 Riezler, 426 (13. 4. 1917).

10 Rosenberg, *Probleme*, 7–49.（前掲訳、一九―六九）

11 P. Kielmansegg, Von den Schwierigkeiten, deutsche Geschichte zu schreiben, *Merkur* 276. 1971, 366–79.

3　文献解題

以下の文献指示は最小限のものであるが、二つの観点にしたがって選択してある。すなわち、第一に一般的に重要な作品（できるかぎり文献解題のあるもの）、第二に特別に興味をそそるような研究、を収録しようと努めた。

史料解題ならびに文献解題。Dahlmann-Waitz, *Quellenkunde der deutschen Geschichte*, Hg. H. Heimpel. Stuttgart seit ^{10}1969. —Knapp : W. Baumgart Hg., *Bücherverzeichnis zur deutschen Geschichte.* Berlin 1971.

文献概観。

A．一般史ならびに政治史。Th. Schieder Hg., *Handbuch der Europäischen Geschichte.* VI, Stuttgart 1968, XV-230. — H. Grundmann Hg., *Gebhardt-Handbuch der Deutschen Geschichte.* III, Stuttgart ^{9}1970, 140–375; IV/1, ^{9}1974. —E. Büssem u. M. Neher Hg., *Repetitorium der deutschen Geschichte*, Neuzeit 3: 1871–1914. München 1972.

B．国制史。E. R. Huber, *Deutsche Verfassungsgeschichte seit 1789.* III–V, Stuttgart 1973/77.— E.- W. Böckenförde u. R. Wahl Hg., *Moderne Deutsche Verfassungsgeschichte, 1815–1918.* Köln 1972, 471–92.

C．社会史。H.-U. Wehler Hg., *Moderne Deutsche Sozialgeschichte.* Köln ^{5}1976, 565–640. — W. Köllmann u. P. Marschalck Hg., *Bevölkerungsgeschichte.* Köln 1972, 391–400.

D．経済史。H.-U. Wehler, Probleme der modernen deutschen Wirtschaftsgeschichte, in: ders., *Krisenherde des Kaiserreichs, 1871–1918.* Göttingen 1970, 408–30.— D. S. Landes, Technological Change and Development in Western Europe, 1750–1914, in: *The Cambridge Economic History of Europe.* VI/2. 1965, 943–1007.〔石坂昭雄・冨岡庄一訳『西ヨーロッパ工業史1、2』みすず書房、一九八〇、一九八二〕また、IESS, *Handwörterbuch der Sozialwissenschaften* (1953–68) ならびに *Handwörterbuch der Staatswissenschaften* (^{3}1909 u. ^{4}1924). 所収の諸論説を参照。

史学史。*Deutsche Historiker*, Hg. H.-U. Wehler. 5 Bde, Göttingen 1971/72, in 1 Bd. 1973.〔ドイツ現代史研究会訳『ドイツの歴史家』第1巻、未来社、一九八二〕— J. Streisand Hg., ***Studien über die deutsche Geschichtswissenschaft.***

2 Bde, Berlin 1963/65. — G. Iggers, *Deutsche Geschichtswissenschaft.* München ²1972. ——理論問題。H.-U. Wehler, *Geschichte als Historische Sozialwissenschaft.* Frankfurt ²1977.

種々の立場からの概説書。G. Mann, *Deutsche Geschichte des 19. u. 20. Jhs.* Frankfurt 1958 u. ö.〔上原和夫訳『近代ドイツ史Ⅰ、Ⅱ』みすず書房、一九七三、一九七七〕— A. Rosenberg, *Entstehung u. Geschichte der Weimarer Republik.* Frankfurt 1955 u. ö., 17–319.〔吉田輝夫訳『ヴァイマル共和国史』東邦出版社、一九七四〕— K. Buchheim, *Das Deutsche Kaiserreich, 1871–1918.* München 1969. — J. Ziekursch, *Politische Geschichte des Neuen Deutschen Kaiserreiches.* 3 Bde, Frankfurt 1925/30. — E. Engelberg, *Deutschland 1871–1897.* Berlin 1965; F. Klein, *Deutschland 1897–1917.* Berlin ⁴1977. — E. Eyck, *Bismarck.* 3 Bde, Zürich 1941/44; ders., *Das persönliche Regiment Wilhelms II.* Zürich 1948. — *The New Cambridge Modern History*, XI: 1870–98. 1962; XII: 1898–1945. 1960 u. neu 1968. 以下も参照せよ。R. Dahrendorf, *Gesellschaft u. Demokratie in Deutschland.* München 1965 u. ö.; G. Barraclough, *Tendenzen der Geschichte im 20. Jh.* München ²1970; A. Mayer, *Dynamics of Counterrevolution in Europe 1870–1956.* N. Y. 1971.

最近の研究参考書ならびに論文集。*Das Kaiserliche Deutschland*, Hg. M. Stürmer. Düsseldorf ²1977; *Probleme der Reichsgründungszeit, 1848–79*, Hg. H. Böhme. Köln ²1973; Wehler, *Krisenherde*; *Die großpreußisch-militaristische Reichsgründung*, Hg. H. Bartel u. E. Engelberg. 2 Bde, Berlin 1971.

以下、テキストの構成にしたがって、テーマ別に文献を掲げる。

Ⅰ.1　農業史についてはⅡ.1を参照。土地貴族。H. Rosenberg, *Probleme der deutschen Sozialgeschichte.* Frankfurt 1969〔大野英二・川本和良・大月誠訳『ドイツ社会史の諸問題』未来社、一九七八〕; F. Tönnies, Deutscher Adel im 19. Jh., *Neue Rundschau* 23. 1912/II, 1041–63; R. Meyer, Adelsstand u. Junkerklasse, *Neue Deutsche Rundschau* 10. 1899, 1078–90; H. Preuss, *Die Junkerfrage.* Berlin 1897. 社会史的な集団像の叙述は存在しない。上掲Cの文献を参照。

Ⅰ.2　工業化の歴史。Ⅱ.1ならびに以下のものを参照。W. G. Hoffmann, Take-Off in Germany, in: W. W. Rostow Hg., *The Economics of Take-Off into Sustained Growth.* London ²1968, 95–118〔木村健康・久保まち子他訳『経済成長の諸段階』ダイヤモンド社、一九六一〕; H. Böhme, *Deutschlands Weg zur Großmacht, 1848–81.* Köln ²1972; T. S.

Hamerow, *Restoration, Revolution, Reaction. Economics and Politics in Germany, 1815–71.* Princeton 1958; ders., *The Social Foundations of German Unification, 1858–71.* 2 Bde, Princeton 1969/73; H. Rosenberg, *Die Weltwirtschaftskrisis 1857–59.* Stuttgart 1934, Neudr. Göttingen 1974.

I.3　E. N. Anderson, *The Social and Political Conflict in Prussia, 1858–64.* Lincoln 1954; さいきんでは R. Wahl, Der preußische Verfassungskonflikt u. das konstitutionelle System des Kaiserreichs, in: Böckenförde u. Wahl, 171–94; G. Mayer, *Radikalismus, Sozialismus u. bürgerliche Demokratie,* Hg. H.-U. Wehler. Frankfurt [2]1969. 一八六〇年代の自由主義ならびに労働運動にかんする文献をふくむ。

I.4　戦争政策（最重要の文献をふくむ）。J. Becker, Der Krieg mit Frankreich als Problem der kleindeutschen Einigungspolitik Bismarcks 1866 bis 1870, in: *Das Kaiserliche Deutschland,* 75–88; ders., Zum Problem der Bismarckschen Politik in der spanischen Thronfrage 1870, *HZ* 212. 1971, 529–607. この論文では、E. Kolb (*Der Kriegsausbruch 1870.* Göttingen 1970) がプロイセンの政策を支持し得ない仕方で免責していることに対して、説得的な反論がなされている。

II.1　有益なデータ集。W. G. Hoffmann u. a., *Das Wachstum der deutschen Wirtschaft.* Heidelberg 1965; A. Spiethoff, *Die wirtschaftlichen Wechsellagen.* 2 Bde, Tübingen 1955. なかんずくII所収の表。— K. Borchardt, *The Industrial Revolution in Germany.* London 1972, dt. München 1972; D. André, *Indikatoren des technischen Fortschritts. Eine Analyse der Wirtschaftsentwicklung in Deutschland 1850–1913.* Göttingen 1971. とりわけ興味をそそるものとして、H. Rosenberg, *Große Depression u. Bismarckzeit.* Berlin [2]1976. 概観を与えるものとして、H.-U. Wehler, *Bismarck u. der Imperialismus.* dtv, [4]1976, 39–111. とくに一八七三―七九年については、H. Mottek, Die Gründerkrise, *Jahrbuch für Wirtschaftsgeschichte* 1966/I, 51–128.

現代経済史の総合的叙述は存在しない。——農業経済。H. Rosenberg, *Probleme*〔前掲訳〕; ders., *Große Depression;* W. Abel, *Agrarkrisen u. Agrarkonjunktur.* Berlin [3]1978; H. W. Finck v. Finckenstein, *Die Entwicklung der Landwirtschaft, 1800–1930.* Würzburg 1960; S. v. Ciriacy-Wantrup, *Agrarkrisen u. Stockungsspannen.* Berlin 1936. この分野においても現代の総体的叙述は存在しない。——一九一八年までの人口史については、*Mod. Deutsche Sozialgeschichte,* 613f. 所収のケルマンの研究; F. Zahn, Die Entwicklung der räumlichen, beruflichen u. sozialen Gliederung des deutschen Volkes seit dem Aufkommen der industriell-kapitalistischen Wirtschaftsweise, in: B. Harms Hg., *Volk u. Reich der Deutschen*. I, Berlin 1929, 220–79; G. Neuhaus, Die berufliche u. soziale Gliederung der Bevölkerung im Zeitalter des Kapitalismus; ders., Die Bewegung der Bevölkerung im Zeitalter des modernen Kapitalismus, beides in: *Grundriß der Sozialökonomik*. IX. 1, Tübingen 1926, 360–505.

Ⅱ.2　H・ローゼンベルクの書物に比肩し得る研究はいまだに存在しない。手がかりを与えるものとして，E. W. Axe u. H. M. Flinn, An Index of General Business Conditions for Germany, 1898–1914, *Review of Economic Statistics* 7. 1925, 263–87; W. Paretti u. G. Bloch, Industrial Production in Western Europe and the United States, 1901–1955, *Banca Nazionale del Lavoro Quarterly Review* 9. 1956, 186–234; A. Feiler, *Die Konjunkturperiode 1907–13*. Jena 1914; P.-C. Witt, *Die Finanzpolitik des Deutschen Reiches, 1903–13*. Lübeck 1970.

農業史についてはⅡ.1を参照。――この時代における組織資本主義と干渉国家の端緒とについては，討議がはじまったばかりである。たとえば，*Organisierter Kapitalismus*, Hg. H. A. Winkler, Göttingen 1974 (H.-U. Wehler, Der Aufstieg des Organisierten Kapitalismus u. Interventionsstaats in Deutschland. およびJ・コッカの論文所収)。この点についてはなお以下を見よ。S. Andić u. J. Veverka, The Growth of Government Expenditure in Germany Since the Unification, *Finanzarchiv* 23. 1963, 169–278; H. Timm, Das Gesetz der wachsenden Staatsausgaben, *ebda* 21. 1961, 201–47; J. P. Cullity, The Growth of Governmental Employment in Germany 1882–1950, *ZGS* 123. 1967, 201–17; J. A. Schumpeter, Die Krise des Steuerstaats, in: ders., *Aufsätze zur Soziologie*. Tübingen 1953, 1–71〔木村元一訳『租税国家の危機』勁草書房，一九五一〕; F. Neumark, *Wirtschafts- u. Finanzprobleme des Interventionsstaats*. Tübingen 1961; F. Facius, *Wirtschaft u. Staat. Die Entwicklung der staatlichen Wirtschaftsverwaltung in Deutschland bis 1945*. Boppard 1959.

Ⅲ-1.1　一般的な入門書。E.-W. Böckenförde, Der Verfassungstyp der deutschen konstitutionellen Monarchie im 19. Jh., in: ders. u. Wahl, 146 bis 70; H. Boldt, Deutscher Konstitutionalismus u. Bismarckreich, in: *Das Kaiserliche Deutschland*, 119–42; E. Kehr, *Der Primat der Innenpolitik*, Hg. H.-U. Wehler. Berlin [3]1976.

Ⅲ-1.2　特殊研究ならびに比較研究はまだ存在しない。さしあたって，E. Engelberg, Zur Entstehung u. historischen

Stellung des preußisch-deutschen Bonapartismus, in: *Fs. A. Meusel.* Berlin 1956, 236–51; H. Gollwitzer, Der Cäsarismus Napoleons III. im Widerhall der öffentlichen Meinung Deutschlands, *HZ* 173. 1952, 23–75; R. Griepenburg u. K. H. Tjaden, Faschismus u. Bonapartismus, *Das Argument* 8. 1966 (41), 461–72; さらに R. C. Tucker, The Theory of Charismatic Leadership, *Daedalus* 97. 1968, 731–56.

Ⅲ-1.3　情報量は豊かだが，人物中心に偏しており構造的な推進力の分析をおこたっているものとして，J. Röhl, *Deutschland ohne Bismarck, 1890–1900.* Tübingen 1969. 以下も参照せよ。Eyck, *Das persönliche Regiment*, u. J. A. Nichols, *Germany after Bismarck, 1890–94.* Cambridge/Mass. 1958. とりわけ G. U. Scheideler, Parlament, Parteien u. Regierung im wilhelminischen Deutschland 1890–1914, *Aus Politik u. Zeitgeschichte* B 12/71, 16–24, および D. Stegmann, *Die Erben Bismarcks, Parteien u. Verbände in der Spätphase des wilhelminischen Deutschlands. Sammlungspolitik 1897–1918.* Köln 1970.——帝国議会と帝国議会選挙。J. J. Sheehan, Political Leadership in the German Reichstag, 1871–1918, *AHR* 74. 1968, 511–28, dt. in: G. A. Ritter Hg., *Deutsche Parteien vor 1918.* Köln 1973; C. G. Crothers, *The German Elections of 1907.* N. Y. 1941; D. Fricke, Der deutsche Imperialismus u. die Reichstagswahlen 1907, *ZfG* 9. 1961, 538–76; J. Bertram, *Die Wahlen zum Deutschen Reichstag vom Jahre 1912.* Düsseldorf 1964. M. Stürmer, *Regierung u. Reichstag im Bismarckstaat 1871–1880.* Düsseldorf 1974.

Ⅲ-1.4　官僚制にかんしては，なかんずく，E. Kehr, Das soziale System der Reaktion in Preußen unter dem Ministerium Puttkamer, in: *Primat*, 64–86; R. Morsey, *Die Oberste Reichsverwaltung unter Bismarck, 1867–90.* Münster 1957; L. W. Muncy, *The Junker in the Prussian Administration, 1888–1914.* N. Y. ²1970; J. Röhl, Beamtenpolitik im Wilhelminischen Deutschland, in: *Das Kaiserliche Deutschland*, 287–311. その他の重要文献については *Mod. Deutsche Sozialgeschichte*, 587ff. を見よ。不正ならびに腐敗の批判。P.-C. Witt, Der preußische Landrat als Steuerbeamter 1891–1918, in: *Fs. F. Fischer.* Düsseldorf ²1974, 205–19; L. Schücking, *Die Reaktion in der inneren Verwaltung Preußens.* Berlin 1908. 一般的な官僚制問題と工業。J. Kocka, Vorindustrielle Faktoren in der deutschen Industrialisierung, in: *Das Kaiserliche Deutschland*, 265–86; ders., *Unternehmensverwaltung u. Angestelltenschaft, Siemens 1847–1914.* Stuttgart 1969. 彼のその他の作品については，*Mod. Deutsche Sozialgeschichte*, 613. を見よ。また R. Mayntz Hg.,

Bürokratische Organisation. Köln 1968; R. K. Merton u. a. Hg., *Bureaucracy*. N. Y. 1952 u. ö. すぐれた研究として，H.-J. Puhle, Vom Wohlfahrtsausschuß zum Wohlfahrtsstaat, in: G. A. Ritter Hg., *dass*., Köln 1973, 29–68 および W. Schluchter, *Aspekte bürokratischer Herrschaft*, München 1972. がある。

Ⅲ-2.1　政党史一般。L. Bergsträsser u. W. Mommsen, *Geschichte der politischen Parteien in Deutschland*. München [11]1965; W. Tormin, *Geschichte der deutschen Parteien seit 1848*. Stuttgart [3]1970; D. Fricke Hg., *Die bürgerlichen Parteien in Deutschland, 1830–1945*. 2 Bde, Leipzig 1968/70; W. Mommsen Hg., *Deutsche Parteiprogramme*. München 1960 u. ö.—T. Nipperdey, Über einige Grundzüge der deutschen Parteigeschichte, in: *Moderne Deutsche Verfassungsgeschichte*, 237–57; R. Lepsius, Parteiensystem u. Sozialstruktur, in: *Fs. Lütge*. Stuttgart 1966, 371–93; ders., *Extremer Nationalismus*. Stuttgart 1966; ders., Demokratie in Deutschland als historisch-soziologisches Problem, in: *Spätkapitalismus oder Industriegesellschaft?*, Hg. T. W. Adorno. Stuttgart 1969, 197–213; E. Pikart, Die Rolle der Parteien im deutschen konstitutionellen System vor 1914, in: Böckenförde u. Wahl, 258–81; D. Grosser, *Vom monarchischen Konstitutionalismus zur parlamentarischen Demokratie*. Den Haag 1970.

Ⅲ-2.1.1　国民自由党にかんする最新の歴史叙述はまだない。だが古い文献は *Frickes Handbuch* ならびに以下の研究のうちに見出される。G. Seeber, *Zwischen Bebel u. Bismarck. Zur Geschichte des Linksliberalismus in Deutschland 1871–1893*. Berlin 1965; L. Elm, *Zwischen Fortschritt u. Reaktion, Geschichte der Parteien der liberalen Bourgeoisie in Deutschland 1893–1918*. Berlin 1968; G. R. Mork, Bismarck and the „Capitulation" of German Liberalism, *JMH* 43. 1971, 59–75; J. J. Sheehan, Liberalism and the City in 19th Century Germany, *Past & Present* 51. 1971, 116–37.

Ⅲ-2.1.2　一九一七年にいたる叙述は存在しない。すぐれた概観として，R. Morsey, Die deutschen Katholiken u. der Nationalstaat zwischen Kulturkampf u. dem I. Weltkrieg, *Historisches Jahrbuch* 90. 1970, 31–64; H. Maier, Katholizismus, nationale Bewegung u. nationale Demokratie in Deutschland, *Hochland* 57. 1965, 318–33. いまなおかけがえのないものとして，K. Bachem, *Vorgeschichte, Geschichte u. Politik der deutschen Zentrumspartei, 1814–1914*. 8 Bde, Köln 1927/32, Aalen [2]1965.

Ⅲ-2.1.3　種々の保守政党の最新の党史はまだ存在しない。手びきとして，S. Neumann, *Die Stufen des preußischen Konservativismus.* Berlin 1930; R. M. Berdahl, Conservative Politics and Aristocratic Landholders in Bismarckian Germany, *JMH* 44. 1972, 1–20; H. Booms, *Die Deutsch-Konservative Partei.* Düsseldorf 1954; H.-J. Puhle, *Agrarische Interessenpolitik u. preußischer Konservatismus im wilhelminischen Reich 1893–1914.* Hannover 1966 (^{2}1975); Stegmann.

Ⅲ-2.1.4　社会民主党史の研究がもっとも活発である。いくつかの作品を選ぶと，G. Roth, *Social Democrats in Imperial Germany.* Totowa 1963; V. L. Lidtke, *The Outlawed Party, 1878–1890.* Princeton 1966; G. A. Ritter, *Die Arbeiterbewegung im wilhelminischen Reich, 1890–1900.* Berlin ^{2}1963; H.-J. Steinberg, *Sozialismus u. deutsche Sozialdemokratie.* Bonn ^{3}1972; H.-C. Schröder, *Sozialismus u. Imperialismus.* I, Hannover ^{2}1975. C. E. Schorske, *German Social Democracy, 1905–1917.* London ^{2}1973; D. Groh, *Negative Integration u. revolutionärer Attentismus, 1909–14.* Berlin 1973; H.-U. Wehler, *Sozialdemokratie u. Nationalstaat, 1840–1914.* Göttingen ^{2}1971.

Ⅲ-2.2　情報を得るために重要なものとして，*Frickes Handbuch.* 一般書。H. J. Puhle, Parlament, Parteien u. Interessenverbände, 1890–1914, in: *Das Kaiserliche Deutschland,* 340–37; ders., *Von der Agrarkrise zum Präfaschismus.* Wiesbaden 1972; H. A. Winkler, *Pluralismus oder Protektionismus? Verfassungspolitische Probleme des Verbandswesens im Deutschen Kaiserreich.* Wiesbaden 1972; W. Fischer, Staatsverwaltung u. Interessenverbände im Deutschen Reich 1871–1914, in: ders., *Wirtschaft u. Gesellschaft im Zeitalter der Industrialisierung.* Göttingen 1972, 194–213; T. Nipperdey, Interessenverbände u. Parteien in Deutschland vor dem I. Weltkrieg, in: *Moderne Deutsche Sozialgeschichte,* 369–88; *Interessenverbände in Deutschland,* Hg. H. J. Varain. Köln 1973. 特殊研究。Puhle, *Agrarische Interessenpolitik*; ders., Der BdL im wilhelminischen Reich, in: W. Ruegg u. O. Neuloh Hg., *Zur soziologischen Theorie u. Analyse des 19. Jhs.* Göttingen 1971, 145–62. — H. Kaelble, *Industrielle Interessenpolitik in der wilhelminischen Gesellschaft, 1894–1914.* Berlin 1967; ders., Industrielle Interessenverbände vor 1914, in: Ruegg/Neuloh, 180–92.—S. Mielke, *Der „Hansa-Bund", 1912–1914.* Gött. 1976. — H. A. Winkler, Der rückversicherte Mittelstand: Die Interessenverbände von Handwerk u. Kleinhandel im Deutschen Kaiserreich, in: Ruegg/Neuloh, 163–79. 艦隊協

会ならびに国防協会については新しい特殊研究がない。— A. Galos u. a., *Die Hakatisten. Der Deutsche Ostmarkenverein 1894–1934*, Berlin 1966. 植民団体の歴史は存在しないが，以下を参照。Wehler, ***Bismarck u. der Imperialismus***, 158–68, auch in: Varain Hg. — A. Kruck, *Geschichte des Alldeutschen Verbandes, 1890–1939*. Wiesbaden 1954; E. Hartwig, ***Zur Politik u.*** *Entwicklung des Alldeutschen Verbandes, 1891–1914*. phil. Diss. Jena 1966, MS. —— 労働組合。D. Fricke Hg., *Die deutsche Arbeiterbewegung 1869–90*; ***Zur*** *Organisation* ***u.*** *Tätigkeit der deutschen Arbeiterbewegung 1890–1914*. Leipzig 1964/62; H. Wachenheim, *Die deutsche Arbeiterbewegung 1844–1914*. Frankfurt ^{2}1971, Lit.: 641–69, u. in: Ritter, 2. 1. 4.

Ⅲ-2.3　この点については，W. Sauer, Das Problem des Deutschen Nationalstaats, in: *Moderne Deutsche Sozialgeschichte*, 407–36.

Ⅲ-2.4　この点については以下の研究における討議を参照。Stegmann; Böhme; Wehler, ***Bismarck u. der Imperialismus***; Winkler; Puhle u. Berghahn: 5. 3.

Ⅲ.3ならびに3.1　第1に挙げるべきブリリアントな書物。L. Krieger, ***The*** *German Idea of* ***Freedom***. Chicago ^{2}1972; その他に，H. Lübbe, *Politische Philosophie in Deutschland*. München ^{2}1974; K. D. Bracher, *Das Deutsche Dilemma*. München 1971, 11–40 所収の諸論文；F. Stern, ***The*** *Failure of Illiberalism*. N. Y. 1972, XI–XLIV, 3–25, dt. in: *Das Kaiserliche Deutschland*, 168–86; R. Dahrendorf, *Gesellschaft* ***u.*** *Freiheit*. München 1961. ここで挙げるべき一般書。W. Gottschalch u. a., *Geschichte der sozialen Ideen in Deutschland*. München 1969; L. W. Pye u. S. Verba Hg., ***Political Culture*** *and Political Development*. Princeton 1965, 3–26, 130–170, 512–60.

Ⅲ-3.2　厖大な文献のなかから，以下のもののみを挙げる。R. M. Berdahl, New Thoughts on German Nationalism, *AHR* 77. 1972, 65–80; E. Kehr, Englandhaß u. Weltpolitik, in: ders., *Primat*, 149–75; P. R. Anderson, ***The*** *Background of Anti-English Feeling in Germany 1890–1902*. N. Y. ^{2}1969; H. Plessner, *Die verspätete Nation*. Stuttgart ^{3}1959; T. Schieder, *Das deutsche Kaiserreich von 1871 als Nationalstaat*. Köln 1961. それにまた K. W. Deutsch, *Nationalism and Social Communication*. Cambridge/Mass. ^{2}1966. ほとんど古典的といってよい概観。H. Kohn, *Die Idee des Nationalismus*. Heidelberg 1950 u. ö.

Ⅲ－3.3　R. Rürup u. T. Nipperdey, Antisemitismus, in: *Geschichtliche Grundbegriffe.* I, Stuttgart 1972, 129–53; A. A. Rogow, Anti-Semitism, *IESS* 1. 1968, 345–49; A. Bein, Die Judenfrage in der Literatur des modernen Antisemitismus, *Bulletin L. Baeck Institute* 6. 1963, 4–51; W. Boehlich Hg., *Der Berliner Antisemitismus-Streit.* Frankfurt 1965; H. M. Klinkenberg, Zwischen Liberalismus u. Nationalismus im dt. Kaiserreich 1870–1918, in: *Monumenta Judaica.* Köln 1963, 309–84; P. W. Massing, *Vorgeschichte des politischen Antisemitismus.* Frankfurt 1959; P. Pulzer, *Die Entwicklung des politischen Antisemitismus in Deutschland u. Österreich 1867–1914.* Gütersloh 1966. ――民族政策。 H.-U. Wehler, Polenpolitik im Deutschen Kaiserreich, 1871–1918, in: ders., *Krisenherde*, 181–200; ders., *Sozialdemokratie u. Nationalstaat*; M. Broszat, *200 Jahre deutsche Polenpolitik.* Frankfurt ^{2}1972; O. Hauser, Polen u. Dänen im Deutschen Reich, in: *Reichsgründung 1870/71.* Stuttgart 1970, 291–318; D. P. Silverman, *Reluctant Union. Alsace-Lorraine and Imperial Germany, 1871–1918.* London 1972; H.-U. Wehler, Das ,,Reichsland" Elsaß-Lothringen 1870–1918, in: ders., *Krisenherde*, 17–63.

Ⅲ－3.4　一般的な問題性については，,,*Religion in Geschichte u. Gegenwart*" ならびに ,,*Staatslexikon*" 所収の諸項目を参照。ここではとりわけ以下を見よ。 K. Hammer, *Deutsche Kriegstheologie 1870–1918.* München 1971; H. Missalla, ,,*Gott mit uns*". *Die deutsche katholische Kriegspredigt 1914–18.* München 1968; W. Pressel, *Die Kriegspredigt 1914–18 in der evangelischen Kirche Deutschlands.* Göttingen 1967.

Ⅲ－3.5.1　日常生活の社会史というまだまだ未開拓のこの分野については，M. Horkheimer Hg., *Studien über Autorität u. Familie.* Paris 1936. 一般的には，U. Oevermann, *Sprache u. soziale Herkunft.* Frankfurt 1972. を参照。

Ⅲ－3.5.2から3.5.4まで　E. N. Anderson, The Prussian Volksschule in the 19th Century, in: *Fs. H. Rosenberg.* Berlin 1970, 261–79; W. C. Langsam, Nationalism and History in the Prussian Elementary Schools, in: *Fs. C. Hayes.* N. Y. 1950, 241–60; H. Schallenberger, *Untersuchungen zum Geschichtsbild der Wilhelminischen Ära u. der Weimarer Republik.* Ratingen 1964; D. Hoffmann, *Politische Bildung, 1890–1933.* Hannover 1971. 大いに異論があるが，K.-H. Günther u. a., *Geschichte der Erziehung.* Berlin ^{7}1966. も挙げておく。 また，H. König, *Im-*

perialistische u. militaristische Erziehung in den Hörsälen u. Schulstuben Deutschlands, 1870–1960. Berlin 1962. —W. Lexis Hg., *Das Unterrichtswesen im Deutschen Reich*. 4 Bde, Berlin 1904; F. Paulsen, *Geschichte des gelehrten Unterrichts*. 2 Bde, Berlin ^{3}1919/21; F. Ringer, *The Decline of the German Mandarins, 1890–1933*. Cambridge/Mass. 1969; ders., Higher Education in Germany in the 19th Century, *ICH* 2. 1967, 123–38; W. Zorn, Hochschule u. höhere Schule in der deutschen Sozialgeschichte der Neuzeit, in: *Fs. M. Braubach*. Münster 1964, 321–39; D. Fricke, Zur Militarisierung des deutschen Geisteslebens im wilhelminischen Kaiserreich, Der Fall L. Arons, *ZfG* 8. 1960, 1069–1107.— W. Z. Laqueur, *Die deutsche Jugendbewegung*. Köln 1962; H. Pross, *Jugend, Eros, Politik*. Bern 1964; W. Kindt Hg., *Die Wandervogelzeit, 1896–1919*. Düsseldorf 1968; J. Müller, *Die Jugendbewegung als deutsche Hauptrichtung neukonservativer Reform*. Zürich 1971.

Ⅲ-3.5.5 帝国における学生団体の批判的叙述はまだ存在しない。予備将校については，E. Kehr, Zur Genesis des Kgl. Preuss. Reserveoffiziers, in: ders., *Primat*, 53–63.

Ⅲ-3.6 この点についてもなかんずく古い研究を挙げておく。E. Kehr, Das soziale System der Reaktion in Preußen unter dem Ministerium Puttkamer, in: ders., *Primat*, 64–86; E. Fraenkel, *Zur Soziologie der Klassenjustiz*. Berlin 1927 (Darmstadt ^{2}1968). 概観。Fricke, *Organisation*, 272–75. — L. Cecil, The Creation of Nobles in Prussia 1871–1918, *AHR* 75. 1970, 757–95.

Ⅲ-3.7 史料としては，W. Vogel, *Bismarcks Arbeiterversicherung*. Braunschweig 1951. 簡潔な叙述だが Wehler, *Bismarck*, 459–64. も参照。一八九〇年以降の局面は全面的に書き改められなければならない。K. E. Born, *Staat u. Sozialpolitik seit Bismarcks Sturz, 1890–1914*. Wiesbaden 1957.〔鎌田武治訳『ビスマルク後の国家と社会政策』法政大学出版局，一九七三〕はあまりにも国家を信頼しすぎており，無反省である。概観。F. Syrup u. O. Neuloh, *100 Jahre staatliche Sozialpolitik 1839–1939*. Stuttgart 1957.

Ⅲ-4.1 いまも依然として，W. Gerloff, Der Staatshaushalt u. das Finanzsystem Deutschlands 1820–1927, in: ders. Hg., *Handbuch der Finanzwissenschaft*. III, Tübingen 1929, 1–69. また F. Terhalle, Geschichte der deutschen offentlichen Finanzwirtschaft 1800–1945, *ebda*, I, ^{2}1952, 274–326. 新しい研究。Witt, *Finanzpolitik*.

Ⅲ-4.2ならびに4.3　この点について基本的なのは, W. G. Hoffmann u. a., *Das deutsche Volkseinkommen, 1851–1955.* Tübingen 1959; H. J. Müller u. S. Geisenberger, *Die Einkommensstruktur in verschiedenen deutschen Ländern 1874–1913.* Berlin 1972; W. Fischer u. P. Czada, Die soziale Verteilung von mobilem Vermögen in Deutschland seit dem Spätmittelalter, in: *3. International Conference of Economic History.* Paris 1968, 253–304; H. Stuebel, *Staat u. Banken im preußischen Anleihewesen 1871–1913.* Berlin 1935; Spiethoff, II, T. 11 u. 12.

Ⅲ-5.1　M. Messerschmidt, Die Armee in Staat u. Gesellschaft. Die Bismarckzeit, in: *Das Kaiserliche Deutschland,* 89–118; W. Deist, dass., 1890–1914, *ebda,* 312–39; G. A. Craig, *Die preußisch-deutsche Armee, 1640–1945.* Düsseldorf 1960; *Handbuch zur deutschen Militärgeschichte, 1648–1939,* 3. Lief. Frankfurt 1968; K. Demeter, *Das Deutsche Offizierskorps in Gesellschaft u. Staat, 1650–1945.* Frankfurt [4]1965; M. Kitchen, *The German Officercorps, 1890–1914.* Oxford 1968; K. E. Jeismann, *Das Problem des Präventivkriegs.* Freiburg 1957; R. Höhn, *Sozialismus u. Heer.* 3 Bde, Berlin 1959/69; Kehr, *Primat,* 87–197; G. Ritter, *Staatskunst u. Kriegshandwerk.* I u. II, München 1954/60 u. ö. そのほかに W. Sauer, *PVS* 6. 1965, 341–53; G. Ritter, *Der Schlieffenplan.* München 1956; *Ostaufmarsch*: Gasser und Groh : 8. 1.

Ⅲ-5.2　J. Erickson u. H. Mommsen, Militarismus, *Sowjetsystem u. Demokratische Gesellschaft* 4. 1971, 528–68; K. Buchheim, *Militarismus u. ziviler Geist.* München 1964; V. Berghahn Hg., *Militarismus,* Köln 1975. 発生史。O. Büsch, *Militärsystem u. Sozialleben im alten Preußen.* Berlin 1962. 同時代を活写したもの。L. Quidde, Der Militarismus im heutigen deutschen Reich(1893), in: H.-U. Wehler Hg., *Quidde, Caligula.* Frankfurt 1977, 81–130.

Ⅲ-5.3　この分野ではケーアの画期的研究 (*Schlachtflottenbau u. Parteipolitik 1894–1901.* Berlin 1930, [2]1966; *Primat,* 111–48) の後をうけて, 一連の批判的研究 V. Berghahn, *Der Tirpitz-Plan.* Düsseldorf 1971; ders., Flottenrüstung u. Machtgefüge, in: *Das Kaiserliche Deutschland,* 378–96; ders., Zu den Zielen des deutschen Flottenbaus unter Wilhelm II., *HZ* 210. 1970, 34–100; H. Schottlius u. W. Deist Hg., *Marine u. Marinepolitik im kaiserlichen Deutschland, 1871–1914.* Düsseldorf 1972; J. Steinberg, *Yesterday's Deterrent. Tirpitz and the Birth of the German Battle Fleet.* London 1965; W. Marienfeld, *Wissenschaft u. Schlachtflottenbau in Deutschland, 1897–1906.* Berlin

1957. によって、ハルマン、フーバッチュ流の艦隊擁護論が最終的にくつがえされた。比較研究はいかんながらいまなお存在しない。

Ⅲ-6.1ならびに6.2 文献については以下を見よ。H.-U. Wehler Hg., *Imperialismus.* Königstein ⁴1979; ders., *Bismarck u. der Imperialismus*, 511–14, 520–66. また、W. J. Mommsen Hg., *Der moderne Imperialismus.* Stuttgart 1971; ケーアの諸論文; Berghahn, *Tirpitz-Plan.* も参照せよ。

Ⅲ-6.3 汎ゲルマン主義についてはⅣ-2.2ならびに以下を見よ。K. Schilling, *Beiträge zu einer Geschichte des radikalen Nationalismus, 1890–1909*, phil. Diss. Köln 1968. — H.-U. Wehler, Sozialdarwinismus im expandierenden Industriestaat, in: *Fs. F. Fischer*, Düsseldorf ²1974, 133–42. 文献もふくむ。

Ⅲ.7 詳細な文献指示は、上記Aの *Handbücher* にある。ここではとくに以下を参照。A. Hillgruber, Entwicklung, Wandlung u. Zerstörung des deutschen Nationalstaats, 1871–1945, in: *1871 — Fragen an die deutsche Geschichte.* Berlin 1971, 171–203; ders., *Bismarcks Außenpolitik.* Freiburg 1972; ders., Die ‚Krieg-in-Sicht'-Krise 1875, in: *Fs. M. Göhring.* Wiesbaden 1968, 239–53; W. J. Mommsen, *Die latente Krise des Deutschen Reiches 1909–14.* Frankfurt 1972.

Ⅲ-7.2.1から7.2.3まで Wehler, *Krisenherde*, 17–84; ders., *Bismarck*, 416; ders., *Krisenherde*, 163–80.

Ⅲ-8.1 増大する文献のなかから、以下のものを挙げる。F. Fischer, *Griff nach der Weltmacht.* Düsseldorf ⁴1967〔村瀬興雄監訳『世界強国への道Ⅰ』岩波書店、一九七二〕; ders., *Krieg der Illusionen.* Düsseldorf ²1971. この問題についてより明快なのは、L. Burchardt, *Friedenswirtschaft u. Kriegsvorsorge. Deutschlands wirtschaftliche Rüstungsbestrebungen vor 1914.* Boppard 1968. 前史について G. Schmidt, Innenpolitische Blockbildungen in Deutschland am Vorabend des 1. Weltkriegs, *Aus Politik u. Zeitgeschichte* B 20/72, 3–32; D. Groh, Innenpolitische Faktoren für die Präventivkriegsbereitschaft des Deutschen Reiches 1913/14, *PVS* 13. 1972, 501–21; A. Gasser, Deutschlands Entschluß zum Präventivkrieg 1913/14, in: *Fs. E. Bonjour.* I, Basel 1968, 173–224; F. Stern, *Bethmann Hollweg u. der Krieg.* Tübingen 1968; J. Joll, *1914 — The Unspoken Assumptions.* London 1968. 批判的総合として V.

Berghahn, *Germany and the Approach of War in 1914.* London 1973. 討議ならびに文献。W. J. Mommsen, Die deutsche Kriegszielpolitik 1914–18, in: *Kriegsausbruch 1914.* München ²1972, 60–100; W. Schieder Hg., *Erster Weltkrieg.* Köln 1969; I. Geiss Hg., *Juli 1914.* München 1965.（上記の古い文献をふくむ。）叙述。F. Klein u. a., *Deutschland im 1. Weltkrieg.* 3 Bde, Berlin 1968/70; P. Kielmansegg, *Deutschland u. der 1. Weltkrieg.* Frankfurt 1968; K. Jarausch, *The Enigmatic Chancellor: Bethmann Hollweg.* New Haven 1973. 今後、理論的にも実証的にも不可欠なのが、J. Kocka, *Klassengesellschaft im Krieg. Deutsche Sozialgeschichte 1914–1918.* Göttingen ²1978. 一般的には、E. B. Haas u. A. S. Whiting, *Dynamics of International Relations.* N. Y. 1956, 62–64; R. N. Rosecrance. *Action and Reaction in World Politics.* Boston 1963, 304f.

Ⅲ-8.2　F. Lütge, Die deutsche Kriegsfianzierung im 1. u. 2. Weltkrieg, in: *Fs. R. Stucken.* Göttingen 1953, 243–57; M. Lanter, *Die Finanzierung des Krieges.* Luzern 1950; R. Andexel, *Imperialismus-Staatsfinanzen-Rüstung-Krieg.* Berlin 1968. — G. F. Feldman, *Army, Industry and Labor in Germany 1914–18.* Princeton 1966; F. Klein u. a. の三巻本。いまなお乗り越えられていないのが、J. T. Shotwell, *Wirtschafts- u. Sozialgeschichte des Weltkriegs.* 11 Bde, Stuttgart 1927/32.——インフレ初期について、W. Fischer, *Deutsche Wirtschaftspolitik 1918–45.* Opladen ³1968, 9–19.

Ⅲ-8.3　この点についてはF・フィッシャーの諸労作ならびに W. Schieder Hg. および F. Klein u. a. 所収の文献。M. L. Edwards, *Stresemann and the Greater Germany, 1914–18.* N. Y. 1963. もまた参照。一九一四年の理念。Ringer, *Decline*; W. J. Mommsen, *M. Weber u. die deutsche Politik, 1890–1920.* Tübingen ²1974, 206–304; K. Schwabe, *Wissenschaft u. Kriegsmoral, 1914–18.* Göttingen 1969; F. Klein, Die deutschen Historiker im 1. Weltkrieg, in: Streisand Hg., II, 227–48; H. Lebovics, *Social Conservatism and the Middle Classes in Germany 1914–33.* Princeton 1969, そのほかに E. Johann, *Innenansicht eines Krieges, 1914–18.* Frankfurt 1968 u. IV. 3. 4. 左派の動向。Schorske; J. W. Mishark, *The Road to Revolution, German Marxism and World War I.* Detroit 1967; G. F. Feldman u. a., Massenbewegungen der Arbeiterschaft in Deutschland am Ende des 1. Weltkriegs, 1917–20, *PVS* 13. 1972, 84–105. 右派の動向。Fricke Hg., I, 620–28; Stegmann; M. Weber, *Gesammelte Politische Schriften,* Tübingen

³1971, 217–20.

Ⅲ-8.4ならびに8.5　すぐれた文献目録が E. Kolb Hg., *Vom Kaiserreich zur Weimarer Republik.* Köln 1972, 406–25 にある。この書物にはとりわけ Sauer, Hunt, Kolb, Rürup, Grebing の論文が収録されている。そのほかに、*PVS*, Sonderheft 2, 1970; R. Rürup, *Probleme der Revolution in Deutschland 1918/19.* Wiesbaden 1968; E. Kolb, *Die Arbeiterräte in der deutschen Innenpolitik, 1918/19.* Düsseldorf 1962; P. v. Oertzen, *Betriebsräte in der Novemberrevolution.* Düsseldorf 1963; U. Kluge, *Soldatenräte u. Revolution. Studien zur Militärpolitik in Deutschland 1918/19.* Göttingen 1975; W. Elben, *Das Problem der Kontinuität in der deutschen Revolution.* Düsseldorf 1965; K. L. Ay, *Die Entstehung einer Revolution. Bayern 1918/19.* Berlin 1968. 最近の重要な史料集がコルプの編著に収録されている。

Ⅳ　連続性問題。A. Hillgruber, *Kontinuität u. Diskontinuität in der deutschen Außenpolitik von Bismarck bis Hitler.* Düsseldorf 1969 u. ö.; K. Hildebrand, *Deutsche Außenpolitik 1933–45.* Stuttgart ²1973; W. Alff, Thesen zum Kontinuitätsproblem der deutschen Geschichte, *Das Argument* 70. 1972, 117–24; A. Lüdtke, Zur Kontinuitätsfrage, *ebda*, 105–16; Stern, *Illiberalism*, u. Wehler, *Krisenherde.*

文献解題に対する一九八〇年の補遺

史料解題ならびに文献解題。J. -P. Halstead u. S. Porcari, *Modern European Imperialism: A Bibliography of Books and Articles*, 2 Bde. Boston 1974; H.–U. Wehler, *Bibliographie zum Imperialismus.* Göttingen 1977; ders., *Bibliographie zur modernen deutschen Sozialgeschichte, 18–20. Jh.*, ebd. 1976; ders., *Bibliographie zur modernen deutschen Wirtschaftsgeschichte, 18.–20. Jh.*, ebd. 1976; G. P. Meyer, *Bibliographie zur Revolution von 1918*, ebd. 1977; H. Berding, *Bibliographie zur Geschichtstheorie*, ebd. 1977; H.–P. Ullmann, *Bibliographie zur Geschichte der deutschen Parteien u. Interessenverbände*, ebd. 1978; H. A. Winkler u. T. Schnabel, *Bibliographie zum Nationalismus*, ebd. 1979; H.–J. Steinberg, *Die deutsche sozialistische Arbeiterbewegung bis 1914. Eine bibliographische*

Einführung. Frankfurt 1979.

A・一般史ならびに政治史。 T. Schieder, *Staatensysteme als Vormacht der Welt 1848–1918*. Berlin 1977; ders., Europa im Zeitalter der Weltmächte, in: ders. Hg., *Handbuch der europäischen Geschichte*, Bd. VII/1. Stuttgart 1979, 1–137; C. Stern u. H. A. Winkler Hg., *Wendepunkte deutscher Geschichte 1848–1945*. Frankfurt 1979.

C・社会史。 J. Kocka Hg., *Soziale Schichtung u. Mobilität in Deutschland im 19. u. 20. Jahrhundert=Geschichte u. Gesellschaft* 1. 1975/H. 1; ders., *Sozialgeschichte*. Göttingen 1977; H.-U. Wehler Hg., Analyse von sozialen Strukturen = *Geschichte u. Gesellschaft* 3. 1977/H. 4; ders. Hg., *Klassen in der europäischen Sozialgeschichte*. Göttingen 1979 (ドイツについては J. Kocka および M. R. Lepsius); H. Kaelble, Social Stratification in Germany in the 19th and 20th Centuries, in: *Journal of Social History* 10, 1976. 144–65.

歴史叙述。 G. G. Iggers, *Neue Geschichtswissenschaft. Vom Historismus zur Historischen Sozialwissenschaft*. München 1978; J. Kocka, *Sozialgeschichte*. Göttingen 1977; H.-U. Wehler Hg., *Die moderne deutsche Geschichte in der internationalen Forschung 1945–1975*, ebd. 1978 (=So. Heft 4, *Geschichte u. Gesellschaft*); ders., Geschichtswissenschaft heute (1949–1979), in: J. Habermas Hg., *Stichworte zur geistigen Situation der Zeit*, II. Frankfurt 1979, 709–53; ders., *Krisenherde des Kaiserreichs*. Göttingen ²1979; ders., *Modernisierungstheorie u. Geschichte*, ebd. 1975〔山口定・坪郷実・高橋進訳『近代化理論と歴史学』未来社、一九七七〕; E. Schulin, *Traditionskritik u. Rekonstruktionsversuch*, ebd. 1979.

最近の研究参考書ならびに論文集。 G. A. Ritter Hg., *Das Kaiserreich 1871–1914. Ein historisches Lesebuch*. Göttingen ³1977; ders. u. J. Kocka Hg., *Deutsche Sozialgeschichte 1870–1914*. München 1974; S. Pollard u. C. Holmes Hg., *Documents of European Economic History*, III: Industrial Power and National Rivalry, 1870–1914. London 1972; H. M. Enzensberger. u. a. Hg., *Klassenbuch* 2: Ein Lesebuch zu den Klassenkämpfen in Deutschland 1850–1919. Neuwied 1972 u. ö.; W. Kröber u. R. Nitsche Hg., *Grundbuch der bürgerlichen Gesellschaft*, I u. II, ebd. 1979.

I・1 H. Rosenberg, *Machteliten u. Wirtschaftskonjunkturen*. Göttingen 1978; H. Reif, *Westfälischer Adel 1770–1860*, ebd. 1979.

Ⅰ.2 R. Spree, *Die Wachstumszyklen der deutschen Wirtschaft 1840–1880*. Berlin 1977; ders., *Wachstumstrends u. Konjunkturzyklen in der deutschen Wirtschaft 1820–1913*. Göttingen 1978; ders. u. J. Bergmann, Die konjunkturelle Entwicklung der deutschen Wirtschaft 1840–1864, in: *Sozialgeschichte Heute. Fs. H. Rosenberg*, Hg. H.-U. Wehler, ebd. 1974, 289–325; R. Fremdling, *Eisenbahnen u. deutsches Wirtschaftswachstum. 1840–1879*. Dortmund 1975; T. Pierenkemper, *Die westfälischen Schwerindustriellen 1851–1913*. Göttingen 1979; R. H. Tilly Hg., *Deutsche Frühindustrialisierung=Geschichte u. Gesellschaft* 5. 1979/H. 2.

Ⅰ.3 M. Gugel, *Industrieller Aufstieg u. bürgerliche Herrschaft. Sozioökonomische Interessen u. politische Ziele des liberalen Bürgertums z. Zt. des Verfassungskonflikts 1857–1867*. Köln 1975; H. A. Winkler, *Liberalismus u. Antiliberalismus*. Göttingen 1979; K. H. Börner, *Die Krise der preußischen Monarchie 1858–1962*. Berlin 1976.

Ⅱ.1 Statistisches Bundesamt Hg., *Bevölkerung u. Wirtschaft 1872–1972*. Stuttgart 1972; G. Hohorst u. a., *Sozialgeschichtliches Arbeitsbuch. Materialien zur Statistik des Kaiserreichs 1870–1914*. München ²1978; D. Petzina u. a., *Sozialgeschichtliches Arbeitsbuch* III: 1914–1945, ebd. 1978; W. Zorn Hg., *Handbuch der deutschen Wirtschafts- u. Sozialgeschichte*. II: 1800–1970. Stuttgart 1976; D. S. Landes, *Der entfesselte Prometheus. Technologischer Wandel u. industrielle Entwicklung in Westeuropa von 1750 bis zur Gegenwart*. Köln 1973; H. Nussbaum u. L. Zumpe Hg., *Wirtschaft u. Staat in Deutschland*, I: bis 1918/19. Berlin 1978; R. H. Tilly, *Kapital, Staat u. sozialer Protest in der deutschen Industrialisierung*. Göttingen 1980; S. Pollard Hg., *Region u. Industrialisierung*, ebd. 1980; H. Mottek u. a., *Wirtschaftsgeschichte Deutschlands*, III: 1871–1945. Berlin 1974; W. O. Henderson, *The Rise of German Industrial Power 1834–1914*. London 1976; F.-W. Henning, *Die Industrialisierung Deutschlands, 1800–1914*. Paderborn ³1976; ders., *Das industrialisierte Deutschland, 1914–1976*, ebd. ⁴1978; E. Barth, *Entwicklungslinien der deutschen Maschinenbauindustrie 1870–1914*. Berlin 1973; F.-W. Henning, *Landwirtschaft u. ländliche Gesellschaft in Deutschland*, II: 1750–1976. Paderborn 1978; E. Klein, *Geschichte der deutschen Landwirtschaft im Industriezeitalter*. Wiesbaden 1973; W. Köllmann, *Bevölkerung in der industriellen Revolution*. Göttingen 1974; P. Marschalck, *Deutsche Überseewanderung im 19. Jh*. Stuttgart 1973; H. Kaelble, Sozialer Aufstieg in Deutschland 1850–1914, in:

Vierteljahrsschrift für Sozial- u. Wirtschaftsgeschichte 60. 1973, 41–71; ders., Geschichte der sozialen Mobilität 1900–1960, in: ders. u. a. Hg., *Probleme der Modernisierung in Deutschland.* Opladen 1978, 235–327; ders., *Historische Mobilitätsforschung.* Darmstadt 1978; ders., *Geschichte der sozialen Mobilität seit der industriellen Revolution.* Königstein 1978; D. Blackbourn, The Mittelstand in German Society and Politics 1871–1914, in: *Social History* 4, 1977, 409–33; J. Kocka, *Angestellte zwischen Faschismus u. Demokratie.* Göttingen 1977.

Ⅱ.2 K. W. Hardach, *Wirtschaftsgeschichte Deutschlands im 20. Jh.* Göttingen ²1979; H. Daems u. H. v. d. Wee Hg., *The Rise of Managerial Capitalism.* Den Haag 1974; M. Geyer u. A. Lüdtke, Krisenmanagement, Herrschaft u. Protest im organisierten Monopol-Kapitalismus (1890–1939), in: *Sozialwissenschaftliche Informationen.* 4. 1975, 12–23; N. Horn u. J. Kocka Hg., *Recht u. Entwicklung der Großunternehmen im 19. u. frühen 20. Jh.* Göttingen 1979; G. Brüggemeier, *Entwicklung des Rechts im organisierten Kapitalismus,* I. Frankfurt 1977; E. Lederer, *Kapitalismus, Klassenstruktur u. Probleme der Demokratie in Deutschland 1910–1940,* Hg. J. Kocka. Göttingen 1979; H. Neuburger, *German Banks and German Economic Growth 1871–1914.* N. Y. 1977; G. Kirchhain, *Das Wachstum der deutschen Baumwollindustrie im 19. Jh.* N. Y. 1977; G. Hohorst, *Wirtschaftswachstum u. Bevölkerungsentwicklung in Preußen 1816–1914.* N. Y. 1977; R. Rürup Hg., *Technik u. Gesellschaft im 19. u. 20. Jh.* = *Geschichte u. Gesellschaft* 4. 1978/H. 2.

Ⅲ-1.2 F. Stern, *Gold u. Eisen. Bismarck u. sein Bankier Bleichröder.* Berlin 1978; K. Hammer u. P. C. Hartmann Hg., *Der Bonapartismus.* München 1977; L. Gall, Bismarck u. der Bonapartismus, in: *HZ* 223. 1976, 618–32; G. Seeber u. a., *Bismarcks Sturz.* Berlin 1977; ders. u. H. Wolter, Die Krise der bonapartistischen Diktatur Bismarcks 1885/86, in: *Fs. E. Engelberg,* II, ebd. 1976, 499–540; ders., Preußisch-deutscher Bonapartismus u. Bourgeoisie, in: *Jb. f. Geschichte* 16. 1977, 71–118; H.-W. Wetzel, *Presseinnenpolitik im Bismarckreich 1874–1890.* Frankfurt 1975.

Ⅲ-1.3 E. T. Wilke, *Political Decadence in Imperial Germany. 1894–1897.* Urbana/Ill. 1976; R. Gellately, *The Politics of Economic Despair. Shopkeepers and German Politics 1890–1914.* London 1974; K. Saul, *Staat, Industrie u. Arbeiterbewegung im Kaiserreich. Zur Innen- u. Sozialpolitik des Wilhelminischen Deutschland 1903–1914.* Düsseldorf 1974; B. Heckart, *From Bassermann to Bebel. The Grand Bloc's Quest for Reform in the Kaiserreich 1900–1914.* New Haven 1974; B. Vogel u. a., *Wahlen in Deutschland 1848–1970.* Berlin 1971; G. A. Ritter Hg., *Gesellschaft, Parlament u. Regierung. Zur Geschichte des Parlamentarismus in Deutschland.* Düsseldorf 1974; R. R. Tannenbaum, *1900: The Generation Before the Great War.* N. Y. 1977.

Ⅲ-1.4 L. Cecil, *The German Diplomatic Service, 1871–1914.* Princeton 1976; L. W. Muncy, The Prussian Landräte in the Last Years of the Monarchy, 1890–1918, in: *Central European History* 6. 1973, 299–338; P. G. Lauren, *Diplomats and Bureaucrats. The First Institutional Response to 20th Century Diplomacy in France and German.* Stanford 1976; G. Martin, *Die bürgerlichen Exzellenzen. Zur Sozialgeschichte der preußischen Generalität 1812–1918.* Düsseldorf 1978.

Ⅲ-2.1 N. Diederich u. a. Hg., *Wahlstatistik in Deutschland. Bibliographie 1848–1975.* München 1976; O. Büsch, Parteien u. Wahlen in Deutschland bis zum Ersten Weltkrieg, in: *Abhandlungen aus der Pädagogischen Hochschule Berlin,* I. Berlin 1974, 178–264; ders. u. a. Hg., *Wählerbewegung in der deutschen Geschichte 1871–1933,* ebd. 1978; P. Steinbach, Partizipationsforschung, in: H. Kaelble u. a. Hg., *Probleme der Modernisierung in Deutschland.* Opladen 1978, 171–234; T. Nipperdey, *Gesellschaft, Kultur, Theorie.* Göttingen 1976.

Ⅲ-2.1.1 J. J. Sheehan, *German Liberalism in the 19th Century.* Chicago 1978; H. A. Winkler, *Liberalismus u. Antiliberalismus.* Göttingen 1979; V. Valentin, *Von Bismarck zur Weimarer Republik,* Hg. H.-U. Wehler. Köln 1979; J. Thiel, *Die Großblockpolitik der Nationalliberalen Partei Badens 1905–1914.* Stuttgart 1976; W. J. Mommsen Hg., *Liberalismus im aufsteigenden Industriestaat = Geschichte u. Gesellschaft* 4. 1978/H. 1; D. S. White, *The Splintered Party: National Liberalism in Hessen and the Reich 1867–1918.* Cambridge/Mass. 1976; K. Holl u. G. List Hg., *Liberalismus u. imperialistischer Staat. Der Imperialismus als Problem liberaler Parteien 1890–1914.* Göttingen 1975; J. C. Hunt, *The People's Party in Württemberg and Southern Germany 1890–1914.* Stuttgart 1975; S. Zucker, *L. Bamberger, 1823–1899.* Pittsburgh 1975; A. Milatz, Die linksliberalen Parteien u. Gruppen in den

Reichstagswahlen 1871–1912, in: *Archiv für Sozialgeschichte* 12. 1972, 273–93.

Ⅲ-2.1.2 R. J. Ross, *Beleaguered Tower: The Dilemma of Political Catholicism in Wilhelmian Germany*. Notre Dame 1976; J. K. Zeender, *The German Center Party 1880–1906*. Philadelphia 1976; D. Blackbourn, The Political Alignment of the Centre Party in Wilhelmine Germany, in: *Historical Journal* 18. 1975, 821–50; ders., Class and Politics in Wilhelmine Germany: The Centre Party and the Social Democrats in Württemberg, in: *Central European History* 9. 1976, 220–49; ders., The Problem of Democratisation: German Catholics and the Role of the Centre Party, in: *Society and Politics in Wilhelmine Germany*, Hg. R. J. Evans. London 1978, 160–85.

Ⅲ-2.1.3 A. J. Peck, *Radicals and Reactionaries: The Crisis of Conservatism in Wilhelmine Germany*. Washington D. C. 1978; G. Eley, The Wilhelmine Right: How It Changed, in: *Society and Politics in Wilhelmine Germany*, Hg. R. J. Evans. London 1978, 112–35; ders., Reshaping the Right, in: *Historical Journal* 21. 1978, 327–54; ders., *Reshaping the German Right*. New Haven 1980.

Ⅲ-2.1.4 G. A. Ritter, *Arbeiterbewegung, Parteien u. Parlamentarismus*. Göttingen 1976; H. Mommsen, *Arbeiterbewegung u. Nationale Frage*, ebd. 1979; H. Grebing, *Der Revisionismus*. München 1977; J. Kocka Hg., *Arbeiterkultur im 19. Jh. = Geschichte u. Gesellschaft* 5. 1979/H. 1; G. A. Ritter Hg., *Arbeiterkultur*. Königstein 1979; D. Fricke, *Die deutsche Arbeiterbewegung 1869–1914*. Berlin 1976.

Ⅲ-2.2 H.-J. Puhle, *Politische Agrarbewegungen in kapitalistischen Industriegesellschaften*. Göttingen 1976; P. Ullmann, *Der Bund der Industriellen*, ebd. 1976; F. Blaich, *Staat u. Verbände in Deutschland 1871–1945*. Wiesbaden 1979; H.-U. Wehler, Zur Funktion u. Struktur nationaler Kampfverbände im Kaiserreich, in: K. Zernack Hg., *Modernisierung u. nationale Gesellschaft im ausgehenden 18. u. 19. Jh.* Berlin 1979, 113–24.

Ⅲ-2.3 G. A. Ritter u. K. Tenfelde, Der Durchbruch der Freien Gewerkschaften zur Massenbewegung im letzten Viertel des 19. Jh., in: G. A. Ritter, *Arbeiterbewegung, Parteien u. Parlamentarismus*. Göttingen 1976, 55–101; H. Kaelble u. H. Volkmann, Konjunktur u. Streik während des Übergangs zum Organisierten Kapitalismus in Deutschland, in: *Zeitschrift für Wirtschafts- u. Sozialwissenschaften* 92. 1972, 513–44; R. H. Tilly Hg., *Sozialer*

Protest = *Geschichte u. Gesellschaft* 3. 1977/H. 2.

Ⅲ-2.4 D. Stegmann, Wirtschaft u. Politik nach Bismarcks Sturz. Zur Genesis der Miquelschen Sammlungspolitik 1890–1897, in: *Fs. F. Fischer.* Düsseldorf ²1974, 161–84.

Ⅲ-3.2 H. A. Winkler Hg., *Nationalismus.* Königstein 1978; T. Schieder u. a. Hg., *Nationale Bewegung u. soziale Organisation,* I. München 1978; ders. u. P. Burian Hg., *Sozialstruktur u. Organisation europäischer Nationalbewegungen,* ebd. 1971; dies. Hg., *Staatsgründung u. Nationalitätsprinzip,* ebd. 1974; H. K. Rosenthal, *German and Pole. National Conflict and Modern Myth.* Gainsville 1975.

Ⅲ-3.3 U. Tal, *Chrsitians and Jews in Germany 1870–1914.* Ithaca 1974; R. Rürup, *Emanzipation u. Antisemitismus. Studien zur Judenfrage der bürgerlichen Gesellschaft.* Göttingen 1975; ders., Emanzipation u. Krise. Zur Geschichte der „Judenfrage" in Deutschland vor 1890, in: *Juden im wilhelminschen Deutschland, 1890–1914.* Tübingen 1976, 1–56; ders. Hg., *Antisemitismus u. Judentum* = *Geschichte u. Gesellschaft* 5. 1979/H. 4; R. Lill, Zu den Anfängen des Antisemitismus im Bismarck-Reich, in: *Saeculum* 26. 1975, 214–31; R. Gutteridge, *The German Evangelical Church and the Jews 1879–1950.* N. Y. 1976; W. Mosse Hg., *Die Juden im wilhelminischen Deutschland.* Tübingen 1976; R. S. Levy, *The Downfall of the Anti-Semitic Political Parties in Imperial Germany.* New Haven 1975; W. T. Angress, Prussia's Army and the Jewish Reserve Officer Controversy Before World War One, in: J. J. Sheehan Hg., *Imperial Germany.* N. Y. 1975, 93–128; 一般的には M. Richarz Hg., *Jüdisches Leben in Deutschland,* II: 1871–1918. Stuttgart 1979.

Ⅲ-3.4 K. Hammer, Der deutsche Protestantismus u. der Erste Weltkrieg, in: *Francia* 2. 1975, 398–414; R. van Dülmen, Der deutsche Katholizismus u. der Erste Weltkrieg, *ebd.*, 347–76.

Ⅲ-3.5.1 H.-U. Wehler Hg., *Historische Familienforschung u. Demographie* = *Geschichte u. Gesellschaft* 1. 1975/H. 2 u. 3; W. Conze Hg., *Sozialgeschichte der Familie in der Neuzeit Europas.* Stuttgart 1976; M. Mitterauer u. R. Sieder, *Vom Patriarchat zur Partnerschaft. Zum Strukturwandel der Familie.* München 1977; J. R. Gillis, *Youth and History 1770 to the Present.* N. Y. 1974.

Ⅲ-3.5.2から3.5.4まで　P. Lundgreen, *Sozialgeschichte der deutschen Schule im Überblick*. Teil I: 1770–1918. Göttingen 1980; F. Ringer, *Education and Society in Modern Europe*. Bloomington 1979; ders., Bildung, Wirtschaft u. Gesellschaft in Deutschland 1800–1960, in: *Geschichte u. Gesellschaft* 6. 1980, 5–35; K. H. Hartmann u. a. Hg., *Schule u. Staat im 18. u. 19. Jh.* Frankfurt 1974; F. Meyer, *Schule der Untertanen. Preußen 1848–1900*. Hamburg 1976; D. K. Müller, *Sozialstruktur u. Schulsystem*. Göttingen 1977; H.-W. Prahl, *Sozialgeschichte des Hochschulwesens*. München 1978; R. Riese, *Die Hochschule auf dem Weg zum wissenschaftlichen Großbetrieb* (Heidelberg 1860–1914). Stuttgart 1977; M. Schlenke Hg., *Staat u. Bildung in Preußen u. im deutschen Kaiserreich*. Stuttgart 1979; F. Pfetsch, *Zur Entwicklung der Wissenschaftspolitik in Deutschland 1750–1914*. Berlin 1974; L. Burchardt, *Wissenschaftspolitik im wilhelminischen Deutschland*. Göttingen 1975; P. Borscheid, *Entwicklung der Naturwissenschaften u. wissenschaftlich-technischen Revolution* (Baden 1848–1913). Stuttgart 1976.

Ⅲ-3.7　A. Gladen, *Geschichte der deutschen Sozialpolitik bis zur Gegenwart*. Wiesbaden 1974; F. Tennstedt, Sozialgeschichte der Sozialversicherung, in: *Handbuch der Sozialmedizin*, Hg. M. Blohmke u. a., III. Stuttgart 1976, 385–492; V. Hentschel, Das System der sozialen Sicherung in historischer Sicht 1800–1975, in: *Archiv für Sozialgeschichte* 18. 1978, 307–52; M. Stolleis, Die Sozialversicherung Bismarcks, in: H. F. Zacher Hg., *Bedingungen für die Entstehung u. Entwicklung von Sozialversicherung*. Berlin 1979, 387–410; A. Berger-Thimme, *Wohnungsfrage u. Sozialstaat 1873–1918*. Frankfurt 1976.

Ⅲ-4.1　P.-C. Witt, Finanzpolitik u. sozialer Wandel. Wachstum u. Funktionswandel der Staatsausgaben in Deutschland, 1871–1933, in: *Sozialgeschichte Heute. Fs. H. Rosenberg*, Hg. H.-U. Wehler. Göttingen 1974, 565–74; ders., Reichsfinanzen u. Rüstungspolitik 1898–1914, in: *Marine u. Marinepolitik im kaiserlichen Deutschland 1871–1914*, Hg. H. Schottelius u. W. Deist. Düsseldorf 1972, 146–77.

Ⅲ-4.2　A. Jeck, *Wachstum u. Verteilung des Volkseinkommens in Deutschland 1870–1913*. Tübingen 1970.

Ⅲ-5.1　*Handbuch der deutschen Militärgeschichte*, IV/1 u. 2: 1814–1890. München 1975/76; M. Kitchen, *A Military of Germany From the 18th Century to the Present*. Bloomington 1975; M. Messerschmidt, *Militär u.*

Politik in der Bismarckzeit u. im wilhelminischen Deutschland. Darmstadt 1975; M. Stürmer, Militärkonflikt u. Bismarckstaat. Zur Bedeutung der Reichsmilitärgesetze 1874–1890, in: *Gesellschaft, Parlament u. Regierung*, Hg. G. A. Ritter. Düsseldorf 1974, 225–48; B.-F. Schulte, *Die Deutsche Armee 1900–1914*, ebd. 1977; W. Deist, Armee u. Arbeiterschaft, 1905–1918, in: *Francia* 2. 1975, 458–81; H. Rumschöttel, *Das bayerische Offizierskorps 1868–1914.* Berlin 1973; H. Herwig, *The German Naval Officer Corps. 1890–1918.* Oxford 1973, dt. *Das Elite-Korps des Kaisers*, Hamburg 1977.

Ⅲ.6 R. v. Albertini u. A. Wirz, *Europäische Kolonialherrschaft 1880–1940.* Zürich 1976; R. F. Betts, *The False Dawn. European Imperialism in the 19th Century.* Minneapolis 1976; P. Hampe, *Die ökonomische Imperialismustheorie.* München 1976; W. J. Mommsen, *Imperialismustheorien.* Göttingen ^{2}1980; ders. Hg., *Imperialismus.* Hamburg 1977; ders., *Der europäische Imperialismus.* Göttingen 1979; W. D. Smith, *The German Colonial Empire.* N. Y. 1978; H.-U. Wehler, Deutscher Imperialismus in der Bismarckzeit, in: ders., *Krisenherde des Kaiserreichs.* Göttingen ^{2}1979, 309–36, 518–25.

Ⅲ-6.1ならびに6.2 G. Ziebura, Sozialökonomische Grundfragen des deutschen Imperialismus vor 1914, in: *Sozialgeschichte Heute. Fs. H. Rosenberg*, Hg. H.-U. Wehler. Göttingen 1974, 495–524; K. J. Bade, *F. Fabri u. der Imperialismus in der Bismarckzeit.* Zürich 1975; A. J. Knoll, *Togo Under Imperial Rule 1884–1914.* Stanford 1978; A. Wirz, Die deutschen Kolonien in Afrika, in: R. v. Albertini, *Europäische Kolonialherrschaft 1880–1940.* Zürich 1976, 302–27; G. Eley, Social Imperialism in Germany, *Fs. G. W. F. Hallgarten.* München 1976, 71–86; ders., Defining Social Imperialism: Use and Abuse of an Idea, in: *Social History* 1. 1976, 265–90; W. J. Mommsen Hg., *Imperialismus im Nahen u. Mittleren Osten* = *Geschichte u. Gesellschaft* 1. 1975/H. 4.

Ⅲ.7 I. Geiss, *German Foreign Policy 1871–1914.* London 1976; A. Vagts, *Bilanzen u. Balancen. Aufsätze zur internationalen Finanz u. internationalen Politik*, Hg. H.-U. Wehler. Frankfurt 1979; H.-U. Wehler, Moderne Politikgeschichte oder ,,Große Politik der Kabinette''?, in: ders., *Krisenherde des Kaiserreichs.* Göttingen ^{2}1979, 383–403, 532–37; A. Hillgruber, *Die gescheiterte Großmacht. 1871–1945.* Düsseldorf 1980.

Ⅲ-7.2.3 H. Müller-Link, *Industrialisierung u. Außenpolitik. Preußen-Deutschland u. das Zarenreich 1860–1890.* Göttingen 1977.

Ⅲ-8.1 K. v. See, *Die Ideen von 1789 u. 1914. Völkisches Denken in Deutschland.* Frankfurt 1975; E. Zechlin, *Krieg u. Kriegsrisiko 1914–1918.* Düsseldorf 1979.

Ⅲ-8.2 A. Marwick, *War and Social Change in the 20 th Century. A Comparative Study of Britain, France, Germany, Russia, and the United States.* London 1974; G. D. Feldman u. H. Homburg, *Industrie u. Inflation, 1916–1923.* Hamburg 1977; ders., *Iron and Steel in the German Inflation 1916–1923.* Princeton 1977; F. Zunkel, *Industrie u. Staatssozialismus. Der Kampf um die Wirtschaftsordnung in Deutschland 1914–1918.* Tübingen 1974.

Ⅲ-8.3 S. Miller, *Burgfrieden u. Klassenkampf. Die deutsche Sozialdemokratie im Ersten Weltkrieg.* Düsseldorf 1974. G. Schramm, Militarisierung u. Demokratisierung: Typen der Massenintegration im 1. Weltkrieg, in *Francia* 3. 1976, 475–97; M. Rauh, *Die Parlamentarisierung des Deutschen Reiches.* Düsseldorf 1977.

Ⅲ-8.5 H. A. Winkler, *Die Sozialdemokratie u. die Revolution von 1918/19.* Berlin 1979; ders. Hg., *Sozialgeschichtliche Aspekte europäischer Revolutionen* = *Geschichte u. Gesellschaft* 4. 1978/H. 3; S. Miller, *Die Bürde der Macht. Die deutsche Sozialdemokratie 1918/20.* Düsseldorf 1978; C. Bertrand Hg., *Revolutionary Situations in Europe 1917–1922.* Montreal 1977; F. L. Carsten, *Revolution in Mitteleuropa, 1918–1919.* Köln 1973; V. Rittberger, Revolution and Pseudo-Democratization: The Foundation of the Weimar Republic, in: G. Almond u. a. Hg., *Crisis, Choice, and Change.* Boston 1973, 285–391; R. Rürup Hg., *Arbeiter- u. Soldatenräte im rheinisch-westfälischen Industriegebiet. Studien zur Geschichte der Revolution 1918/19.* Wuppertal 1975; K. R. Calkins, *H. Haase.* Berlin 1976; C. Geyer, *Die revolutionäre Illusion,* Hg. W. Benz u. H. Graml. Stuttgart 1976; A. Decker, Die Novemberrevolution u. die Geschichtswissenschaft in der DDR, in: *Internationale Wissenschaftliche Korrespondenz zur Geschichte der deutschen Arbeiterbewegung* 10. 1974, 269–94; L. Haupts, *Deutsche Friedenspolitik 1918/19.* Düsseldorf 1976.

Ⅳ F. Fischer, Zum Problem der Kontinuität in der deutschen Geschichte von Bismarck zu Hitler, in: *Studia Historica Slavo-Germanica,* 1. Posen 1973, 115–27; ders., *Bündnis der Eliten. Zur Kontinuität der Machtstrukturen in Deutschland 1871–1945*. Düsseldorf 1979; B. Loewenstein, Zur Problematik des deutschen Antidemokratismus, in: *Historica* 11. 1965, 121–76; H. Wereszycki, From Bismarck to Hitler. The Problems of Continuity, in: *Polish Western Affairs* 14. 1973, 19–32; W. Alff, *Materialien zum Kontinuitätsproblem der deutschen Geschichte*, Frankfurt 1976; T. Nipperdey, 1933. u. die Kontinuität der deutschen Geschichte, in: *HZ* 227. 1978, 86–111; ders., Probleme der Modernisierung in Deutschland, in *Saeculum* 30. 1979, 292–303.

本書に対する批判。 T. Nipperdey, *Wehlers „Kaiserreich“. Eine kritische Auseinandersetzung = Geschichte u. Gesellschaft* 1. 1975, 539–60. より詳細には、 Nipperdey, *Gesellschaft, Kultur, Theorie*. Göttingen 1976, 360–89; H.-G. Zmarzlik, Das Kaiserreich in neuer Sicht? in: *HZ* 222. 1976, 105–26; V. Hentschel, *Wirtschaft u. Wirtschaftspolitik im wilhelminischen Deutschland. Organisierter Kapitalismus u. Interventionsstaat?*, Stuttgart 1978; E. Nolte, Deutscher Scheinkonstitutionalismus? in: ders., *Was ist bürgerlich?*, ebd. 1979, 179–208; D. Langewiesche, Das Deutsche Kaiserreich—Bemerkungen zur Diskussion über Parlamentarisierung u. Demokratisierung Deutschlands, in: *Archiv für Sozialgeschichte* 19. 1979, 628–42.

私のそれにあたっての反論。 Kritik u. kritische Antikritik, in: *HZ* 225. 1977, 347–84; ***Krisenherde des Kaiserreichs***. Göttingen ²1979, 404–26, 537–45.

4 あとがき

ドイツ帝国の歴史を事実に即して捉える観点から叙述しようとする本書の試みは、私が一九六八年以来ケルン、ベルリーン、ビーレフェルトならびにケムブリッジ（マサチューセッツ）の諸大学で行ってきた講義やゼミナールのための覚え書に拠っている。ヴィンフリート・ヘルマン、クラウス・ヒルデブラント、ヨーアヒム・ロイシュナー、ゲオルク・マイアー、ハンス・ローゼンベルク、ラインハルト・リュールップ、ハンナならびにヤーコプ・シスラー、ハンス－クリストフ・シュレーダー、ジェームズ・J・シーハンの諸氏は草稿に目を通したうえで、批判的な助言を与えられた。心から感謝したい。納得がゆき、かつ可能と思われるばあいにはつねに、私は彼らの異論と提案とを取り入れた。

事実に即した観点から分析を行おうと決めた意図だけでなく、講義を行うための配慮からも、本書を主題別に編別構成することとした。この編別構成は学習目的と学習手段との概観を与えることをねらいとしている。それと同時に、個々の編もしくは章を、ゼミナールもしくは聴講の準備のために読むことができるよう配慮した。それゆえに個々の部分がかなり完結した性格を帯びているが、その代りに若干の繰り返しをあえてした。本書は全体として独立した著作であるが、それと同時に『ドイツ史』シリーズの一分冊をもなしている。

容易にお気付きのとおり、本書の分析には沢山の不備がある。たとえばいたるところで関心がプロイセンに偏り、他のドイツ諸州は（ルール地方やオーバーシュレージエンのような諸地域もまた）、それら諸地域の異った歴史的伝統がドイツ帝国の制度的、政治的分裂状態のより良き理解を助けるにもかかわらず、ことのついでに言及されているに過ぎない。覇権国家を中心にすえざるを得なかったのは、私の知識がプロイセンに限定されていたことを別とすれば、紙幅に余裕がなく、かつプロイセンが中心的な役割を演じたことによっている。文化生活の領域が叙述されていないが、これは私がこの領域の問題に概観を与えるに適していないと考えたことによる。だが当初準備していた社会構造と社会発展とにかんする部分を収録し得なかったことが、最も重大なことのように思われる。草稿を書きはしたものの、多くの重要な諸問題の取り扱いが意に満たなかったのである。一九世紀と二〇世紀初頭とにおける成層分析ならびに階級分析という理論的課題が困難であったばかりでなく、経験的な研究上の準備が不足していたのである。だがそればかりでなく、すくなくとも社会的経済的諸問題が――現実の歴史のなかでの関連に相応して――総括されねばならないと、私はますます信じるにいたった。このことは本書で部分的に試みられているが、詳細な社会構造分析にとって代るものではない。

　定式化や判断をしばしば意図的に誇張してあることを強調しておきたい。けれどもそのさい、時としては、まだ根拠の不十分な解釈や今後さらに確証することの必要な仮説やを提示している。総じて本書では意図的に、一般に情報の伝達が、諸問題の論争的詳述の背後にしりぞけられている。それには長所もあるが、同時に短所もあって、そのことを私は十分に自覚しているつもりである。とはいえ本書の長所をなしているのは――それらがどのように利用されるにせよ――、ドイツ帝国、その社会、経済、政治の全体像を幾分なりとも伝達したいという、おそらくは高すぎるであろう望みなのである。不均等な成長と社会的な両極化、教育制度、軍部ならびに政策決定がいかに相互に絡み合っていたかを、あらゆる測り知れない空白にもかかわらず、問題分析を通じて解明し、かくして同時にまた、ドイツ史のこの時期からパラダイムを探るうえで何かを学び得るチャンスを拡大すべく企図した次第である。

最後になお、個人的な発言をお許しいただきたい。本書をもって私は、一八七一年から一九一八年にいたるドイツ史から長期にわたって離れるつもりである。過去一五年間にわたって携ってきた仕事がすべて完結したので、今後は、以前から目論んできた、これまたなお多くの時間を要するであろう仕事、すなわち、一八一五年から現代にいたる『ドイツの政治における社会と経済』の分析にとりかかるであろう。

ビーレフェルト、一九七三年三月一日

ハンス－ウルリヒ・ヴェーラー

第二版では、その後発見した誤植を訂正しておいた。本文はさしあたりもとのままにとどめた。若干の重要な文献上の指示を、文献解題の構成と番号順とにしたがって、旧来の文献解題の後に追加した。これによって読者は、本書の成稿の後にあらわれた重要な新文献をここに見出し得るであろう。

ビーレフェルト、一九七五年五月一五日

ハンス－ウルリヒ・ヴェーラー

〔このあとがきは第四版には収録されていない。〕

第四版では、その後さらに発見された誤植を訂正し、また新版や復刻版にも注意を払った。本文にはひき続き手を加えなかった。というのは、改訂作業というものは部分的に新しい書物を書くことになりかねないからである。本書に加えられた批判の一部分を、私は上記の『ドイツ社会史概説』のなかに採り入れることができると思っている。新たな文献指示を、文献解題の構成にしたがって、「一九七九年〔一九八〇年〕の補遺」として追加した。これによって読者は、本書の成稿の後にあらわれた重要と思われる新文献をここに見出し得るであろう。

ビーレフェルト、一九七九年一一月一日

ハンス－ウルリヒ・ヴェーラー

訳者あとがき

大野　英二

本書は Hans-Ulrich Wehler, *Das Deutsche Kaiserreich 1871–1918.* Kleine Vandenhoeck-Reihe 1380. Vandenhoeck & Ruprecht in Göttingen 1973 (Deutsche Geschichte Band 9. Herausgegeben von Joachim Leuschner) の全訳である。飜訳にあたっては第二版を底本に用い、第四版で補足した。原典を形式的に折半して、一二二頁（本書の一八四頁）までの前半を大野が、それ以下の後半を肥前が分担し、訳稿を交換して、相互に全面的にたちいった加筆と訂正を加え、いちおう一昨年九月上旬に訳稿を完成することができた。その後、校正の段階でもかなり手を加えたが、なおいくつかの不適訳や誤訳が残っていることを危惧している。大方のご批判を仰ぐことができれば幸いである。

著者ハンス－ウルリヒ・ヴェーラーは一九三一年九月一一日にドイツ（ノルトライン－ヴェストファーレン）のジーゲン郡フロイデンベルクに生まれ、グメルスバッハで育った。ケルンから東へ約四〇キロメートルのところにある郡庁所在地グメルスバッハ（一九三九年に人口二万一〇〇〇人）で、ヴェーラーは国民学校（一九四二年まで）とギムナージウム（一九五二年まで）との教育を受けたが、その間に今次大戦により中断された一時期があった。

ヴェーラーが京都大学の招聘により一九七七年三月下旬に来日し、ドイツ現代史研究会主催のもとに楽友会館で「歴史学と社会学」をテーマとして報告を行った後の討論のおりに、彼はそのことに触れた。一三歳のとき、ヒトラー・ユーゲントの下部組織であった国民少年兵に属し、アメリカ軍の戦車と闘った約二八〇名中、生き残った八名のうちのひとりであり、彼はそうした体験からナチズムに対しどのような状況であれ好意的であったり、肯定的な態度をとり得ないのである、と。そこでヴェーラーは、個々の研究者の認識を導く関心は、その研究者の人生における個人的体験とどうしても不可分の側面を持っており、そうした問題関心のありかたから言って、ドイツ人のドイツ史に対する問題のたてかたが、日本人のドイツ史に対する問題のたてかたとまったく同一であり得るはずがないことを強調したのであった。本書において彼が「特定の問題を選び出して評価する立脚点を読者に対して曖昧なままにしておいてはならないであろう」と述べて（二三頁）、歴史家がみずから選び取る価値基準を鮮明にさし示すことを要請しているのも、このような観点と結び付いている。

一昨年秋に来日したユルゲン・ハーバーマスもグメルスバッハの同じ国民学校とギムナージウムで二歳年少のヴェーラーと共にすごしたことがあると語っていたが、二人の間に当時どのような交流があったのかは詳らかでない。またギムナージウムでヴェーラーは、ナチズムに反対していた自由主義的な立場の立派な歴史学の教師に教わった経験を持ったが、その影響によって彼が歴史家を志向したわけではなかった。

一九五二年にヴェーラーはケルン大学へ入り、哲学、ドイツ学および歴史学を学んだ。しかし、当時はもっぱら四〇〇メートルや八〇〇メートルの陸上競走のランナーとして活躍し、彼の最大の関心事は、ドイツ学生選手権や世界学生選手権の獲得にあって、歴史学の研究ではなかったという。だが、学問上の業績ではなく、四〇〇メートル競走のランナーとしての業績がものを言って、アメリカ合衆国の奨学金を受けることができるようになり、一九五二年から五三年にかけて一年間、ヴェーラーはオハイオ大学で学んだ。ここで彼は若い優秀な、アメリカ史の研究に携る社会史家フレッド・カーシュナー（ウィスコンシン大学のマール・カーティ門下）と出会う幸運に恵まれ、その強い影響を受けてアメリカの社会経済史へ関心を向け、そして政治史も社会的、経済的ならびに文化的な発展のパースペクティブからはじめて的確に把握され得るという視点をいだきはじめた。こうして、この出会いはヴェーラーの社会史研究者としての問題意識の生成にかなり重要な意味を持っているように思われるのである。

アメリカ合衆国から帰国し、ヴェーラーは、一時ボン大学で地方史家フランツ・シュタインバッハのライン社会史のゼミナールに出席したのち、再びケルン大学に戻り、一九五四年から五八年まで、歴史学、社会学、経済学、政治学等にかんする講義を聴講した。その間にヴェーラーは関心をますます強く社会学と歴史学に集中してゆき、おそらくこの時期に彼はなによりもまずマックス・ヴェーバーに対する関心を深め、次いでマルクスにも関心をいだいていったものと思われる。彼はドクトル学位論文のテーマとして「帝国における社会民主主義」を選び、テーオドール・シーダーのもとで一九六〇年に学位を取得し、学位論文は『社会民主主義と国民国家』(*Sozialdemokratie und Nationalstaat. Die deutsche Sozialdemokratie und die Nationalitätenfragen in Deutschland von Karl Marx bis zum Ausbruch des Ersten Weltkrieges*, Würzburg 1962) として公刊された（これに全面的に手を加えた再版 *Sozialdemokratie und Nationalstaat. Nationalitätenfragen in Deutschland 1840–1914*, Göttingen 1971 が出版されている)。

ヴェーラーは、ジャーナリストとして新聞社で働いた経験を持つが、一九六〇年六月に学位を取得して以後、シーダーの主宰した「一九四五年以後の戦後時代の歴史」にかんする研究委員会の委嘱で、ユーゴースラヴィアの歴史を分担した。彼は精力的に外務省の文書と取り組み、クリスマスまでの半年間で完成してほしいという要請にみごとにこたえて、シーダーの高い評価を得て、そのもとでケルン大学史学科の助手に採用されることになった。そのおりの彼の仕事が最近公刊された『ユーゴースラヴィアにおける民族政策』（*Nationalitätenpolitik in Jugoslawien. Die deutsche Minderheit 1918–1978*, Göttingen 1980）である。

シーダーの指導方針は、教授資格論文を作成するばあい、学位論文とは別の国の問題をテーマに選択することを求めており、ヴェーラーのばあい、アメリカ留学の経験も考慮に入れて、アメリカ史を扱うことが提案され、セオドアー・ローズヴェルト時代のアメリカ帝国主義がテーマとして決定された。一九六二年から一年半の間、アメリカン・カウンシル（American Council of Learned Societies）の研究奨学金を得てワシントンの国立文書館等で研究して、一九六四年に論文を完成し、この仕事が職業として歴史家の道を歩むことを決定したとヴェーラーは語っていた（なおその過程で生み出された研究成果は、彼がビーレフェルトへ移って後にまとめられ、『アメリカ帝国主義の台頭』*Der Aufstieg des amerikanischen Imperialismus. Studien zur Entwicklung des Imperium Americanum 1865–1900*, Göttingen 1974 として公刊された）。

なお、この合衆国滞在中にヴェーラーがエッカート・ケーアの遺稿集の編纂のために努力し、ヴァイマル共和国の時代に社会史を開拓しようとした先駆者たちの業績に強い関心を示していることは注目されてよい。コブレンツの連邦文書館のケーア関係文書のなかにヴェーラーのアルンレート・ファークツ宛ての手紙が数通保存されている。その最初の一九六三年二月二五日付の手紙では、ヴェーラーは、当面の課題として一八九八年の米西戦争までのアメリカ帝国主義にかんして研究をすすめていることを述べたあとで、次のように記している。「その他に私は第二の問題をかかえています。私はエッカート・ケーアの論文集を出版したく思っているのです。私が当地〔カリフォルニア〕でしばしばお会いしています〔ハンス・〕ローゼンベルク教授は、ケーアと非常に親しく交っていたから、個人的なことに触れる序文を執筆してもよいと約束して下さいました。私が内容的なことを扱う序文を添えて、マックス・ヴェーバーやアルトゥール・ローゼンベルクと比較してケーアについて論じる試みをするつもりです。ところで、ローゼンベルク教授がつい先きごろ私に話されたことによれば、先生は一九三五年頃にケーアの論文集を出版する計画をおたてになったことがあるとのことですから、もし私の作成した以下のリストを補充して下さり、またご批評していただければ幸いに存じます。ケーアの未公刊の論文は夫人が焼却してしまった、とローゼンベルク教授は言っておられました」と（BA, Kl. Erw. 508–2/137)。

ケーアの人と学問についてはじめて本格的に論じたヴェーラーの序文を付した——残念なことにはH・ローゼンベルクの序文は付けられてなく、ハンス・ヘルツフェルトの序文を付した——ケーアの遺稿集『内政の優位』(Eckart Kehr, *Der Primat der Innenpolitik. Gesammelte Aufsätze zur preußisch-deutschen Sozialgeschichte im 19. und 20. Jahrhundert.* Herausgegeben und eingeleitet von Hans-Ulrich Wehler. Mit einem Vorwort von Hans Herzfeld, Berlin 1965) は一九六五年に公刊された。ヴァイマル時代に伝統史学の古いパラダイム「外政の優位」に挑戦したケーアにふさわしく、「内政の優位」を標題に掲げたその遺稿集が、あたかもフィッシャー論争のさなかにあった一九六〇年代半ばの西ドイツにおいて、ヴェーラーの編纂によって公刊されたことは、象徴的な出来事であった。なお、私はこの遺稿集によってはじめてヴェーラーの存在を知ったのである（大野英二「ケーアのドイツ帝国主義分析の基礎視点」『現代の経済と統計』有斐閣、一九六八年、三〇五頁以下）。

ところで、ヴェーラーのアメリカ帝国主義にかんする論文は、一九六〇年代半ばの西ドイツの歴史学界ならびにケルン大学の状況のなかで教授資格論文としては実現をみなかった。ヴェーラーは、一九六三年以降ケルン大学史学科アメリカ史研究室の助手であったが、彼を解任しようとしたアンガーマンに対し再任を承認させて、任期二年間のうちに新しい教授資格論文を作成しようとした。彼は「ビスマルクと帝国主義」の構想を一九六五年はじめにたてて、一年間文書館を回り、一気に書き下ろして一九六七年九月には脱稿した。この論文は教授資格論文として提出されたが、論文審査委員会で九ヵ月近くを経たのち、再び斥けられそうな状況にあった。しかし、教授資格論文審査のためのコロキウムで、ヴェーラーはクラウゼヴィッツとルーデンドルフについて報告し、二時間にわたる激しい討論ののちに、彼の教授資格取得は三二票対三〇票で承認されたという。論文は、まもなく公刊され、この『ビスマルクと帝国主義』（*Bismarck und der Imperialismus*, Köln und Berlin 1969, 4. Auflage (dtv) München 1976）によりヴェーラーは西ドイツにおける社会史研究の旗手として脚光を浴びるにいたった。ハルガルテンはこの著作の論評のなかで、かくのごとき書物は、ヴァイマル時代であったならば、出版され得たとしても、ケーア二七歳のときの天才的作品『戦闘艦隊建設と政党政治』（ベルリーン、一九三〇年）と同様に、黙殺されるか、専門家の批評により手荒い扱いを受けたことであろうと述べているが、そのハルガルテンですら「ビスマルクは帝国主義者であったのか」と疑問を提示したほど、ヴェーラーがその社会帝国主義論の視座から捉えたビスマルク像は尖鋭に偶像破壊的なものであった（vgl. George W. F. Hallgarten, War Bismarck ein Imperialist? Die Außenpolitik des Reichsgründers im Licht der Gegenwart, in: *Geschichte in Wissenschaft und Unterricht*, Heft 5/1971, S. 257. なお、早島瑛「ヴェーラーにおける社会史の諸問題」『歴史評論』三四一号、一九七八年九月号、五六―六九頁を参照せよ）。

しかし、一九六八年にヴェーラーはこの論文により教授資格を取得することができ、ケルン大学の私講師となり、一九七〇年にベルリーン自由大学のアメリカ史担任の正教授、一九七一年八月以降ビーレフェルト大学歴史学部の一九―二〇世紀一般史担任の正教授に就任して現在にいたっている。

『ドイツ帝国』はヴェーラーがケルン大学で行った講義のメモから生まれたもので、一九七三年に出版されたが、伝統史学を擁護し、ヴェーラーに最も批判的な立場をとる歴史家のひとりであるツマルツリークですら、「現在、これほど広く連邦共和国の学生や教師たちの間で読まれている学問的な歴史学上の著作は見当たらないように思われる」と述べたほどに、ベストセラーとして広範な反響を呼んだ（後掲書評20）。『ドイツ帝国』の第五版が今年はじめに増刷されたばかりで、これまでに五万部出たという。ともあれ、その及ぼす影響が大きかっただけに、『ドイツ帝国』は激しい論争の対象となり、ヤーラウシュによって、一九七〇年代はじめに「ヴェーラー現象」がフィッシャー論争にとって代ってドイツの歴史家の主要な話題となったとさえ表現されるにいたった（後掲書評21）。

ヴェーラーは、事件を物語る伝統史学の手法では帝国の歴史はもはや叙述され得ないことを強調し、問題関心に沿った歴史的構造分析の方法を駆使する歴史的社会科学の立場にたつべきことを主張したのであるが、事件史や外交史や物語を重視する伝統史学の立場から激しい反撃が行われただけでなく、教条主義的なマルクス主義の立場からもヴェーラーの方法的多元主義に対し厳しい批判が加えられたのであり、ヴェーラーは言わば両面批判の形でその理論と実証をおしすすめていると言ってよい。

私の手許にある『ドイツ帝国』にかんする書評にのみ限定しても、以下の二九点がある（無署名のばあいは掲載紙（誌）名のみを掲げる）。

1 Kurt Büchi, in: *Schweizerische Zeitschrift für Geschichte*, Heft 1/1974.

2 Peter Meyers, Das Reich im "großen Apurt" der Industrialisierung. Der Versuch einer Gesamtdarstellung des Kaiserreiches durch Hans-Ulrich Wehler, in : *Frankfurter Allgemeine Zeitung*, Nr. 91/19. 4. 1974.

3 Golo Mann, Das deutsche Kaiserreich. Zur Interpretation Hans-Ulrich Wehlers, in : *Neue Zürcher Zeitung*, Nr. 273/16. 6. 1974.

4 Klaus J. Bade, in : *Das Historisch-Politische Buch*, Heft 5/1974.

5 Karl Gerhard Steck, in : *Wissenschaft und Praxis in Kirche und Gesellschaft*, Heft 12/1974.

6 Keweloh, in : *Das neue Buch*, 19. 3. 1974.

7 B. R., in : *Weltwoche*, 16. 10. 1974.

8 F. N., in : *Stuttgarter Zeitung*, Nr. 154, 8. 7. 1974.

9 *Bund*, Nr. 155/7. 7. 1974.

10 *Das Neueste*, Nr. 7/1974.

11 *The Journal of Modern History*, Vol. 46, No. 4/1974.

12 Jürgen Kloosterhuis, in : *Militärgeschichtliche Mitteilungen*, Nr. 2/1975.

13 Hans Herzfeld, in : *Historische Zeitschrift*, Bd. 220/1975.

14 Peter-Christian Witt, Deutsches Kaiserreich 1871–1918. Verteidigung der alten Gewalten, in : *Die Zeit*, Nr. 20/9. 5. 1975.

15 Dirk Stegmann, Vom Kaiserreich zur Republik, in : *Archiv für Sozialgeschichte*, Bd. 15/1975.

16 Gustav Seeber, in : *Zeitschrift für Geschichtswissenschaft*, Jg. 23, Heft 3/1975.

17 Thomas Nipperdey, Wehlers "Kaiserreich". Eine kritische Auseinandersetzung, in : *Geschichte und Gesellschaft*, Jg. 1, Heft 4/1975 ; auch in : ders., *Gesellschaft, Kultur, Theorie*, Göttingen 1976.

18 *Jahrbuch des Instituts für Deutsche Geschichte Tel Aviv*, Bd. 4/1975.

19 *Informationen für den Geschichts-und Gemeinschaftskundelehrer*, Nr. 15/1975.

20 Hans-Günter Zmarzlik, Das Kaiserreich in neuer Sicht ?, in : *Historische Zeitschrift*, Bd. 222/1976.

21 Konrad Jarausch, in : *The Journal of Modern History*, Vol. 48, No. 4/1976.

22 Werner Conze, Zur Sozialgeschichte des Kaiserreichs und der Weimarer Republik, in : *Neue Politische Literatur*, Jg. 21, Heft 4/1976.

23 *Revue d'Allemagne*, Nr. 2/1976.

24 *Beiträge zur Konfliktforschung*, Heft 1/1976.

25 F. H. H., in : *Geschichte, Politik und ihre Didaktik*, Heft 1/2. 3. 1976.

26 Wolfgang Stribrny, in : *Erbe und Auftrag*, Nr. 1/1977.

27 Wollenweber, in : *Die Realschule*, Nr. 4/1977.

28 Heinrich Bethel, in : *Buchanzeiger für öffentliche Büchereien*, Nr. 3/1977.

29 Dieter Langwiesche, Das Deutsche Kaiserreich—Bemerkungen zur Diskussion über Parlamentarisierung und Demokratisierung Deutschlands, in : *Archiv für Sozialgeschichte*, Bd. 19/1979.

これらの書評のうち、ゴーロ・マンのものが卓抜しており、次いでニッパーダイとツマルツリークのヴェーラーに対する批判が重要である。私はすでに旧稿「ヴェーラー『ドイツ帝国』をめぐる争点――西ドイツにおける社会史研究の問題状況――」（『歴史と社会』創刊号、リブロポート、一九八二年、二六〇―二八〇頁）において、ゴーロ・マン、ニッパーダイ、ツマルツリーク、コンツェたちのヴェーラー批判の主要論点やマン―ヴェーラー論争の展開についてたちいって私見を述べているので、これを参照していただきたい。争点となった歴史叙述における理論の役割、歴史的構造分析と歴史物語との関係、「ドイツの特殊の道」とドイツ史における連続性の問題等は、現在もなお激しく論じ続けられているテーマであり、昨秋ミュンスターで開催された歴史家集会《ヒストリカー・ターク》においても、「ドイツの特殊の道」を問う問題が争点のひとつをなしている（vgl. Konrad Adam, War der kalte Krieg vermeidbar? Bericht vom Historikertag in Münster, in: *Frankfurter Allgemeine Zeitung* vom 11. 10. 1982)。

本書においても、ヴェーラーは、ナチズムをドイツ史そのものに深く根を下ろした連続性の結果として認識することが重要であり、一八七一年から一九四五年までの――二、三の領域ではなおそれをも超えた――連続性を捉えることが肝要であって、この問題を避けて通るのは現実逃避《エスカピスムス》にほかならないと述べている（二七―二八頁）。そのばあい、ヴェーラーは、屈折のない一方交通路のごとき「直接的な連続性」のテーゼを主張しているのではもとよりなく、たとえば「Ⅲ8　第一次世界大戦――前方への逃避《フルヒト・ナッハ・フォルン》」の叙述に示されるように、非連続性の問題を十分に念頭におきつつ、ドイツ史における連続性の問題を捉えてゆく柔軟な思考を示している点が看過されてはならない。

現在ヴェーラーが準備中の一八世紀から現代にいたる『ドイツ社会史概説』（*Grundriß der deutschen Gesellschaftsgeschichte*）においては、最近の社会史にかんする個別研究のめざましい成果をふまえて、社会史家として円熟したヴェーラーの戦後のボン共和制をも含む広範な概説が展開され、学界に新たな波紋を投げかけることであろうが、そのときにもなおこの『ドイツ帝国』は、あの一九六〇年代末に歴史学のパラダイムの転換をおしすすめようとしたヴェーラーの清新な息吹きを伝える傑作として――ゴーロ・マンも「歴史的構造分析の勝利」として賛辞をおくるのにやぶさかでなかった作品として（vgl. Golo Mann, Plädoyer für die histrische Erzählung, in: Jürgen Kocka und Thomas Nipperdey(Hg.), *Theorie und Erzählung in der Geschichte*, München 1979, S. 45）――、なお永く独自の生命を保つであろう。そして、社会史家としてのヴェーラーの魅力は、保守的な伝統史学と教条主義的なマルクス主義とに固有の独断的な「傲慢《アロガンツ》さ」をきびしく斥け、対象に即して多元的なアプローチを試みてゆく、そのつねに自由な精神にあるように思われる。

最後に、現在の困難な出版事情のなかで本書の出版を快諾して下さった未来社の西谷能雄氏と、松本昌次氏をはじめ編集部の方がたに謝意を表したく思う。

一九八三年三月九日

『ドイツ帝国』に学ぶ

——あとがきに代えて——

肥前榮一

専門家ならざる共訳者の立場から、本書にかんする私なりの感想を記して、あとがきに代えたい。

私は東京大学経済学部から派遣されて、一九七九年七月から一年九ヵ月の間をドイツ連邦共和国のビーレフェルト、ミュンスターその他の諸都市での研究に過ごした。

この時期、ドイツ語のききとり能力の向上のためと称してテレビやラジオに親しむことが多かったのだが、そのさいに印象に残ることがあった。それはナチスの悲劇を批判的に回顧する番組がきわめて多かったということである。ほとんど連日のごとくに、生真面目に、かつ執拗に、ドイツのマス・コミは、ヒトラーのマイナスの教訓を若い世代に伝達しつづけ、これをいわば国民的記憶として定着させようとしたがっているかに見えた。「群《マッ》衆排便《セン・シャイセライ》」という忘れがたく異様な言葉をきいたのも、そうしたテレビ番組のひとつで、アウシュヴィッツの生き残りのボロボロのユダヤ人老人の、死の恐怖に突然に直面させられた囚人群衆を同時に襲った生理現象にかんする証言をつうじてであった。現代のドイツ市民は、いわばみずから招いた国民的分裂状態の痛みを、過去に彼らがユダヤ人に与えた痛みと重ね合わせて、その意味を問おうとしているのではなかろうか。——

もちろん、「われわれは後悔しない《ヴィア・ベロイエン・ニヒト》」と大書したプラカードを掲げてミュンヒェンの街を行進するネオ・ナチは確かに無視できないし、トルコ人をはじめとするガスト・アルバイターに対する新たな社会的差別が大きな問題を投げかけているのも事実である。だが、それにもかかわらず、戦後の日本で丸山真男氏のいう「悔恨共同体」（『後衛の位置から』未来社、一九八二年、一一四ページ以下）が、時の経過と共に次第に風化してしまったのとは対照的に、西ドイツ社会では「われわれの内なるヒトラー」の問題に対する関心が自覚的に維持強化されているように思われる。ここで「強化」といったのは、最近まったく同様の感想をもらされた脇圭平氏（「思想の言葉」『思想』第七〇三号、一九八三年一月）が、その豊富な滞独経験をつうじて、西ドイツのマス・コミのそうした動向を、一九六〇年代以降の、すなわち、ドイツ市民が敗戦のショックから立ち直った後の、むしろ新しい現象であると指摘されているからである。脇氏はこれを「『悲しむ能力』の回復の兆し」（傍点は肥前）とも表現されている。

ところで、ヴェーラーの『ドイツ帝国』は、私の印象では、まさしくこうした西ドイツ社会の、とりわけ知識人層における「ヒトラー」の問題を前提としつつ、これに構成的に働らきかけているもののように思われる。ナチスの第三帝国の歴史的前提を形作ったビスマルクのドイツ帝国にかんするヴェーラーの痛烈な批判的叙述を、私はそうしたドイツの知識人（ロイシュナーのいう「歴史によって火傷を負った子供」〔本訳書、一〇ページ〕）の「トゲの歴史」として受け止めたいのである。もとより本書に対してはさまざまの学問的異論がありうるであろうが、ありうべき政治的立場の相異から、超越的なイデオロギー的批判をして本書の問題提起をやり過ごしてしまうのは、「支配的な」歴史家「ツンフト」（二一、二八ページ）の傲慢さにつうずる態度であると思う。

村瀬興雄氏はその近著『ナチス統治下の民衆生活—その建前と現実—』（東京大学出版会、一九八三年）の「はしがき」の中で、西ドイツの元宰相シュミットの「開かれた民主的な社会では、統一された『正しい』歴史像などというものはありえない」という名言を引用すると共に、みずからも「ある時期の学界正統派の見解が、あとまで生き残れる期間は、現代史研究に限ってみれば、短かい。比較的に寿命が長いのは、ある程度まで異端的な要素を含んでいた見解であったように私には見える」と喝破されている。ヴェーラーの『ドイツ帝国』がかかる意味で長寿でありうることを訳者の一人として期待したい。

ヴェーラーは「日本語版への序文」の中で、「本書ではたんにドイツという異国の問題が取り扱われているだけではないはずだと思う」（七ページ）と指摘している。私はこのヴェーラーの指摘を、彼の構想の根底にある「ドイツ社会の経済的近代化の進展に、社会諸関係や政治の近代化が随伴すべきであった」（二九—三〇、三四、三三一—二ページその他）とする反省（つまり、大塚久雄氏のいう「産業化と近代化との乖離」の克服の課題）と重ね合わせて理解したい。日本経済の高度成長の過程で、日本の政治や社会の並行した近代化はむしろ阻止された側面があったのではなかろうか。「ムラ」的な選挙に根拠をもつ政治の腐敗体質はこの過程で強化されたし（一月一六日付の朝日新聞は選挙にからむ典型的な村八分の事例〔茨城県〕を伝えている）、アジアの民衆に対する伝統的な差別意識も社会の深層にしっかりと根をおろしつづけているように思われる（芳賀半次郎「今月の言葉」『社会科学の方法』第一六一号、一九八二年一一月、の印象的なコメントを、一例として参照されたい）。「成熟した責任ある公民の社会への発展」（二二ページ）は、まさしく日本社会の課題《アウフガーベ》として今なおわれわれの前に立っているのではなかろうか。

本訳書は前半（一八四ページまで）を大野が、後半（一八四ページ以下）を肥前が分担して訳出した。疑問点について著者ヴェーラーに問いただしたのはもとより、訳稿を交換して相互に批判を加え、正確を期したが、未だ生硬であって意に満たない。おそらく誤訳、不適訳が少なからず見出されることであろう。読者諸氏のご批判をえて将来にさらに改善の機会をえたい。

最後に、本書の刊行にあたっては未来社の方がたに一方ならぬお世話になった。記してお礼申し上げる。

一九八三年一月二〇日

共訳者

第二刷へのあとがき

本訳書第一版第一刷の公刊以後、村瀬興雄氏（『週刊讀書人』一九八三年八月八日および九月二六日）をはじめ、木谷勤氏（『朝日ジャーナル』同年八月二六日）、中村幹雄氏（『エコノミスト』同年一〇月一一日）、山之内靖氏（『日本讀書新聞』同年一二月一九日）らによる書評ないし紹介を得ることができた。また、訳文に対する藤本建夫氏の有益な助言にもとづいて、第二刷の訳文にいくつかの改善を加えることができた。これらの諸氏のお骨折りに対し厚く御礼申し上げたい。

一九八三年一二月一九日

人名索引

ハンス－ウルリヒ・ヴェーラー著作目録

I. 著 書

1. *Bismarck und der Imperialismus*, Köln (1969, 1970^2) 1972^3; München 1976^4.
2. *Der Aufstieg des amerikanischen Imperialismus. Studien zur Entwicklung des Imperium Americanum 1865–1900*, Göttingen 1974.
3. *Das Deutsche Kaisserreich 1871–1918*, Göttingen (1973) 1983^5.
4. *Sozialdemokratie und Nationalstaat. Nationalitätenfragen in Deutschland, 1840–1914*, (Würzburg 1962) Göttingen 1971^2.
5. *Krisenherde des Kaiserreichs, 1871–1918. Studien zur deutschen Sozial- und Verfassungsgeschichte*, Göttingen (1970) 1979^2.
6. *Geschichte als Historische Sozialwissenschaft*, Frankfurt 1973.
7. *Modernisierungstheorie und Geschichte*, Göttingen 1975.
8. *Historische Sozialwissenschaft und Geschichtsschreibung*, Göttingen 1980.
9. *Nationalitätenpolitik in Jugoslawien. Die deutsche Minderheit 1918–1978*, Göttingen 1980.

II. 編 集

1. Hg., *Geschichte und Ökonomie*, Köln 1973 (NWB 58); Einleitung (11–35) überarbeitet auch in: *Geschichte als Historische Sozialwissenschaft*, 45–84.
2. Hg., *Geschichte und Psychoanalyse*, (Köln 1971) Berlin 1974^2; Einleitung (9–30) überarbeitet auch in: *Geschichte als Historische Sozialwissenschaft*, 85–123.
3. Hg., *Geschichte und Soziologie*, Köln 1972 (NWB 53); Einleitung (11–31) überarbeitet auch in: *Geschichte als Historische Sozialwissenschaft*, 9–44.
4. Hg., *Deutsche Historiker*, 5 Bde, Göttingen 1971/72. (in einem Bd. 1973).
5. Hg., *Imperialismus*, Köln (1970, 1972^2) 1976^3 (NWB 37); Einleitung (11–36) überarbeitet auch in: *Krisenherde des Kaiserreichs*, 113–

34.

6. Hg., *Moderne Deutsche Sozialgeschichte*, Köln (1966, 1968^{2}, 1970^{3}, 1973^{4}) 1976^{5} (NWB 10); Einleitung (9–16) überarbeitet auch in: *Krisenherde des Kaiserreichs*, 313–23.
7. Hg., *Soziologie und Psychoanalyse*, Stuttgart 1972.
8. Hg., *F. Kapp, Vom radikalen Frühsozialisten des Vormärz zum liberalen Parteipolitiker des Bismarckreichs, Briefe 1843–1884*, Frankfurt 1969; Einleitung (7–42) überarbeitet auch in: *Krisenherde des Kaiserreichs*, 237–58.
9. Hg., E. Kehr, *Der Primat der Innenpolitik*, Berlin (1965, 1970^{2}) 1976^{3}; Einleitung (1–29) überarbeitet auch in: *Krisenherde des Kaiserreichs*, 259–80.
10. Hg., G. Mayer, *Arbeiterbewegung und Obrigkeitsstaat*, Bonn 1972; Vorwort (7–16) auch in: *Krisenherde des Kaiserreichs*, 281–90.
11. Hg., G. Mayer, *Radikalismus, Sozialismus und bürgerliche Demokratie, 1840–1870*, Frankfurt (1969) 1969^{2}. Nachwort (181–96) auch in: *Krisenherde des Kaiserreichs*, 281–90.
12. Hg., L. A. v. Rochau, *Grundsätze der Realpolitik*, Berlin 1972; Einleitung (7–21) auch in: *Krisenherde des Kaiserreichs*, 2. Aufl.
13. Hg., A. Rosenberg, *Demokratie und Klassenkampf. Ausgewählte Studien*, Berlin 1974; Einleitung (5–16) auch in: *Krisenherde des Kaiserreichs*, 2. Aufl.
14. Hg., *Sozialgeschichte Heute. Festschrift für Hans Rosenberg zum 70.* Geburtstag, Göttingen 1974 (Einleitung: 9–21).
15. Hg., *Historische Familienforschung und Demographie* (=*Geschichte u. Gesellschaft* 1. 1975, H. 2/3).
16. Hg., *Der Deutsche Bauernkrieg 1524–1526* (=Sonderheft I, *Geschichte u. Gesellschaft*), Göttingen 1975.
17. Hg., *200 Jahre amerikanische Revolution und moderne Revolutionsforschung* (=Sonderheft II, *Geschichte u. Gesellschaft*), Göttingen 1976.
18. Hg., *Geschichte und Evolution* (=*Geschichte u. Gesellschaft* 2. 1976, H. 3), Göttingen 1976.
19. Hg., *Bibliographie zur modernen deutschen Sozialgeschichte 18.–20.*

Jahrhundert (=*Arbeitsbücher zur modernen Geschichte*, Bd. 1), Göttingen 1976.

20. Hg., *Bibliographie zur modernen deutschen Wirtschaftsgeschichte 18.–20. Jahrhundert* (=*Arbeitsbücher zur modernen Geschichte*, Bd. 2), Göttingen 1976.
21. Hg., *Bibliographie zum modernen Imperialismus* (=*Arbeitsbücher zur modernen Geschichte*, Bd. 3), Göttingen 1977.
22. Hg., L. Quidde, *Caligula*, Frankfurt 1977.
23. Hg., A. Vagts, *Bilanzen und Balancen*, Frankfurt 1979.
24. Hg., V. Valentin, *Von Bismarck zur Weimarer Republik*, Köln 1979.

III. 論 文

1. Das Schicksal der Deutschen in Jugoslawien, 1918–1960, in: T. Schieder u. a. Hg., *Dokumentation der Vertreibung der Deutschen aus Ost-Mitteleuropa*, V. Bonn 1961, 3E–235E.
2. Elsaß-Lothringen von 1870 bis 1918. Das „Reichsland" als politisch-staatsrechtliches Problem des Zweiten Deutschen Kaiserreichs, *Zeitschrift für die Geschichte des Oberrheins* 109. 1961, 133–99; überarbeitet in: *Krisenherde des Kaiserreichs*, 17–63.
3. Die Polen im Ruhrgebiet bis 1918, *Vierteljahrsschrift für Sozial- und Wirtschaftsgeschichte* 48. 1961, 203-35; auch in: *Moderne Deutsche Sozialgeschichte*, 437–55, 550–62, und überarbeitet in: *Krisenherde des Kaiserreichs*, 219–36.
4. Die Polen im Ruhrgebiet, *Ruhrgebiet* 5. 1961, 10–13.
5. Zur polnischen Parteigeschichtsschreibung von 1945–1960 über die Zeit bis 1914, *Zeitschrift für Ostforschung* 10. 1961, 217–309, überarbeitet als: Zur Geschichte der polnischen sozialistischen Parteien vor 1914, in: *Sozialdemokratie u. Nationalstaat*, 3. Aufl.
6. Zur neueren Geschichte der Masuren, *Zeitschrift für Ostforschung* 11. 1962, 147–72; überarbeitet in: *Krisenherde des Kaiserreichs*, 2. Aufl.
7. Karl Schurz, in: *Der Große Weg. Vom europäischen Sinn der Geschichte* 1. 1962, 7.
8. Castlereagh, in: *Der Große Weg. Vom europäischen Sinn der Geschichte* 4. 1962, 7.

9. Der Fall Zabern, Rückblick auf eine Verfassungskrise des wilhelminischen Kaiserreichs, *Welt als Geschichte* 23. 1963, 27–46; überarbeitet in: *Krisenherde des Kaiserreichs*, 65–83.
10. "Reichsfestung Belgrad". Nationalsozialistische "Raumordnung" in Südosteuropa, *Vierteljahrshefte für Zeitgeschichte* 11. 1963, 72–84.
11. Uncle Sam von John W. Burgess, *Jahrbuch für Amerikastudien* 8. 1963, 249–66.
12. 1889: Wendepunkt der amerikanischen Außenpolitik. Die Anfänge des modernen Panamerikanismus - Die Samoakrise, *Historische Zeitschrift* 201. 1965, 57–109; z.T. in: *Der Aufstieg des amerikanischen Imperialismus.*
13. Sprungbrett nach Ostasien. Die amerikanische Hawaiipolitik bis zur Annexion von 1898, *Jahrbuch für Amerikastudien* 10. 1965, 153–81; z.T. in: *Der Aufstieg des amerikanischen Imperialismus.*
14. Stützpunkte in der Karibischen See. Die Anfänge des amerikanischen Imperialismus auf Hispaniola, *Jahrbuch für Geschichte Lateinamerikas* 2. 1965, 399–428; z.T. in: *Der Aufstieg des amerikanischen Imperialismus.*
15. Handelsimperium statt Kolonialherrschaft. Die Lateinamerikapolitik der Vereinigten Staaten vor 1898, *Jahrbuch für Geschichte Lateinamerikas* 3. 1966, 184–318; z.T. in: *Der Aufstieg des amerikanischen Imperialismus.*
16. Sendungsbewußtsein und Krise. Studien zur Ideologie des amerikanischen Imperialismus, *Jahrbuch für Amerikastudien* 13. 1968, 98–133; z.T. in: *Der Aufstieg des amerikanischen Imperialismus.*
17. Cuba Libre und amerikanische Intervention. Der kubanische Aufstand seit 1895 und die Vereinigten Staaten, *Jahrbuch für Geschichte Lateinamerikas* 5. 1968, 303–45; z.T. in: *Der Aufstieg des amerikanischen Imperialismus.*
18. Die Polenpolitik im Deutschen Kaiserreich, 1871–1918, in: *Festschrift für T. Schieder*, Hg. K. Kluxen u. W. J. Mommsen, München 1968, 297–316; überarbeitet in: *Krisenherde des Kaiserreichs*, 181–200; auch in: E.-W. Böckenförde u. R. Wahl Hg., *Moderne Deutsche Verfassungsgeschichte*, Köln 1972 (NWB 51), 106–24.

19. Das "Reichsland" Elsaß-Lothringen, 1870–1879, in: H. Böhme Hg., *Probleme der Reichsgründungszeit*, 1848–1879, Köln (1968) 1973², 431–47.

20. Der amerikanische Handelsimperialismus in China, 1844–1900, *Jahrbuch für Amerikastudien* 14. 1969, 55–76; z.T. in: *Der Aufstieg des amerikanischen Imperialismus.*

21. Theorieprobleme der modernen deutschen Wirtschaftsgeschichte (1800–1945). Prolegomena zu einer kritischen Bestandsaufnahme der Forschung und Diskussion seit 1945, in: *Festschrift für H. Rosenberg*, Hg. G. A. Ritter, Berlin 1970, 66–107; z.T. in: *Krisenherde des Kaiserreichs*, 291–311.

22. Zum Verhältnis von Geschichtswissenschaft und Psychoanalyse, *Historische Zeitschrift* 208. 1969, 529–54; überarbeitet in: *Geschichte und Psychoanalyse*, Köln 1971, 9–30; Berlin 1974², 7–26; auch in: *Geschichte als Historische Sozialwissenschaft*, 85–123; z.T. in: J. Kocka Hg., *Geschichte*, München 1976.

23. Absoluter und Totaler Krieg. Von Clausewitz zu Ludendorff, *Politische Vierteljahrsschrift* 10. 1969, 220–48; überarbeitet in: *Krisenherde des Kaiserreichs*, 85–112; auch in: U. v. Gersdorff Hg., *Geschichte und Militärgeschichte*, Frankfurt 1974, 273–311.

24. Sozialökonomie und Geschichtswissenschaft, *Neue Politische Literatur* 14 1969, 344–74; überarbeitet z.T. in: *Krisenherde des Kaiserreichs*, 2. Aufl.

25. Bismarck's Imperialism, 1862–1890, *Past & Present* 48. 1970, 119–55; auch in: J. J. Sheehan Hg., *Imperial Germany*, N. Y. 1976, 180–222; dt. überarbeitet in: *Imperialismus*, 259–88; auch in: *Krisenherde des Kaiserreichs*, 135–61; sowie in: Ziebura Hg., *Grundfragen deutscher Außenpolitik*, Darmstadt 1975, 88–131.

26. Sozialimperialismus, in: *Imperialismus*, Hg. H.-U. Wehler, Köln (1970) 1976³, 83–96.

27. Bismarcks Imperialismus und späte Rußlandpolitik unter dem Primat der Innenpolitik, in: M. Stürmer Hg., *Das Kaiserliche Deutschland. Staat und Gesellschaft 1871–1914*, Düsseldorf 1970; Darmstadt 1975², 235–64; z.T. in: *Krisenherde des Kaiserreichs*, 163–80.

28. Industrial Growth and Early German Imperialism, in: R. Owen u. B. Sutcliffe Hg., *Studies in the Theory of Imperialism*, London 1972, 71–92.

29. Nachbar Polen, *Der Monat* 264. 1970, 26–40; überarbeitet als: Deutsch-Polnische Beziehungen im 19. und 20. Jahrhundert, in: *Krisenherde des Kaiserreichs*, 201–17.

30. Der amerikanische Imperialismus vor 1914, in: *Der Moderne Imperialismus*, Hg. W. J. Mommsen, Stuttgart 1971, 172–92; z.T. in: *Der Aufstieg des amerikanischen Imperialismus.*

31. E. Kehr, in: *Deutsche Historiker*, Hg. H.-U. Wehler, 1, Göttingen 1971, 100–113 (1973, 100–13).

32. G. Mayer, in: *Deutsche Historiker*, Hg. H.-U. Wehler, 2, Göttingen 1971, 120–32 (1973, 228–40).

33. Noch einmal: Bismarcks Imperialismus, *Geschichte in Wissenschaft und Unterricht* 23. 1972, 226–35; überarbeitet auch in: *Krisenherde des Kaiserreichs*, 2. Aufl.

34. Zur Theorie des Imperialismus, *Militärgeschichtliche Mitteilungen* 1972/II, 192–202; 1973/II, 302f.; überarbeitet auch in: *Krisenherde des Kaiserreichs*, 2. Aufl.

35. Sozialdarwinismus im expandierenden Industriestaat, in: *Festschrift für Fritz Fischer*, Düsseldorf (1973) 1974², 133–42; überarbeitet auch in: *Krisenherde des Kaiserreichs*, 2. Aufl.

36. Geschichte und Soziologie. Möglichkeiten einer Konvergenz?, in: *Festschrift für René König*, Opladen 1973, 68–68; überarbeitet auch in: *Geschichte als Historische Sozialwissenschaft*, 9–44; auch in: T. Schieder u. K. Gräubig Hg., *Theorie der Geschichtswissenschaft*, Darmstadt 1977.

37. Soziologie und Geschichte aus der Sicht des Sozialhistorikers, in: P. C. Ludz Hg., *Soziologie und Sozialgeschichte*, Opladen 1973, 59–80; überarbeitet auch in: *Geschichte als Historische Sozialwissenschaft*, 9–44; auch in: T. Schieder u. K. Gräubig Hg., *Theorie der Geschichtswissenschaft*, Darmstadt 1977.

38. Der Aufstieg des Organisierten Kapitalismus und Interventionsstaats in Deutschland, in: *Organisierter Kapitalismus*, Hg. H. A. Winkler, Göt-

tingen 1974, 36–57; überarbeitet auch in: *Krisenherde des Kaiserreichs*, 2. Aufl.

39. Moderne Politikgeschichte oder "Große Politik der Kabinette"?, *Geschichte u. Gesellschaft* 1. 1975, H. 2 u. 3, 344–69; überarbeitet auch in: *Krisenherde des Kaiserreichs*, 2. Aufl.
40. The Robinson/Gallagher Theory and Bismarck's Colonial Policy, in: W. R. Louis Hg., *Imperialism: The Robinson and Gallagher Controversy*, N. Y. 1976, 208–11.
41. Die Sozialgeschichte zwischen Wirtschaftsgeschichte und Politikgeschichte, in: *Sozialgeschichte und Strukturgeschichte in der Schule* (=*Schriftenreihe der Bundeszentrale für Politische Bildung*, Heft 102), 1975, 13–25.
42. Eckart Kehr, *Neue Deutsche Biographie* 10. 1977.
43. Vorüberlegungen zu einer modernen deutschen Gesellschaftsgeschichte, in: *Festschrift für F. Fischer*, Hg. P.-C. Witt, Bonn 1977.
44. Geschichtswissenschaft und Psychoanalyse, in: G. Breitenbürger Hg., *Psychoanalyse heute*, Hamburg 1977.
45. Kritik und kritische Antikritik, *Historische Zeitschrift*, Bd. 225, 1977, 348–384.
46. Staatsgeschichte oder Gesellschaftsgeschichte? Zwei Außenseiter der deutschen Historikerzunft: Ludwig Quidde und Veit Valentin, in: *Festschrift für T. Schieder*, Hg. H. Berding u. a., München 1978.
47. Geschichtswissenschaft und „Psychohistorie", in: *Innsbrucker Historische Studien*, 1. Bd., 1978.
48. Zur Funktion und Struktur der nationalen Kampfverbände im Kaiserreich, in: *Modernisierung und nationale Gesellschaft im ausgehenden 18. und 19. Jahrhundert*, Hg. W. Conze u. a., Berlin 1979.
49. Vorüberlegungen zur historischen Analyse sozialer Ungleichheit, in: *Klassen in der europäischen Sozialgeschichte*, Hg. H.-U. Wehler, Göttingen 1979.
50. Anwendung von Theorien in der Geschichtswissenschaft, in: *Theorie und Erzählung in der Geschichte*, Hg. J. Kocka u. a., München 1979.
51. Geschichtswissenschaft heute, in: *Stichworte zur Geistigen Situation der Zeit*. 2. Bd., Hg. J. Habermas, Frankfurt 1979.

52. Preußen ist wieder chic, *Der Monat*, Jg. 31/Heft 3, 1979.
53. Psychoanalysis and History, *Social research*, vol. 47/No. 3, 1980.

IV. 叢書・雑誌その他の編集

Hg. der "*Historischen Reihe*" der "*Neuen Wissenschaftlichen Bibliothek*", Köln 1966/78, 100 Bde.

Hg. der "*Arbeitsbücher zur modernen Geschichte*", Göttingen 1980, 9 Bde.

Mithg. der "*Kritischen Studien zur Geschichtswissenschaft*", Göttingen 1972/82, 49 Bde.

Mithg. von "*Geschichte und Gesellschaft. Zeitschrift für Historische Sozialwissenschaft*", Göttingen 1975ff.

〔翻訳者紹介〕

大野　英二（おおの　えいじ）

1922年　愛知県に生まれる。
1945年　京都帝国大学経済学部卒業
1956年　『ドイツ金融資本成立史論』（有斐閣）
1961年　経済学博士
1965年　『ドイツ資本主義論』（未來社）
1966年　京都大学経済学部教授
1982年　『現代ドイツ社会史研究序説』（岩波書店）
1988年　『ナチズムと「ユダヤ人問題」』（リブロポート）
1994年　『ドイツ問題と民族問題』（未來社）
現　在　京都大学名誉教授
共　著　『現代の経済と統計』（有斐閣，1968年），『経済学史』（筑摩書房，1970年），『ドイツ資本主義の史的構造』（有斐閣，1972年）
共　訳　ヘルムート・ベーメ『現代ドイツ社会経済史序説』（未來社，1976年），ハンス・ローゼンベルク『ドイツ社会史の諸問題』（未來社，1978年）

肥前　榮一（ひぜん　えいいち）

1935年　神戸市に生まれる。
1957年　京都大学経済学部卒業
1962年　立教大学経済学部助手
1968年　横浜国立大学経済学部助教授
1973年　東京大学経済学部助教授
　　　　『ドイツ経済政策史序説』（未來社）
1975年　経済学博士
1978年　東京大学経済学部教授
1986年　『ドイツとロシア』（未來社［1997年，新装版］）
1995年　新潟大学経済学部教授
現　在　東京大学名誉教授，帝京大学文学部教授
共　著　『比較社会史の諸問題』（未來社，1984年）
　　　　『家・屋敷地と霊・呪術』（早稲田大学出版部，1996年）
訳　書　ローザ・ルクセンブルク『ポーランドの産業的発展』（未來社，1970年）
共　訳　ジョージ・バークリ『問いただす人』（東京大学出版会，1971年），G・アムブロジウス／W・ハバード『20世紀ヨーロッパ社会経済史』（名古屋大学出版会，1991年），ミヒャエル・ミッテラウアー『歴史人類学の家族研究』（新曜社，1994年），ユルゲン・コッカ『歴史と啓蒙』（未來社，1994年），マックス・ヴェーバー『ロシア革命論Ⅱ――ロシアの外見的立憲制への移行』（名古屋大学出版会，1998年）

ドイツ帝国　1871–1918年

1983年5月25日　初 版 第1刷発行
2000年5月25日　復 刊 第1刷発行

定価（本体5800円＋税）

著　者　H–U・ヴェーラー
訳　者　大野 英二
　　　　肥前 榮一
発行者　西谷 能英

発行所　株式会社 未 來 社
〒112-0002 東京都文京区小石川3–7–2
電話 03-3814-5521(代)　振替 00170-3-87385
http://www.miraisha.co.jp/ E-mail: info@miraisha.co.jp

装本印刷＝形成社／本文印刷＝スキルプリネット／製本＝黒田製本
ISBN 4-624-11066-8 C0022